큐티로 여는 성경 묵상
에세이 주석 전집 제5편

이사야

큐티로 여는 성경 묵상
에세이 주석 전집 제5편

이사야

초판 1쇄 인쇄 2020년 3월 20일
초판 1쇄 발행 2020년 3월 25일

지은이   박해동
펴낸이   金泰奉
펴낸곳   도서출판 띠앗
등록   제4-414호

편집   박창서 김수정
마케팅   김명준
홍보   김태일

주소   05044 서울시 광진구 아차산로413
         (구의동 243-22)
전화   02)454-0492(代)
팩스   02)454-0493
이메일   hansom@hansom.co.kr
홈페이지 www.hansom.co.kr

값 13,000원
ISBN 978-89-5854-128-8 (03230)

* 잘못 만들어진 책은 구입하신 서점에서 바꿔드립니다.
* 이 책은 아모레퍼시픽의 아리따 글꼴을 사용하여 편집되었습니다.

에세이 주석 전집 제5편

이사야

박해동 著

| 서 문 |

어느덧 추운 겨울도 지나고 지금은 봄으로 가는 길목, 개여울에 버들강아지가 눈 뜨는 2월의 중간 다리를 건너고 있습니다. 해마다 이맘때쯤이면 졸업식이나 새 학년 새 학기 준비를 하며 마음이 설레었던 동심의 추억들이 아련하게 떠오르는데 지난 해 12월부터 중국에서 시작된 코로나19 바이러스는 국내외적으로 사람들의 마음을 얼어붙게 하고 여전히 겨울 한복판에 가둬놓고 있는 것 같습니다.

그래도 여전히 세월은 어김없이 흘러서 이제 곧 춘삼월이 열리고 우리 기독교에서는 사순절 40일과 이 사순절의 끝에서 맞이하는 영광의 부활절을 기다리는데 이번 사순절과 영광스런 부활주일을 앞두고 그동안 묵상 글로 써 나갔던 이사야의 글들을 이 의미 있는 절기에 맞추어 나누고 싶은 마음으로 다섯 번째 책 이사야 묵상 글을 출판하게 되었습니다.

구약의 계시를 완성하는 신약에서 이사야의 글은 200여 회나 언급되며 직접적인 인용도 50회 이상이나 된다고 하는데 예수님께서도 자신에 대하여 기록된 이사야의 글들을 사랑하시고 인용하신 때문인지 신약의 성도들에게 이사야는 구약에서 매우 친숙한 책으로 받아들이는 것 같습니다.

웃시야와 요담과 아하스, 히스기야, 네 왕을 거치며 하나님의 말씀을 전달했던 이사야의 위상은 하나님의 백성 유다 왕국에서 얼마나 큰 비중을 차지했는지 특히 히스기야 왕 시대에는 더욱 특별하게 나타나는데 우상숭배의 죄와 사회적 약자들을 짓밟는 당대 기득권층에게 하나님의 공평과 정의를 부르짖으며 형식적인 예배는 이제 그만 끝내고 예배와 삶이 일치되게 하라는 그의 외침은 오늘 우리 시대에도 동일한 하나님의 말씀으로 닿습니다.

그런데 이사야의 예언을 더욱 돋보이게 하는 것은 이스라엘과 유다 및 주변 국가들에 대한 예언들이 그 시대에만 머무는 것이 아니라 그가 전하는 하나님 계시의 역사적 지평은 장차 오실 메시아 시대를 넘어서서 종말까지도 아우르고 있는 점인데 한 시대를 풍미하고 가는 그 선지자를 통해 하나님께서는 그의 아들을 이 세상에 구원자로 보내시는 구속역사의 계시를 충만하고 풍부하게 부어주신 것입니다.

이제 이사야의 묵상 글을 함께 나누면서 저자가 받은 은혜와 축복이 독자들에게도 함께 공감되고 공유되기를 기도하며 주님의 은혜로 출판하게 하신 이사야의 묵상 글들을 독자들의 손으로 떠나보냅니다.

임마누엘. 主內平安!

한강변 서쪽 마곡나루에서

朴海東 拜

"… 예수께서 그 자라나신 곳 나사렛에 이르사 안식일에 늘 하시던 대로 회당에 들어가사 성경을 읽으려고 서시매 선지자 이사야의 글을 드리거늘 책을 펴서 이렇게 기록된 데를 찾으시니 곧

주의 성령이 내게 임하셨으니 이는 가난한 자에게 복음을 전하게 하시려고 내게 기름을 부으시고 나를 보내사 포로 된 자에게 자유를, 눈 먼 자에게 다시 보게 함을 전파하며 눌린 자를 자유롭게 하고 주의 은혜의 해를 전파하게 하려 하심이라." 아멘 (눅4:16-19/사61:1-3에서 인용)

| 차례 |

서문 _ 4
이사야 개요 _ 10

01	1:1-9	소는 그 임자를 알고 나귀는 구유를 알건만 _ 18
02	1:10-20	예배와 삶이 괴리되지 않기 위하여 _ 20
03	1:21-31	국가 청렴도 업그레이드-교회로부터 시작되기 _ 23
04	2:1-11	약속된 평화의 그날을 기다리며 _ 27
05	2:12-22	광복절 72주년 아침의 단상 _ 29
06	3:1-12	그의 영광의 눈을 범하였음이라 _ 30
07	3:13-4:1	지금 우리는 어떻게 살아야 하는가 _ 32
08	4:2-6	메시아 시대의 풍부한 은택 누리기 _ 35
09	5:1-7	극상품 포도원 국가로 올라서기 위하여 _ 37
10	5:8-19	집보다 땅보다 더 소중한 사람에 대한 투자 _ 40
11	5:20-30	파멸을 벗어나 번영과 형통으로 가는 길 _ 43
12	6:1-13	사람은 무엇으로 거룩해지는가 _ 45
13	7:1-9	너는 삼가며 조용히 해라! _ 48
14	7:10-25	임마누엘 _ 51
15	8:1-8	천천히 흐르는 실로암의 물 의지하기 _ 53
16	8:9-22	선지자 이사야의 기상을 따라서 _ 56
17	9:1-7(1)	갈릴리로 가는 길(Road to the Galilee) _ 58
18	9:1-7(2)	갈릴리로 가는 길(Road to the Galilee) _ 61
19	9:1-7(3)	어린아이들로부터 시작되는 하나님의 구원계획을 보며 _ 65
20	9:8-21	죄 중의 죄 교만과 완악한 마음에 대하여 _ 68
21	10:1-11	우리 나라, 좋은 나라 되기 위하여 _ 70
22	10:12-19	주님의 도구가 되는 진정한 승자의 모습 배우기 _ 73
23	10:20-34	진실로 주님을 의지하는, 남은 자 되게 하소서 _ 78
24	11:1-9(1)	그때에 이리와 어린 양이 함께 살며… _ 79
25	11:1-9(2)	여호와를 경외함으로 삶의 즐거움 삼기 _ 83
26	11:1-16(3)	그가 여호와를 경외함으로 즐거움을 삼을 것이며 _ 87
27	12:1-6	구원의 우물가에서 기쁨의 샘물 길어 올리기 _ 90
28	13:1-22	하나님의 세계 경영 : 바벨론 편 _ 92
29	14:1-11	북한의 6차 핵실험 소식을 접하면서 _ 95
30	14:12-23	바벨론의 전철을 따르는 북한의 정권을 보며 _ 97

31	15:1-9	모압을 향한 이사야의 선교적 관심으로 _ 101
32	16:1-14	모압의 피난처가 되는 다윗의 장막 되기 _ 104
33	17:1-11	에브라임의 남은 자들을 통해 받는 교훈 _ 106
34	17:12-18:7	우리의 안보를 누구에게 맡길 것인가? _ 109
35	19:1-15	애굽의 심판 재앙에서 배우는 교훈 _ 112
36	19:16-25	이사야 선지자가 바라본 그날 _ 114
37	20:1-6	3년 동안 맨발에 팬티만 입고 산 한 남자 이야기 _ 117
38	21:1-10	역사의 주재자이신 하나님을 묵상함 _ 120
39	21:11-17	파수꾼이여 밤이 어떻게 되었느냐 _ 122
40	22:1-14	기도할 수 있을 때 더욱 힘써 기도하기 _ 123
41	22:15-25	종지부터 모든 항아리까지 _ 126
42	23:1-18	하나님을 소유하면 모든 것을 가진 것입니다 _ 128
43	24:1-13	이 땅에 다시 전쟁이 없기 위하여 _ 132
44	24:14-23	최후의 발악과 최후의 심판과 최후의 영광 _ 135
45	25:1-12	폭풍과 폭양 속에서 지켜주시는 하나님 의지하기 _ 137
46	26:1-7	심지가 견고한 자가 받을 복 _ 139
47	26:8-21	내 백성아 네 밀실에 들어가 분노가 지나기까지 숨을지어다 _ 142
48	27:1-13	날래고 꼬불꼬불한 뱀과 바다의 용을 죽이시리라 _ 145
49	28:1-8	세 가지 면류관 _ 148
50	28:9-22	보라 내가 한 돌을 시온의 기초 석으로 삼았노니 _ 150
51	28:23-29	기묘하고 지혜로우신 주님의 경영에 나를 맡깁니다 _ 153
52	29:1-8	슬프다 아리엘이여, 아리엘이여! _ 155
53	29:9-14	왜 은혜 받지 못하는가 _ 157
54	29:15-24	가난한 자, 겸손한 자가 받을 은혜 _ 160
55	30:1-17	예! 하나님은 지금도 여전히 살아계십니다 _ 162
56	30:18-26	내 인생의 날에 항상 비오고 흐린 날만 있는 것은 아니다 _ 165
57	30:27-33	모든 것은 하나님 손에 달렸습니다 _ 167
58	31:1-9	모든 것은 하나님 손에 달렸습니다 _ 170
59	32:1-8	존귀한 지도자 _ 172
60	32:9-20	마침내 위로부터 성령을 부어주시리니 _ 174
61	33:1-6	보물 창고를 여는 열쇠 _ 176
62	33:7-16	하나님의 안전지대에 거할 자 _ 178
63	33:17-24	해자(垓子)로 둘러싸인 하나님의 안전지대 _ 183

| 차 례 |

64	34:1-17	여호와의 책으로써 성경의 권위와 가치 _ 185
65	35:1-10	보라! 하나님이 오사 너희를 구하시리라 _ 187
66	36:1-12	모욕과 거짓과 위협으로 독 묻힌 말의 화살이 날아올 때 _ 190
67	36:13-22	내 마음의 성벽 지켜내기 _ 193
68	37:1-20	나라를 위기에서 구하는 것은 무엇인가 _ 195
69	37:21-38	기도의 전쟁에서 승리하기 _ 198
70	38:1-8	기도란 무엇인가(?) _ 201
71	38:9-22	깊어가는 이 가을의 단상(斷想) _ 205
72	39:1-8	주님께서 내 마음을 알고자 시험하실 때 _ 207
73	40:1-8	희망을 전하는 말씀의 위로자 되기 _ 209
74	40:9-17	그의 앞에는 모든 열방이 아무것도 아니라 _ 213
75	40:18-31	오직 여호와를 앙망하라 _ 215
76	41:1-13	참으로 나의 의로운 오른손으로 너를 붙들리라 _ 218
77	41:14-20	버러지 같은 너 야곱아 너 이스라엘 사람들아 _ 221
78	41:21-29	나의 장래사를 아시는 전지하신 하나님 의지하기 _ 224
79	42:1-9	종의 노래를 따라오신 그리스도를 본받아 _ 226
80	42:10-17	새 노래 _ 228
81	42:18-25	맹인이 누구냐 내 종이 아니냐 _ 231
82	43:1-13(1)	너는 내 것이라 _ 233
83	43:1-13(2)	너는 내 것이라 _ 236
84	43:14-28	신앙생활이 힘들고 괴로울 때 기억해야 할 것 _ 239
85	44:1-8	내가 택한 여수룬아 두려워하지 말아라 _ 242
86	44:9-20	우상의 정체 분별하기 _ 245
87	44:21-28	나를 품으시는 그 사랑 다함이 없어라 _ 249
88	45:1-13	나는 여호와라 다른 이가 없느니라 _ 251
89	45:14-25	진실로 주는 스스로 숨어 계시는 하나님이시니이다 _ 254
90	46:1-7	그 사랑! 영원히 변함없고 다함이 없어라 _ 256
91	46:8-13	더는 머뭇거리지 말고 믿음의 장부가 되어라 _ 259
92	47:1-15	영광의 자리에서 몰락한 바벨론의 교훈 _ 262
93	48:1-11	주님을 믿는 것뿐 아니라 진실과 공의에 이르기 위하여 _ 265
94	48:12-22	야곱아 내가 부른 이스라엘아 내게 들으라 _ 268
95	49:1-13	이사야가 바라본 종의 노래에서 배우는 것들 _ 271
96	49:14-26	어미의 사랑으로 표현해 오신 주님의 사랑 감사해요 _ 274

97	50:1-11	철저한 순종으로 나아가신 예수님을 본받아 _ 277
98	51:1-11	어제는 힘들었어도 오늘은 기쁨과 희망 _ 280
99	51:12-23	오늘 남북정상회담에서 주님이 하실 일을 기대합니다 _ 284
100	52:1-12	복음 들고 산을 넘는 자의 발이 어찌 그리 아름다운가 _ 288
101	52:13-53:6(1)	이사야가 전하는 수난의 종을 바라보며 _ 290
102	52:13-53:6(2)	(한 절 묵상 53:1) 우리의 전한 것을 누가 믿었느냐 _ 294
103	53:1-7	이사야가 전하는 예수님의 자화상을 보면서 _ 296
104	53:7-12	그의 입을 열지 아니하셨도다 _ 299
105	54:1-10	바보 같은 사랑으로 _ 302
106	54:11-17	나로 말미암지 아니한 것이니 _ 306
107	55:1-13	하나님을 만날 기회 _ 308
108	56:1-12	하나님의 새로운 공동체에서 살아가는 길 _ 311
109	57:1-13	아직 살아남아 있는 자의 각성 _ 313
110	57:14-21	내가 그를 고쳐주리라 평강을 얻게 하리라 _ 315
111	58:1-14	내가 기뻐하는 금식은… _ 317
112	59:1-8	독사와 독거미의 길을 피하기 위하여 _ 320
113	59:9-21	이사야의 죄 고백 대표 기도문에서 배우는 것 _ 322
114	60:1-9	일어나 빛을 발하라! _ 325
115	60:10-22	네 슬픔의 날이 끝날 것이라 _ 328
116	61:1-11	예수님의 사명 선언문에서 배우는 것 _ 330
117	62:1-9	이사야의 기도에서 배우는 것(1) _ 334
118	62:10-63:6	에돔에서 붉은 옷을 입고 올라오는 이가 누구냐 _ 336
119	63:7-19	이사야의 기도에서 배우는 것(2) _ 339
120	64:1-12	원컨데 주는 하늘을 가르고 강림하사 큰일을 행하옵소서 _ 342
121	65:1-16	남은 자 _ 345
122	65:17-25	완성될 천국을 바라보는 자의 소망 _ 348
123	66:1-14	누가 주님의 은혜에 참여할 자들인가? _ 351
124	66:15-24	이사야 묵상을 마치는 소감 _ 354

에필로그 _ 357
〈이사야 선지자의 글을 잘 이해하기 위한 이스라엘 남북 왕조 일람표〉_ 359
〈이사야 출생부터 사망까지 대략적인 연보〉_ 359
〈이사야 글의 배경을 이루는 주전 8세기 고대 근동지방 지도〉_ 360

이사야 개요

제1부
책망 1:1-39:8

I. 웃시야 시대 남유다의 죄악에 대한 하나님의 심판(1:1-5:30)

   1) 남유다의 심판(1:1-31)
   2) 주의 날(2:5-4:6)
   3) 포도원의 비유(5:1-30)

II. 이사야의 소명과 유다 백성의 장래 운명(6:1-13)

III. 남유다 심판과 메시아 왕국에 대한 약속(7:1-12:6)

  아하스 왕 때에 앗수르가 남서지역으로 세력을 확장하기 시작한다(BC 733). 이에 아람의 르신과 북이스라엘의 베가가 동맹을 맺고 반앗수르 전선을 만든다. 이때 남유다 왕이었던 아하스는 반앗수르 동맹에 참여하지 않고 도리어 앗수르와 동맹을 맺는다.
  이에 아람과 북이스라엘이 남유다를 침공하여 아하스 왕을 폐위시키고 다브엘의 아들을 왕으로 삼아 반앗수르 동맹을 견고하게 하려고 하였다. 이에 아하스는 앗수르에 편지를 보내어 도움을 요청한다.
  이에 하나님께서는 이사야를 보내어 아하스 왕이 두려워하는 아람과 북이스라엘의 심판과 함께 그가 믿고 의지하는 앗수르가 하나님의 심판의 도구이며, 그 나라도 결국 하나님의 심판을 피할 수 없음을 예언하신다.

IV. 이방을 향한 예언들(13:1-19:25)

1. 아하스 왕 때 열방을 향한 예언
1) 바벨론에 대한 예언들(13:1-14:23)
2) 앗수르(앗시리아)에 대한 예언들(14:24-27)
3) 블레셋에 대한 예언들(14:28-32)
4) 모압에 대한 예언들(15:1-16:14)
5) 다메섹(아람)과 에브라임(북이스라엘)에 대한 예언들(17:1-14)
6) 구스(이디오피아)에 대한 예언들(18:1-7)
7) 애굽(이집트)에 대한 예언들(19:1-25)

2. 히스기야 왕 때 열방을 향한 예언(20:1-23:18)
1) 애굽과 구스가 앗수르에게 패할 것을 벗은 몸과 발로 예표(20:1-6)
2) 바벨론에 대한 예언들(21:1-10)
3) 두마(에돔)에 대한 예언들(21:11-12)
4) 아라비아에 대한 예언들(21:13-17)
5) 예루살렘에 대한 예언들(22:1-25)
6) 두로에 대한 예언들(23:1-18)

V. '그날' 미래에 있을 심판과 회복(24:1-27:13)

1) 여호와께서 땅을 심판하심(24:1-23)

2) 새 왕국의 승리 여호와의 연회(25:1-12)

  3) 새 왕국에서의 찬양(26:1-21)

  4) 하나님의 백성들(27:13)

VI. 이스라엘과 유다를 향한 화와 축복(28:1-35:10)

  1. 하나님의 여섯 가지 경고(28:1-34:27)

  1) 사마리아와 예루살렘의 교만에 대한 경고(28:1-29)

  2) 아리엘(예루살렘)의 종교적 가식과 속임수에 대한 경고(29:1-24)

  3) 애굽(이집트) 동맹에 대한 경고(30:1-31:9)

  4) 메시아와 그의 나라(32:1-20)

  5) 학대자 앗수르에 대한 경고와 예루살렘 회복에 대한 예언(33:1-24)

  6) 열방과 에돔에 임할 화(34:1-17)

  2. 새 나라의 축복(시온으로의 귀환. 35:1-10)

VII. 히스기야 왕에 대한 역사적 기록(36:1-39:8)

　36~39장에서는 BC 701년 산헤립 침공 때 히스기야 왕의 이야기를 기록하고 있다. 산헤립의 침공과 히스기야의 질병과 치료를 통하여 여호와 하나님께서 이스라엘의 구원이 되심을 보여주셨다.
　하지만 히스기야는 교만함으로 범죄하게 되었고, 그 결과 성전이 멸망될 것과 히스기야의 자손 중 바벨론에 사로잡혀 갈 것을 예언한다.

  1. 히스기야의 죄와 이사야의 성전 예언(36:1-39:8)

히스기야 왕의 이야기를 관통하는 주제는 그의 기도 가운데 잘 나타난다. "그룹 사이에 계신 이스라엘 하나님 만군의 여호와여 주는 천하 만국에 유일하신 하나님이시라 주께서 천지를 만드셨나이다. 여호와여 귀를 기울여 들으시옵소서 여호와여 눈을 뜨고 보시옵소서… 우리 하나님 여호와여 이제 우리를 그의 손에서 구원하사 천하 만국이 주만이 여호와이신 줄을 알게 하옵소서."(37:16-20)

그러나 히스기야는 바벨론 왕의 사절단에게 여호와 하나님께서 구원 되심을 전한 것이 아니라 자신의 교만을 드러내었다. 이러한 히스기야의 죄는 결국 예루살렘 성전이 멸망되는 원인이 되었다. 성경은 성전 멸망이 히스기야의 죄가 원인이 되었다고 기록하고 있다.

1) 앗수르 왕 산헤립의 예루살렘 침공(36:1-37:38)
   ① 앗수르가 예루살렘을 위협함(36:1-22)
   ② 히스기야 왕이 이사야의 조언을 구함(37:1-38)
2) 히스기야 질병과 치유(38:1-22)
3) 히스기야의 교만과 성전 멸망의 예언(39:1-8)

제2부

위로 : 하나님의 구원과 소망 예언(40:1-66:24)

이사야 제2부에서는 멸망당할 수밖에 없는 이스라엘에게 그들이 구원과 소망은 어디에 두어야 할지 자세하게 기록하고 있다. 영원하신 하나님 여호와 땅 끝까지 창조하신 분 말고 다른 어떤 것을 의지하는 것은 어리석은 짓이며 멸망의 길임을 말씀하고 있다. 오직 메시아 되시는 하나님만이 회복할 수 있는 유일한 길임을 제시하고 있다. 하나님만큼 의로우신 존재도 없으며, 하나님만큼 사랑의 마음을 가진 어떠한 존재도 없다.

이스라엘이 비록 거짓과 우상에 사로잡혀 있다 할지라도 끝까지 사랑하시는 하나님에 대하여 선포하고 있다. 더 나아가 오실 메시아에 대한 소망을 선포하고 있다.

1부에서 메시아 즉 '기름 부음 받은 자'를 보내시고 공의로 통치할 것임을 선포하고 있다. 그리고 그 메시아는 2부에서 하나님께서 '나의 종'이라고 부르는 분이 오셔서 그 민족에게 정의를 베푸실 것임을 말씀하고 있다.

그렇다면 그분은 누구신가? 61장에 보면 "마음이 상한 자를 고치며 포로된 자에게 자유를, 갇힌 자에게 놓임을 선포하며 여호와의 은혜의 해와 우리 하나님의 보복의 날을 선포하여 모든 슬픈 자를 위로하되"라고 말씀한다.

바로 뒤에 오실 예수 그리스도에 대한 예언의 말씀을 전한다. 하나님의 진정한 사랑은 바로 예수 그리스도를 보내심으로 완성된다고 볼 수 있다.

이사야의 예언은 삼중 구조로 되어 있다. 40-66장은 회복에 대한 삼중 구조로 묘사하는데, 첫째는 바벨론에 포로로 잡혀갔던 이스라엘이 포로에서 회복될 것이다. 이것은 하나님의 종 고레스를 통해서 이루어질 것이다. 둘째는 이스라엘이 구원을 받게 될 것인데 이것은 여호와의 종, 곧 고난받는 종을 통해 이루어질 것이다. 셋째는 새 예루살렘이 회복될 것인데 모든 백성들로 이루실 것이다.

I. 포로 귀환 및 구원에 대한 약속(40:1-48:22)

하나님께서는 이스라엘의 위로를 선포하신다. 위로의 이유는 먼저 하나님으로 말미암아 이루어졌다. 모든 위로의 근거는 하나님 외에 다른 신은 없으며, 여호와만이 구원이시기 때문이다.

하나님께서는 반복적으로 여호와 하나님 외에 다른 신이 없음과 우상은 허망한 것임을 강조한다. 위로의 두 번째 이유는 하나님께서 남유다를 정복할 것이라고 했던 바벨론에 대한 심판을 선포하시고, 나아가 바벨론에서 회복될 것에 대해서 예언하시기 때문이다. 하나님께서는 이 일을 위하여 하나님의 종 고레스를 준비하셨다.

1. 이스라엘을 향한 위로와 구원 선포(40:1-11)
2. 비할 데 없는 하나님으로 인한 위로(40:12-31)
3. 역사의 주관자이신 하나님으로 인한 위로(41:1-29)
4. 하나님의 종으로 인한 위로(42:1-25)
5. 하나님께서 이스라엘을 구원하시기로 약속함(43:1-44:28)
6. 하나님께서 고레스를 세우심(45:1-25)
7. 바벨론의 멸망(46:1-48:22)

II. 구원자, 종, 메시아(49-66장)

1. 역사의 주관자이신 하나님으로 인한 위로(41:1-29)
2. 하나님의 종으로 인한 위로(42:1-25)
3. 하나님께서 이스라엘을 구원하시기로 약속함(43:1-44:28)
4. 하나님께서 고레스를 세우심(45:1-25)
5. 바벨론의 멸망(46:1-48:22)

II-1. 하나님께서 보내신 종의 사역(49:1-57:21)

앞서 위로를 선포하셨던 하나님께서는 위로의 근거로 비교할 수 없는 하나님의 신성과 함께 하나님의 종을 통한 회복을 약속하셨다. 49-57장은 특별히 하나님의 종이 이룰 사역에 집중한다.

하나님께서 보내신 종의 사역은 곧 하나님의 백성들을 그들의 죄로부터 구하시는 하나님의 구원이 중심이다. 이것은 40장 2절의 두 번째, "그 죄악이 사함을 받았느니라"와 관련이 있다.

하나님의 종은 이스라엘의 구원에서 나아가 이방의 구원까지 이르게 한다. 그렇기에 하나님께서는 "너를 이방의 빛으로 삼아 나의 구원을 베풀어서 땅 끝까지 이르게 하리라"(49:6)라고 선포한다.

1. 종의 임무(49:1-26)
2. 종의 순종(50:1-11)
3. 하나님께서 이루시는 이스라엘의 구원(51:1-52:12)
4. 고난받는 종(52:13-53:12)
5. 하나님께서 약속하신 이스라엘의 회복(54:1-17)
6. 열방을 초청하시는 하나님(55:1-56:8)
7. 악인들을 향한 하나님의 심판(56:9-57:21)

II-2. 이스라엘의 회복과 영광(58:1-66:24)

먼저 이스라엘의 위로를 선포하셨던 하나님께서 여호와의 종을 통해서 이방에 이르는 구원을 베푸실 것을 보여주셨다. 그 이후 이제 여호와 하나님의 비교할 수 없는 우월성과 하나님의 고난받는 종으로 말미암아 하나님의 구원을 받은 사람들에 대하여 말씀하신다.

특별히 하나님께서 구원받은 사람들에게 베푸시는 복에 초점을 맞추고 있다. 이것은 이사야 40장 2절의 세 번째 구절 "그의 모든 죄로 말미암아 여호와의 손에서 벌을 배나 받았느니라"에 해당한다.

여호와의 손에서 벌을 배나 받은 것이 이후에 배의 보상과 갑절의 기쁨을 누리게 되기 때문이다(61:7). 나아가 하나님께서 지으실 새 하늘과 새 땅의 백성으로 하나님과 함께 살아갈 수 있는 복을 누리게 된다.

1. 이스라엘의 죄(58:1-14)
2. 백성들의 회개와 하나님의 용서와 구원(59:1-21)
3. 시온에 나타날 하나님의 영광(60:1-22)
4. 구원의 기쁜 소식(61:1-11)
5. 시온(예루살렘)의 장래 영광(62:1-12)
6. 하나님의 에돔 심판(63:1-6)
7. 죄의 고백과 자비와 도우심을 구하는 기도(63:7-64:12)
8. 악한 자의 심판과 의로운 자의 구원(65:1-16)
9. 새 하늘과 새 땅의 약속(65:17-66:25)

* 위 개요는 독자들이 이사야 전체를 조망할 수 있도록 정리한 것으로 하마알 성경읽기와 톰슨성경 및 오픈성경 개요를 참고함

말씀	제목
이사야 1:1-9 01	소는 그 임자를 알고 나귀는 구유를 알건만

³ 소는 그 임자를 알고 나귀는 그 주인의 구유를 알건마는 이스라엘은 알지 못하고 나의 백성은 깨닫지 못하는도다 하셨도다

오래전부터 선지서의 꽃이라 할 수 있는 이사야를 언제쯤 묵상하게 될지 기다리고 있었는데 오늘부터 들어가는 이사야 묵상에 기대를 가져본다.

주전 8세기부터 6세기까지 유다 왕국의 웃시야 - 요담 - 아하스 - 히스기야까지 4대에 걸쳐 예언사역을 했던 이사야를 통해 하나님께서 그 시대 사람들에게 선지자의 가슴을 통하여 전달하신 말씀을 오늘 이 시대에도 주시는 동일한 하나님의 말씀으로 받으며 하나님을 아는 지식 가운데 더 깊이 들어가기를 사모한다.

오늘 말씀 이사야 1장은 글 전체를 핵심적으로 담고 있는 서론적인 말씀으로 이해하는데 당시 유다 백성들의 영적 상태뿐 아니라 포도원 망대같이 조금 남겨진 국가적 위기 상태를 나타내는 말씀에서는 이사야가 유다의 장래사를 내다보면서 현실로 끌어들여 기록한 말씀으로도 이해되기 때문이다.

그러나 이사야의 말씀을 더 깊이 이해하기 위해서는 당시 이사야가 예언했던 유다 왕국의 정치적 상황을 아는 것도 필요한 것 같다. 이사야가 예언사역을 시작하는 주전 8세기 국제 정세를 살펴보면 앗수르 제국이 신흥 세력으로 등장하면서 팔레스틴 지역을 점령하고 지중해 쪽으로 진출하려는 시도를 하였는데 당시 북왕국 이스라엘과 아람 등의 나라들은 동맹을 결성하고 앗수르의 남하 정책을 막아내면서 유다 왕국도 이 동맹에 끌어들이려 했다.

하지만 유다는 이러지도 저러지도 못하면서 결국 아하스 왕 때에는 동맹 세력들에게 침공을 당하고 앗수르의 힘을 의지하게 되는데(이사야 7장 참고) 급변하는 국제 정세 속에서 자신들의 진정한 보호자이시며 왕이 되시는 하나님을 의지하기보다 눈치에 따라 움직이는 것에 나타나는 이사야의 책망적 예언은 오늘 우리 시대 우리 조국 대한민국이 북한의 위협과 관련하여 중국/일본/러시아/미국 등의 나라들 사이에서 이러지도 저러지도 못하고 있는 안타까운 현실을 보는 것 같기도 하다.

오늘 말씀에서 이사야의 첫 일성으로 나타나는 외침은 "하늘이여 들으라! 땅이여 귀를 기울이라"인데 이는 하나님께서 이스라엘의 보호자시며 양육자가 되고 이스라엘은 하나님의 말씀에 순종하기로 언약을 맺었던 신명기의 말씀에 근거를 두고 있는바 그때 모세는 이 언약의 중재자로 천지를 증인으로 삼아 언약을 맺었으며 이사야 시대에 이르러 이 언약은 깨졌고 이스라엘은 급변하는 국제 정세 속에서 국가적 위기 상황에 몰린 것이 이 언약의 배반에 있음을 암시하는 것으로 이해하게 된다(신32:1,4:26,30:19).

많은 묵상 소재를 제공하는 오늘 말씀 속에서 그래도 한 가지만이라도 붙잡고자 하는 말씀은 하나님께서 자신을 자식을 양육한 아비로 비유하시며 언약을 배반하고 패역한 이스라엘에 대해 소, 나귀보다 못한 존재들이 되었다고 한탄하시는 말씀이다(1:2-3).

> 내가 자식을 양육하였거늘 그들이 나를 거역하였도다 소는 그 임자를 알고 나귀는 그 주인의 구유를 알건마는 이스라엘은 알지 못하고 나의 백성은 깨닫지 못하는도다(1:2-3)

언젠가 시골 농부와 소를 소재로 한 '워낭소리'라는 영화를 보았는데 마치 아비와 자식 관계처럼 주인과 깊이 교감하는 소를 보면서 감동한 적이 있었다. 시골에서 소를 가지고 농사짓는 한 성도가 간증하기를 언젠가 소에게 가까이 다가가 여물을 주는데 소가 주인인 자신을 알아보고 여물을 씹기 전에 감사 표시로 혀를 내밀어 자신의 손을 핥기에 "소는 그 임자를 알고 나귀는 그 주인의 구유를 안다는 말씀이 생각나서" 울었다고 하는데 나도 이 말을 듣고 눈물이 나왔다.

오늘 말씀에 비추어 나의 남으로부터 지금에 이르기까지 자식을 양육하듯 나를 기르신 하나님 아버지 앞에 나는 얼마나 감사하는 신앙이며 또 그 감사와 믿음의 표시로 그의 말씀을 얼마나 순종하는 자인지 자신을 돌아보게 되며 이제라도 이사야의 가슴을 통해 자신의 마음을 전하신 아버지 하나님의 마음에 합하여 살아갈 것을 깊은 교훈으로 받아들인다.

나의 남으로부터 지금까지 나를 기르신 주님!
믿음의 눈이 가리어져서 감사를 감사로 알지 못하고 살았습니다. 자식에게 온갖 관심을 두는 아비처럼 내 삶의 모든 곳에서 나와 함께하시는 주님을 인정하며 이제부터 내 삶 곳곳에서 주님께 향한 감사가 넘치도록 하겠습니다.
주님!
소보다 나귀보다 더 주님을 알아보는 믿음과 감사로 주님께 감격을 드리는 신앙과 삶이 되게 하옵소서. 아멘!

말씀 이사야 1:10-20
02
제목 예배와 삶이 괴리되지 않기 위하여

11 … 너희의 무수한 제물이 내게 무엇이 유익하냐?
12 … 내 마당만 밟을 뿐이라
13 … 악을 행하면서 성회를 여는 것을 참을 수 없도다

¹⁵ … 너희 손에는 피가 가득하구나
¹⁶ … 스스로 씻으며 스스로 깨끗하게 하라

(오라 우리가 서로 변론하자.)

Come now settle the matter/와서 그 일을 청산하자.

비록 너희 죄가 주홍빛 같더라도 눈처럼 희게 될 것이다. 비록 그 죄가 지렁이처럼 붉어도 양털처럼 될 것이다(1:18)

선지자 이사야는 이스라엘의 영적 상태가 발바닥에서 머리까지 성한 곳이 없을 만큼 만신창이가 된 것과 이스라엘의 국가적 위기가 마치 포도원의 망대같이 조금 남겨진 것처럼 되어 쇠약해진 나라가 된 배경에는 그들의 진정한 보호자 되시며 왕이 되시는 하나님 앞에서 생명의 교제가 단절된 형식적 제사(예배)가 만연했고 의로운 삶이 뒷받침되지 아니한 요식주의 예배로 예배와 삶이 괴리된 결과인 것을 밝히고 있다.

오늘의 말씀을 묵상하면서 우리의 예배와 섬김의 대상이 되시는 하나님은 철저하게 인격적인 분이어서 우리가 드리는 예배뿐 아니라 그 예배 속에 담겨 있는 예배드리는 자의 정신 곧 그가 얼마나 살아계신 하나님과 그의 말씀을 내 몸으로 살아가는 삶 가운데 잘 드러내는지도 자세히 들여다보시는 분이신가를 배우게 된다.

결국 예배와 삶의 일치를 요구하시는 인격적인 하나님 되심을 드러내시는 오늘의 말씀 앞에서 내가 드리는 예배가 어떻게 달라져야 하는지 그리고 내 삶으로 드리는 예배 곧 하나님의 말씀과 그의 속성을 반영시키는 내 삶이 어떻게 변화되어야 하는지도 배운다.

그런데 예배와 삶의 일치를 요구하시는 말씀 가운데 공평과 정의를 추구하며 학대받는 자를 도와주고 고아를 위해 신원하고 과부를 위해 변호하라는 말씀에서는 오늘 우리 시대 생존 경쟁에서 낙오되어 소외되고 방치된 사회적 약자들에게 내가 얼마나 관심을 기울이고 도와야 하는지도 일깨워준다.

세상은 많이 가진 사람, 성공한 사람, 잘 나가는 사람, 멋지고 예쁜 사람들에게 관심을 두는데 하나님께서는 이 사회에서 뒤처진 사람들에게 관심을 가지고 누군가 도움의 손길을 펴는 자가 없는가 눈여겨보신다는 사실 앞에서 이 세상과 사람들을 바라보는 나의 시선이 바르지 못했다는 것도 일깨워준다.

며칠 전 멀리 부산에서 기초수급자로 살아가는 분으로부터 전화를 받았는데 풀이 죽은 목소리로 말을 더듬거리며 이번에 기초수급에서 탈락되었다고 하기에 걱정이 되었다. 정신과 약을 너무 많이 먹어서 그런지 말도 제대로 못 하는 이분이 재활에 나서기에는 너무 역부족으로 보이는데 시간을 내어서라도 한 번 내려가 보아야겠다.

내가 오늘 말씀에 반응하여 이렇게 하고 싶은 것은 모든 것이 아름답게 꾸며진 화려한 예배당에 들어가서 한 시간 예배를 드리는 것보다 어둡고 그늘진 곳에 사는 사람들에게 내려가 그들에게 마음을 기울이고 함께 보내는 시간을 예배와 동일하게 보신다고 하시는 오늘의 말씀 때문이다.

오늘의 묵상을 접으면서 격식을 갖추어 드리는 예배도 소홀히 하지 않으면서 예배에서 받은 은혜를 삶으로 반영시킴으로 예배와 삶이 괴리되지 않고 일치되게 하라는 오늘의 말씀을 깊은 교훈으로 받아들인다.

주님!
신앙과 삶이 괴리되지 않는 정직한 예배를 위하여 이제부터는 예배시간에 나 자신을 돌아보는 참회의 시간을 많이 갖도록 하겠습니다. 더불어 내가 만든 상상의 神으로서 하나님 앞에 예배하거나 인격적인 하나님의 마음은 헤아리지 않으면서 나의 만족을 위해 예배를 드리지 않으며 기록된 말씀이 내게 가르쳐주시며 성령께서 일깨워주시는 나의 하나님 앞에 지음받은 피조물로서 겸비한 자세와 삶의 제사가 뒷받침된 예배를 올리겠습니다.

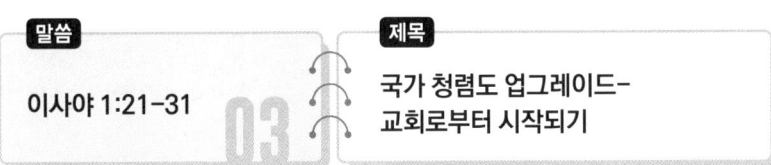

말씀 이사야 1:21-31
제목 국가 청렴도 업그레이드 - 교회로부터 시작되기
03

²⁷ 시온은 정의로 구속함을 받고 그 돌아온 자들은 공의로 구속함을 받으리라 ²⁸ 그러나 패역한 자와 죄인은 함께 패망하고 여호와를 버린 자도 멸망할 것이라

하나님은 자신의 인격적 피조물로 지음 받은 인간 세상의 나라들과 도시들에 관심이 많으시다. 하나님의 속성을 반영하는 의와 공평과 정의로 다스려지는 나라인지 아닌지 평가하시며 때로 너무 잘못 나가는 나라와 도시들에 경고성 심판을 내리기도 하시는데 아브라함 시대의 소돔과 고모라의 불 심판은 오고 오는 모든 시대 나라와 도시들에게 경종의 표본으로 삼기도 하셨다.

그런데 오늘 말씀에서 보여주는 하나님 나라며 백성으로서 이스라엘(유다)은 세계 열방과 민족들 가운데 본을 보여야 하는 제사장 국가로 세움 받았음에도 불구하고(출19:3-6) 하나님께서 원하시는 기준에 훨씬 미달하여 소돔같이 되었고 고모라같이 되었음을 앞선 말씀에서 지적하셨는데(1:10) 오늘 말씀에서는 부패 정도가 더욱 심각한 것을 지적하고 계신다.

신실하던 성읍이 어찌하여 창기가 되었는고 정의가 거기에 충만하였고 공의가 그 가운데에 거하였더니 이제는 살인자들뿐이로다 네 은은 찌꺼기가 되었고 네 포도주에는 물이 섞였도다(1:21-22)

우상숭배와 짝을 이루는 성적 부패와 타락은 도를 넘어서다 못해 부끄러움을 모르는 창기처럼 되어 도시에는 음풍이 가득하게 되었으며, 공평과 정의를 앞세워야 할 관리들은 칼만 들지 않았지 힘없는 백성들의 것을 빼앗는 살인자들뿐이라고 지적하고 계신다. 따라서 이것은 은을 제련하는 자들이 순은을 얻기 원했으나 찌꺼기 은이 된 것처럼 비유되고 있으며 사람의 마음을 기쁘게 하는 포도주에 물이 섞인 것처럼 거짓과 위선으로 가득 찬 성읍(도시)이 된 것으로 비유하신다(1:22).

하나님께서 세상 나라들을 구원하시기 위하여 표본국가로 삼으신 아브라함의 후손 이스라엘의 변질은 그래서 더욱 하나님에게 슬픔이고 고통이 되었기에 오늘의 말씀 대부분이 그들을 정결케 하는 심판이 불가피함을 역설하고 있다(1:24-31).

이사야 선지자가 경고성 예언을 말씀으로 전한 것이 그의 예언사역을 시작한 웃시야 왕이 죽던 해였고(6:1. BC 751), 실제로 유다 왕국이 멸망한 것이 이로부터 164년 지나 시드기야 왕 때인 것을 감안하면(BC 587) 그리고 이러한 이사야의 예언이 있은 후 30년이 지나지 않아 형제 국가였던 북왕국 이스라엘이 앗수르에게 멸망한 것을 보았으면서도(BC 722) 유다 백성들은 회개하지 않았고 선지자 이사야의 경고처럼 파멸로 이어진 것을 보게 된다.

오늘의 말씀을 통하여 주님은 세상 나라와 세상의 백성들은 그렇다 치더라도 하나님의 나라며 하나님의 백성으로 부름 받은 교회는 다르기를 원하신다. 그들은 어두운 세상에 진리와 구원의 길을 비추는 빛이며 부패와 썩음을 방지하는 소금으로 부름 받았기 때문이다(마5:13-14).

바닷물에 섞여 있는 3%의 염도가 바다의 썩음을 방지하고 청정을 유지시켜 주는 것처럼 세상 속 하나님의 나라며 백성으로 세워진 교회의 역할이 이러하기 때문에 주님께서 너희는 세상의 소금이며 빛이라고 하신 교회가 이 기준에서 무너지면 그 교회들이 속해 있는 나라와 도시들도 같이 무너지는 것은 당연한 이치이다.

최근에 발표된 국가별 청렴도를 보면 우리나라는 100점 만점에 53점을 받아 세계 176개국 중 52위를 기록, 역대 가장 낮은 순위로 추락했다. 독일 베를린에 본부를 둔 국제투명성기구(TI)의 한국본부인 사단법인 한국투명성기구는 '2016년도 국가별 부패인식지수(CPI)'를 발표하며 이같이 밝혔다.

우리나라는 2015년 37위(56점)에서 점수가 3점 깎이면서 순위가 15계단 떨어졌다. 이는 1995년 부패인식지수 조사 시작 이래 가장 큰 폭으로 추락한 기록이라고 한국투명성기구는 설명했다. 또한 조사 시작 이래 한국이 기록한 가장 낮은 순위다. 우리나라는 50위를 기록했던 2003년을 제외하면 최근 20년간 30~40위권을 유지했다.

한국투명성기구는 순위와 함께 발표한 성명에서 "이 점수가 충격적인 이유는 최순실 국정농단 및 탄핵 사태 이전까지의 평가라는 점"이라면서 "2014년 11월부터 2016년 9월 사이 자료로 측정된 결과"라고 밝혔다.

이어 "올해 우리나라는 스폰서·뇌물 검사 사건 등 구조적 부패 사건을 다수 경험했다"면서 "김영란법 시행으로 새로운 대한민국을 기대했으나 곧이어 최순실 사태가 터져 국가 시스템이 무너졌다"고 지적했다.

한국투명성기구는 "현 사태에 책임이 있는 사람과 집단에 철저히 책임을 물어서 무너진 국가 반부패·청렴 시스템을 다시 세워야 한다"고 제언했다.

아울러 △ 독립적 반부패 국가기관 설치 △ 검찰개혁 및 고위공직자 비리 수사처 신설 △ 국민의 알 권리 보장 및 정보공개법·기록물관리법 개정 △ 공익신고자보호법 확대 개정 △ 기업부패방지법 제정 및 부패기업 징벌적 손해배상제도 도입 등 법·제도 개선을 요구했다.

이에 더해 △ 국가 윤리 인프라 재구축 △ 청탁금지법 실효성 향상 △ 청렴 교육 의무화 △ 공공기업·시민사회 협력적 거버넌스 복원 등 제도권과 시민 사회의 노력도 촉구했다.

출처 : http://www.huffingtonpost.kr/2017/01/25/story_n_14381864.html

그러나 이러한 국가적 노력에도 불구하고 한 국가나 도시가 청렴도를 유지하기 위해서는 교회의 역할이 가장 우선적이어야 한다는 것이 성경의 가르침인 것을 감안할 때 최근 우리 사회에서 일어나고 있는 부패와 연루된 부끄러운 일들이 교회 목사님이고 장로님이고 집사님들인 것이 언론에 공개될 때마다 민낯이 뜨거워지는 것도 사실이다.

요즘 들어 북한이 더욱 도발적으로 나오며 금방이라도 이 나라에 전쟁이 터질 것 같은 전쟁 위기설이 고조되는 것을 매일 언론을 통해 보면서 하나님께서 앗수르를 심판의 도구로 삼아 이스라엘을 치셨고 후에는 바벨론을 심판의 도구로 삼아 유다를 치신 것처럼 경각심을 갖게 되며 망해도 벌써 망했어야 할 북한이 망하지 않고 여전히 고슴도치 같은 가시를 곤두세우며 우리를 위협하고 있는 이 모든 배후에 이 땅 이 백성을 향하여 회개와 각성을 촉구하시는 하나님의 마음이 담겨 있음을 주의 깊게 받아들인다.

주님!
이제는 음행과 불법의 도시 소돔과 고모라에서 진정한 평화의 도시 예루살렘으로 변화되는 우리 조국 대한민국이 되게 하여 주옵소서. 그리고 이러한 변화의 시작이 주님의 이름으로 일컬어지는 우리들의 교회에서부터 일어나게 하옵소서. 아멘!

말씀	제목
이사야 2:1-11	약속된 평화의 그날을 기다리며

⁵ 야곱 족속아 오라 우리가 여호와의 빛에 행하자

　주전 8세기 선지자 이사야 예언의 특징은 당 시대의 죄악상을 고발하고 닥쳐올 심판만을 경고하는 것이 아니라 그가 전하는 예언의 지평은 멀리 메시아 시대까지도 밝히 내다보면서 현실과 미래를 활기차게 오가는 것이다.

　유다와 예루살렘에 전운이 짙게 깔린 1장을 뒤로하고 2장에 들어서면서 먹장구름 속에서 태양이 나오듯이 메시아 시대가 이르게 되면 이제 곧 심판의 후폭풍에 휘말릴 시온 성 예루살렘이 얼마나 영광스럽게 변할 것인지 희망을 노래하는데 이는 세상 만방의 사람들이 이곳 시온으로 몰려오며 주의 도를 배우게 되리라는 것이다(2:1-3).

　그러나 이사야 예언의 지평은 여기서 멈추는 것이 아니라 다시 더 멀리 메시아 재림 시대까지 내다보며 그날이 오면 그가 열방을 판단하시는 심판자로 서시며 열방은 그들의 칼을 쳐서 보습을 만들고 창으로 낫을 만들며 다시는 전쟁을 연습하지 아니하는 영원한 평화의 시대가 되리라는 것을 예고한다(2:4). 이사야는 메시아가 이 세상에 오시는 그 시기를 '말일'로 표현하고 있는데(2:2) 이점은 성경의 다른 저자들도 동일하게 표현하는 것으로 예수님의 초림으로부터 시작해서 세상의 역사는 그의 재림까지 (　　) 안의 기간으로 들어가는 말일이 되는 것이다(히1:2).

　사실 이 세상의 역사는 언제까지 흘러갈 것만 같았는데 예수님이 이 세상에 초림하셨던 그때로부터 시작해서 그의 재림까지만 존재하는 것이 계시로 알려지게 되었고 그의 재림 이후에는 더 이상 이 세상의 역사는 존재하지 않고 완성된 하나님 나라의 역사만 이어지게 될 것이기 때문이다.

메시아 시대를 조망하는 오늘 말씀이 이미 성취되었고 또 오늘 우리 시대에도 이어지는 것을 보는 것은 유대인들이 가졌던 히브리 신앙(구약 종교)이 하나님께서 주시는 구원 계시의 한 과정이고 바탕이 되어 마침내 이사야가 예언한 메시아 시대 곧 예수님이 오심으로 복음의 꽃을 피우게 되었으며 여기서 기독교가 나오고 그의 도가 지금도 온 열방으로 퍼지고 있기 때문이다.

그러나 오늘 주신 말씀 가운데 더욱 관심을 가지게 되는 것은 이사야가 바라본 메시아 시대를 넘어서서 메시아 재림의 시대를 내다보는 희망의 예언이다. 칼을 쳐서 보습을 만들고 창을 쳐서 낫을 만들게 되는 것으로 표현되는 이 평화의 시대가 정말 인간 세상에 가능한 것인지 그리고 지금처럼 금방이라도 장거리 핵탄두가 날아오고 전쟁이 일어날 것 같으며 핵무기의 위협이 고조되고 있는 오늘 우리 시대에 과연 이런 날이 올 수 있는 것인지…. 장밋빛 미래를 낙관할 수 없는 우리 인간 세상에 오직 재림의 주로 오셔서 이 모든 것들을 가능케 하시는 예수님만이 우리의 희망이고 평화의 기대가 되는 것을 이 아침 주신 말씀 붙잡고 마음 깊이 받아들인다.

 말씀에 응답하는 기도
주 예수님!
평화가 없는 이 세상에 오직 당신만이 인간 역사의 해답 되시며 우리의 평화가 되시는 것을 오늘 주신 말씀 붙잡고 기다립니다. 칼을 쳐서 보습을 만들고 창을 쳐서 낫을 만들게 되며 다시는 전쟁을 연습하지 아니하는 평화의 그 날이 주님의 재림과 더불어 속히 이 땅에 도래하게 하옵소서. 아멘!

말씀	제목
이사야 2:12-22 05	광복절 72주년 아침의 단상

22 너희는 인생을 의지하지 말라 그의 호흡은 코에 있나니 셈할 가치가 어디 있느냐

　오늘은 일제 36년의 압제에서 벗어난 광복 72주년이다. 그러나 광복의 기쁨도 잠시 북에는 소련군이 들어오고 남에는 미군이 들어왔으며 우리 민족의 의사와 관계없이 위도 38도의 분단선이 그어져 반토막으로 갈라졌고 5년 후 발발한 6·25전쟁으로 우리나라가 세계의 전쟁터가 되어 2차 대전 때 유럽 본토에 떨어진 것보다 더 많은 포탄이 아름다운 우리 강산에 떨어지고 승패 없는 전쟁으로 결말되어 지금의 휴전선이 그어지고 다시 65년이 지나 오늘에 이르고 있음을 생각할 때 비통한 마음 금할 길이 없다.

　왜 하나님께서 우리 민족에게는 다른 민족이 경험하지 못한 특별한 역사 경험으로 이러한 시련을 주시는지 광복절 아침에 그리고 오늘의 말씀 앞에서 더욱 깊이 묵상해 보게 된다.

　선지자 이사야는 유다와 예루살렘에 임하는 두렵고 큰 날로 여호와의 날 곧 임박한 심판의 날이 임하게 되는 이유로 그들에게 주어진 은금 보화가 가득하고 그 땅에 마필과 병거가 무수하게 되었을 때 그들이 하나님을 떠났고 자신들의 손으로 만든 우상을 숭배에 빠진 것에 대한 징벌이라고 했는데(2:7) 오늘의 말씀은 거기에 더하여 한 가지 악을 더 추가시키고 있는바 그것은 저들의 교만한 죄에 대한 징벌이라고 지적하고 있다(2:12-22).

　역사의 주관자이신 하나님께서 부와 강성함을 허락하시며 또 특별한 은총

의 기회를 주셨을 때 이것을 어떻게 받아들이며 또 어떻게 활용하는가는 우리(내)가 받을 축복의 그릇이 어떠한가를 알아보는 척도인데 유다와 예루살렘은 여기서 실패하였고 우리 민족 역시 우리의 힘으로가 아니라 하나님께서 주신 자유와 해방 축복의 기회에서 도리어 서로 기득권을 잡으려는 민족 지도자들의 싸움으로 민족적 시련을 겪었고 지금도 그 후유증 가운데 있다.

광복 72주년을 맞이하는 이 아침 역사의 주인이신 하나님 앞에 우리 민족이 다시 한 번 겸비하여 주의 얼굴을 구하며 민족적 대의가 되는 민족 통합과 통일의 과제를 앞에 놓고 서로 싸우지 않기를 다짐하며 평화의 왕이신 주님께서 다스려주시는 우리나라 복된 나라 되기를 간절히 기도드린다.

말씀 이사야 3:1-12   06   **제목** 그의 영광의 눈을 범하였음이라

¹⁰ 너희는 의인에게 복이 있으리라 말하라 그들은 그들의 행위의 열매를 먹을 것임이요 ¹¹ 악인에게는 화가 있으리니 이는 그의 손으로 행한 대로 그가 보응을 받을 것임이니라

이사야 선지자는 유다와 예루살렘의 파멸은 그들의 언어와 행위가 여호와를 거역하며 그의 거룩하신 눈을 촉범한 것 때문이라고 한다(3:8). 한마디로 하나님께 보이지 말아야 할 것들을 너무 많이 보게 만들어서 하나님의 마음이 아프시게 되고 눈도 아프시게 되었다는 것이다.

여호와의 눈은 정결하여 차마 악을 보지 못하신다고 하셨는데(합1:13) 못 보일 모습을 너무 많이 보게 만들어서 하나님께서 그들에게 얼굴을 향하여 드사 은혜 베푸시며 평강 주시던 자비로우신 얼굴을 돌리시게 되었고 그 결과

파멸이 오게 되었다는 것이다.

　오늘 말씀에서 특히 준비되지 못하고 자격 없는 지도자들을 아이로 비유하는데 이는 다윗의 위를 이어가던 왕들 가운데 하나님을 경외할 줄 몰라서 마치 철부지 아이가 다스리는 것처럼 나라를 말아먹는 악한 왕들이 많이 나와 백성들을 유혹하고 악의 구렁텅이에 빠트렸다는 것을 암시하는 바 이 모든 것이 이 나라에 하나님의 은혜가 거두어진 결과인 것을 밝히고 있다(3:4,5,12).

　하나님의 눈과 관련된 소재로 오늘의 말씀을 묵상하면서 하나님이 내 눈에 보이지 않는다고 마치 하나님이 없는 것처럼 하나님이 보시지 않는 것처럼 말하고 행동하면서 무덤덤하게 넘어가는 나의 모습에 위기감을 느끼게 된다.
　눈을 지으신 이가 보지 않으시랴 귀를 지으신 이가 듣지 않으시랴 했는데(시 94:9) 나는 이런 점에서 하나님을 너무 무시한 것 같다.

　기독교 역사에서 개혁 신앙의 아버지들은 '하나님의 눈빛 앞에서'라는 코람데오의 신앙 유산을 물려주었는데 나는 나도 모르는 가운데 적당히 세상과 타협하고 살면서 흐지부지 내 마음 한 켠에서 몰아낸 것 같다.

　언제나 반복되는 후회이고 다짐이지만 다시 정신 차리고 살아야겠다. 내가 왜 이 수준밖에 안 되고 옛사람 육체를 따라가는 소욕은 강성인데 성령을 따라가는 소욕과 의지는 왜 이렇게 빈약하고 유약한 것일까? 주님은 팔복 가운데 마음이 청결한 자는 하나님을 볼 것이라고 하셨는데 그만큼 자신이 하나님의 눈빛 앞에 있음을 강하게 의식하게 되는 축복을 말씀하신 것 같다.

　비록 보잘것없는 경건의 모습이라도 매사에 하나님의 눈빛을 의식하면서 주님 편에 서고 의의 길을 선택하는 나의 의지를 하나님께 드릴 때 마음의 청결은 더 큰 청결을 만들고 하나님을 닮는 거룩한 신앙에 이를 수 있음을 마음 깊이 받아들인다.

주님!
오늘 아침은 일어나서 눈이 뻑뻑하고 아픈 가운데 오늘의 말씀을 묵상하다가 주님의 눈을 생각하게 되었습니다. 정결하시어 차마 악을 보지 못하시는 주님의 눈빛 앞에서 나도 맑은 눈을 가지고 싶습니다. 보지 못할 것을 많이 보고 듣지 못할 것을 많이 들어 몹쓸 게 되고 흐려진 나의 눈에 라오디게아 교회에 처방해 주신 바로 그 안약으로 맑음을 회복하며 다시 코람 데오의 신앙에 세워지게 하옵소서.

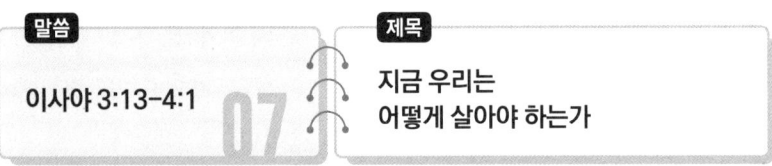

15 어찌하여 너희가 내 백성을 짓밟으며 가난한 자의 얼굴에 맷돌질하느냐 주 만군의 여호와 내가 말하였느니라 하시도다

하나님께서 선지자 이사야의 시선을 통해 자기 백성 유다를 멸망시킬 수밖에 없는 이유를 크게 두 가지로 말씀하시는데 지도자들의 탐욕과 다른 한 가지는 상류층 여성들의 지나친 사치이다. 지도층에 있는 사람들은 하나님께서 맡기신 포도원(하나님의 기업인 백성들)을 잘 가꾸는 자들이 되기보다 삼키는 자들이 되어서 자신들의 위치와 권한을 이용하여 백성들을 짓밟으며 가난한 자들의 얼굴에 맷돌질을 하였는데(3:15) 여기서 말하는 맷돌질이란 맷돌을 갈아 내용물을 얻듯 백성들의 고혈을 짜내 자신들의 부를 쌓았다는 것이다.

더불어 그들의 부인들은 남편들이 부정한 방법으로 쌓은 경제적 부를 이용해 사치로 자신들을 가꾸는 데 사용하였는데 오늘 말씀에 소개되고 있는 20

가지 이상 되는 장식구들은 이미 BC 1900년경 애굽 여인들이 사용하였던 사치품들로 많은 돈과 남아도는 시간들을 이용해서 이방 풍습을 따르며 정숙하지 못한 마음과 눈으로 추파를 던지며 돌아다니는 것을 의미한다(3:16-21).

시온의 백성들을 선도해야 할 지도자들과 그들의 부인들이 이렇게 살아가는 그 사회는 더 이상 희망이 없기 때문에 하나님의 심판이 장차 어떻게 나타날 것인지 보여주는데 (바벨론에게 정복당하는) 전쟁의 소용돌이 속에서 볼품없는 포로들의 모습으로 바뀌게 될 것을 보여준다(3:24).

그때 인생의 즐거움을 상징하던 향은 썩은 냄새가 될 것이고 여유로움을 상징하던 띠는 극도의 궁핍을 드러내는 노끈으로, 영광의 상징이던 숱한 머리털은 수치를 드러내는 대머리로, 화려한 예복은 슬픔의 베옷으로 바뀌며 수치스런 흔적이 아름다움을 대신할 것이라고 하였는데 여기서 수치스런 흔적이란 포로로 압송되어 노예로 끌려갈 때 노예의 표시로 이마나 얼굴에 불로 낙인을 찍히게 된다는 것이다.

더불어 정복자들에 의해 패전으로 남겨진 땅에는 남자들이 없어지고 넘쳐나는 과부들로 인하여 한 남자를 놓고 일곱 여자가 나의 남편이 되어달라고 쟁탈전을 벌이는 상황까지 내몰릴 것을 경고하고 있다(4:1).

지금까지 이 세상에 존재하다 역사 속으로 사라진 나라들을 보면 외부의 적에 의해 침공을 받고 무너지기보다 먼저 내부적으로 너무 부패해진 것 때문에 멸망으로 이어진 것을 보여주는데 지금 하나님의 백성인 유다 역시 이러한 위기에 몰린 것을 선지자 이사야는 지적하고 있는바 이러한 경고가 발효된 것은 당시 국제 정세가 급변하게 돌아가고 이미 형제 국가인 북이스라엘이 앗수르에게 망했으며(BC 722) 남왕국 유다 역시 이러한 위기 속에서 위협받고 있었기 때문이다.

요즘 한반도를 둘러싸고 국제 정세가 급박하게 돌아가고 있는데 엊그제 광복절 경축사에서 대통령이 미국과 북한 사이에 오고 가는 전쟁의 전운 가운데 우리의 허락 없이 우리 한반도에 전쟁이 발발하는 것을 용인하지 않겠다는 발표를 미국 언론들이 비중 있게 다루고 있다는 소식이 들려온다.

그런가 하면 우리나라 밖에서 우리나라를 바라보는 사람들은 너희 나라가 금방이라도 전쟁이 날 것 같은데 왜 이렇게들 태평하게 지내고 있느냐는 소리도 듣는다. 또 어떤 사람들은 자꾸 이렇게 전쟁의 분위기로 몰아가는 것은 서로 이해관계가 맞물리고 있는 주변 국가들 사이에 드러내지 않는 속내가 있지 않겠느냐고 말하기도 한다. 어찌 되었든 한반도를 둘러싼 국제 정세가 그 어느 때보다 흉흉하게 돌아가는 상황에서 그럼에도 불구하고 전쟁이 그리 쉽게 일어나는 것이 아니라고 생각하는 것은 모든 전쟁은 하나님께 속했다는 말씀 때문이다(삼상17:45-47).

따라서 지금 우리에게 중요한 것은 급박하게 돌아가는 국제 정세에 휘둘리기보다 이사야 선지자가 경고하고 외친 것처럼 우리가 하나님 앞에서 바르게 살고 있나 돌아보는 것이며 특별히 이 나라의 상류층이라고 할 만한 사람들이 국민들에게 어떻게 본을 보이고 있는가 주목하게 되며 더 나아가 가장 중요한 것은 이 나라를 존속시키는 이유와 목적으로 이 땅에서 하나님의 기업이 되고 있는 우리들의 교회가 지금 어떤 모습인가를 심각하게 돌아봐야 할 시기인 것을 오늘의 말씀에 비추어 깊은 관심으로 받아들인다.

주님!
전쟁의 흉흉한 소리가 들려올 때 요동치는 주변 국가들의 정세에 휘둘리기보다 더욱 우리(나) 자신을 돌아보는 기회가 되며 지금은 돈 자랑할 때가 아니며 지금은 사치할 때가 아니며 주님 앞에 겸비하여 자신들을 돌아보며 은혜를 구하는 비상 기도의 때인 것을 알게 하옵소서.

말씀	제목
이사야 4:2-6	메시아 시대의 풍부한 은택 누리기

08

4 이는 주께서 심판하는 영과 소멸하는 영으로 시온의 딸들의 더러움을 씻기시며 예루살렘의 피를 그중에서 청결하게 하실 때가 됨이라

웃시야 왕이 죽던 해에 하나님의 소명을 받고 등장해서(6:1) 유다 민족의 장래사뿐 아니라 메시아 시대까지 내다보며 예언 계시의 꽃을 피운 이사야 선지자는 바로 앞선 말씀에서는(4:1) 유다 민족의 멸망이 도래하는 '그날'을 예고했는데 이어지는 오늘의 말씀에서는(4:2) 메시아 시대(신약시대)를 내다보는 '그날'로 하나님의 백성들에게 희망의 메시지를 전하고 있다.

그날 여호와의 싹이 아름답고 영화로울 것이요로 시작되는 그날 곧 메시아 시대가 열리게 되는 '그날'은 말 그대로 나무가 활발한 생명력으로 싹이 돋고 가지가 뻗어 무성한 잎새의 그늘을 만들고 아름답고 풍성한 열매를 맺듯 여호와 하나님께로부터 자기 백성에게 오신 생명의 주 예수님으로 인하여 주의 백성들이 받을 은혜의 풍성함이 어떠한지 희망을 노래하는 것이다.

그가 오셔서 하실 일은 무엇보다 자기 백성의 더러움을 씻어 정결케 하시는 것인데 그것은 소멸의 영으로 임하시는 성령의 역사를 통하여 이루실 것이며(4:4) 한 걸음 더 나아가 그날 곧 메시아 시대엔 마치 하나님께서 구약 광야교회에 구름기둥과 불기둥으로 임하여 자기 백성을 보호하신 것처럼 여호와의 싹으로 오시는 이가 자기 백성들을 위한 구름기둥과 불기둥 되시며 낮의 더위를 피하며 폭풍우를 피하는 초막이 되실 것을 예고하는바(4:5-6) 이는 곧 자신의 십자가와 부활, 성령을 보내주심으로 이 땅에 탄생하게 될 교회가 주의 백성들을 보호하는 (임시) 장막 역할을 하게 될 것을 내다보는 이사야 예

언의 진수가 된다.

메시아 시대(신약시대)의 희망을 노래하는 오늘의 말씀을 묵상하면서 나는 선지자 이사야가 전하는 이 시대에 태어나 주님을 섬기면서 선지자가 말한 이 모든 축복을 누리는 자인가 자신을 돌아보게 된다.

나는 생명책에 녹명된 자로서 거룩함을 입은 자인가?(4:3)
나는 소멸하시는 영으로 임하시는 성령의 역사로 내 안의 모든 육적 더러움이 소멸되고 깨끗함을 얻고 있는가?(4:4)
나는 구름기둥과 불기둥의 혜택과 인도를 받고 있는 자인가?(4:5)
나는 낮의 더위와 폭우를 피할 수 있는 초막을 가진 자인가?(4:6)

메시아 시대(신약시대)에 주의 백성들에게 입혀지는 은혜로 위의 네 가지를 나 자신에게 적용시켜 보면서 특별히 두 번째 질문으로 나는 소멸하는 영으로 임하시는 성령을 힘입어 나의 모든 육적 더러움을 씻고 정결함을 받으며 성화 성장에 이르고 있는 자인지 반문해 보게 된다.

주님 은혜로 생명책에 녹명된 자로서 거룩한 자라고 칭함을 얻었지만(칭의-4:3) 여전히 내 안에 잔존하는 죄적 성향을 소멸시켜 주시는 성령의 역사가 필요하며(성화-4:4) 믿음을 지켜나가기 힘든 세상에서 죄로부터 피하여 살아가는 천국 순례자로(4:2) 구름기둥보다 불기둥보다 더 확실한 성령의 인도를 따라(견인-4:5) 주님께서 피난 자들을 위하여 임시 처소로 마련해 주신 초막(교회)을 통하여 보호받아야 한다는 것을 확인하게 된다(보호-4:6).

주님!
이사야 선지자를 통하여 알려주신 메시아 시대의 풍부한 은택을 충만히 받아 누림으로 악한 죄악 세상을 이기는 순례자로서 승리하는 신앙과 삶이 되게 하옵소서. 아멘!

말씀	제목
이사야 5:1-7	극상품 포도원 국가로 올라서기 위하여

09

⁴ 내가 좋은 포도 맺기를 기다렸거늘 들포도를 맺음은 어찌 됨인고…

평소에는 TV를 잘 안 보는데 지난 주도 그랬고 이번 주 역시 금요일 저녁 시간대에 채널을 돌리다 KBS1에서 방영하는 '명견만리'를 시청하게 되었다. 세계에서 투자를 가장 잘해서 미국 월가에서도 4,200%의 투자 수익을 낸 사람으로 유명하며 전 세계 사업가들이 그의 이야기를 듣기 위해 한 끼 식사를 같이하는 데 수억 원씩 지불한다는 바로 그 사람, 짐 로저스 이야기를 두 번씩이나 듣게 되고 또 그의 말 가운데 내가 평소 기도해 오고 있는 우리 민족의 명운이 걸린 이야기가 결론으로 나오는 것을 보면서 큰 도전을 받는다.

그는 지난 주 금요일 '명견만리' 시간에는 왜 대한민국이 투자 가치가 없어지고 희망이 없는 나라로 전락했는가에 대해 이야기했는데 그것은 한국의 대기업 세 곳이 국가 GDP(Gross Domestic Product : 국내총생산)의 절반 이상을 차지하고 있어서 그 밖의 기업들이나 중소기업들이 심하게 치이며 설 곳이 없다는 것과 사업을 시작하는 이들에게 규제가 너무 많다는 것, 그리고 젊은이들이 창의적인 도전보다 안정적 직장을 위해 공무원 시험에 매달려서 항상 경쟁률이 수백 대 일에 달하며 젊은이들이 노량진 고시촌 같은 곳으로만 몰린다는 것 그리고 또 한 가지는 지난 정부의 실책이기도 하지만 부동산으로 경제를 띄우기 위해 빚내서 집을 사라고 유도한 것 때문에 가계 부채가 최고 위험 수위에 올라 있는 것 등등을 지적하였다.

한국은 더 이상 투자 가치가 없는 나라라는 부정적 시각으로 발표를 끝내는 것을 보면서 모두가 우울하게 자리에서 뜨는 그 시간, 그때 내 마음속에서는 분명 다음 주 명견만리 시간에 하게 될 그의 이야기가 무엇이 될지 예상되었는데 어제저녁 또다시 그의 이야기를 들으면서 그대로 적중하는 것을 보면서 깜짝 놀랐고 지금 시대가 어떻게 흐르고 있으며 우리 대한민국도 더 이상 변화하지 않으면 미래가 없다는 것을 확신하게 되었다.

어제 명견만리 시간에 발표한 그의 이야기는 한 마디로 '통일' 혹은 북한과 더 이상 대립구도가 아닌 상생구조로 나가야만 이 나라에 희망이 있다는 것을 여러 사례와 통계를 들어가면서까지 말하며 이렇게 될 때 대한민국은 세계 제1의 투자처가 되며 자신 역시 대한민국에 자신의 전 재산을 투자하겠다는 말로 끝맺는 것을 보면서 이것은 마치 우리에게 더 이상 다른 길은 없고 오직 이 길뿐이라는 것을 하나님께서 짐 로저스를 통하여 이 땅에 예언자적 경고를 남기셨다는 것으로 받아들이게 되었다.

하나님의 기업으로 표시된 이스라엘 유다 민족의 포도원에 대한 이야기를 노래 형식으로 말하고 있는 오늘의 말씀에서(5:1) 이사야는 하나님께서 온갖 공력을 들여서 극상품 포도원으로 만든 자기 백성 이스라엘이 쓸데없는 들포도나 맺는 포도원이 되었음을 지적하고 있는데(5:2-4) 이는 그 땅에 공평과 정의가 사라지고 포악과 싸움만 있으며 가난한 자들의 부르짖음이 가득한 것을 이유로 들고 있다(5:7). 그래서 하나님께서도 그 땅을 황폐하게 하시며 다시는 자기 포도원을 돌보지 않으시므로 찔레와 가시가 날 것이고 하늘 구름에게 명하여 은택의 비도 내리지 않게 하실 것이라고 경고하고 있다(5:6).

오늘의 말씀을 묵상하면서 서두에 짐 로저스의 이야기를 인용하는 것은 지금 우리나라 현실이 이사야가 지적하는 이스라엘의 모습과 흡사한 것 때문이기도 하며 다시 일어서는 바이 코리아가 되기 위하여 우리는 어떻게 변해야 하는지 해답이 들어 있기 때문이다.

현재 세계 주식시장에서 한국의 가치를 거론할 때 'Discount Korea'라는 말로 심하게 저평가되고 있다는데 '분단'이라는 현실 때문에 받을 수밖에 없는 위험한 투자처로써 불이익이며 저평가가 무려 50%에 이르는 것도 짐 로저스의 설명에서 알게 되었다. 그러나 무엇보다 마음 아픈 것은 우리가 북한과 대립하며 우리 안에 고립되어 있는 동안 중국이 북한과 교역하며 엄청난 이득을 챙기고 또 중국 단동에서 출발하여 유럽 끝까지 가며, 러시아가 극동 블라디보스토크에서 유럽 끝까지 가는 유라시아 철도나 도로가 우리나라와는 아무 관련 없이 진행되고 있다는 사실에서 나같이 정치를 모르는 사람도 국가 위기를 느꼈는데 남과 북이 연결만 되면 우리나라가 세계를 향하여 뻗어가는 도로와 기차의 시발점 국가가 될 수 있다는 점에서 아쉬움이 남는다.

물론 이러한 미래 전망은 이 나라의 모든 정치가들도 다 알고 있다고 생각하는데 왜 우리는 국제 정세가 도약을 위해 이렇게 요동치고 있는 이때에 이러한 희망적 미래를 여전히 이념 대립으로 고착시킨 채 싸움이나 하고 있으며 우리 안에 스스로 갇혀 고립되어 있는지 안타까운 마음 금할 길이 없다.

이제 쓸데없는 소모적 이념 전쟁을 그치고 하나님께서 우리 조국 대한민국에 만들어주신 극상품 포도원으로 국가 경영을 제대로 이루기 위해서 서로 상생하는 길을 찾아 나서야 할 것이며 지금이 바로 그때라는 것을 다시 한 번 마음 깊이 받아들인다.

주님!
주님의 세계 경영 가운데 들어 있는 우리 조국 대한민국이 극상품 포도원이 되는 일등 국가가 되게 하옵소서. 이러한 축복이 현실이 되기 위하여 더 이상 이념 대립과 싸움으로 국가 에너지를 소모하지 않게 하시고 더 높이 더 멀리 바라보며 도약하는 우리나라 복된 나라 대한민국이 되게 하옵소서.

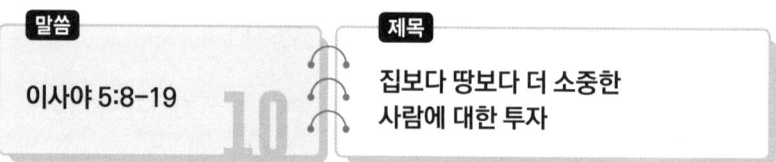

말씀 이사야 5:8-19
제목 집보다 땅보다 더 소중한 사람에 대한 투자

11 아침에 일찍이 일어나 독주를 마시며 밤이 깊도록 포도주에 취하는 자들은 화 있을진저

오늘의 말씀은 오늘 우리 사회에서 서민들의 소박한 행복마저 앗아가는 부동산 투기 문제부터 시작해서(5:8-9) 부정하게 쌓은 부로 놀고먹는 쾌락주의자들(5:11-12) 그리고 양심이 마비되어 부정한 죄를 저지르면서도 하나님이 어디 있느냐며 하나님을 조소하는 자들에 대하여(5:18-19) "화 있을진저"로 시작되는 무서운 재앙이 선포되고 있다(5:1-3).

우리나라에 문재인 정부가 들어서면서 등장한 정치용어는 '적폐청산'인데 그동안 우리 사회에 누적되어 온 이런 패악들 때문에 얼마나 고통받고 신음하였는가를 단적으로 보여주는 정책들이다.

부동산 투기와 관련하여 집 문제만 하더라도 평범한 소시민들의 보금자리로 한 사회를 안정되게 유지하게 하고 특히 젊은이들의 주거문제를 적정선으로 해결해 줌으로써 결혼과 출산에 따른 국가 동력을 유지해야 하는데 그동안 건축업자들과 토건업자들만 배불려주는 국가 정책으로 빚을 내서라도 집을 사라고 부추겨 집값을 부풀려주고 젊은이들의 집 장만이 하늘의 별 따기 만큼이나 어려워지니 결혼을 포기하게 되고 세계에서 가장 심각한 저출산 국가로 전락하였다.

그동안 서민들에게 고통을 안겨준 적폐청산 1호는 부동산 투기인데 다른 것은 몰라도 자신의 부를 쌓기 위해 집값을 가지고 장난하는 사람들 때문에 우리 사회가 얼마나 몸살을 앓아왔는지 말로 다 할 수 없을 정도이다. 우리나라 부동산 가격이 큰 대륙 캐나다의 땅들을 일곱 번 사고도 남는 가격이라고 하니 잘못되었어도 한참 잘못되었으니 부풀려진 부동산 투기 문제를 새로 들어선 정부가 바로잡아주기를 기대하는 마음 간절하다.

오늘 말씀에서 어떤 부동산 투기업자들은 가옥에 가옥을 이으며 전토에 전토를 더하여 빈틈이 없을 만큼 부동산 투기에 혈안이 된 모습을 보여주는데(5:8-9) 이것은 자기 백성 이스라엘에게 가나안 땅을 허락해 주신 하나님께서 땅은 하나님 소유이므로 절대 사고팔 수 없다고 하신 뜻을 정면으로 위배하는 행위인데 아마 이사야 선지자 시대에는 이 땅을 선물로 주신 하나님의 뜻은 무시되고 사라졌으며 부를 축적하기 위해서라면 무슨 짓이라도 하는 사람들 때문에 이러한 경고성 말씀까지 나온 것 같다. 이에 대해 하나님께서는 이러한 죄악을 회개하지 않으면 그 땅에 전쟁을 발화시켜서 집을 아무리 아름답게 많이 지었어도 거주할 자가 없게 만드시겠다고까지 말씀하신다(5:9).

중국만 하더라도 북경이나 상해 같은 대도시를 제외하면 대부분의 사람들이 사는 지방 도시의 집값이나 전월세가 우리나라의 절반에 이르지 못하는데 이유는 땅이 나라의 소유이기 때문에 자연히 집값이 낮게 책정될 수밖에 없어 그나마 서민들이 주거문제에 관한 한 숨통을 틔우는데 서민 대중, 국민들의 기본적인 삶에 대한 보장은 오히려 사회주의 국가들이 앞서가는 점에 대해서 자본주의 국가들이 마땅히 배워야 할 점이라고 생각한다.

오늘의 말씀에서 두 번째 "화 있을진저"로 거론되는 죄악은 부정한 방법으로 부를 쌓고 놀고먹는 쾌락주의자들에 대한 경고인데 그들은 자신들의 쾌락을 위해서는 돈을 흥청망청 쓰며 무슨 짓이든 다 하면서 하나님을 두려워할 줄 모르고 일말의 관심도 없다는 점을 지적하고 있는데(5:11-13) 이제 곧 전쟁이 발발하게 되므로 사치하고 연락하던 그들이 사로잡히게 되고 굶주리고 목마르게 될 것이며 그들의 호화로웠던 것들과 즐거워했던 것들이 모두 스올(죽음)에 삼키게 될 것을 경고하신다(5:14).

주일 아침에 주시는 오늘의 말씀을 묵상하면서 하나님은 한 국가나 사회의 주거문제나 땅에 대해 관심이 많으시며 이런 것들이 어떤 특정한 사람들에 의해 전횡되어 배를 채워주고 대부분 서민 대중들이 고통받게 되는 것을 싫어하신다는 것을 배우며 어떤 부동산 투기업자들처럼 건전한 방법으로 자신의 부를 쌓지 않고 사람들의 기본적 삶의 터전이 되는 땅이나 집 같은 문제로 자신의 부를 쌓으며 넘쳐나는 돈을 가지고 무슨 짓이라도 하는 쾌락주의 - 일락주의자들에 대해 가만두지 않겠다고 하시는 공평하시고 정의로우신 하나님의 속성에 대해서도 배우게 된다.

더불어 자기 능력대로 살아간다는 자본주의 사회에서도 아무리 돈을 많이 벌 수 있는 길이 눈앞에 보인다고 하여도 사회적 약자들에 대한 배려와 사람의 기본적인 삶의 행복권이 침해되지 않는 선에서 자신의 능력을 발휘하여 돈을 벌어야 하며 이런 것을 무시하고 나가는 사람들이나 이런 것을 눈감아 주는 국가 정부에 대하여 하나님의 심판이 반드시 따른다는 것을 다시 한 번 확인하게 된다.

주님!
다른 사람들과 더불어 살아가는 사회 공동체 안에서 다른 사람들의 기본적 행복권을 침해하지 않으며 집보다 땅보다 더 소중한 사람의 가치를 위하여 내가 가진 것을 투자할 수 있는 신앙과 삶이 되게 하여 주옵소서. 아멘!

말씀	제목
이사야 5:20-30	파멸을 벗어나 번영과 형통으로 가는 길

11

²³ 그들은 뇌물로 말미암아 악인을 의롭다 하고 의인에게서 그 공의를 빼앗는도다

이사야 선지자가 이 예언을 선포할 당시 유다와 예루살렘은 권세와 돈만 있으면 선을 악으로 바꾸며 악을 선으로 바꾸는 일들이 비일비재했던 것 같다(5:20). 아마 이때가 아하스 왕 시대일 거라고 생각되는데 하나님의 율법이 무시되고 우상숭배가 극에 달했으며 도처에 악이 지배하는 시대가 되었으니 사회 정의의 마지막 보루가 되어야 하는 재판정에서조차 불의가 의를 대신하는 시대가 되어서 가난하고 의로운 자들이 살 수 없는 시대였던 것 같다.

가끔 인터넷 뉴스를 읽다 보면 어린아이라도 선악을 분별할 수 있는 법정 사건을 판결하면서 얼마나 돈을 많이 먹었는지 모르지만 악을 선하다 하고 선을 악하다고 판결한 기사들이 나오는데 이런 기사에 달려 있는 세간의 댓글들을 보면 오늘 우리 사회를 망치는 주범이 검사와 판사들이라는 말이 예사롭지 않게 여겨지며 나도 모르게 울분이 터지곤 하였다.

이런 불의한 세상을 청산하고 최소한 상식이라도 통하는 세상을 만들어보려는 민초들의 노력이 촛불 집회 같은 형식으로 표출되었던 것이라고 생각하는데 그래도 우리 사회가 공평과 정의가 실현되는 살만한 세상이 되기 위해서는 아직 가야 할 길이 먼 것 같다.

다가오는 8월 25일은 우리나라 최고 재벌인 삼성과 전임 대통령이 연류된 뇌물 사건을 파헤친 특검이 지난 몇 달 동안 공방을 벌여온 최종 판결이 나오

는 날인데 이 판결이 어떻게 나올 것인지 벌써부터 초긴장 상태로 이날을 지켜보게 된다. 어떤 검찰도 300명 이상의 변호사 군단을 거느린 삼성에 대해 지금까지 한 번도 이겨본 적이 없다고 하는데 과연 박영수 특검팀이 천하무적 삼성이라는 무쇠 방패를 뚫어낼 수 있을지 장담할 수 없는 가운데 이 나라의 명운을 앞에 놓고 바른 판결이 나오기를 기도할 뿐이다.

왜 이스라엘이 멸망할 수밖에 없는지 보여주는 오늘의 말씀은 앞선 말씀에 이어서 넷, 다섯, 여섯 번째 화를 선언하시는데 악을 선하다 하며 선을 악하다고 판결하며(5:20) (만물보다 거짓되고 심히 부패한 인간의 마음을 부정하며) 스스로 자신을 지혜롭다 하며 명철하다 하는 자들에 대해(5:21) 그리고 거짓된 악을 도모하는데 용감하기 위해서 포도주(술)를 마시며 독주를 빚는 자들로 인하여(5:22) 무서운 전쟁과 재화가 닥쳐오고 있음을 경고하고 있는데 이것은 장차 바벨론 군대가 유다와 예루살렘에 침공해 올 것에 대한 경고가 되고 있다.

오늘의 말씀에서 선지자는 질풍노도처럼 밀고 들어올 바벨론에 대해 지나칠 정도로 강성함을 드러내며 그때에 이스라엘이 당할 곤경이 얼마나 처참할지 예고하는데 아마 이사야 선지자는 환상 계시 가운데서 이러한 참상을 미리 앞당겨보면서 이 예언을 한 것 같다. 왜 우리가 정의로운 사회를 만드는 데 관심을 가져야 하며 이 땅에 누적되어 온 적폐를 청산해야 하는 이유는 이것이 세상을 경영하시는 하나님 앞에서 우리가 살아남을 수 있는 유일한 길이 되며 번영과 형통으로 가는 불변의 성경의 가르침이 되기 때문이다.

공평과 정의를 사랑하시는 주님!
우리나라 대한민국이 주님 보시기에 칭찬하시며 축복하실 만한 복된 민족 되게 하옵소서. 지금까지 잘못된 패러다임으로 누적되어 온 온갖 적폐들을 청산하게 하시고 정의가 강같이 흐르는 복된 나라 되게 하소서. 아멘!

말씀	제목
이사야 6:1-13	사람은 무엇으로 거룩해지는가

⁸ 내가 또 주의 목소리를 들으니 주께서 이르시되 내가 누구를 보내며 누가 우리를 위하여 갈고 하시니 그때에 내가 이르되 내가 여기 있나이다 나를 보내소서 하였더니

이사야의 소명과 사명을 밝히고 있는 오늘의 말씀에서 가장 마음 깊이 와 닿는 묵상 소재는 단연 '거룩'이다. 이사야는 웃시야 왕이 죽던 해에 부르심을 받게 되는데 웃시야는 남왕국 유다의 20왕 중에서 중간 시대에 해당하는 열 번째 왕으로서 이때부터 유다의 멸망사가 예언되는 것을 보면 유다 왕국의 역사는 이미 다윗과 솔로몬 시대 이후부터는 내리막길을 걸으며 바벨론 포로로 이어지게 되는 것이다.

따라서 이사야의 소명을 다루는 오늘 말씀은 다윗 이후 내리막길로 내려가는 유다 왕국 역사에서 자기 백성의 진정한 왕으로서 그들을 붙들고 계시는 거룩하신 하나님, 곧 높이 들린 보좌에 앉아계신 하나님을 보여주고 있으며 (6:1) 이사야는 거룩하신 하나님의 임재 앞에 압도되어 자신의 죄악과 부정을 보게 되며 괴로워하던 중 제단 숯불로 죄 사함을 입고 속함 받은 자의 헌신으로써 선지자로서의 특수 사명을 수여받는 것으로 진행되고 있다(6:5-7).

그런데 이사야가 하나님을 대면하는 오늘 말씀을 통해 하나님은 자신이 어떤 분이신지 특별 계시하시는데 그가 가진 많은 속성 가운데 더욱 특별히 강조되어야 할 속성이 '거룩'이라는 점을 분명히 하시는 것 같다.

죄 가운데 거하는 부정한 자가 거룩하신 이를 대면하는 그 자체로써 재앙

이고 죽음이기 때문에 이사야는 거룩하신 하나님의 임재 앞에 "화로다 나여 망하게 되었도다"로 탄식하게 되는데 그도 그럴 것이 하나님은 너무 거룩하여서 가장 가까이 접근하여 그의 거룩함을 수호하는 스랍 천사들까지 거의 거룩함을 감당하지 못하여 두 날개로는 얼굴을 가리고 다른 두 날개로는 발을 가리며 또 다른 두 날개로는 날며 서로 창화하기를 거룩하다! 거룩하다! 거룩하다! 만군의 여호와여 화답하기 때문이다(6:2).

하나님께 가장 가까이 접근하여 그의 거룩함을 수호하는 스랍들조차 하나님의 거룩하심에 대해 이러한 반응을 보인다면 흉물 죄인 인간은 달리 무엇을 말할 수 있을 것인가(?)

오늘의 말씀을 묵상하면서 영광스럽고도 무서운 것이 하나님의 거룩하심이라고 생각하게 된다. 훗날 하나님의 심판대 앞에서 예수를 믿지 않은 죄인들이 어두운 지옥으로 떨어질 수밖에 없는 이유는 어둠이 빛 앞에서 순식간에 사라지듯 하나님의 거룩한 임재 앞에 서는 그 자체가 견딜 수 없는 고통이 되기 때문에 그들 스스로 지옥의 자리로 갈 수밖에 없는 것 같다.

이사야는 주의 백성 이스라엘을 위하여 소명 받는 그날 거룩하신 하나님의 영광 앞에 압도되어 자신의 죄를 회개하는 것에서부터 주님께서 시키시는 소명에의 부름과 헌신으로 나아가고 있다. 그런데 그가 자신의 죄와 부정을 보게 되고 탄식하며 속함을 얻게 되는 길로 나가는 것은 하나님의 거룩하심을 바라보게 된 것에서부터 시작되는데 이것은 오늘 내가 거룩함에 이르기 위해서는 나의 수양과 고행을 통해서가 아니라 하나님의 거룩하심을 바라보며 경험하게 되는 것에서부터 이루어져야 할 것을 가르쳐주신다.

이사야는 자신의 죄와 부정을 통렬하게 회개하는 것 중에 더욱 특별히 입술의 죄를 괴로워하며 회개했는데 입술의 죄악은 모든 죄의 대표성이 있기 때문이다(약3:2). 오죽하면 주님의 동생이자 예루살렘 교회의 장로였던 야고보도 사람이 말에 실수가 없으면 온전한 사람이며 그는 자신의 온몸을 굴레 씌울 수 있으리라고까지 했으니 사람의 절제 능력은 내가 내 입의 말을 아끼고 절제하는 것에서부터 시작된다는 것을 이사야와 야고보를 통해 배운다.

이사야가 자신의 죄를 괴로워할 때 스랍 중의 하나가 제단 숯불로 그를 정결케 해주었는데 제단의 불은 그리스도의 속죄 희생을 근거하고 임하는 성령의 불을 상징하는 것으로써 이사야가 죄 감을 뜨겁게 느끼고 정결케 되며 시대적 소명을 받아 사명의 길로 나가는 일련의 과정들은 오늘 이 시대에 부름 받는 천국 일꾼들에게도 동일한 과정인 것 같다.

지난 세기 유럽과 미국에서 일어난 대각성 운동의 선구자들을 보면 그리고 초기 한국 교회에서 일어났던 대각성 운동의 시발을 보면 그 출발이 이사야가 경험한 것처럼 뜨거운 죄책감으로부터 시작되어 철저한 회개와 성령의 기름 부으심으로 이어지는 것을 보게 된다.

그렇다면 사람은 무엇으로 거룩하여지는가? 다시 질문하게 되는바 바울이 디모데에게 보낸 편지에서 보는 것처럼 (사람은) 하나님의 말씀과 기도로 거룩하여 짐이라(딤전4:5)에서 해답의 실마리를 찾게 되며 나는 이 말씀의 빛 앞에서 얼마나 머물러 있는 자이며 나는 이 기도의 빛 앞에서 얼마나 머물러 있는 자인지 숨길 수 없는 주님 앞에 정직한 마음으로 나 자신을 돌아보게 된다.

말씀에 응답하는 기도

거룩하신 주님을 보는 눈이 없어서 내가 이렇게 부정함 가운데 거하며 죄악 중에 행하면서도 뜨거운 죄 감을 가지지 못했고 진정한 회개를 드리지 못했습니다. 세속에 어두워 닫힌 나의 눈을 말씀과 기도의 빛 앞에서 활짝 열리게 하시고 나도 그 앞에 압도되어 진정한 회개를 드리게 하시며 이 어두운 시대를 향한 소명과 헌신의 길로 나갈 수 있게 하옵소서.

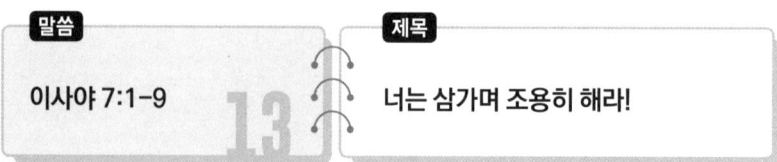

말씀 이사야 7:1-9

제목 너는 삼가며 조용히 해라!

⁴ 그에게 이르기를 너는 삼가며 조용하라 르신과 아람과 르말리야의 아들이 심히 노할지라도 이들은 연기 나는 두 부지깽이 그루터기에 불과하니 두려워하지 말며 낙심하지 말라

주전 8세기 중반(BC 750년경) 고대 근동지방의 판세는 신흥 강국으로 부상한 앗수르에 의해서 요동치고 있었다. 인류 역사 가운데 최초의 제국으로 칭해졌던 이 나라는 당시 주변의 군소 국가들을 집어삼키는 방식으로 애굽까지 쳐들어가는 남하 정책과 지중해까지 진출하는 서진 정책으로 주변 국가들을 두렵게 하였는데 이때 북왕국 이스라엘(에브라임)은 여덟 번째 왕조로서 '베가'가 다스렸고 그는 이웃 국가 아람과 동맹하였으며 또 여기에 유다까지 끌어들여서 앗수르의 서진과 남하 정책을 막아내고자 했던 것 같다.

그러나 유다 왕 아하스는 무슨 속셈이 있었는지 아람 왕 르신과 이스라엘 왕 베가의 동맹 제의를 거절하였는데 이것이 빌미가 되어 두 나라가 유다를 보복 공격해 온 것이다. 이때 유다 왕 아하스와 백성들은 사시나무 흔들리듯 떨었는데 하나님께서 선지자 이사야를 유다 왕에게 보내 너는 삼가며 조용하라 이들은 연기 나는 두 부지깽이에 불과하니 너는 두려워 말고 낙심하지 말라(7:3-4) 그 일은 서지 못하며 이루어지지 못하리라(7:7) 만일 너희가 굳게 믿지 아니하면 너희는 굳게 서지 못하리라(7:9)는 말씀을 전언케 하셨다.

그러나 사람의 불안 심리라는 것은 무서운 것이어서 한 번 불안에 떨게 되

면 걷잡을 수 없게 되는 것인지 아하스는 하나님을 의지하기보다 현실적인 대안을 찾게 되는데 이어지는 말씀에 보면 아하스는 선지자 이사야를 통해 전달되는 하나님을 의지하기보다 뒷구멍으로 앗수르 왕에게 사신을 보내 도움을 요청하게 된다(7:13).

오늘의 말씀을 묵상하면서 크게 마음에 닿는 세 구절이 있는데 그중 하나는 하나님의 자녀들을 두렵게 하는 어떤 일이라 하여도 그것은 연기 나는 부지깽이에 지나지 않는다는 것과 그들의 도모는 이루어지지 못할 것이라는 것 따라서 하나님의 자녀들은 어떤 위협적인 일 앞에서도 삼가며 조용해야 하고 굳센 믿음으로 하나님께 붙어 있어야 한다는 것이다.

요즘 북한이 미국 영토인 괌을 공격한다고 떠벌리면서 세계에서 유일하게 미국에 큰소리 치는 나라는 자신들밖에 없는 것처럼 허풍을 떨며 북에브라임이 남유다를 위협하듯 남한은 상대도 되지 않는 것처럼 행동하고 있는데 오늘의 말씀을 묵상하면서 주님이 보시기에 북한의 이러한 행태는 연기 나는 부지깽이에 지나지 않으며 이 나라가 ○○년 안에 망할 것이라는 오늘의 말씀이(7:8) 그들과 무관하지 않다는 것을 확인하게 된다.

더불어 문재인 정부가 이러한 북한의 도발적인 위협 앞에서도 그저 태연하게 대처하는 것에 대해 어떤 사람들은 안보관이 없다고 공격하는데 오늘의 말씀처럼 이럴 때일수록 좌불안석坐不安席하지 않고 도리어 삼가며 조용히 해야 하는 것이 옳다는 것도 배우게 된다.

너는 삼가며 조용히 해라! 두려워하지 말며 낙심하지 말라(7:4)
너희가 굳게 믿지 아니하면 굳게 서지 못하리라(7:9)

오늘 주신 이 말씀을 마음 깊이 새기며 국가적으로 위기에 봉착하든지 혹은 개인적으로 위협한 일에 처하든지 모든 상황을 통제하고 계시는 살아계신 주님 앞에서 말씀에 의지하여 굳게 설 것을 마음 깊이 받아들인다.

 말씀에 응답하는 찬양 기도

주 품에 품으소서 / by Hillsong United

주 품에 품으소서 능력의 팔로 덮으소서.
거친 파도 날 향해 와도 주와 함께 날아오르리.
폭풍 가운데 나의 영혼 잠잠하게 주를 보리라.
주 안에 나 거하리 주 능력 잠잠히 나 믿네.
거친 파도 날 향해 와도 주와 함께 날아오르리.
폭풍 가운데 나의 영혼 잠잠하게 주를 보리라.
거친 파도 날 향해 와도 주와 함께 날아오르리.
폭풍 가운데 나의 영혼 잠잠하게 주를 보리라.

Still / by Hillsong United

Hide me now Under your wings
Cover me within your mighty hand
When the oceans rise and thunders roar
I will soar with you above the storm
Father you are king over the flood
I will be still and know you are God
Find rest my soul In Christ alone
Know his power In quietness and trust

14 그러므로 주께서 친히 징조를 너희에게 주실 것이라 보라 처녀가 잉태하여 아들을 낳을 것이요 그의 이름을 임마누엘이라 하리라

오늘 주신 말씀을 잠잠히 읽어보면서 언약을 배반하고 우상을 섬기며 하나님보다 강국을 의지하고 있는 자기 백성 유다를 버릴 수도 없고 품을 수도 없는 하나님의 괴로운 마음이 당대의 왕 아하스를 상대하고 있는 선지자 이사야의 글을 통해 마음 깊이 닿는다.

북왕국 이스라엘과 아람이 동맹을 이루어 유다를 쳐들어온 것 자체가 사실은 아하스와 유다의 심각한 우상숭배 때문에 하나님께서 그들을 낮추신 것이며 이제라도 회개하고 주를 의지하게 함인데(대하28:19) 이처럼 다윗의 집 유다를 버리지 못하고 질투하도록 사랑하시는 하나님의 마음을 제대로 알지 못하는 아하스 왕은 선지자 이사야가 하나님의 도우심을 약속하며 징조를 구하라고 하는데도 위선적인 대답으로 회피하며 뒷구멍으로는 앗수르에 사신을 보내 원군을 요청하고 있었으니(대하28:16/왕하16:7-9)

이것은 사람(선지자)을 괴롭게 만든 것뿐 아니라 선지자를 보낸 하나님을 괴롭게 만든 일로(7:13) 하나님의 탄식이 선지자의 입을 통해 표현되고 있다. 그럼에도 불구하고 다윗 언약에 따라(삼하7:14) 다윗의 집(왕가)을 버릴 수 없는 하나님께서 친히 자기 백성을 구원하실 것과 그에 따른 임마누엘의 징조를 약속하시는데 여기서 선지자는 이중적 의미를 가지고 예언한바 우선 당대의 왕 아하스의 불신과 가증스런 위선에도 불구하고 버릴 수 없는 자기 백성 곧 임마누엘로 불리는 유다와 다윗의 집을 위하여(8:8) 지금 유다를 위협하는 두 왕을 몰아내실 것이지만(7:15-16) 아하스 왕과 유다가 의지하였던 앗수르가 후에는 도리어 유다의 위협이 되어 쳐들어올 것도 예고하신다(7:17-23).

한편 선지자 이사야의 예언의 지평은 여기서 멈추지 않고 하나님 자신의 멈출 수 없는 사랑 때문에 훗날(궁극적으로) 자기 백성의 죄악에도 불구하고 자기 백성을 구원하시기 위하여 보내실 구원자, 곧 처녀의 몸에서 태어나실 것이며 그 이름이 임마누엘로 불릴 한 아기의 탄생을 예고하는데 바로 이것이 저 유명한 이사야의 동정녀 탄생 예고로 훗날 신약으로 들어와서 주님의 제자 마태는 이 예언을 구원자 예수님이 동정녀 마리아의 몸에 성령으로 잉태되어 탄생하신 것으로 해석하였다(마1:22-23).

우리는 이 아기가 곧 뱀의 머리를 깨트리시기 위해 우리에게 오신 여자의 후손이시며(창3:15/갈4:4) 자기 백성을 저희 죄에서 구원하실 자의 뜻을 가진 그 이름 예수, 곧 하나님이 어린 아기로 우리에게 찾아오신 임마누엘의 축복인 것을 이의 없이 받아들인다.

오늘 묵상을 정리하면서 마음 깊이 닿는 여운은 하나님의 끊을 수 없는 사랑과 멈출 수 없는 사랑이며 이러한 하나님의 사랑을 믿고 의지하지 못해서 선지자를 속이며 자기의 방법을 찾고 있는 아하스의 가증스런 위선이 크게 대비된다. 하나님이 눈앞에 보이지 않는다고 해서 아하스가 눈에 보이는 힘이며 세력으로 앗수르를 의지하고 하나님을 괴롭게 만든 것처럼 나에게도 하나님을 괴롭게 하며 슬프게 해드린 일이 없는지 나 자신을 돌아보게 된다.

하나님의 일도 때로 돈이 있어야 한다고 생각하므로 하나님의 자리에 돈을 앞세우거나 인맥이 있어야 하나님의 일을 할 수 있다고 생각하는 이런 아하스적 불신앙과 위선이 내 안에도 있었던 것을 오늘의 말씀에 비추어 나를 돌아보며 어떤 위기적 상황과 돈과 사람이 절박한 상황에서도 오직 주님만 바라보며 의지하고 나가야 할 것을 마음 깊이 다짐하게 된다.

더불어 자기 백성을 너무나 사랑하시기 때문에 자기 백성의 불신앙과 죄악에도 불구하고 마침내 자기 백성의 구원자로 자기 아들(예수님)을 보내주신다는 하나님의 약속이 이미 예수님이 탄생하기 800여 년 전부터 선지자의 입을 통해 예고되고 있으며 또 약속대로 우리 인간 세상 가운데 성취된 것을 성경(인류 일반)과 역사를 통해 재확인하면서 내 손에 들려 있는 성경이 얼마나 확고한 권위로 입증되고 있는가를 재확인하게 된다.

성경의 약속대로 우리에게 오셔서 인간 역사의 BC와 AD가 되신 주님! 주님은 인류 일반 역사 속에서 뿐 아니라 오늘 나의 인생 가운데서도 나의 BC와 AD가 되셨습니다. 주님 없이 지냈던 헛된 날들이 나에게 어둠에 속했던 BC였다면 주님을 내 인생과 내 맘에 모신 후 내 인생의 모든 날들은 광명한 Anno Domini(주님의 해 : AD)가 되었습니다. 어둠 가운데 버려진 날 찾아오셔서 임마누엘의 축복이 되신 주님의 사랑과 은혜를 힘입어 오늘도 힘차게 살아가는 새 하루 되게 하소서.

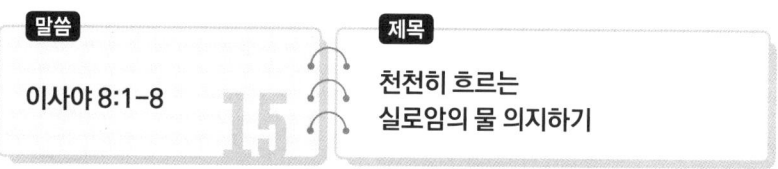

말씀	제목
이사야 8:1-8	천천히 흐르는 실로암의 물 의지하기

⁶ 이 백성이 천천히 흐르는 실로아 물을 버리고 르신과 르말리야의 아들을 기뻐하느니라

요즘 세간에 영화 '택시 운전사'를 보았다는 사람들이 많아서 어제 아내와 함께 영화를 보러 갔다. 2시간 이상 상영되는 내용 가운데 가장 인상 깊은 장면은 택시 운전사 송강호(김사복 역)가 민간인 복장을 한 보안 요원들에게 쫓기

는 막다른 골목에서 불빛 가운데 한 군용차 트럭을 보게 되는데 그 트럭에 팬츠만 입혀진 채 사람들이 짐짝처럼 실려 있었다.

남자 여자 할 것 없이 포승줄에 묶여서 새우등처럼 웅크린 채 하얀 맨살을 드러내고 있었는데 인권이 이렇게 철저히 짓밟히고 말살되었던 일들이 우리 역사에 있었다는 사실이 믿기지 않을 만큼 화가 났고 피가 역류하는 것 같은 분노를 느끼기도 하였다.

당시 군부 실세였던 전두환은 박정희 정권이 1962년 5월에 쿠데타를 일으켜 정권을 잡았던 것처럼 똑같이 군을 앞세우고 무력을 휘두르면 정권을 잡을 줄 알았던 모양인데 박정희 시대부터 20년 가까이 흐른 1980년 5월 당시 우리 국민들은 이미 민주화 의식에 크게 깨어 있었고 이런 것이 통하지 않는 시대였음에도 불구하고 군대를 앞세운 무차별 공격으로 공포심을 조장하고 이런 만행을 저질렀다는 것을 재삼 확인할 수 있었다.

5·18민주화 과정에서 있었던 광주의 참상에 대하여 자신의 목숨을 걸고 사진을 찍어 독일 방송과 온 세상에 알린 독일 제1공영방송의 기자 피터(위르겐 힌츠페터 역)의 눈에 비친 당시 대한민국의 상황은 힘이 곧 하나님이었고 힘만 있으면 얼마든지 무력을 앞세워 무엇이든지 할 수 있다고 생각하는 무력주의 나라의 모습이었다.

전두환 정권이 헛된 망상으로 의지하였던 무력의 힘처럼 오늘의 말씀은 하나님의 백성 유다 민족이 하나님보다 북왕국 이스라엘과 아람의 힘을 부러워하고 그 힘을 두려워한 나머지 앗수르의 무력을 의지했던 것을 시적 표현을 써서 표현하고 있으며 그들이 의지하지 말아야 할 것을 의지하였으므로 그들이 의지하였던 앗수르가 창일한 물처럼 유다에 덮쳐올 것을 예고하고 있다.

이 백성이 천천히 흐르는 실로아 물을 버리고 르신과 르말리야의 아들을 기뻐하느니라(부러워하느니라) 그러므로 주 내가 흉용하고 창일한 큰 하수 곧 앗수르 왕과 그의 모든 위력으로 그들을 뒤덮을 것이라 그 모든 골짜기에 차고 모든 언덕에 넘쳐 흘러 유다에 들어와서 가득하여 목에까지 미치리라 임마누엘이여! 그가 펴는 날개가 네 땅에 가득하리라 하셨느니라(8:6-8)

여기서 선지자는 하나님의 백성 유다 민족이 하나님을 의지하기보다 앗수르의 무력(힘)을 의지하였으므로 앗수르의 군대가 턱밑까지 가득 차오르는 물처럼 수도 예루살렘까지 쳐들어올 것을 예고하며 그러나 이러한 위기상황에서 '임마누엘이여'라고 외친 것은 유다의 남은 자 곧 경건한 신자들을 염두에 둔 말씀으로 이러한 앗수르의 침략 가운데서도 하나님의 백성 유다가 아주 망하지는 않을 것이라는 것을 암시하고 있다.

오늘의 묵상을 정리하면서 가장 인상 깊게 남는 구절은 "천천히 흐르는 실로아의 물"이다. 이것은 예루살렘에 있는 실로암 물 근원에서 흘러나오는 고요하게 천천히 흐르는 물로써 백성들의 식수를 공급한 생명의 원천이었는데 이사야 선지자는 이 천천히 흐르는 실로암 물을 비유하여 하나님의 보호하심이 자기 백성에게 있음을 상징하였으며 그러므로 하나님의 구원이 당장 눈앞에 급속하게 이뤄지지 않아도 조급해하지 말고 하나님을 의지해야 함을 이 구절 속에 담고 있다.

창일하고 흉용한 물로 비유된 앗수르의 강물(세상의 세력과 힘)은 당장 보기에 이기는 것 같고 의지할 만한 것처럼 보이지만 내가 의지했던 것이 마침내 나를 잡아먹는 것이 되기 때문에 성도는 천천히 흐르는 실로암의 물 곧 온유 겸손하신 주님과 그가 고요한 중에서도 일으키시는 구원을 의지하라는 "천천히 흐르는 실로암 물"의 교훈을 마음 깊이 받아들인다.

주님!

어려운 일을 당할 때 당장 해결해 줄 것처럼 보이는 흉용한 물(앗수르의 힘/세상 방법)을 찾지 않게 하시고 천천히 흐르는 물이지만 진정한 생명과 구원(해결)을 줄 수 있는 실로암의 물(주님의 구원)을 의지하게 하옵소서. 아멘!

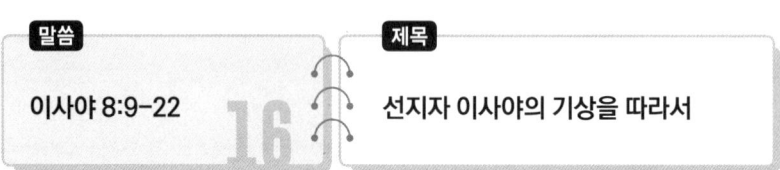

말씀 이사야 8:9-22

제목 선지자 이사야의 기상을 따라서

17 이제 야곱의 집에 대하여 얼굴을 가리시는 여호와를 나는 기다리며 그를 바라보리라

이사야가 예언사역을 시작한 아하스 왕 초기에 유다 백성들은 급변하는 국제 정세 속에서 어떤 외교 노선을 따라야 할지 갈팡질팡한 것 같다.

신흥 강국으로 부상하여 남하 정책을 펴고 앗수르를 막기 위해 북이스라엘과 아람의 동맹에 가담할 것인지 아니면 아예 처음부터 앗수르와 군신 관계를 맺고 그의 보호 아래 들어갈 건지 고민하였던 것 같은데 그러나 유다의 최종 선택은 싸우기보다 앗수르에 붙어서 살아남는 쪽을 택하였던 것 같고 이 외교 정책은 맞아 들어간 것 같아서 유다 민족은 살아남을 수 있었다. 그러나 하나님을 진정한 보호자요 왕으로 모신 그들에게 친앗수르 정책과 그들에게 붙어서 살아남고자 했던 유다의 선택은 하나님의 언약을 배반한 것이어서 하나님의 마음을 괴롭게 하였고 따라서 이사야 선지자는 유다가 의지한 앗수르조차도 그들의 도모는 이루어지지 못하고 패망할 것을 예고한다(8:9-10).

한편 북이스라엘과 아람의 동맹에 가담할 것도 아니고 친앗수르 정책을 따를 것도 아니며 하나님의 구원에 의지하라고 외쳤던(7:1-8:15) 이사야와 그의 제자들은 당시 유다의 거민들에게 반역자로 몰린 것 같은데 이에 대하여 하나님께서는 이사야에게 그들을 두려워 말고 놀라지 말라고 하시며 오직 만군의 여호와를 두려워하며 무서워할 자로 삼는 자들에게 그가 성소가 되어주실 것이지만 이스라엘의 두 집에는 걸림돌과 걸려 넘어지는 반석이 되리라고 하시며 이 증거의 말씀들이 반드시 성취될 것이므로 잘 봉함하라고 하신다 (8:11-15). 이러한 하나님의 말씀에 반응하여 자신의 심리를 드러낸 이사야의 고백이 왠지 모르는 감동으로 마음에 닿는다.

> 이제 야곱의 집에 대하여 얼굴을 가리시는 여호와를 나는 기다리며 그를 바라보리라 보라! 나와 및 여호와께서 내게 주신 자녀들이 이스라엘 중에 징조와 예표가 되었나니 이는 시온 산에 계신 만군의 여호와께로 말미암은 것이라(8:17-18)

오늘 말씀을 묵상하면서 마음 깊이 와닿는 것은 한 나라와 민족이 위기 상황에 몰렸을 때 백성들의 심리와 여론에 야합하지 않고 가감 없이 하나님의 말씀을 전달해야 하는 선지자는 철저히 하나님 편에 서야 하기 때문에 어떤 욕이라도 먹을 각오가 되어 있어야 하며 심지어 이사야나 예레미야가 경험한 것처럼 매국노나 배반자로 몰릴 것도 각오해야 한다는 것이다. 바로 이 점이 구약에 나타난 선지자들이 주전 8세기에 몰려 있는 이유이기도 한데 당시는 북왕국 이스라엘의 멸망이 바로 눈앞에 놓여 있었으며 유다 역시 북이스라엘처럼 멸망되지 말라는 하나님의 마음이 선지자들의 외침을 통해 반영되었기 때문이다.

어제 8월 25일 청계 광장에서 언론인 촛불 집회가 있었는데 지난 10년간 이명박 정권과 박근혜 정부 아래서 언론이 보도할 것들을 제대로 보도하지 않고 정권의 눈치만 살폈던 것에 대한 반성이기도 하며 이후로 언론이 제 역할할 것에 대한 다짐이긴 한데 이 기사를 보면서 지난 10년 세월 언론이 통제

받고 있었을 때 한국 기독교의 역할은 어떠하였는지 되돌아보게 된다.

어떤 면에서는 한 나라가 거짓이 없는 투명 사회가 되기 위하여 교회는 언론보다 더욱 세상에 빛을 비추어야 할 하나님의 도구(일반 계시)가 되어야 하는데 사상과 이념이라는 프레임에 갇혀서 매국노 배반자라는 욕을 먹어가면서도 하나님의 뜻을 전했던 이사야나 예레미야의 길을 포기하고 교회의 외적 성장 - 몸 부풀리기에만 몰두한 것은 아닌지 돌아보게 된다.

이제 또다시 언론이나 교회의 힘으로가 아니라 불의에 항거하는 촛불 집회 같은 민초들의 저항을 통해서 이 나라가 이만큼 새롭게 되었는데 다시 거듭 반복되는 옛날로 돌아가지 않기 위하여 그리고 이사야 선지자가 외쳤던 것처럼 주변 강국들에 의해 휘둘리고 좌우되는 나라가 아니라 세상의 모든 열방과 나라들을 주관하시는 하나님 앞에 은총을 입고 굳게 서는 나라가 되기 위하여 이 아침 이사야 선지자의 기도를 나의 기도로 올려 드린다.

주님!
이제 야곱의 집에 대하여 얼굴을 가리시는 여호와를 나는 기다리며 (약속을 붙잡고) 주를 바라보겠나이다(8:17). 아멘!

말씀 이사야 9:1-7(1)　**17**　**제목** 갈릴리로 가는 길 (Road to the Galilee)

² 흑암에 행하던 백성이 큰 빛을 보고 사망의 그늘진 땅에 거주하던 자에게 빛이 비치도다

이사야 선지자는 주전 9세기 사람으로 예수님 탄생하기 약 800년 전 인물

인데 소망이 없던 당 시대에 특별 계시를 받아 장차 하나님께서 자기 백성의 구원을 위해서 보내실 한 아기에 대해 예언한다. 그것은 그 아기가 장차 나서게 될 활동무대로 스불론 땅과 납달리(갈릴리) 지역에 관한 이야기와 또 그 아기에게 불릴 이름과 그 아기로 말미암아 이루어질 일들이다. 이로 보건데 하나님께서 자기 백성을 구원하시는 역사를 보면 가장 밑바닥부터 시작하는 것을 보게 된다.

애굽의 압제와 노역 가운데 신음하는 자기 백성을 구원하실 때도 한 레위인 가정에 모세라는 아기를 태어나게 하셔서 위대한 구원의 역사를 시작하신 것처럼 800년이라는 시간차를 뛰어넘어 마침내 이사야 선지자가 예언한 아기가 태어났을 때 하나님의 백성들의 구원은 태어난 이 아기로부터 이루어질 것이었다.

성탄이 왜 중요한가는 단지 한 아기가 태어난 것이 아니라 그 아기는 어깨에 정사와 권세를 메고 태어났으며 그리고 그의 이름이 기묘자, 모사, 전능하신 하나님, 영존하신 아버지, 평강의 왕이신 아기가 될 것이기 때문에 이 아기의 탄생에 대해 비상한 관심을 가질 수밖에 없는 것이었다.

게다가 더 특별한 것은 이 아기가 성장하여 다윗의 위(왕좌)에 앉아서 그 나라를 굳게 세우고 영원토록 정의와 공평으로 다스리게 될 것인데 인간의 역사 가운데 특별히 이스라엘 역사 가운데 나타나서 온 세상으로 퍼져나가게 될 이 일이 만군의 여호와 하나님의 열심이 이루실 것이라는 것이다(9:7).

그리고 마침내 세월이 흘러 선지자 이사야의 예언을 따라 아기가 태어났다. 그 아기는 유다 민족의 바벨론 포로기 이후 이젠 누가 왕족인지도 모르던 시대에 다윗의 가문인 요셉이라는 청년과 정혼한 나자렛 마을의 시골 처녀 마리아가 아직 동거에 들어가기 전 성령으로 잉태되어 탄생되었는데 마침내 이 아기가 자라 성인이 되고 공생애를 시작하게 되었을 때 그는 선지자 이사야의 예언처럼 스불론 땅과 납달리 땅(갈릴리) 지역을 활동의 중심 무대로 삼아 하나님 나라의 통치가 시작되었음을 알렸다.

> … 꿈에 지시하심을 받아 갈릴리 지방으로 떠나가 나자렛이란 동네에 가 사니 이는 선지자로 하신 말씀에 …을 이루려 함이러라(마2:22-23)
> … 때가 찼고 하나님의 나라가 가까이 왔으니 회개하고 복음을 믿으라 하시더라(막1:15)

그가 갈릴리 바다가 내려다보이는 산 언덕 위에서 천국 백성의 헌장으로써 산상팔복의 말씀들을 선포하실 때 마치 그것은 모세가 시내산에서 하나님의 백성들에게 언약의 말씀을 선포한 것과 같았고 하나님 나라의 도를 가르치며 그 나라가 자기 안에서 도래한 표시로 여러 표적들을 행하시며 메시아 된 표적으로 불쌍한 백성들을 돌아보실 때 말씀에 눈을 뜬 사람들은(비록 소수이기는 하지만) 아~ 저가 곧 이사야의 예언을 성취하는 분이구나 알아차렸다.

그러나 무엇보다 이사야의 예언이 이분을 통해서 이루어진 것을 확신하게 한 것은 자기 백성의 왕으로 오신 그가 자신의 활동 무대를 당대의 정치 1번지 유대와 예루살렘에서 하기보다 가장 가난하고 불쌍한 사람들이 모여 살던 갈릴리에서부터 하였으므로 사람들에게 "갈릴리 사람"이라는 별칭을 들은 데 있다(마26:69).

갈릴리 지역은 이사야 선지자가 활동하던 시대에도 가장 낙후되고 비참한 지역이었는데 그것은 북방 세력 앗수르나 바벨론이 남방 세력 애굽과 충돌할 때 항상 중간지대인 갈릴리에서 전쟁의 참화가 일어났기 때문이다. 한 번 전쟁의 참화가 휩쓸고 지나가면 전쟁고아와 과부들, 불구자들이 생겨나고 콜레라나 문둥병 같은 전염병이 휩쓸고 지나가기 때문에 갈릴리 지역은 소망이 없는 땅이었는데… 놀랍게도 선지자 이사야는 바로 태어날 그 아기가 그 땅에서 활동하게 될 것이므로 … 흑암에 행하던 백성이 큰 빛을 보고 사망의 그늘진 땅에 거주하던 자에게 빛이 비치도다(9:2) 예고했던 것이다.

또다시 한 해가 저물면서 20○○년 성탄을 맞는다. 이사야의 예언을 따라 자기 백성의 구원을 위해 영광의 왕으로 오신 아기 예수님이 왕궁은 고사하고 사람이 거처할 수 없는 가축의 우릿간 여물통 위에서 나시고 어린 시절과 청소년 시절, 청년기도 가장 살기 힘든 사람들이 모여 사는 갈릴리 지역에서 보내시고 또 마침내 이 땅에 하나님의 나라를 도래케 하는 공생애를 시작하실 때에도 사망의 그늘진 땅이며 어둠에 눌린 땅인 갈릴리에서부터 시작하신 것을 보면서 오늘 내가 성탄에 나신 주님의 자취를 따라 나의 거처로 삼으며 사명을 위하여 가야 할 갈릴리 땅이 어디인지 돌아보게 한다.

선지자 이사야의 예언을 따라 성탄의 주인공 아기로 태어나신 예수님!
주님이 자라시고 천국활동의 중심 무대로 삼으셨던 사망의 그늘진 땅 갈릴리는 오늘 어디에 있습니까? 내가 부유한 사람들이 모여 사는 화려한 곳을 탐하지 않게 하시고 나도 주님처럼 사망의 그늘진 땅 갈릴리에 기꺼이 나의 거처를 정하여 사망의 그늘에 앉아 있고 어둠에 눌려 사는 사람들에게 천국의 빛을 보이며 소망을 얻게 하는 일에 나의 삶을 드릴 수 있게 하소서.

말씀	제목
이사야 9:1-7(2)	갈릴리로 가는 길 (Road to the Galilee)

어린 시절 내가 살던 동네는 그야말로 깡촌이었다. 대전에서 금산 방향으로 나가는 길가 변두리 마을이었는데 6·25가 발발하던 해 미군들이 부산 방향으로 후퇴할 때 인민군들이 먼저 마을로 들어와서 잠복하였고 길가의 미루

나무를 잘라 다리 위에 걸쳐놓아서 지나가던 미군 짚차나 트럭들이 이 함정에 걸려들어 많이 다리 밑으로 떨어지는 바람에 수많은 미군들이 포로가 되기도 했다는데 미8군 단장 딘 소장의 짚차도 여기서 고장을 일으켜 생포되었다는 동네 어른들의 이야기도 들었다.

그런가 하면 제주 4·3사태 때 생포된 사람들(민간인들)이 대부분 빨갱이로 몰려서 대전 교도소에 수감되었는데 6·25전쟁이 터지고 어떻게 처리할 방법이 없자 우리 동네 산골짜기로 끌고 와서 집단 사살시킨 장소가 되어서 우리는 그 골짜기 이름을 골랭이 골짜기라고 불렀고 가끔 이곳을 지나갈 때마다 사람의 뼈들이 보여서 그냥 지나가기가 무섭기도 한 곳이 되었다.

그 골랭이 골짜기에서 산 하나를 넘어가면 옥천군 군북면이라는 시골 마을인데 그 마을은 윤동주 시인이 시작을 위해 가장 배우고 싶어 했다는 천재 시인 정지용의 생가가 있고 박정희 대통령의 부인 육영수 여사의 고향이기도 했다. 이곳 사람들 역시 대전으로 나가는 지름길로 가려면 항상 산을 넘어 이 골랭이 골짜기로 지나가야 했는데 겨울이면 새끼를 꼬아서 파는 사람들이 새끼 두름을 지고 이 길을 지나곤 하는 것을 흔하게 보기도 하였다.

그런데 이곳은 농사짓기도 얼마나 팍팍했는지 대부분 농토가 검은 모래흙 색깔을 띠고 자갈이 너무 많아서 마치 자갈 반, 흙 반인 것처럼 느껴지기도 했는데 그래도 사람들은 오래전부터 이곳에 땅을 부치고 살았는지 제법 오래된 동네였고 가까운 대전에서 삶에 지친 사람들이 간간이 흘러 들어와 터전을 잡는 것을 많이 보기도 하였다.

산도 들도 강변도 모두 시커먼 땅과 자갈로 덮여 있고 반반한 사람도 찾아보기 힘든 곳에 살면서 이 동네는 영원히 가난을 면치 못할 것이고 개발도 되지 못하는 빈촌으로 남을 거라고 생각했는데 젊은 시절 떠났던 동네를 언젠가 다시 찾아가 내가 다녔던 교회를 방문하였을 때 정말 깜짝 놀랐다. 초라하기 그지없던 교회당은 너무 아름답게 지어졌고 교회를 중심으로 동리에 고급스런 아파트들이 들어차서 언제 이곳이 희망 없는 빈촌이었던가를 의심할 만큼 놀랍도록 화려하게 빛나는 동네로 변화된 모습이었다.

이사야 예언의 한 장면을 다루는 오늘 말씀을 묵상하면서 서두에 길게 우리 동네 이야기를 쓴 것은 오늘 말씀을 시작하는 이사야의 예언 지평이 멀리 메시아 시대를 내다보면서 그날에 멸시를 받았던 한 지역에 큰 빛이 비쳐오고 그 그늘진 땅이 놀랍게 변할 것을 가리키는 것이 흡사 내가 살던 마을을 연상하게 하는 것 같아 적어보았다.

전에 고통받던 자들에게는 흑암이 없으리로다 옛적에는 여호와께서 스불론 땅과 납달리 땅이 멸시를 당하게 하셨더니 후에는 해변 길과 요단 저쪽 이방의 갈릴리를 영화롭게 하셨느니라 지경을 흑암에 행하던 백성이 큰 빛을 보고 사망의 그늘진 땅에 거주하던 자에게 빛이 비치도다(9:1-2)

주전 8세기 선지자 이사야는 북왕국 이스라엘의 선지자가 아니라 남왕국 유다에 속한 선지자였는데 특이한 것은 메시아 시대를 내다보는 그의 예언이 자신의 삶의 터전도 아닌 북이스라엘의 갈릴리 지방을 겨냥하면서 더욱 특별히 옛적에 스불론과 납달리 땅이었던 이방의 갈릴리 지역을 지목하여 고통받고 멸시받으며 흑암에 거하고 사망의 그늘진 그곳에 빛이 비쳐오리라는 놀라운 예언인 것이다.

이 예언 그대로 메시아 시대가 도래하여 예수님이 사람의 아들로 이 세상에 오셨을 때 이사야의 이 예언이 그대로 적중되어 놀랍게도 이곳 갈릴리 빈촌의 사람이 되어 사신 것이며 그가 서른 살쯤 되어 공생애를 시작하게 되었을 때도 화려한 수도 예루살렘이 아닌 이곳 빈촌의 사람들이 모여 사는 갈릴리로 가서 사역의 중심으로 잡고 복음사역을 하셨다는 점에서 오늘의 말씀이 놀랍게 성취되는 것을 엿보게 된다.

주님의 제자 마태는 오늘 말씀에 소개되는 멸시받는 땅 요단 서편 이방의 갈릴리 지역에 예수님이 의도적으로 찾아가서 사신 것에 대하여 이사야의 예언을 성취하기 위한 것이라고 기록하였는데(마4:12-16) 왜 갈릴리가 이렇게 천대받고 멸시받는 땅이 되었는가는 역사적으로도 고증이 되는 바, 므깃도 지역을 포함한 이곳은 이스라엘 왕국 시대 이후로 전쟁이 발발할 때마다 항상 충돌이 발생하여 전쟁으로 말미암은 상흔이 깊이 밴 곳이기 때문이었다.

이것은 북왕국 이스라엘과 남왕국 유다 사이의 전쟁에서도 그랬고 후에 국제 전쟁으로 북방 세력 앗수르나 바벨론이 남방 세력 애굽과 충돌할 때도 갈릴리는 지형상 두 세력이 충돌하는 전쟁터가 될 수밖에 없었다.

전쟁으로 수많은 사람들의 시체가 널려 있고 매장되었으며 부상당하여 병신이 된 사람들, 전쟁고아와 과부들이 양산되는 이 지역은 사망의 그늘진 땅이었기에 누구도 가서 살기를 꺼려하는 지역이어서 가난한 사람들 그리고 갈 곳 없는 사람들이 들어와 사는 지역이 되었는데 하나님의 아들 예수님이 메시아로 오셨을 때 다른 지역도 아닌 갈릴리에서 어린 시절을 보내셨고 또 후에도 공생애를 시작하시면서 이곳을 사역의 터전으로 삼으셨다(물론 가끔 유대 지역과 예루살렘으로 올라가시기도 했지만). 그는 유아기/소년기/청년기를 바로 갈릴리에서 보내셨고 또 천대받는 갈릴리 출신이 되어 사셨다는 점에서 오늘 주신 이사야 예언이 얼마나 놀랍게 성취되었는지 보게 된다.

가난한 사람들, 천대받는 사람들, 사망의 그늘에 앉은 사람들이며 멸시받는 사람들의 땅 갈릴리를 묵상하는 이 아침 예수님이 생애 대부분을 사셨으며 사역의 중심으로 삼으셨던 갈릴리는 나에게 무슨 의미인지 생각해 보게 되며 내가 예수님의 자취를 따라 찾아가야 할 갈릴리는 어디인가 이 아침 마음 깊이 생각해 보게 된다.

갈릴리는 내가 늘 마음에 두고 NK 선교를 위해 찾아가는 C국의 낙후된 지역 선교지가 되기도 하고 궁극적으로는 사망의 그늘진 땅 - N.K (North Korea)가 되기도 할 것이며 또 현실적으로는 나의 도움을 절실하게 필요로 하는 사람들이 있는 곳이라고 생각해 보게 되는데 바로 이 점이 내가 지금 섬기는 교회라고도 받아들인다.

그러나 마음의 지경을 넓혀 더 멀리 생각해 보면 오늘도 사망의 그늘에 앉은 땅 이방의 갈릴리처럼 어둠 속에 방황하는 영혼들이며 힘든 세상살이에 마음이 무너진 사람들 그리고 자살하는 것 외에는 달리 살아갈 길이 없다고 생각하는 사람들에게 찾아가는 것이 곧 이방의 갈릴리로 찾아가는 것이 아닌가 생각해 본다. 오늘의 말씀 첫 구절은 이처럼 전에 고통받던 자들에게 다시 흑암이 없을 것이라고 하셨는데 이는 이들이 복음의 빛 안에서 그들이 충만한 위로와 평안을 얻을 것을 이렇게 약속해 주신 것으로 받아들인다.

주님!
오늘 내가 주님의 심장을 대신하고 주님의 발걸음을 대신하여 이방의 갈릴리로 가게 하옵소서. 주님께서 증명해 주신 천국 복음의 능력으로 저들을 어둠에서 빛으로 절망에서 소망으로 이끌 수 있게 하옵소서.

말씀	제목
이사야 9:1-7(3)	어린아이들로부터 시작되는 하나님의 구원계획을 보며

⁶ 이는 한 아기가 우리에게 났고 한 아들을 우리에게 주신 바 되었는데 그의

어깨에는 정사를 메었고 그의 이름은 기묘자라, 모사라, 전능하신 하나님이라, 영존하시는 아버지라, 평강의 왕이라 할 것임이라

자기 백성을 절망 가운데서 건지시고 회복시키시는 하나님의 구원 역사는 언제나 멀리 내다보고 진행된다는 성경의 기록들을 보는데 야곱의 후손 이스라엘이 애굽에서 400년간 종살이할 때 그들을 구원하시는 하나님의 계획은 모세의 이야기에서 보는 것처럼 한 어린아이가 태어나는 것으로부터 시작되게 하시는바 이것은 장차 자기 백성의 진정한 구원을 위해서 이 땅에 보내실 구원자인 특별한 아기 예수님의 탄생에서도 그대로 이어져 나타나게 된다.

선지자 이사야는 앞선 말씀 7장에서는 주의 백성을 구원하는 방법으로 처녀가 잉태하여 아들을 낳을 것이요 그 이름을 임마누엘이라 하였는데 오늘의 말씀에서는 그 아기가 태어나 찾아가 빛을 비추며 사역할 곳이 사망의 그늘진 곳이며 흑암이 머물러 있는 땅 갈릴리라고 밝히고 있으며 그가 이루시는 구원을 통해 주의 백성들이 받을 기쁨이 얼마나 큰지 그 즐거움은 추수하는 때의 즐거움과 (전쟁 승리로) 탈취물을 나눌 때의 기쁨과 같은 즐거움이라고 말하며 한 걸음 더 나아가 이렇게 큰 구원의 즐거움을 가져올 수 있는 이유는 태어나는 아기가 보통 아기가 아니라 그 어깨에는 정사를 메고 태어나는 아기이며 그 이름이 기묘자, 모사, 전능하신 하나님이자 영존하시는 아버지, 평강의 왕이시기 때문이라고 밝히고 있다(9:6).

이 태어날 아기로 말미암아 주의 백성들은 마치 구약 다윗의 시대와 같이 그 정사와 평강의 더함이 무궁하게 될 것이며 더 이상 흔들리지 않는 강국을 이루게 될 것이고 영원히 공평과 정의로 다스려지는 나라가 될 것인데 만군의 여호와의 열심이 이를 이룰 것을 선지자는 밝히고 있다(9:7).

주전 8세기 선지자 이사야는 자신의 예언에서 가리킨 자기 백성의 구원자

(메시아) 예수님의 시대를 바라볼 때 그의 초림부터 시작하여 재림까지를 전체적으로 바라보며 그로 말미암아 이루어질 하나님 나라의 역사를 밝히 증거하는데 하나님께서 이사야에게 미리 보여주시고 알려주신 계시의 빛 그대로 우리의 구원자 예수님은 이 세상에 한 아기로 탄생하신 것으로부터 시작해서 예언된 대로 이 땅에 오셔서 사셨으며 또 장차 다시 오실 그날에 온전히 성취하실 것을 기록된 말씀(성경)을 통해서 확인하게 된다.

오늘 말씀을 묵상하면서 마음 깊이 닿는 것은 하나님께서 이 땅에 자신의 구원 계획을 펼쳐나가실 때 어른들이 아닌 어린아이들에게 보다 더 관심을 가지신다는 것인데 이런 점에서 오늘 우리 교회의 후세대인 어린이들이 어떠한지 관심을 갖지 않을 수 없으며 염려되는 마음이 앞서기도 한다.

우리 동네에 그래도 중형 교회라고 할 만한 ○○교회가 있는데 한 번은 성인 예배 주보뿐 아니라 관심을 가지고 주일학교와 학생회에서 나오는 주보까지 수집해서 보았는데 장년 400명 교세의 교회에 어린이 주일학교 17명 그리고 학생회 12명으로 기록된 것을 보며 정말 마음이 아팠다. 이런 현상이 비단 우리 동네 교회에서 뿐만 아니라 한국 교회 전체의 현상이며 100여 명 이상의 교회에서도 주일학교나 학생회가 되지 않는 교회들이 많다고 하며 성장은커녕 모임의 기반조차 이룰 수 없는 현실 때문에 교회 전도사님들의 고통이 매우 크다는 것도 알게 되었다.

왜 우리들의 교회에서 어린이들이 점점 줄어가는 것일까(?) 물론 출산율 저조에 따른 현상이라고 할 수도 있겠지만 꼭 출산율로만 따질 수 없는 우리 교회 미래 세대의 어두움이 머지않아 현실로 닥칠 것 같은 두려움을 갖게 되며 기도하게 된다.

지금 우리 시대에 화려하게 지어져 있는 큰 교회당들이 우리 후세대에서는 한때 부흥의 바람이 불고 지나가서 지금은 싸늘하게 식은 기독교가 되어 있는 구미(유럽)의 교회들처럼 되어 예배당 건물 유지(관리)비도 어려워지는 시대가 오지 않을 것인지 걱정이 앞서기도 한다.

오늘 말씀에서 선지자 이사야가 바라본 하나님의 구원 계획과 방법이 어린아이들로부터 시작되고 있는 것은 오늘 우리들의 교회가 교회의 외적 성장이나 몸집 불리기에서 벗어나 어린이 주일학교와 소년들(학생들)의 부흥을 위하여 올인하지 않으면 안 된다고 하는 절박한 시대적 과제를 느끼게 된다.

주님!
오늘 우리들의 교회에 어린이들이 점점 사라져 가고 있습니다. 주의 백성들을 구원하며 주의 나라를 세워가는 일에 어른들보다 어린이들에게 더 관심을 가지셨던 주님의 마음을 깊이 헤아리며 주님의 눈으로 이 땅의 어린이들을 향할 수 있도록 도와주옵소서.

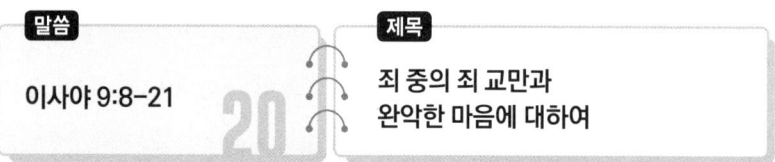

말씀	제목
이사야 9:8-21	죄 중의 죄 교만과 완악한 마음에 대하여

¹³ 그리하여도 그 백성이 자기들을 치시는 이에게로 돌아오지 아니하며 만군의 여호와를 찾지 아니하도다

파멸로 가는 이스라엘의 죄악은 교만과 완악한 마음에서 시발되었다. 하나님께서 그들을 돌이키시기 위해 선지자들을 보내고 또 보내시며 죄악에 뒤따르는 징계적 심판을 경고하셨지만 그들은 벽돌이 무너지면 다듬은 돌로 쌓을 것이고 뽕나무들이 찍히면 더 좋은 백향목으로 대신하리라고 하였다(9:9-10).

회개는커녕 선지자들을 비웃고 하나님을 우습게 여기는 이런 죄악은 마치 창세기 11장에 나오는 바벨탑 사건을 연상하게 하는데 그들은 하나님 없이도 인간 스스로 얼마든지 잘살 수 있는 인간 왕국 건설로 바벨성과 탑을 쌓았는데 그 결과는 모든 수고를 헛되게 하시고 흩어버리시는 것으로 나타났다. 하나님을 대적하는 인간 죄악의 극치로 나타난 바벨탑 사건의 죄악이 이스라엘에게 나타났던 것은 북이스라엘이 가장 번영기를 누렸던 여로보암 II세 때부터로 볼 수 있는데 사실 그들이 일시적이나마 그런 번영을 누렸던 것도 사실은 하나님께서 허락하신 은혜였다(왕하14:25-27).

당시 북이스라엘 선지자는 아밋대의 아들 요나였는데(왕하14:25) 뒤를 이어서 아모스 선지자의 외침이 있었고 또 뒤를 이어서 호세아 선지자의 외침이 있었지만 이스라엘은 끝내 돌이키지 않았고 이사야가 예언사역을 하던 당시 베가 왕(740-732) 시대에 이르러서는 이스라엘과 동맹을 이뤘던 아람조차 이스라엘에게 등을 돌리고 앗수르 연합에 가담하여 결국 이스라엘은 사면초가처럼 되어 주변 국가들에게 삼킴을 당하게 될 것이 예고되고 있다(9:11-12).

그런데 무서운 것은 이스라엘이 이러한 무서운 경고를 받고서도 돌이키지 아니하므로 결국 하나님께서 에브라임과 므낫세로 호칭되는 북이스라엘 안에 자체 내분을 일으켜 이 나라를 멸하실 것을 예고하시는바(9:19-21) 이사야의 이 예언이 있은 후 십여 년 가지 못해 망하게 된다(BC 722).

북왕국 이스라엘은 하나님께서 불쌍히 여기셔서 은혜를 베푸신 결과로 번영기를 구가하던 여로보암 II 때의 축복을 이어가지 못하고(BC 793-753) 번영이 오히려 교만과 완악한 마음으로 이어져 사회악이 만연하였으며 공평과 정의가 사라진 사회엔 아모스 선지자의 글에서 보는 것처럼 음풍과 음란이 도를 넘었고 힘 있는 자들/가진 자들의 갑질이 성행하여 사회적 약자들이 살 수 없는 시대가 되었고 하나님께서 그들에게 은혜의 손길을 뗄 수밖에 없는 상황으로 내몰리고 국운이 다하고 쇠하여 나라가 없어지는 결과로 이어졌다.

북왕국 이스라엘이 망해 가는 과정을 전해 주고 있는 선지자 이사야의 글을 그냥 읽어 넘어갈 수 없는 것은 오늘 우리 시대에도 동일하게 반복될 수 있는 죄악들이 이 글 속에 가득 담겨 있기 때문이다.

그런데 죄악 중의 죄악은 교만하고 완악한 마음이 극에 달하여 하나님을 두려워하기보다 비웃으며 자기 고집을 부리는 쪽으로 나아가는 것인데 이것은 은혜 받지 못한 자의 심리에서 나타나는 죄악으로 애굽 왕 바로에게서 보였던 이런 죄악이 이스라엘에게 있었다. 아무리 죄 가운데 빠지더라도 이런 죄악의 자리까지 내려가지는 않아야 하며 징계와 심판 가운데서라도 은혜를 주시라고 하는 가난한 마음만이 내가 다시 회복되고 살 수 있는 길인 것을 오늘의 말씀에서 배우게 된다.

자주 책망을 받으면서도 목이 곧은 사람은 갑자기 패망을 당하리라(잠29:1)

말씀 이사야 10:1-11

제목 우리 나라, 좋은 나라 되기 위하여

² 가난한 자를 불공평하게 판결하여 가난한 내 백성의 권리를 박탈하며 과부에게 토색하고 고아의 것을 약탈하는 자는 화 있을진저 ³ 벌하시는 날과 멀리서 오는 환난 때에 **너희**가 어떻게 하려느냐 누구에게로 도망하여 도움을 구하겠으며 **너희**의 영화를 어느 곳에 두려느냐

어제는 한여름의 무더위를 식혀주는 비가 지나간 듯하더니 오늘은 제법 선선한 가을을 느끼게 하는 아침으로 시작된다. 계속되는 이사야 묵상을 통하

여 무소부재하신 하나님의 눈은 이 세상 어느 곳을 향하시며 전능하신 그의 팔은 이 세상 어느 곳을 향하여 여전히 진노의 팔을 펴고 계시는지(9:11,17,21) 앞선 말씀에 연속해서 살펴보게 된다.

1. 공평하시며 정의로우신 그의 눈이 바라보시며 진노의 팔을 펴고 계시는 곳

고래로 세상 모든 나라들은 나라의 질서와 안녕을 위하여 법치주의를 택하고 있다. 그러나 간혹 무소불위의 권력을 휘두르는 제왕적 지도자들이 나타날 때마다 법들은 무시되고 법 위에 군림하며 법은 공평과 정의를 위해서가 아니라 많이 가진 자 그리고 권력의 칼자루를 쥔 자들을 위해 무법하게 사용되는 것을 우리 역사에서도 많이 보았다.

오늘 말씀은 하나님의 백성 이스라엘이 망할 수밖에 없는 이유를 크게 두 가지로 들고 있는데 하나는 정의의 최후 보루가 되어야 할 법정이 부패한 것이며 다른 하나는 권력과 정책을 집행하는 자들 편에서 사회적 약자들에 대한 배려가 아니라 무시와 강탈이다.

새 정부 들어서면서 언론이 가장 많이 들쳐내는 것 중의 하나는 많이 가진 자들이 더 많이 가지려고 없는 자들의 것을 등쳐먹는 갑질들인데 사실 이런 것들은 지금까지 감춰졌던 것들이 수면 위로 부상한 일부에 지나지 않는다. 대기업 - 원하청 기업 - 하청 기업1. 2. 3으로 나가는 우리나라 기업들의 먹이사슬 구조가 얼마나 심각하게 부패되었는지 말로 다 할 수 없다. 동네에서 흔히 볼 수 있는 24시간 편의점들만 해도 본점의 갑질로 인한 횡포가 얼마나 큰지 지점 점주들의 원성이 하늘을 찌를 듯하다.

상생하지 않고 많이 가진 자가 독식하려고 하며 법을 법대로 사용하지 않고 불의하게 사용하는 불공정 사회에 대해 하나님께서 더 이상 참으실 수 없어서 반드시 벌하시는 날(이스라엘에게는 앗수르 침공의 날)이 이르게 하겠다고 하신 심판 경고는 오늘 우리 사회가 귀담아들어야 할 경종이다(10:3).

2. 하나님의 세계 경영에서 강대국들의 역할과 책임

오늘 말씀에서 하나님께서 세상의 많은 나라들 가운데 어떤 나라들은 강대국으로 어떤 나라들은 약소국으로 존재하게 하시는 바 때로 하나님께서 강국들을 들어 심판의 도구로 사용하시지만 그들이 자신들의 주제를 파악하지 못하고 자신들의 힘으로 강국이 된 것처럼 오판하고 교만할 때 하나님께서 이들 역시 부러뜨리는 방망이가 되게 하심으로 세상 모든 나라들의 흥망성쇠가 모두 하나님의 손에 달려 있으며 특별히 하나님의 나라(구약 : 이스라엘/신약 : 교회)를 중심으로 자기 경영을 이루어나가신다는 것을 배우게 된다.

오늘 말씀을 묵상하면서 앗수르 제국에 대한 문헌들을 찾아보니 이 나라가 다윗 왕국 이전에도 존재했었는데 당시는 하나님께서 다윗 왕국을 세상에 높이 드러내시기 위해 앗수르의 세력을 약화시켰다는 역사적 고증도 보았다.

> 앗수르는 내 진노의 막대기요 그 손의 몽둥이는 내 분노라 하시며 그를 통해 경건치 않은 나라들을 치시며 … 진흙같이 짓밟게 하신다고 하시는데
> (10:5-6)

이런 몇 구절만을 가지고도 하나님의 세계 경영이 어떻게 이뤄지는지 엿보게 되며 오늘 우리 시대에도 하나님께서는 '앗수르'로 상징된 세상의 강국들을 통해 인류 일반 역사에 개입하고 계신다는 것을 엿보게 된다. 그러나 중요한 것은 이러한 강국들도 모두 자신들이 휘두르게 되는 권력 사용에 대한 책임이 따른다는 것이며 영원할 것 같았던 강국 앗수르가 바벨론에게 망한 것

은(BC 612) 세계 패권 질서와 힘의 균형에 있어서 하나님의 세계 경영이 어떻게 진행되는지 보여준다.

실제 앗수르는 이사야가 예언사역하던 당시 불의 왕으로 불린 디글랏 빌레셀 III세 때 최고 절정기를 이루었는데(BC745-727) 이미 나훔 선지자 시대에 이 나라가 홍수로 범람하여 수도 니느웨가 물에 잠겨 멸망할 것이 예고되었던 바(나1:8) 이사야 선지자를 통해 또다시 반복 예언되는 것처럼 멸망하여 1846년 니느웨가 고고학자들에 의해 발굴되기까지 이 도시에 토사가 6m 이상 쌓여서 거의 2,450년 동안 발견되지 못하고 묻혀 있었다는 것은 흥미롭다.

오늘의 말씀을 정리하면서 마음 깊이 닿는 것은 나라는 의와 공평으로 말미암아 굳게 선다는 것이며 이 세상 모든 나라들의 흥망성쇠와 힘의 균형을 조절하시는 우리 하나님 앞에서 우리나라가 바른 나라가 되어 은혜와 복을 받아야 할 것을 마음 깊이 기도하게 된다.

주님!
우리 조국 대한민국이 강성한 나라가 되기 위하여 먼저 의와 공평에 굳게 서는 나라가 되게 하시고 세계 열방과 민족들 가운데 선한 영향력을 끼치는 주님의 도구로 쓰임 받는 복된 나라 되게 하옵소서.

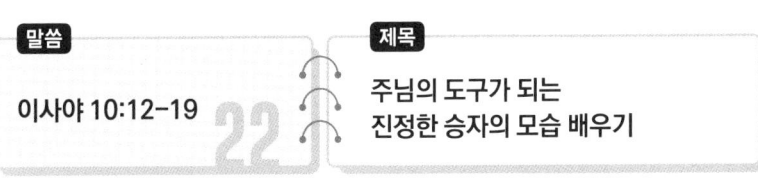

말씀 이사야 10:12-19

제목 주님의 도구가 되는 진정한 승자의 모습 배우기

22

15 도끼가 어찌 찍는 자에게 스스로 자랑하겠으며 톱이 어찌 켜는 자에게 스스로 큰 체하겠느냐 이는 막대기가 자기를 드는 자를 움직이려 하며 몽둥이가 나무 아닌 사람을 들려 함과 같음이로다

〈맥아더 장군의 자녀를 위한 기도〉

* 이 기도문은 태평양 전쟁 당시, 아들에게 영적인 유산으로 물려주기 위하여 기록한 것인데 1964년 그가 생을 마감한 후 알려졌다고 한다.

내게 이런 자녀를 주소서. 약할 때 자기를 돌아볼 줄 아는 여유와 두려울 때 자신을 잃지 않는 대담성을 가지고 정직한 패배에 부끄러워하지 않고 태연하며 승리에 겸손하고 온유한 자녀를 내게 주소서.
생각해야 할 때에 고집하지 말게 하시고 주를 알고 자신을 아는 것이 지식의 기초임을 아는 자녀를 내게 허락하옵소서.
원하오니 그를 평탄하고 안이한 길로 인도하지 마시고 고난과 도전에 직면하여 분투 항거할 줄 알도록 인도하여 주소서.
그리하여 폭풍우 속에서 용감히 싸울 줄 알고 패자를 관용할 줄 알도록 가르쳐주시옵소서.
그 마음이 깨끗하고 그 목표가 높은 자녀를 남을 정복하려고 하기 전에 먼저 자신을 다스릴 줄 아는 자녀를 장래를 바라봄과 동시에 지난날을 잊지 않는 자녀를 내게 주소서. (중략)

인류 역사상 최초의 제국으로 호칭되었던 앗수르 제국이 얼마나 강성했으며 또 어떻게 교만을 떨었고 그 결과 어떻게 패망하여 역사의 뒤안길로 사라지게 되었는지 가르쳐주는 오늘의 말씀을 묵상하면서 불현듯 맥아더 장군의 기도문이 생각났다.

그는 2차 대전 당시 태평양 전쟁의 영웅이며 패자 일본을 자신의 발 앞에 꿇릴 수 있는 사람이었는데 승리에 겸손하고 패자에 대한 관용으로 최소한 그들의 자존심을 살려주며 항복 조인 문서를 이끌어낸 사람으로 유명하다.

이사야 선지자를 통해 연속해서 앗수르 제국의 멸망사를 예고하는 오늘의 말씀에서 하나님의 심판 도구로 쓰임 받는 강국이었지만 인간 역사의 주관자이신 하나님을 아는 지식이 없어서 세상 열국들에게 도끼가 되고 톱이 되고 몽둥이가 되었어도 마침내 자기를 도구로 들었던(사용했던) 분에게 폐기처분되고 자신도 망할 수밖에 없었던 앗수르의 교만이 잘 드러나고 있다.

앗수르는 자신들이 정복해 나가는 나라들에 대해서 후에 나타난 바벨론이나 페르샤 제국 또는 그리스 제국이나 로마 제국이 그랬던 것처럼 피정복민의 인권과 삶의 터전을 최소한이나마 살려줄 수 있어야 했는데 패자를 지나치게 짓밟는 정책으로 민족말살정책을 폈기 때문에 사람의 창조자이신 하나님께서 보실 때 그냥 더 두고 보실 수 없는 상황으로까지 나가게 된 것 같다.

예를 들면 신앗수르(BC 911-612)의 불의 왕으로 불리며 최전성기를 누렸던 디글랏 빌레셀 III세(BC 745-727)는 정복당한 나라들에 대해서 민족들을 서로 뒤섞어버리는 정책으로 민족혼을 말살시켰으며 심지어 포로로 잡아가는 왕족들의 눈을 뽑고 혀를 자르는 무서운 만행도 저질렀는데 지금도 그 만행들이 벽화로 부조되어 남겨진 것을 볼 수 있다.

당시 앗수르의 파워가 얼마나 강력했는지 그 어느 나라도 제대로 저항 한 번 못 하고 무너졌음을 보여주는데 그것은 마치 사람이 새의 보금자리를 거저 얻음 같고 내버린 알을 주움과 같아서 그 앞에 날개를 치거나 입을 벌려서 지저귀는 것이 하나도 없었다는 표현을 쓰고 있는데 한 마디로 모든 나라들이 그 앞에서 찍 소리 한 번 못 하고 모두 스러져 갔다는 것이다(10:14).

이러한 앗수르의 교만과 강력 파워를 보여주는 오늘의 말씀에서 더욱 눈여겨보게 되는 것은 이들이 제국의 세계화를 추진해 나가는 과정에서 보여주는 정책의 키워드가 다름 아닌 '열방의 경계 허물기'에 있음을 보여주는데(10:13)

남아 있는 고증문헌에 따르면 이들이 제국주의를 펼치면서 동쪽으로는 인도까지, 서쪽으로는 애굽까지, 북으로는 러시아까지, 남으로는 아라비아 펠릭스까지 그리고 3,200km에 걸친 대제국을 뻗쳐간 것을 보여준다.

그러나 이렇게 세계 열방의 경계선을 허물고 하나의 제국을 만들기 원했던 이들의 야심도 마지막 전성기를 구가한 아슈르바니팔 왕(BC 669-627)을 끝으로 형제간 권력 다툼을 일으킨 자체 내분으로 힘을 잃어버리고 하나님께서 유다의 심판 도구로 사용하신 바벨론에게 망하게 된다.

오늘의 묵상을 시작하면서 맥아더 장군의 기도문을 떠올리게 되었는데 그 이유는 그의 기도에 적힌 대로 하나님의 도구로 쓰임 받는 진정한 승자의 모습은 패자에 대한 최소한의 인권 존중과 예의에 있음을 그의 기도문에서 보았기 때문이다.

승리에 겸손하게 하시고 패자에 대한 관용을 강조했던 그의 기도문은 모든 전쟁과 싸움의 이면에는 이것들을 주관하시는 하나님이 계심을 인정한 것이며 자신들은 다만 하나님의 도구로 쓰임 받은 것뿐인 것을 인정하는 하나님 주권 사상이 녹아 있는 것을 보게 된다. 이것이 바로 맥아더와 앗수르 왕들의 차이이며 정복/복수/짓밟음/보복이 아닌 하나님의 세계 경영의 작정과 섭리 가운데서 하나님의 주권을 실현하는 도구로 쓰임 받았다는 자각이 이런 차이를 가져오게 되는 것 같다.

오늘 묵상을 마감하면서 쉽게 글을 접지 못하는 또 한 가지 주제는 '앗수르'가 가졌던 경영의 키워드로써 '경계 허물기'이다. 그들은 하나님께 임시로 허용받았던 제국의 막강 파워(힘)를 다만 침략과 정복을 통해 나라 간 '경계 허물기'에 급급했고 제국의 세계화를 이루는 데만 쏟았는데 열방의 경계 허물기와 제국의 세계화라는 경영 키워드를 보면서 오늘 우리 시대에 진정한 경계 허물기와 세계화는 복음과 선교를 통한 열방 간 경계 허물기와 복음의 세계화를 통해 이뤄져야 한다는 것을 배우게 된다.

주님께서는 이 세상에 오셨다가 하늘 보좌로 돌아가시면서 지상대위임령을 하달하셨는데 그것은 하늘과 땅의 모든 권세가 자신에게 주어지신 것과 우리가 이 권세를 힘입어 땅 끝까지(영적 경계를 허물어) 복음의 증인이 되라고 하신 것이며(행1:8) 가서 모든 족속을 제자로 삼아 … 모든 입술로 예수를 주라 고백하게 하며 모든 무릎이 그 앞에 꿇게 되게 하라고 하심이다(마28:18-20).

지난 세기 역사를 뒤돌아볼 때 17-18세기 대영제국이 앗수르에 버금가는 힘을 가지고 복음의 세계화에 쓰임 받았으나 지금은 기독교 쇠퇴국이 되었고 19-20세기 미국이 막강 파워 국가가 되어 쓰임 받았으나 미국 역시 점차적으로 영국의 전철을 밟고 있는 것처럼 보이며 20-21세기 들어서서 한국 기독교가 지난 한 세기(30년) 가깝게 작고 분단된 국가임에도 불구하고 세계 기독교 역사에서 유래가 없는 강력한 기독교 힘을 가지고 복음의 세계화를 위해 쓰임 받는 것 같으나 지금 심하게 흔들리는 모습을 보며 역사의 주관자이신 하나님께서 다시 한 번 우리에게 힘을 주셔서 복음과 선교를 통해 열방의 경계를 허물고 복음의 세계화를 위해 쓰임 받는 나라가 되기를 기도하게 된다.

주님!
우리에게 부흥을 주셨던 한 세기가 지나가고 우리는 지금 다시 흔들리고 있습니다. 우리를 다시 일으켜주시고 다시 힘을 주옵소서. 복음과 선교를 위해 열방의 경계를 허물고 복음의 세계화를 위해 다시 부흥하고 다시 힘을 얻는 나라, 우리들의 한국 교회가 되게 하옵소서.

말씀 이사야 10:20-34　**23**

제목 진실로 주님을 의지하는, 남은 자 되게 하소서

²² 이스라엘이여 네 백성이 바다의 모래 같을지라도 남은 자만 돌아오리니 넘치는 공의로 파멸이 작정되었음이라

앞선 말씀에서 하나님의 심판 도구로 사용되었던 앗수르가 자신들의 주제 파악을 하지 못하고 힘만 믿고 함부로 하다 결국 자신들도 망하게 된다고 했는데(10:12-19) 오늘의 말씀은 바로 '그날' 앗수르가 망하는 '그날'이 하나님의 백성 이스라엘이 구원받는 날이며 그날에 이스라엘의 남은 자들만이 돌아와 다시는 헛된 것을 의지하지 않고 오직 자신들의 하나님만을 진실하게 의지하게 될 것이라고 한다(10:20-22).

그러고 보면 아하스와 유다 백성들이 선지자의 말을 듣지 않고 앗수르를 의지하였다가(사7장) 앗수르가 북이스라엘을 멸망시킨 후에는(BC 722) 시커먼 속내를 드러내고 자신들을 의지했던 유다까지 먹어 삼키려고 침공해 들어온 것을 엿보게 되는데 이 일은 실제 아하스의 아들 히스기야 왕 때 된 일로 그제야 유다 백성들은 자신들이 진실로 의지할 곳은 이 세상 어디에도 없고 오직 언약의 하나님뿐인 것을 깨닫게 될 것을 이렇게 예고하고 있다.

오늘 주신 말씀 가운데 마음 깊이 와닿는 구절은 이스라엘의 남은 자들이라는 말씀과 (그제야) 진실로 이스라엘의 거룩하신 자 여호와를 진실하게 의지하게 되리라는 말씀이다.

이사야 예언서의 '남은 자' 사상은 이미 6장에서도 언급되었는데(6:13) 상수리나무가 베임을 당하여도 그루터기가 남아 있음 같이 거룩한 씨가 이 땅의

그루터기라고 하신 대로 이스라엘 백성이 모래알같이 많을지라도 남은 자만 돌아올 것을 예고하는바 이사야 선지자의 예언의 지평은 이제 앗수르 시대를 넘어 바벨론 시대까지 그리고 포로 후기까지 내다보며 더 깊게는 메시아로 오실 예수님의 시대까지 내다보면서 예언하고 있음을 엿보게 된다.

이사야 선지자의 '남은 자' 사상은 신약으로 들어와서 바울 사도에 의해 다시 한 번 인용되는데 아브라함의 혈통적 후손 이스라엘이 바다의 모래처럼 많아도 오직 택하심을 입은 자 - 남은 자들만이 구원을 받을 것이며 그 자리를 이방인 중에서 부름 받은 자들이 채우게 되리라고 해석하고 있다(롬9:27).

하나님을 진실로 의지하는 자들 - 남은 자 사상을 강조하는 오늘의 말씀을 묵상하면서 나는 내 주변에 내가 부러워하고 의지하고 싶은 것들이 많아도 그런 것들에게 내 눈길을 주지 아니하고 오직 나의 하나님만을 의지하는 남은 자로 살아가는가? 자신을 돌아보게 한다.

주님!
세상에 나의 눈길을 끄는 것들이 많고도 많지만 오직 주님으로만 나의 배부름을 삼고 살아가며 진실로 주님을 의지하는 자 - 남은 자로 살아가는 신앙과 삶이 되게 하소서.

말씀	제목
이사야 11:1-9(1)	그때에 이리와 어린 양이 함께 살며…

¹ 이새의 줄기에서 한 싹이 나며 그 뿌리에서 한 가지가 나서 결실할 것이요
² 그의 위에 여호와의 영 곧 지혜와 총명의 영이요 모략과 재능의 영이요 지식과 여호와를 경외하는 영이 강림하시리니

새벽 3시에 잠이 깨어 3시간 책을 읽고 다시 잠들었는데 이상한 꿈을 꾸었다. 꿈속에서 만난 호랑이가 얼마나 착하고 유순한지 호랑이와 친구가 되어 동행하며 나는 호랑이를 아끼고 호랑이는 나를 아껴주는 이상한 꿈을 꾸다가 깨어난 것이다. 그리고 얼른 세수하고 습관처럼 생명의 삶 오늘의 말씀을 펼쳐들었는데 내가 꾸었던 꿈과 유사한 내용이 담긴 것을 보고 놀랐다. 세상에 이런 우연의 일치도 있는 것일까(오늘의 묵상을 미리 알려주신 것 같다는 생각이 들었다).

그때에 이리가 어린 양과 함께 살며 표범이 어린 염소와 함께 누우며 송아지와 어린 사자와 살진 짐승이 함께 있어 어린 아이에게 끌리며 암소와 곰이 함께 먹으며 그것들의 새끼가 함께 엎드리며 사자가 소처럼 풀을 먹을 것이며 젖 먹는 아이가 독사의 구멍에서 장난하며 젖 뗀 어린 아이가 독사의 굴에 손을 넣을 것이라(11:6-8)

어느덧 한 해도 다 저물고 내일은 성탄 주일을 맞으며 모레 글피는 아기 예수의 탄생을 축하하는 성탄일이다. 하나님께서 아기 예수를 통하여 사람의 몸을 입고 우리를 찾아오신 이 뜻깊은 성탄을 맞아 그간 이어오던 역대기 묵상이 잠시 괄호 밖 묵상으로 나갔는데 오늘의 본문이 되는 이사야 11장은 앞선 묵상의 소재가 되었던 웃시야 – 아하스 – 히스기야 – 므낫세 시대에 예언했던 이사야의 글이다.

이사야는 웃시야 왕이 죽던 해 소명을 받는다. 당시 앗수르 제국의 영향을 심하게 받았던 아하스 시대에 여호와 하나님을 의지하지 못하고 앗수르의 힘을 의지하는 아하스에게 이사야는 도우시는 하나님의 징조를 구하라고 하였는데 그때 아하스는 뒷구멍으로는 앗수르에 사신을 보내 원병을 청하면서 이사야 앞에서는 나는 여호와를 시험하지 않겠다는 이중성을 보일 때 이사야는 이러한 불신앙적인 다윗 집을 향하여 책망하면서 여호와께서 친히 징조를 주실 것이라고 하며 보라 처녀가 잉태하여 아들을 낳을 것이요 그 이름을 임마누엘이라 하리라고 예언하였다(7:11-14).

그리고 다시 이어지는 이사야 9장에서는 평강의 왕으로 태어날 한 아기에 대하여 예언하며 그가 다윗의 위에 앉아 그 나라를 굳게 세우고 공평과 정의로 보존할 것이라 했는데(9:1-7) 오늘의 말씀은 앞서 전언했던 이러한 예언에 이어서 태어날 그 아기는 바로 이새의 줄기에서 나오는 한 싹이며 그 뿌리에서 나오는 한 가지가 결실하는 태중의 열매(아기)인데 그 뿌리가 다윗의 아비 이새이며(11:1) 그리고 더 거슬러 올라가면 야곱이 예언한 대로(창49:10) 유다 지파에서 나와 치리자의 홀을 가질 그리고 유다 지파의 사자요 다윗의 뿌리가 되시는 어린 양 예수님에게 연결시키고 있다(계5:5).

다윗과 솔로몬 이후 유다의 왕들, 스무 명이 거쳐가는 동안 다윗의 길을 따르지 아니하고 하나님의 뜻에서 멀리 떠나는 실망스런 유다의 왕들이 등장하면서 이사야 선지자는 장차 자기 백성의 진정한 왕으로 오실 예수 그리스도를 예고했고 유다의 백성들은 다윗의 위를 계승하여 그 영광을 재현할 이스라엘의 진정한 왕 - 그리스도를 대망하였는데 왜냐하면 그가 오시면 그의 위에는 여호와의 영 곧 지혜와 총명의 영이며 모사와 재능의 영이며 지식과 여호와를 경외하는 영이 강림하시어 공평과 정의로 나라를 굳게 세울 것을 예고했기 때문이다(11:2-5). 그리고 이사야가 가리켰던 이 예언은 나사렛 예수에게 그대로 응하여 예수님은 공생애를 시작하시면서 이 모든 것이 자신에게 응하였음을 공표하셨다(61:1-3/눅4:17-18).

그러나 오늘의 말씀 후반부는 그가 오심으로 이루어질 이 나라가 혈통적 유대인들의 왕국에서만 이루어지는 것이 아니라 가난한 자와 겸손한 자의 편에 서시는 그의 통치는 그 입술의 막대기로 세상을 치며 그 입술의 기운으로 악인을 죽일 것이라고 하심으로(11:4) 그의 통치와 다스리심은 전 세계적이 될 것이며 전 우주적인 메시아 통치시대를 열 것을 예고하였는데 심지어 자기 백성의 구원을 완성하시는 그날에는 인간에게 속하여 허무한 데 굴복하는 피조물, 동물의 세계까지도 성도들의 구원에 참여하여 함께 해방과 자유를 얻게 될 것을 예고한다.

그때에 이리가 어린 양과 함께 살며 … 암소와 곰이 함께 먹으며 … 사자가 소처럼 풀을 먹을 것이며 … 어린 아이가 독사의 굴에 손을 넣을 것이라 … 해 됨도 없고 상함도 없을 것이니 여호와를 아는 지식이 세상에 충만할 것임이니라(11:6-9)

이사야가 예언했고 구약의 많은 선지자들이 예언했던 메시아(예수님)는 약속대로 이미 우리에게 오셔서 말씀의 성취를 보이셨고 다시 아버지 보좌 우편으로 돌아가셨으며 이후 다시 오실 터인데(재림) 이는 오늘의 말씀에서 선지자 이사야가 말하는 것처럼 모든 악의 세력이 제거된 완성된 하나님의 나라에 (11:4-5) 또 다른 피조물인 동물들까지도 모든 속박이 풀리고(롬8:18-21) 인간들의 구원에 함께 참여하게 되는 그날을 남겨놓고 있기 때문이다.

얼마 전 요즘 세상 사는 것이 너무 힘들었는지 아내에게 우리 예수님 속히 오시면 좋겠다고 말하니 아내도 정말 빨리 오시면 좋겠다고 하면서 서로 웃었다. 그런데 이러한 기다림이 말 못 하는 동물들에게까지 있다는 사실을 오늘의 말씀을 통해 재확인하면서 우리 주님 예수 그리스도의 재림을 더욱 손꼽아 기다리게 된다. 그날에는 어젯밤 꿈에 내가 꾼 꿈처럼 이리와 어린 양이 함께 살며 나와 호랑이도 서로 친구가 될 수 있고 모든 죄와 악이 소멸되며 주님이 다스리는 온전한 평화의 그 나라가 될 것을 굳게 믿는다.

주님!
어서 속히 오시옵소서. 영혼은 구원받았지만 아직 몸이 구원받지 못해 탄식함으로 몸의 구속을 기다립니다(롬8:23).

이러한 탄식이 믿음의 성도들뿐 아니라 또 다른 피조물인 동물들의 세계까지 있어 저들도 하나님의 자녀들이 구원받는 날을 기다리며 모든 죄와 악이 사라지고 평화가 도래하여 이리와 어린 양이 함께 살 수 있는 그날을 기다립니다. 다시 20○○년 성탄을 맞으며 혹 오늘일까 혹 내일일까 기다리는 우리에게 주님이 사람의 몸을 입고 인간 세상에 찾아오신 임마누엘 그 깊으신 뜻을 헤아려 인내와 성실로 그날을 기다리는 신앙과 삶이 되게 하여 주옵소서.

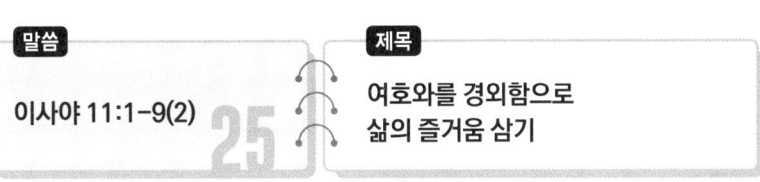

(이사야가 바라보는 시선으로 역사적 배경 이해하기)

이사야는 유다 왕국의 웃시야/요담/아하스/히스기야 시대에 활동했던 선지자이다(1:1). 유대의 전승(위경)에서는 그가 유다 왕국이 가장 극심한 우상숭배 죄악에 빠졌던 히스기야의 아들 므낫세 시대에 톱으로 켜서 죽임을 당했다는 기록이 있다.

오늘 말씀은 다윗 왕통의 직접 뿌리가 되는 이새의 줄기에서 한 싹이 나오며 그 뿌리에서 한 가지가 나서 결실할 것이라는 이사야의 예언으로 시작되는데 이미 다윗의 왕통이 이어지고 있는 그 시대적 상황에서 다시 또 다른 왕(싹)의 출현을 예고하고 있는 것은 그 당시 이미 존재하고 있던 유다의 왕들이 하나님의 백성들을 잘못 이끌어가고 있는 불완전성을 부각시키며 자기 백성의 진정한 왕으로 오실 메시아의 출현을 예고하는 것으로 이해하게 된다.

이 예언과 가장 직접적으로 관계가 있던 시대의 왕은 아하스(BC 742-735)로 이해하게 되는데 이사야가 모셨던 네 왕들 중 세 번째 왕이었던 아하스 왕 시대에는 신흥 세력으로 부상한 앗수르 제국의 서진 정책으로 북왕국 이스라엘을 비롯한 주변 국가들이 전멸 위기에 당하자 아하스 왕에게도 함께 동맹하여 앗수르에 맞설 것을 제안하게 된다.

이때 아하스는 약소 국가들의 동맹결성 대신 이미 앗수르의 도움을 청한 상태였기 때문에 이 동맹 제의를 거절하게 되고 따라서 북왕국 이스라엘과 아람 동맹 국가들에게 공격을 받게 된다(7:9).

이때 선지자 이사야는 아하스 왕에게 하나님께 도움을 청하라고 하면서 하나님의 징조를 구하라고 하는데 이미 아하스는 뒷구멍으로 앗수르에게 도움을 청해 놓은 상태에 있었으면서 나는 징조를 구하지 않으며 하나님을 시험하지 않겠다고 하는데 이때 이사야는 하나님을 불신해 온 다윗의 집을 책망하며 하나님께서 자기 백성의 구원을 위하여 친히 징조를 주실 것이고 그 징조는 처녀가 잉태하여 아들을 낳을 것이요 그 이름을 임마누엘이라 하리라고 함으로 출현할 아기에 대해 예고하게 된다(7:10-14).

오늘의 말씀은 처녀가 잉태하여 낳게 될 아기가(7:14) 곧 이새의 줄기에서 한 싹으로 나오게 될 메시아(그리스도 : 기름 부음 받은 자)가 될 것을 예고하는 것으로써 그가 장차 이스라엘의 불완전한 왕들을 대신하여
① 어떤 정체성을 가진 왕이며(11:2-3)
② 어떻게 다스리는 왕이 될 것인지를(11:4-5) 밝힘과 동시에
③ 그로 말미암아 완성되는 메시아 왕국(하나님의 나라)의 온전한 평화를 말하는데

심지어는 이리와 어린 양이 함께 살며 사자들도 소처럼 풀을 먹게 되는 평화의 시대가 도래할 것을 예언하는바 여기서 이사야가 바라보는 구속역사의 지평은 메시아 초림의 시대를 넘어 재림의 시대까지를 내다보는 역사적 전망

으로 예언하고 있다(11:6-9).

　이것은 마치 멀리서 보면 가까운 산과 먼 데 있는 산이 함께 붙어서 보이는 것처럼 구약의 모든 선지자들이 메시아 시대의 초림과 재림을 동시적으로 바라보며 예언하는 패턴을 이사야도 따르고 있는 것으로 이해하게 된다.
　어느덧 다사다난했던 20○○년 한 해도 저물고 있다. 국내외적으로는 극단주의 이슬람 국가 IS의 출현으로 그 어느 해보다 소란했던 한 해였고 국내적으로도 살얼음판을 걷는 것 같은 정치적 불안정성이 존재했던 한 해였다.

　그런가 하면 국가 총생산GNP은 올라간다고 하는데 경제 정의가 실현되지 못하여 부의 분배는 더 심한 양극화 현상으로 나타나고 국민들의 생활수준은 더 피폐해지고 추락하는 아우성이 이곳저곳에서 들려오는 것 같다. 가계 빚 1,200조(각 가정당 6,000만 원 비율)를 떠안고 사는 시대임에도 이상하게 국가 신용등급은 올라갔다고 하니 18년 전 IMF 관리 사태가 터지기 직전의 신용등급과 같다는 것이 왠지 이 나라에 미칠 불안감을 감지하게 한다. 한 국가나 사회가 가진 자들의 기득권 세력을 지켜내려는 집단 이기주의로 다스려지는 한 공평과 정의로 다스려지며 사자와 어린 양이 함께 뛰노는 것 같은 평화의 시대는 정녕 불가능한 것처럼 보인다.

　그렇다. 하나님의 나라요 백성이라고 했던 이스라엘/유다 왕국에서조차도 그랬던 것처럼 인간에 의해서 다스려지는 이 세상 그 어느 곳에도 진정한 평화는 없다.

　그러나 오늘 말씀을 묵상하면서 그토록 목마르게 갈망하는 한 통치자의 모습을 본다. 그는 다윗의 후손으로 오시는 분이지만 이사야가 그의 뿌리를 가리켜 굳이 다윗의 후손이라는 이름을 쓰지 않고 '이새'의 줄기에서부터라고 호칭한 것은 유다의 혈통에서 가장 쓰레기 같고 천박했던 혈맥의 시대를 보여주는 베레스로부터 이새까지를 강조하는 것으로(룻4:18-22) 가장 비천한 가운데서 나신 분이며 약하디 약한 싹처럼 출발하는 분이시지만(53:2) 여호와의 영/지혜와 총명의 영/모략과 재능의 영/지식과 여호와를 경외하는 영(Spirit)이 강림하실 것이기 때문에 이 Spirit(영/사상/정신)으로 세상을 다스리시며 온전한 하나님의 나라(메시아 왕국)의 완성을 이루시는 분이시기 때문이다.

주전 8세기에 있었던 이사야의 예언부터 적어도 700여 년이 지난 후 성경에 기록된 대로 그가 이 세상에 오셨고 불의와 죄악이 판치는 이 세상 속에 공평과 정의로 다스려지는 하나님 나라의 시작을 선포하셨으며(마4:17) 이 나라는 지금 가장 작게 심겨진 겨자 씨알처럼 심겨졌지만 가장 큰 나무로 커가고 있고 누룩처럼 심겨졌지만 온 덩이를 부풀게 하는 것처럼 지금 혼란한 세상 가운데서도 이 나라는 확장되고 퍼져가고 있다.

이사야 예언대로 이새의 줄기에서 나오는 한 싹의 예언이 예수님의 초림에서 성취된 것처럼 또한 그가 공평과 정의로 다스릴 그 나라 - 그래서 모든 포악한 것들이 사라지고 심지어 사자들도 어린 양과 뛰노는 완전한 평화가 성취되는 그 나라가 그의 임박한 재림을 통하여 성취될 것도 나는 믿는다.

오늘 말씀을 묵상하면서 특별히 그가 어떤 분이 될 것인지 - 그의 정체성을 가르쳐주는 구절들 가운데(11:3) 내 마음 밭에 떨어지는 말씀의 씨알은 다른 무엇보다 "그가 여호와를 경외함으로 즐거움을 삼을 것이라"는 말씀이다.

살아갈 아무 소망도 없고 낙이 없다고 할 만한 허허로운 세상살이 삶에서 사람들은 죄의 낙을 따라가는 것으로 삶의 즐거움을 삼지만 나의 주님이 이 세상에서 가졌던 삶의 이유와 즐거움이 '여호와를 경외함에서 오는 즐거움'이었다면 그의 종이 되고 제자가 된 나에게도 이것은 동일한 삶의 이유가 되어야 하고 즐거움이 되게 해야 할 것을 마음 깊이 새긴다.

이새의 줄기에서 한 싹으로 나오신 주님!

주님이 살고 가신 이 세상은 불의와 죄악 가운데 어두웠어도 주님의 십자가와 부활로 공평과 정의로 다스려지는 하나님의 나라가 이 땅에 시작되게 하셨습니다. 이제 주님의 재림으로 이 나라가 속히 완성되게 하시사 사자와 어린 양이 함께 뛰노는 평화의 시대가 도래하게 하소서. 그러나 아직 그날이 이르기 전에 아무 낙이 없는 것 같은 이 세상 속에서라도 주님이 가지셨던 '여호와를 경외하는 즐거움'이 내 삶의 이유와 목적이 되게 하옵소서.

말씀 이사야 11:1-16(3) **제목** 그가 여호와를 경외함으로 즐거움을 삼을 것이며

26

¹⁰ 그날에 이새의 뿌리에서 한 싹이 나서 만민의 기치로 설 것이요 열방이 그에게로 돌아오리니 그가 거한 곳이 영화로우리라

예언서의 꽃이라고 할 만한 이사야 예언을 읽어 나가면서 가끔 어려움을 느끼는 것은 앞장과 뒷장, 앞뒤의 문맥이 서로 연관성을 갖지 못하고 각각 독립적으로 떨어져 있는 것 같은 느낌을 받을 때이다. 그러나 다시 한 번 마음을 가다듬고 말씀으로 들어가 보면 이 모든 말씀들이 서로 짝이 되고 통하여 구속사의 강물을 이루고 흘러간다는 것을 받아들인다.

앞선 말씀(10장)에서 하나님의 심판 도구였던 앗수르가 그토록 위풍당당하고 열방을 향하여 막강한 힘을 휘둘렀지만 결국은 망하게 되고 그날 이스라엘의 남은 자들이 돌아오며 구원을 받게 될 것을 예고하였는데 이러한 이사야의 예언의 지평이 오늘의 말씀에서는 당시 앗수르 시대를 뛰어넘어 바벨론 시대와 포로 후기 시대 그리고 더 나가 이새의 줄기에서 한 싹으로 나오고 이새의 뿌리에서 한 가지로 나오실 메시아 시대까지를 아우르며 심지어 오늘의 말씀에서는 그 메시아 시대(신약시대)를 뛰어넘어 재림의 때에 이루어질 그날까지 바라보며 예언되고 있음을 본다.

그런데 여기서 이사야가 자기 백성의 구원이 되시며 만민의 기치가 되시고 악한 세력들을 평정하심으로 하나님 나라의 완성을 가져오실 그분을 드러냄에 있어서 위대했던 왕 다윗의 뿌리로부터 나오시는 이로 설명하기보다 아직 다윗 가문이 이름 없이 초야에 묻혀 있었던 시절로써 그의 아비 이새의 뿌리에서 한 가지로 나서 결실하게 되는 분으로 드러내고 있는 것은 자기 백성의 구원자로 오실 메시아(예수님)가 하나님의 언약대로 유다지파의 후손 가운데서 나신 것을 강조하며 또 무명한 사람의 아들이 되시어서 외모로 보기에는 마른 땅에서 나온 연한 순처럼 짓밟힐 수 있고 꺾어지는 가지가 될 수 있는 연약함 속에서도(11:1) 그의 위에 임하신 성령의 역사를 통하여(11:2) 메시아 사역을 온전하게 감당하시므로(11:3-5) 마침내 악한 세상을 평정하시고 하나님의 나라를 완성하시며 심지어 사자와 어린 양이 함께 뛰노는 것으로 표현되는 것같이 자연계에까지도 이 나라의 축복이 임하게 될 것을 보여준다.

여러 가지 묵상 소재를 던져주는 오늘 말씀 가운데 꼭 마음에 담고 종일 묵상 소재로 삼고 싶은 구절이 있다면 예수님의 메시아 사역의 첫 번째 특징으로써 그가 여호와를 경외함으로 즐거움을 삼을 것이라는 말씀이다(11:3a).

주님께서 메시아 사역을 이루시기 위해 이 세상에 계셨을 때 인간적으로 보면 매우 고달프고 힘드시며 외로우셨을 텐데 오직 여호와를 경외함으로 즐거움을 삼으셨다고 하신 것을 보면서 오늘 나는 무엇으로 나의 즐거움을 삼고 있으며 무엇을 동경하며 살아가고 있는지… 나 자신을 돌아보게 된다.

헛된 즐거움을 추구한 나머지 때로 세상의 육욕적 소욕들을 탐하는 마음이 불쑥 솟구치는 흉물 같은 나의 모습 때문에 그렇지 않아도 괴로울 때가 많은

데 주님께서 이 세상에 사시는 동안 여호와를 경외함으로 즐거움을 삼으셨다는 이 말씀은 오늘 잘못 나가고 있는 나의 마음을 바로잡아줄 뿐 아니라 내가 어떻게 살아가야 하는지 그리고 어떤 소명(사명)의식에 깨어서 살아야 하는지 정신 차리게 만들어주는 말씀으로 마음 깊이 닿는다.

더불어 그가 이루신 사역이 그냥 된 것이 아니라 여호와의 영(성령)이 임하여 그 영의 역사를 따라 이루어가시고 완성하셨다고 하는 것은 오늘 나의 인생도 목적이 이끄는 삶이 되도록 내 삶을 이끌어가는 원동력으로써 오직 성령께 의존하고 상시로 그의 인도에 의지해야 함을 배운다.

주님!
이 땅에 계시는 동안 성경이 자신에 대해 기록된 말씀들에 유의하시며 성경이 가리키는 메시아 사역에 충실하신 주님의 길을 나도 따를 수 있게 하옵소서. 오직 주님 경외함을 나의 즐거움으로 삼으며 주 성령의 이끄심을 따라 나로 하여금 사명에 깨어 있는 자로 살게 하시고 내가 어떤 자리에서 무슨 일을 하든지 이 땅에 주님께서 실현하신 그 나라를 임하게 하고 전진시키는 일에 쓰임 받을 수 있는 신앙과 삶이 되게 하소서.

난해 구절 해설

오늘의 말씀에서 메시아 시대를 내다보는 이사야의 예언은 "이새의 뿌리에서 나오는 한 싹"으로 시작되는 구절이 두 번 제시되면서 두 가지 내용을 구분하고 있는데(11:1-,11:10-) 특별히 11:10-16절의 내용들은 그냥 읽으면 매우 난해한 내용들이지만 이사야가 메시아 시대와 그 완성의 시대에 주님께서 그의 백성들을 불러 모으는 방법을 구약적인 배경을 가지고 이렇게 표현했다는 것으로 이해하게 된다.

말씀	제목
이사야 12:1-6	구원의 우물가에서 기쁨의 샘물 길어 올리기

27

² 보라 하나님은 나의 구원이시라 내가 신뢰하고 두려움이 없으리니 주 여호와는 나의 힘이시며 나의 노래시며 나의 구원이심이라 ³ 그러므로 너희가 기쁨으로 구원의 우물들에서 물을 길으리로다

앞선 말씀(11장) 후반부에서는 하나님께서 자기 백성을 구원하기 위해서 이새의 줄기에서 나온 한 싹이 결실하는 메시아의 날을 노래하며(11:10) 하나님께서 자기 백성을 구원하시는 그날에 남은 자들을 흩어진 열방으로부터 불러 모으는 구원의 큰 날을 구약적 배경을 가지고 설명하였는데(11:11-16) 오늘 말씀에서는 그날의 기쁨이 얼마나 큰 것인지 주체할 수 없어 이사야 자신이 주의 영에 압도되어 바라보는 계시의 빛 가운데서 이스라엘을 자신과 동일시하는 화법으로 그날 그 기쁨의 극치를 노래하고 있다.

> 보라 하나님은 나의 구원이시라 내가 신뢰하고 두려움이 없으리니 주 여호와는 나의 힘이시며 나의 노래시며 나의 구원이심이라(12:2)
> 그러므로 너희가 기쁨으로 구원의 우물들에서 물을 길으리로다(12:3)

오늘 말씀을 묵상하면서 이사야가 경험한 하나님을 나도 가슴 가득히 느껴 보고 싶다. 이사야가 계시 가운데 바라보며 경험하는 그 하나님은 전에는 내게 노하셨으나 이제는 주의 진노가 돌아섰고 또 주께서 나를 안위하시오니 내가 주께 감사하겠나이다(12:1) 고백하며 노래하게 되는 하나님이시다.

자기와 언약을 맺은 자기 백성 이스라엘이 사랑을 배신하고 등 돌리고 떠나버린 연인처럼 하나님보다 앗수르를 더 의지하고 배반하였을 때 그 앗수

르가 도리어 침공해 들어오게 만드심으로 자기 백성을 위기 가운데 몰아넣으셨으나 사실은 이것도 자기 백성을 너무나 사랑하시는 하나님의 질투의 불길이며 징계의 표시였다는 것을 이사야 선지자는 알게 되었고 또 자기 백성이 다시 돌이켜 하나님을 선택하고 전심으로 의지하게 되었을 때 그들을 구원하시는 능력을 나타내 보이심으로(왕하19:35) 진노가 변하여 위로가 되게 하심을 계시의 빛 가운데 바라보면서 저 유명한 이사야 12:2-3절의 노래가 여기서 파생되고 있다.

보라 하나님은 나의 구원이시라 내가 신뢰하고 두려움이 없으리니 주 여호와는 나의 힘이시며 나의 노래시며 나의 구원이심이라(12:2)
그러므로 너희가 기쁨으로 구원의 우물들에서 물을 길으리로다(12:3)

Surely God is my salvation: I will trust and not be afraid The Lord, the Lord, is my strength and my song; he has become my salvation.

이사야 12:2-3절에 그대로 곡조를 붙여 만든 '보라 하나님은' 젊은 시절 많이 듣고 많이 불러보았던 찬양인데 이 묵상 글을 올리면서 Youtube.com에서 이 곡을 찾아 따라 불러보면서 그때 받았던 감흥과 은혜를 다시 재충전하게 된다.

이사야 선지자의 고백처럼 하나님은 두려워할 분이 아니라 전적으로 의지할 수 있는 사랑과 자비의 하나님이시며 하나님의 구원은 따로 있는 것이 아니라 하나님 자신Himself이 곧 나의 구원이 되심으로 이 구원은 가장 완전한 구원이며 하나님으로 인하여 내가 배부르며 기뻐 노래하게 되고 또 이 기쁨은 곧 바닥이 드러나는 구원이나 기쁨이 아니라 끝없이 솟아나는 샘물처럼 진행되는 구원이고 기쁨이며 무한 리필로 공급될 수 있는 구원과 기쁨의 샘이기 때문에 나도 이사야 선지자처럼 이 구원의 샘물에 기쁨으로 내 영혼의 두레박을 내려서 목마르고 힘들 때마다 퍼올려 마시고 또 마실 것이다.

주님!
오늘 주신 이 축복과 기쁨의 말씀, 오늘 나와 우리 가정에 주시는 말씀을 받았습니다. 아들이 오랫동안 목마르게 기다려온 일이 있는데 오늘이 그날, 곧 기쁨의 샘물을 무한 리필로 퍼 올리게 되는 그날이 되게 하옵소서.

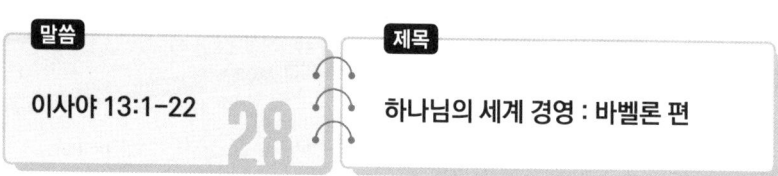

말씀 이사야 13:1-22
제목 하나님의 세계 경영 : 바벨론 편

¹⁹ 열국의 영광이요 갈대아 사람의 자랑하는 노리개가 된 바벨론이 하나님께 멸망 당한 소돔과 고모라 같이 되리니 … ²² 그의 궁성에는 승냥이가 부르짖을 것이요 화려하던 궁전에는 들개가 울 것이라 그의 때가 가까우며 그의 날이 오래지 아니하리라

성경을 펼칠 때마다 기도하게 되는 두 가지가 있다. 하나는 기록된 말씀을 통하여 자신을 알려오시는 하나님을 아는 눈이 열리고 하나님을 아는 지식에서 업그레이드되기를 바라는 것이며 다른 하나는 이렇게 되기 위하여 성령의 감동으로 기록된 이 말씀을 읽을 때 이 세상에서 가장 권위 있는 말씀으로 읽게 하시며 성령께서 조명하여 주셔서 진리의 빛 가운데로 들어가게 해주시기를 바라는 것이다.

오늘의 말씀을 통하여 자신을 알려오시는 하나님은 이 세상 나라들의 흥망성쇠를 주관하시는 분이시며 한 나라가 강성함으로 교만하여지고 주변 나라들을 괴롭히고 침공하며 하나님을 대적할 때 하나님은 분내시며 더 강한 나라를 일으키시어 이러한 나라들을 응징하시고 낮추시며 아예 없애버리기까지 하신다는 것이다(13:19-22).

그런데 바벨론 멸망사를 다루는 오늘 말씀을 읽으면서 한 가지 갖게 되는 의문은 이 예언의 말씀을 전달하는 이사야가 사역하던 당시는 앗수르가 패권국가로 군림하며 세계를 호령했고 아직 바벨론은 그 존재가 미미했던 약소국이었으며 또 이 바벨론을 멸망시키는 메데-바사 제국(훗날 페르시아 제국)은 아직 존재하지도 않았던 나라였는데 이사야가 전하는 이 예언(말씀)의 지평을 보면 앗수르와 바벨론의 시대를 넘어 메데-바사 제국까지 내다보고 있는 것을 보면서 하나님의 세계 경영에서 세상의 모든 나라들의 과거 현재 미래가 다 그분의 눈앞에서 현재의 시제로 존재하며 세상 나라들의 역사를 주관하시는 이는 오직 한 분 하나님뿐이시라는 것을 다시 한 번 확인하게 된다.

바벨론의 멸망과 관련된 오늘의 말씀을 읽으면서 한 가지 더 추가적으로 연상하여 이해하게 되는 것은 바벨론 멸망의 날 벌어지는 일들을 기록한 내용 가운데서 계시록에 나오는 세상 나라들의 멸망이 연결되고 있으며 우리 주님께서 우리를 다시 데리러 오시는 날에 바벨론으로 상징된 이 세상 나라에 있게 될 일들을 미리 보게 되는 것이다.

보라 여호와의 날 곧 잔혹히 분냄과 맹렬히 노하는 날이 이르러 땅을 황폐하게 하며 그중에서 죄인들을 멸하리니 하늘의 별들과 별 무리가 그 빛을 내지 아니하며 해가 돋아도 어두우며 달이 그 빛을 비추지 아니할 것이로다 내가 세상의 악과 악인의 죄를 벌하며 교만한 자의 오만을 끊으며 강포한 자의 거만을 낮출 것이며 … 나 만군의 여호와가 분하여 맹렬히 노하는 날에 하늘을 진동시키며 땅을 흔들어 그 자리에서 떠나게 하리니(13:9-11,13)

오늘 주신 말씀을 묵상하면서 마음 깊이 와닿는 감동은 이사야 당시에 임의로 세상 나라들의 흥망성쇠를 주관하시며 세계 경영에 대한 자신의 계획을 이사야에게 알려주신 하나님은 오늘 우리 시대에도 동일하게 이러한 원리와 원칙으로 세상 나라들을 주관하시리라는 확신을 가지게 해준다. 그리고 이러한 하나님의 세계 경영에서 우리 대한민국이 차지하는 위상은 무엇이며 우리 나라의 장래 운명은 어떻게 좌우될 것인지 더욱 간절히 기도하게 된다.

현재 세상 나라들 가운데 패권국가로 군림하는 미국과 중국 사이에서 연일 사드 문제로 압박당하며 북한의 핵미사일 발사 위협에 시달리고 있지만 이런 것이 우리에게 위협이고 중요한 문제가 아니라 더 중요한 것은 우리가 하나님의 뜻 가운데 바로 서는 것이고 하나님을 경외하며 공평과 정의로 세워지는 나라가 된다면 나머지 국가 안보 문제나 경제 문제 등은 하나님의 보호하심으로 절로 해결되리라는 믿음도 가지게 된다.

왜냐하면 오늘의 말씀에서 가르쳐주는 바와 같이 하나님께서 이 세상에 존재하는 이 나라와 저 나라들의 상관관계를 조절해 나가실 때 그들의 마음과 생각 속에 개입하시고 충동질시켜서 힘의 균형을 재편시키시는 것을 보게 되기 때문이다(13:17).

세상에서 일어나는 모든 일들을 작정과 섭리 가운데 이끌어가시는 주님!
가장 작게는 참새 한 마리의 생사로부터 시작해서 크게는 한 나라의 흥망성쇠까지도 주님의 손에 달려 있다고 하셨습니다. 오늘 다시 맞은 이 주일의 아침 크고 위대하신 주님 앞에 찬양과 경배로 영광을 돌리게 하시며 특별히 나라와 민족을 위해 은총을 구하는 예배되게 하옵소서.

말씀: 이사야 14:1-11

제목: 북한의 6차 핵실험 소식을 접하면서

³ 여호와께서 너를 슬픔과 곤고와 및 네가 수고하는 고역에서 놓으시고 안식을 주시는 날에 ⁴ 너는 바벨론 왕에 대하여 이 노래를 지어 이르기를 압제하던 자가 어찌 그리 그쳤으며 강포한 성이 어찌 그리 폐하였는고 ⁵ 여호와께서 악인의 몽둥이와 통치자의 규를 꺾으셨도다

어제 북한이 6차 핵실험(수소폭탄 실험)을 강행하여 그 인공지진 여파가 5.6에서 6.0으로 나왔다고 하니 이 정도 여진이면 2차 대전 말기에 일본 히로시마나 나가사키에 떨어뜨린 핵포탄보다 무려 5배 이상 되는 위력이라고 한다.

전문가들은 대개 핵실험한 결과가 나타나는 인공지진 강도가 어느 정도인가에 따라 이렇게 평가를 한다고 하는데 그러나 이번에 북한이 핵실험의 성능을 이보다 더 크게 평가하는 이유는 핵실험을 한 장소인 함경북도 풍산리 지역이 화강암 지역이어서 지하에서 실시된 핵실험의 여진이 실제보다 작게 전달되었을 것이기 때문에 실제는 더 큰 위력을 가진 핵폭탄(수소폭탄)을 제조할 수 있으리라고 추측한다.

북한은 그동안 여러 차례 고고도 미사일 발사를 실험했는데 이번에 핵포탄 실험까지 완료함으로써 이 고고도 미사일에 핵폭탄을 장착하여 미국 본토까지 쏘아 올리게 되어 미국을 충분히 압박할 수 있게 되리라고까지 전망하고 있다. 따라서 세계 패권국가인 미국이 이러한 북한의 무모한 도발에 가만 있지 않을 것인데 문제는 북한과 미국이 충돌하게 될 때 그 불똥의 여파가 고스란히 우리 남한에 떨어지게 되리라는 점이다.

어제 TV 뉴스를 보면서 그동안 별로 심각하게 생각하지 않았던 한반도 전쟁 위기설이 이제는 실제가 되는 것이 아닌가 하는 염려가 되기도 했는데 우리가 제안하는 대화는 거들떠보지도 않고 전쟁 도발 위기로 몰고 나가는 북한의 모습을 보면서 하나님께서 우리에게 주는 메시지가 무엇인지 생각해 보게 되며 한편 깡패국가 북한에 대해 하나님께서 가만히 두지 않으시리라는 생각도 가져보게 되는데 오늘 주신 이사야 선지자의 글에서 보는 것처럼 자신들이 가진 힘을 함부로 휘둘렀던 앗수르나 바벨론 같은 나라들이 하나님의 진노를 받아 하루아침에 비참하게 몰락하는 것을 보여주고 있기 때문이다.

이사야의 글에서 보는 하나님의 세계 경영에서 이사야는 자신의 예언사역 기간 동안 아직 국제무대에 자신들의 명함조차 내밀 수 없었던 미미한 존재였던 바벨론이 당대 최강국 앗수르를 무너뜨리고 최강자 자리에 군림하며 하나님의 백성 이스라엘을 징계하는 도구로까지는 쓰임 받게 될 것이지만 그들의 교만과 무례함으로 자신들도 망하게 될 것을 이렇게 예고하면서 그날에 하나님의 백성들이 받을 위로가 무엇인지 충만하게 드러내고 있다(14:1-8).

더불어 오늘의 말씀은 하나님의 세계 경영에서 어떤 나라들이 최강국의 자리까지 올라가 자신들의 무력으로 다른 나라들 위에 군림하고 압제하는 것 같지만 그들 위에 계신 하나님께서 그들의 위세를 꺾으시고 그들의 왕들을 스올의 자리에 던져 구더기 위에 깔리게 하시고 지렁이들에게 덮어지는 존재가 되리라고 알려주심으로 모든 나라와 열방 가운데서 자신들이 세상을 주재한다고 생각하는 나라와 지도자들이 전능하신 하나님 앞에 어떻게 겸손해야 하며 무릎 꿇어야 하는지도 보여주고 있다(14:9-11).

오늘의 말씀을 읽으면서 불현듯 지금 스올(지옥)에 가서 구더기 더미에 누워 지렁이들에게 덮여 있을 독재자 김일성과 김정일 그리고 세계 인류 역사에서 인간의 존엄을 말살하고 악의 화신이 되었던 스탈린이나 모택동이나 히틀러 등과 같은 인물들을 떠올려보게 되는데 세상에서 그렇게 당당한 것 같았던 그들이 스올(지옥)에서 자신들처럼 지옥에 떨어진 자들에게조차 조롱거리가 되고 있다고 가르쳐주는 오늘의 말씀을 읽으면서 인간이 세상에서 누리는 영광과 권세가 아무리 크다고 한들 그런 것들이 영원하신 하나님 앞에서 그리고 행위대로 심판하시는 하나님 앞에서 얼마나 허무하고 무가치한 것들인지도 다시 한 번 깨닫게 된다.

더불어 사람의 가치는 영원하신 하나님을 경외함에 있으며 또 이 세상에는 영원한 나라는 없고 오직 예수님이 우리에게 가져오신 하나님의 나라에 나의 희망을 두고 살아야 할 것을 마음 깊이 받아들인다.

주님!
전쟁의 흉흉한 소식이 들려오며 전쟁의 위기를 부추기는 일들이 위협하고 마음을 두렵게 할 때에 이 모든 상황을 통제하고 계시는 위에 계신 주님을 잠잠히 신뢰하며 의와 공평과 정직의 도를 행하는 우리 조국 대한민국을 이루어가게 하옵소서. 그리고 지금은 그 어느 때보다 나라와 민족을 위해 더욱 기도해야 할 때인 것을 깨달아 꺼져가는 기도의 등불을 다시 환하게 밝힐 수 있게 하옵소서.

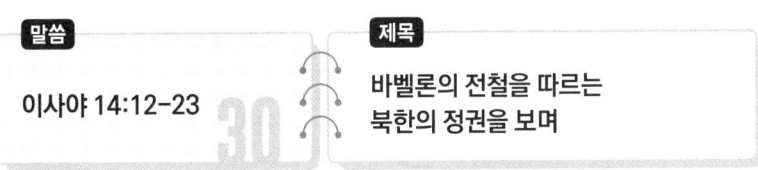

말씀	제목
이사야 14:12-23	바벨론의 전철을 따르는 북한의 정권을 보며

12 너 아침의 아들 계명성이여 어찌 그리 하늘에서 떨어졌으며 너 열국을 엎은 자여 어찌 그리 땅에 찍혔는고 **13** 네가 네 마음에 이르기를 내가 하늘에 올라 하나님의 뭇 별 위에 내 자리를 높이리라 내가 북극 집회의 산 위에 앉으리라 **14** 가장 높은 구름에 올라가 지극히 높은 이와 같아지리라 하는도다

¹⁵ 그러나 이제 네가 스올 곧 구덩이 맨 밑에 떨어짐을 당하리로다

(오늘의 말씀 전체적으로 이해하기)

이사야 선지자가 여호와의 영에 감동되어 계시의 빛 가운데서 바라보는 한 왕 곧 오늘 말씀 첫 구절에서 가리키는 아침의 아들 계명성이며 하늘에서 떨어진 별은 곧 애굽과 앗수르를 정복한 것뿐 아니라 당시 애굽에 예속되어 있던 유다와 예루살렘까지 멸망시킨 바벨론 왕 느부갓네살이다(BC 605-562).

사람은 권세가 하늘에 찌를 때 자신도 모르는 사이에 자신을 신격화, 우상화하며 백성들에게 숭배를 강조하게 되는 것 같은데 실제 느부갓네살은 당시 고대 근동지방의 모든 나라들을 정복하고 더 이상 패권을 겨룰 자가 없게 되었을 때 자신을 신격화하며 하늘에 올라 하나님의 뭇 별 위에 자신을 높이고 북극집회(하나님의 보좌 시온) 위에 자신을 높이는 교만을 떨게 되는데(14:13-14) 이어지는 말씀은 이제 그가 스올(지옥) 밑바닥에 떨어짐을 당할 것이며 또 지옥에 떨어져서는 살아생전에 그의 철통 권세와 위세를 알았던 자들이 그가 비참한 자리에 떨어진 모습을 보고 놀라게 되리라는 것을 예고한다(14:15-17).

그뿐 아니라 그는 사후에 자기 무덤에서조차 쫓겨나 파헤쳐지리라고 예고되고 있는데(14:19-20) 실제 바벨론 역사 고증에 의하면 느부갓네살은 자신의 아들 에윌므로닥(BC 562-560. 왕하25:27-30)을 감옥에 가둔 것이 빌미가 되어 후에 그 신하들에 의해 무덤이 파헤쳐지고 버려졌다고 한다.

오늘의 말씀 후반부(14:21-23)는 장차 바벨론을 멸망시키게 되는 메데 - 바사의 군대를 향한 하나님의 전쟁 개시 명령이 소개되고 있는데 권세가 하늘을 찌를 것 같았고 영원할 것 같았던 바벨론과 느부갓네살에 대하여 다시는 일어서지 못하도록 그 자손들의 대를 완전히 끊어버릴 것과 바벨론의 모든

성읍 도시들을 쳐서 황폐화시켜서 고슴도치의 굴혈과 물 웅덩이가 되게 만들라고 하신다(14:21-23). 그리고 실제로 이 예언의 말씀 그대로 바벨론은 느부갓네살 이후 한 세대(30년)도 가지 못하고 20여 년 만에 메데-바사 제국에 의해 정복되고 초토화되었다.

오늘의 말씀을 묵상하면서 요즘 미사일 발사와 핵실험으로 무력을 과시하고 있는 것 때문에 우리나라뿐 아니라 세계를 놀라게 만들며 이목을 끌고 있는 김정은과 북한을 연계하여 생각하게 된다.

폐쇄된 공산주의 국가 체제를 고집하고 있는 것 때문에 세계에서 가장 가난한 빈국이 되었으면서도 체제 유지를 위해 김일성 - 김정일 - 김정은으로 이어지는 백두혈통을 강조하며 국민들의 희생을 담보로 미사일과 핵을 만들어 '핵보유국'이라는 강대국의 자리에 자신들을 올리고 싶어 하는 김정은과 북한에 대해 하나님께서 어떻게 하실 것인지는 오늘 말씀에 이미 다 예언되어 있으므로 하등 놀랄 것도 없다고 생각한다.

하나님께서 세상 나라들을 다스리시며 역사를 주관하실 때 이미 선지자들을 통하여 주신 예언의 말씀들을 기본으로 동일한 원리 원칙으로 진행시키실 것이기 때문에 어떤 사이비 예언가들의 말을 빌릴 것도 없이 자신의 위상을 신격화시키며 교만을 떨었던 바벨론의 철권 통치자 느부갓네살과 그 후대가 끊어지고 망하게 된 것처럼 동일한 전철을 밟고 있는 김일성 - 김정일 - 김정은 체제도 비참한 자리로 떨어질 것은 너무나 명약관화하다.

매년 북-중 국경선을 따라 백두산까지 올라가는 기도 투어팀을 이끌고 압록강을 따라가면서 북한을 바라볼 때마다 느끼는 건데 강변의 모든 마을마다 주체사상탑이 세워져 있는 것을 보게 되는바 김일성이 죽고 난 후에는 그 탑의 이름을 '영생 탑'이라고 명명하여 "위대한 지도자시며 민족의 태양이신 김일성 수령은 영원히 우리와 함께 계신다"고 가르치며 인민들이 그 앞에 가서 절하고 헌화하며 북한 체제의 근간으로 삼고 있다는 것도 알게 되었다.

가짜 백두혈통인 김일성 일가가 저지르는 가장 무서운 죄는 오늘의 말씀에서 바벨론 왕 느부갓네살이 자신을 신격화시킨 것처럼 김일성을 신격화시키고 주체사상을 종교화하여 북한 주민들을 속이고 고통 가운데 몰아넣고 있는 것이다.

북한의 주체사상이라는 것이 단순한 사상이나 이념이 아니라 종교가 되었기 때문에 북한의 주민들이 완전히 세뇌되어 속고 있는 것인데 이 주체사상이 세계 10대 종교 가운데 하나로 들어간다고 하니 더욱 놀라울 뿐이다.

어서 속히 주님께서 저 북한 땅, 사망의 그늘에 앉아 굶주림과 헐벗음에 죽어가는 우리 동포들을 속히 구원해 주시기를 기도하게 되며 지금 북한 김정은 체제가 마치 발광 발작하는 것처럼 무력을 과시하는 모습을 보게 될 때마다 그 종말이 더욱 가까이 와 있음을 예견하게 된다.

주님!

세상의 어떤 강한 세력도 세상을 다스리시는 주님 앞에서는 부러진 몽둥이에 지나지 않으며 연기 나는 부지깽이에 지나지 않는다고 하셨습니다. 요즘 들어 계속되고 있는 북한의 무력시위 앞에 우리가 놀라지 않게 하시며 그 종말이 더욱 가까이 와 있음을 알게 하시고 곧이어 주님이 행하실 일을 바라보게 하옵소서. 오늘도 헐벗음과 굶주림에 내몰린 북한 동포들을 불쌍히 여겨 주시고 그들이 독재자의 손에서 벗어나는 구원의 그날이 속히 앞당겨지게 하시며 그날이 곧 우리 민족의 통일이 되는 날이 되게 하옵소서.

말씀	제목
이사야 15:1-9	모압을 향한 이사야의 선교적 관심으로

31

¹ 모압에 관한 경고라 하룻밤에 모압 알이 망하여 황폐할 것이며 하룻밤에 모압 기르가 망하여 황폐할 것이라

어제 동물학자로 유명한 최재천 교수의 강의를 들으면서 동물들도 사람들과 소통하고자 한다는 것을 여러 사례들을 통해서 알게 되었다.

예를 들면 사람들이 버린 큰 유리병에 유독 호기심이 많은 여우가 자신의 목을 집어넣었다가 빠지지 않으니까 사람들이 지나다니는 길가로 내려와 앉아서 기다리니 지나가는 사람이 그 병을 빼주자마자 재빠르게 도망가는 모습을 보았으며 또 자신의 몸에 낚싯줄이 엉켜서 괴로운 돌고래가 잠수부에게 다가와 주위를 맴도는 것을 이상히 여겨 살펴 그 몸에 감긴 낚싯줄을 끊어주고 풀어주자 감사를 표하고 사라지는 모습을 동영상을 통해 보면서 동물들이 자신과 같은 종류 군들과 소통하며 살뿐 아니라 때로는 인간에게까지 소통을 걸어온다는 것을 알게 되었다.

난생처음 들어본 이야기가 너무 신기해서 아내에게 이야기하였더니 아내는 나에게 그 반대가 되는 이야기도 하였다. 가끔 TV에서 '동물 농장'을 시청하는데 몸에 심한 상처를 입은 개들을 치료하기 위해 동물보호 단체 같은 곳에서 나와 그 개들을 붙잡아보려고 하지만 그동안 사람들에게 어떤 수난을 당해서 그런지 사람들을 기피하고 도망가기 때문에 상처를 가진 그대로 죽어가는 일이 다반사라는 것을 알게 되었다.

동물학자 최재천 교수의 강의를 들으면서 그리고 아내의 이야기도 들으면

서 인간이 자신의 창조자이며 주인이신 하나님 앞에 찾아와 해결할 수 없는 문제들을 해결 받는 것이 얼마나 큰 축복인가를 실감하면서 바로 이 은혜를 주시려고 하나님께서 죄로 말미암아 단절된 우리 인간에게 먼저 찾아오시고 그 아들(예수) 안에서 소통의 길을 열어주셨으며 우리의 문제들을 해결해 주기 원하신다는 것을 마음 깊이 느껴보게 되었다.

오늘 말씀(15장)은 모압에 관한 경고로 이 나라가 재앙으로 망하게 되는 날의 모습이 상세하게 기록되어 있는데 가장 특징적인 것은 슬피 울고 부르짖는 모습이 곳곳에 가득한 것을 리얼하게 묘사하고 있는 점이다.

그러나 그들은 이 환난의 날에 자신들을 구원할 수 있는 하나님께 부르짖고 구하는 것이 아니라 자신의 신(그모스)을 위하는 디본 산당에 올라 울며 통곡하고 가장 큰 슬픔의 표시로 머리를 밀고 수염을 깎으며 길가에는 굵은 베로 몸을 동인 사람들이 부지기수이고(15:2-3) 모압의 군사들까지 크게 부르짖으며 혼이 나가 두려움에 떠는 모습을 보여준다(15:4).

이것은 마치 자신이 해결할 수 없는 문제를 가진 동물이 사람에게 찾아오면 해결할 수 있으련만 사람을 두려워하거나 믿지 않기 때문에 고통 가운데 죽어가는 모습을 연상하게 해주는데 모압의 멸망을 경고하는 선지자 이사야는 하나님을 찾기보다 재앙 가운데서도 여전히 우상을 찾으며 슬피 울며 멸망으로 가는 모압인들의 어리석은 모습을 보고 안타까워 부르짖게 된다(15:5).

앞선 장에서는 자신의 동족 이스라엘의 멸망을 내다보면서 그들을 깨우치며 경고했던 선지자의 시선이 이제는 이스라엘의 경내를 넘어서서 주변 국가들까지 향하는 것을 보면서 과연 '선교'란 무엇인가에 대해서도 다시 생각해 보게 된다.

하나님께서 이사야 선지자의 가슴을 통하여 알려오시는 마음은 자신의 형상대로 지음 받은 이 세상의 모든 사람들(영혼들)이 죄 가운데 멸망당하기보다 구원받게 되기를 바라시는 마음이 이렇게 이방을 향한 선교적 관심으로까지 나타났다고 이해하게 된다.

어제 오늘 이어지는 말씀들은 하나님의 세계 경영에서 자기 백성 이스라엘을 중심으로 해서 당대의 강대국인 바벨론이나 앗수르의 멸망이 예고되는 것뿐 아니라 블레셋에 이어 오늘은 모압의 멸망이 예고되고 그날에 당할 그들의 고통을 선지자가 슬픔 가운데 바라보며 부르짖는 모습을 보여주고 있는 바 이것은 오늘 내가 살고 있는 이 시대에 나도 우리 대한민국과 북한의 문제뿐 아니라 우리나라를 둘러싸고 있는 중국과 일본과 러시아 그리고 동남아시아나 아랍권 등의 나라들에 대해서도 선교적 관심으로 바라보아야 한다는 것을 일깨워준다.

그들이 자신들의 우상을 버리고 사신 하나님께 돌아오며 이미 하나님께서 자기 아들(예수) 안에서 활짝 열어놓으신 소통과 구원의 문으로 돌아오게 하는 일을 위해 나도 이사야 선지자처럼 안타까운 마음으로 기도하며 또 이러한 마음이 선교를 위한 발길로 이어져야 할 것도 마음 깊이 받아들인다.

주님!
이사야의 가슴을 통하여 알려오신 주님의 선교적 관심이 나의 관심과 기도가 되게 하옵소서. 주님이 바라보시는 그 눈빛으로 이방의 영혼들을 바라보게 하시고 주님의 종 바울이 이방을 향해 나아간 것처럼 나도 나아갈 수 있게 하옵소서. 이사야에게 임하시고 바울에게 임하셨던 이방의 영혼들을 향한 주님의 마음이 나의 영혼을 압도하여 주시고 나도 그들과 같은 영성의 충만함으로 주님께서 이미 열어놓으신 소통과 구원의 길을 전하는 자 되게 하소서.

말씀: 이사야 16:1-14

제목: 모압의 피난처가 되는 다윗의 장막 되기

32

⁴ 나의 쫓겨난 자들이 너와 함께 있게 하되 너 모압은 멸절하는 자 앞에서 그들에게 피할 곳이 되라

(오늘의 말씀 전체적으로 이해하기)

앞선 말씀에서는 모압의 멸망에 대하여 이사야는 선교적 관심으로 바라보았는데 오늘의 말씀에서는 모압의 살길이 이웃 나라 유다를 의지하는 데 있으며 멸절하는 자(앗수르)의 위협 앞에서 그들은 유다로 피하여야 하며 또 유다는 그들의 피할 곳이 되어주어야 한다고 한다(16:1-4). 여기서 피할 곳이 되는 유다와 다윗의 장막은 하나님의 나라를 상징하는 것으로써 메시아 왕국이며 그의 다스리심과 보호 가운데서 그들이 안전을 얻을 것이기 때문이다(16:5).

본문의 말씀 전반부(16:1-5)를 이해하는 데 있어서 난해한 구절을 만나게 되는데 16:4절의 말씀을 그냥 읽으면 유다의 피난민들이 모압에서 피할 곳을 찾을 수 있게 하라는 의미가 되는데 다른 번역본들은 반대로 "모압의 쫓겨난 자들이 너와 함께 있게 하여 멸절하는 자들로부터 그들의 피할 곳이 되게 하라"로 번역되어 있다(NIV. NASB. RSV. etc.).

이 난해한 구절을 당시 역사에 비추어 이해해 볼 때 후자를 선택하게 되는데 실제로 멸하는 자(앗수르)가 침공했을 때 유다 왕 히스기야는 하나님을 의지하여 선전하였고 도리어 앗수르가 망하게 되는 것에서 엿볼 수 있다. 그러나 모압은 선지자 이사야의 말을 따르지 않았고 그들의 교만이 결국 그들을 멸망으로 이끌게 된 것을 오늘 말씀 후반부에서 잘 설명하고 있다(16:6-13).

결과적으로 오늘의 말씀은 이사야 선지자를 통하여 다시 한 번 예고되고 있는바 메시아(구원자)의 그늘 아래 들어가는 것만이 모압으로 상징된 모든 이방에게 살길이 있음을 가리키는 말씀으로 받아들인다.

본문 말씀을 읽으면서 마음 깊이 와닿는 교훈은 유다가 모압인들의 피난처가 되고 망명처가 되어 그들에게 도움이 되라고 하는 말씀이며 또 그렇게 되기 위해서 유다는 그들에게 포용적이 되어야 한다는 것을 배우게 된다.

오늘의 말씀을 어떻게 적용해야 하는지 곰곰이 생각해 보는 가운데 불현듯 신학교 시절 시험 기간이 생각났다. 당시 우리 신학교는 학사관리가 엄격하였으며 한편 교수와 학생 사이에 신뢰 관계가 형성되어 있어 항상 무감독 시험을 치렀는데 따라서 그만큼 더 열심히 하지 않으면 안 되는 신학공부였다. 당시 은사이신 박윤선 원장 목사님은 항상 우리에게 "죽도록 공부하고 싱싱하도록 기도하라!"를 모토로 강조하셨는데 그래서 그런지 시험 기간이 되면 시험을 잘 치러내기 위해 죽어나는 시간이 되기도 했다.

그런데 가끔 시험공부를 힘들게 만든 사람들이 있었는데 얼마나 공부하기가 힘들어서 그랬는지 모르지만 아예 짐 싸들고 나에게 찾아와 달라붙어서 시험 준비에 도움을 받고자 한 사람들 때문에 그만큼 더 힘들었던 기억이 난다. 물론 겉으로 내색은 하지 않았지만 당시 나에게 찾아와 달라붙었던 어떤 친구들이 달갑지 않았고 싫었는데 그래도 참고 조금이나마 도움이 되어서 모두 함께 무사히 졸업하게 된 지나간 날을 돌이켜보면 그때 좀 더 여유 있는 마음으로 그들을 돕지 못했던가… 미안한 마음에 쓴웃음이 지어지기도 한다.

유다가 모압의 피난처가 될 수 있었던 것처럼 힘든 세상을 살아가는 동안 해결의 길이 없어서 의지할 곳을 찾는 사람들에게 나와 우리들의 교회가 피난처가 되어주고 의지가 되어줌으로 다윗의 장막이 되어야 한다는 것을 오늘 선지자 이사야를 통해 주시는 교훈으로 마음 깊이 받아들인다.

주님!
나와 우리 교회기 도움의 손길을 펼 수 있을 때 인색함으로나 억지로 하지 않게 하시고 넉넉한 마음으로 하게 하시며 주님이 다스리시는 다윗의 장막으로써 마땅한 역할을 잘할 수 있게 하옵소서.

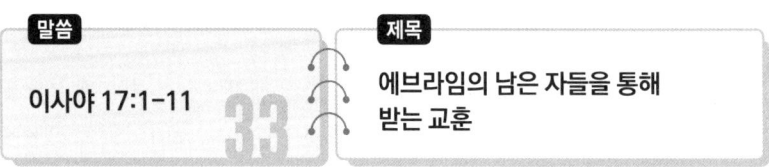

¹⁰ 이는 네가 네 구원의 하나님을 잊어버리며 네 능력의 반석을 마음에 두지 아니한 까닭이라

(이사야 전반부에서 지금까지 이어진 말씀의 배경들)

11-12장에서 유다와 예루살렘에 대한 심판이 경고되었고 13-27장에서 열방에 대한 심판이 예고되는 가운데 이미 바벨론에 대한 심판(13:-14:23) 앗수르에 대한 심판(14:24-27) 블레셋에 대한 심판(14:28-32) 모압에 대한 심판(15:1-16:14)이 예고되었으며 오늘의 말씀은 다메섹(아람)과 에브라임(북이스라엘)의 심판이 경고되고 있다.

이 심판은 역사적으로 앗수르 왕 디글랏 빌레셀을 통해 주전 734년 집행되는데 당시 아람과 북이스라엘이 중심이 되어 결성된 반앗수르 연합 전쟁과 관련된다. 당시 유다 왕은 아하스인데 북이스라엘의 왕 므나헴이 앗수르에게 조공을 바치며 왕권을 유지하다(왕하15:13-22) 차기 왕 베가 때 반기를 들게 되면서 다메섹과 연합군을 결성하는데 후에 앗수르는 이 동맹군의 주축이 되어 주변국들을 끌어들인 북이스라엘(에브라임)과 아람(다메섹)을 철저히 응징한다(왕하16장).

오늘의 말씀을 읽으면서 인상 깊게 남는 주제는 다메섹과 함께 반앗수르 연합군을 형성했다가 함께 망하게 되는 북이스라엘에 대해 그나마 버리지 않으시는 하나님의 은혜이다.

이스라엘이 남북으로 갈라진 후 북이스라엘은 거의 200여 년 동안 여호와를 버리고 바알과 아세라 같은 이방 종교의 우상숭배에 빠져 하나님의 백성으로서 정체성을 잃어버렸음에도 하나님께서 계속 엘리야, 엘리사, 나훔, 요나, 아모스, 호세아 같은 선지자들을 보내셔서 끈질기게 그들을 돌이키시려 했다는 사실과 마침내 그들을 심판할 수밖에 없는 상황에서도 다 멸하지 않고 마치 가을날 추수하는 곡식더미 사이에 남겨진 이삭과 같고 과수 나무 끝에 달린 과일 몇 개처럼 소수의 남은 자들을 배려하시는 은혜를 주신다(17:4-6).

이스라엘이 르호보암과 여로보암의 대립으로 남북 왕조로 갈라질 때 경건한 레위인들과 어떤 열 지파 사람들 중에는 이스라엘의 정통성이 남왕국 유다에 있음을 보고 이스라엘을 떠나 남쪽으로 내려왔었는데(대하11:13-16) 내려오지 않은 사람들 가운데서도 여전히 여호와 하나님 신앙을 가진 자들이 있어서 바알에게 무릎 꿇지 않은 상징적 숫자로써 엘리야의 7천 인들이 있었던 바 아마 에브라임 멸망의 날에 이들의 후손들이 남은 자들이 되어서 전쟁의 포화 속에서 남유다로 들어온 것은 아닌지 추론해 보게 된다.

더불어 오늘의 말씀은 남은 자들의 구원을 말함과 동시에 이들이 환난의 날에 이르러서야 비로소 그동안 우상을 따라가며 헛되이 산 것을 회개하고 하나님께 돌아올 것도 예고하는데(17:7-8) 아마 여호와 하나님 대신 바알을 하나님으로 삼았던 북이스라엘의 국가 정책과 풍조 가운데서 오랜 세월이 흐르는 동안 너나없이 모두가 타락하게 되고 멸망될 수밖에 없는 상황에서 그나마 하나님의 은혜로 이렇게라도 환난 중에서 회개한 자들이 남은 자의 구원에 참여한 것은 아닌지도 추측해 보게 된다.

오늘의 말씀을 마무리하면서 다시 한 번 일깨워주는 것은 나는 지금 "하나님과 어떤 관계인가"를 돌아보게 되는데 이스라엘이 이렇게 타락하고 멸망할 수밖에 없게 된 것을 지적해 주시는 말씀이 강한 울림으로 닿기 때문이다.

이는 네가 네 구원의 하나님을 잊어버리며 네 능력의 반석을 마음에 두지 아니한 까닭이라(17:10a)

왜 이스라엘은 구원의 하나님을 잊었을까(?)
애굽의 노예생활에서 건져내시고 가나안의 축복을 주셨으므로 그들이 존재하는 삶의 이유와 목적이 모두 자신들을 구원하신 하나님과 관계에서 의미를 갖게 되는 것인데 이 구원의 하나님을 잊어버리고 제 잘난 멋으로 살다가 앗수르 침공의 날에 모든 삶의 터전을 잃어버리고 다시 노예로 전락하게 되었다는 이스라엘의 이야기는 오늘 내 삶의 존재 이유와 목적이 되시는 주님을 잊어버리면 나도 동일한 전철을 밟을 수밖에 없음을 깨닫게 해준다.

네 구원의 하나님 되시며 네 능력의 반석이신 그를 네 마음에서 항상 기억하고 살라는 이 귀한 말씀을 오늘 내게 주시는 따가운 지침으로 마음 깊이 받아들인다.

주님!
내가 하루를 살고 한 시간을 살아도 나의 구원이 되시며 내 능력의 반석이 되시는 주님을 항시 잊지 않고 살 수 있게 하옵소서. 나는 지금 주님과 어떤 관계이며 주님은 나에게 누구이신지 자주 나 자신에게 물으며 이 거룩한 질문 위에 내가 존재하는 삶의 이유와 목적을 두게 하옵소서.

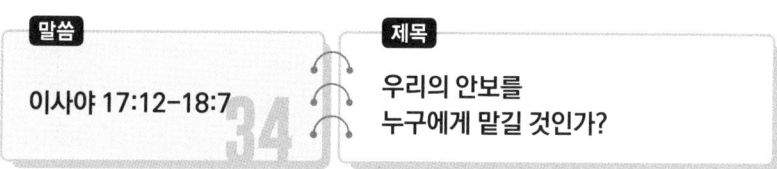

말씀 이사야 17:12-18:7

제목 우리의 안보를 누구에게 맡길 것인가?

⁴ 여호와께서 내게 이르시되 내가 나의 처소에서 조용히 감찰함이 쬐이는 일광 같고 가을 더위에 운무 같도다

(오늘의 말씀을 왕하 18-19장의 역사적 배경으로 이해하기)

인류 역사상 최초의 제국으로 불린 앗수르의 남하 정책은 당시 고대 근동 지방의 경계(인도)를 넘어 애굽/아프리카까지 이 전쟁의 소용돌이에 말려들게 하였는데 오늘의 말씀 첫 구절이 말해 주는 것처럼 많은 민족들을 소동하게 하고 열방이 충돌되게 하되 마치 거대한 파도가 밀려옴같이 세상을 뒤흔들었으나(17:1) 하나님께서 천지를 창조하실 때 땅의 경계를 넘어오는 바다를 향하여 너는 여기까지라고 하시므로 창조의 질서를 세우심과 같이 비록 앗수르를 심판의 도구로 삼아 열방을 심판하셨으나 결정적인 순간에 그들의 기세를 꺾으심으로 그들은 바람 속의 티끌처럼 사라지게 만드셨다(17:2).

선지자 이사야는 앗수르가 결정적으로 꺾이는 순간을 산헤립이 히스기야 14년에 유다를 침공하여(왕하18:13,17) 하나님의 백성 유다를 능욕할 때 일어난 일로 기록했는데 그날 밤 여호와의 사자가 앗수르 진영에 들어가 18만 5천을 쳐서 아침에 모두 송장이 된 이 사건(왕하19:35)을 이사야는 이렇게 기록하고 있다.

보라 저녁에 두려움을 당하고 아침이 오기 전에 그들이 없어졌나니 이는

우리를 노략한 자들의 몫이요 우리를 강탈한 자들의 보응이니라(17:14)

한편 앗수르 왕 산헤립이 유다를 침공하여 위협하고 있었을 때 당시 구스인 혈통으로 애굽을 다스리고 있던 구스 왕 디르하가(BC 690-664)는 앗수르의 남하 정책을 저지하기 위해 유다의 서남부 립나로 구스의 군대를 보내 산헤립과 싸우게 된다(왕하19:8-9).

이때 예루살렘까지 진격하여 히스기야와 유다를 위협하던 앗수르 군의 주력부대는(왕하18:17) 구스 왕 디르하가의 등장으로 전선을 립나로 옮기게 되면서 히스기야와 예루살렘 거민을 능욕하던 랍사게도 자신의 주군(산헤립)을 찾아 립나로 가게 되는데(왕하19:9) 결국 거기에서 그 밤에 앗수르 진영에 들어간 한 천사에 의해 앗수르 군대 18만 5천 명이 전멸한다(왕하19:35). 이런 모든 배후에는 히스기야의 기도를 들으시고 유다를 보호하신 하나님의 섭리가 개입된 것을 엿볼 수 있다.

오늘의 말씀 18장의 서두는 이러한 역사적 배경을 가지고 유다와 함께 앗수르를 두려워하며 공동전선을 펴고자 했던 구스인들에게 하나님의 도우심으로 앗수르 군대가 멸절되었고 유다가 보호 되었다는 소식을 전하라고 하는 선지자 이사야의 글로 시작되고 있다(18:1-2).

이사야는 하나님께서 자신에게 보이신 이상을 전하면서 이제 곧 하나님께서 큰일을 행하시기 전에 폭풍 전야 같은 침묵을 보이시는데 그것은 마치 그의 처소에서 조용히 감찰함이 쬐이는 일광 같고 가을 더위에 운무 같다고 표현하고 있으며(18:3-4) 그리고 마침내 그 일시적 침묵이 깨지면서 하나님께서 앗수르 제국을 멸하시게 되는데 그것은 마치 추수하기 전에 꽃이 떨어지고 포도가 맺혀 익어갈 즈음에 낫으로 가지를 찍어버림이 되어서 산의 독수리들과 땅의 들짐승들에게 던져줌과 같은 것이라고 말한다(18:5).

더불어 오늘의 말씀 마지막 구절은 사신들이 배를 타고 구스를 찾아가 소식을 전한 대로 하나님께서 유다를 보호하시기 위해서 행하신 큰일을 보고 강하고 준수한 백성 구스인들이 만군의 여호와께 드릴 예물을 가지고 시온산을 찾아올 것을 예고하는데(18:7) 여기서 유다 백성들의 구원과 이방이 예물을 가지고 시온산을 찾아오는 것은 궁극적으로 신약으로 와서 하나님께서 자기 아들(예수) 안에서 우리의 구원을 위한 큰일을 행하신 것 때문에 이방이 신약의 시온으로써 교회를 찾게 될 것으로 이해하게 된다.

오늘의 묵상은 앗수르와 구스와 유다의 삼각관계 속에서 하나님께서 유다를 보호하시는 구원 역사에 대해 예언 시의 성격으로 전달하는 이사야의 글을 이해해 보려고 이와 관련된 역사적 배경들을 참고하며 정리해 보았는데 결국 한 마디로 축약해 본다면 크고 위대하시며 전능하신 하나님은 세상 열방들의 소용돌이 속에서도 자기 백성들을 보호하시기 위해 홀로 큰일을 행하신다는 것이다.

오늘 말씀에 등장하는 앗수르와 구스, 유다의 이해관계처럼 지금 우리 대한민국이 북한의 핵 도발 위협에 직면해서 정신 못 차리도록 주변 열강들의 이해관계에 휘둘리고 있는데 오늘 주신 말씀 가운데 해답이 있음을 본다.

앗수르의 위협이 결국 자신들의 멸망을 재촉하는 것이 되었고 앗수르를 막기 위해 유다와 공동전선을 펴고자 했던 구스인들의 동맹도 승리를 주지 못했지만 오직 하나님께로부터 말미암은 구원이 히스기야 시대의 유다를 살리는 것처럼 오늘 우리 조국 대한민국이 처한 위기에서 나갈 길은 우리가 어떤 외세의 협박에도 두려워하거나 휘둘리지 말고 어떤 외세의 도움에 국가 안위를 구걸하지 않는 것이며 오직 하나님을 의지하는 믿음으로 나가야 한다는 것을 오늘 주신 말씀에 의지하여 마음 깊이 받아들인다.(*)

주님!

지금 우리 조국 대한민국이 처한 위험을 긍휼이 여겨주시며 굽어 살펴주옵소서. 이 땅의 기도하는 주님의 교회, 주의 백성들의 간구를 들어주시고 이 위험의 때를 지나가게 하시며 주님이 우리와 함께하시는 크고 놀라운 일의 결과를 머지않은 장래에 볼 수 있게 하옵소서.

말씀 이사야 19:1-15
제목 애굽의 심판 재앙에서 배우는 교훈

¹⁴ 여호와께서 그 가운데 어지러운 마음을 섞으셨으므로 그들이 애굽을 매사에 잘못 가게 함이 취한 자가 토하면서 비틀거림 같게 하였으니 ¹⁵ 애굽에서 머리나 꼬리며 종려나무 가지나 갈대가 아무 할 일이 없으리라

이사야 선지자를 통하여 세상 나라 열방들에 대한 심판을 예고하시는 말씀이 연속되어 나오는 가운데 오늘의 말씀은 애굽에 대한 심판 재앙이다.

하나님은 자연주의자들의 견해처럼 세상 만물을 창조하신 것까지만 하시고 그 이후는 알아서 돌아가게 내버려두시는 분이 아니라 온 우주 만물을 섭리 가운데 운행하시는 것뿐 아니라 사람들이 살아가는 여기 지구별 위에서 각 열방과 민족들이 나라를 이루어 살아가는 삶의 행태까지도 세세히 들여다보시고 그들의 역사에 개입하시는 하나님이 되시는 것을 엿보게 된다.

이런 관점에서 이사야 선지자 당시 남방 세력의 주축이었던 애굽이 심판을 받는 이유로 우상숭배(19:1)와 경제적 부흥에 따른 교만을 지적하고 있다 (19:5-9).

그리고 이러한 애굽에 대한 하나님의 심판 재앙은 같은 민족끼리 서로 싸우게 만들며 내분이 일어나게 하시는 것이고(19:2) 다른 하나는 잔인한 군주가 등장해 포악한 통치를 하게 되는 것이며(19:4) 또 나라를 이끌어갈 지도자들에게 혼동된 마음(어지러운 마음)을 주어서 그들의 모사와 책략이 잘못되게 하여 나라를 망하게 만드는 것이다(19:11-15).

신학교 시절 당시는 5·18광주민주화운동을 짓밟고 정권을 잡은 자들의 시대였는데 우리는 가끔 모여서 토론할 때마다 왜 하나님께서 우리에게 이런 불행을 주셨는지 토론하곤 했다. 물론 세상 거의 모든 나라들이 민주화로 가는 과정에서 일어날 수밖에 없는 어쩔 수 없는 과정으로 이해하면서 한편 받아들이고 싶지 않지만 우리의 죄악 때문에 우리에게 이런 포악한 군주(지도자)를 세우셨다는 하나님의 주권을 인정하는 쪽으로 토론은 귀결되곤 했다.

이제 다시 세월이 바뀌어서 지금은 법 위에 군림하려고 하는 독재자의 출현은 없는 시대이지만 그래도 애굽의 심판 재앙과 관련된 오늘의 말씀과 관련하여 한 가지 우려되는 것은 우리 민족이 하나 될 수 없는 마음 때문에 우리 안에 심각한 내분이 일어나고 이런 것이 재앙으로 이어지지 않을까 염려되는 마음이다(19:2).

같은 뿌리로 같은 문화와 언어를 가졌지만 최근 핵문제로 첨예하게 대립하고 있는 남북한의 문제는 그만두고라도 우리 남한 내부에서도 민족 통합이 이루어지지 못해 심각하게 대립하고 있는 우리의 문제는 어쩌면 영원히 풀 수 없는 문제로 보이기도 한다.

『새는 좌우의 날개로 난다』는 리영희 선생의 책 제목처럼 어떤 나라든지 모든 국민의 생각이 같을 수 없기 때문에 서로 다른 생각을 제시하고 (좌우) 편 갈라지기가 되는 것은 당연한 것이고 또 이러한 대립이 한 나라를 공평과 정의로 세우기 위해 서로를 견제하는 싸움이라면 이것은 건강한 것이고 참 좋은 것이지만 이러한 대의를 떠나서 기득권을 잡기 위해 싸움을 위한 싸움으로 나간다면 이것은 재앙이고 하나님의 심판 재앙에 해당된다는 것을 오늘 주신 말씀에서 엿보게 됩니다(19:2).

하나님의 세계 경영에서 한 나라의 흥망성쇠와 관련되어 주시는 이사야 선지자의 글(계시)을 계속 읽어 나가면서 또 특별히 그날 그날 주시는 말씀들과 관련해서는 이 심판 경고의 말씀들을 다른 나라들에게 적용할 것이 아니라 지금 우리나라의 문제는 어디에 해당되며 또 성령께서 내가 속한 나라와 민족을 위해 내 마음에 일깨워주시는 문제들과 기도의 제목들이 무엇인지 가슴에 품고 기도의 자리에 나가게 된다.

주님!
우리 민족의 통합 문제가 우리 힘으로 풀 수 없는 영원한 숙제로 보일 때마다 마음에 절망이 일어나곤 합니다. 남북의 대립으로부터 시작해서 우리 자체 내부의 대립으로 우리는 서로에 대하여 너무 많은 미움과 증오를 가지고 있습니다. 이 땅에 공평과 정의가 우뚝 서기 위한 선한 동기가 아닌 사악한 분쟁과 다툼들이 이 나라를 다시 심판 재앙으로 몰고 가지 않도록 우리 교회가 먼저 회개하고 기도하며 민족의 하나 됨을 위해 힘쓸 수 있게 하옵소서.

말씀 이사야 19:16-25

제목 이사야 선지자가 바라본 그날

36

²⁴ 그날에 이스라엘이 애굽 및 앗수르와 더불어 셋이 세계 중에 복이 되리니 ²⁵ 이는 만군의 여호와께서 복 주시며 이르시되 내 백성 애굽이여, 내 손으로 지은 앗수르여, 나의 기업 이스라엘이여, 복이 있을지어다 하실 것임

이라

KBS 역사 스페셜 '그날'이라는 프로그램이 있는데 우리나라의 지난 역사 가운데 특별했던 어떤 날의 사건들을 이 시대로 끌고 나와 다시 재조명해 보는 흥미 있는 프로그램으로 지나간 '과거'의 어떤 그날에 초점이 모아져 있다. 그러나 연속된 이사야 선지자의 메시지를 보면 영광스런 장래의 어떤 '그날'에 초점이 모아져 있는데 그것은 당시 이스라엘에게 뿐 아니라 모든 이방을 위한 메시아의 날에 시선을 집중하게 한다.

오늘 말씀에서도 그동안 상상조차 못할 일들이 벌어질 장래의 어떤 '그날'을 예고하는데 오늘의 말씀 전체를 관통하여 전달되고 있다(19:16,18,19,23,24).
우상숭배의 나라이며 나일강의 풍부한 물산으로 부족함이 없어 교만하며 강국을 이뤘던 애굽이 철저하게 깨지게 되며 여호와 하나님을 의지하게 되는 '그날'에 대해서 예고하는 오늘의 말씀에서 선지자 이사야는 구약적 배경으로 '그날'을 설명하고 있다.

그날에 여호와께로 말미암아 애굽 땅에 전쟁의 참화가 일어날 것인데(19:16) 우선은 유다 땅이 함락되었다는 소식으로 애굽도 자신들에게 미칠 전쟁의 참화를 예견하고 두려워하게 될 것이다(19:17).

그날에 (전쟁 참화로 인하여) 애굽 사람들의 마음이 낮아지고 겸비하게 되어 유다인들의 하나님을 의지하고 말하는 자들과 성읍들이 생겨날 것이며(19:18) 여호와께 돌아와 예배하며 환난 중에 부르짖겠고 여호와께서 이전엔 그들을 치셨으나 이제는 그들의 간구함을 들으시고 구원자를 보내사 그들을 구원하시며 고쳐주실 것이다(19:19-22). 그날에는 이스라엘-애굽-앗수르가 서로 교류하며 하나님의 이름으로 일컬어지고 모두 함께 복을 받을 것이다(19:23-24).

선지자 이사야는 당시 유다와 애굽과 앗수르의 삼각 구도 안에서 벌어지는 구약적 배경을 가지고 장차 이런 모든 (세상의) 나라들이 그날에는 하나님께 돌아와 한 주 예수 그리스도 안에서 하나 되어 한 하나님을 섬기게 될 영광스런 신약시대 곧 복음의 세계화 시대를 바라보는 예언을 전하고 있다(엡2:11-18).

무릇 전쟁은 비참한 것이고 일어나지 말아야 하지만 오늘 말씀에서 애굽이 앗수르나 바빌론 같은 외세의 침략으로 국력이 쇠약해졌을 때 그들이 비로소 마음이 낮아지고 겸비해지며 하나님께 돌아와 예배하고 의지하게 되리라고 하는 이사야 선지자의 예언은 꼭 '애굽'이라는 한 나라에게만 해당되는 것이 아니라 하나님께서 인류 일반 역사 가운데 저들로 하나님께 돌아오게 만드는 극단의 처방으로써 한 수단이 되기도 한다는 것을 엿보게 된다.

우리나라도 6·25전쟁이 발발하기 전에는 유교적 사상에 매여 양반 상놈의 구별이 잔존했고 이 땅에 들어온 선교사들이 전하는 복음에 귀기울이는 자가 소수였지만 전쟁이 터지고 비참한 피난길에서 사람들의 마음은 낮아지고 겸비해졌으며 지푸라기라도 잡고 싶은 심정으로 예수 믿고 하나님께 돌아오게 되는 일이 많아지게 되었으며 특히 당시는 북한 지역에 교회가 많았는데 이 전쟁을 기화로 많은 기독교인들이 남쪽으로 내려와 남한의 복음화를 촉진하게 된 배경에는 오늘의 말씀과 같이 전쟁을 통해서라도 사람들의 마음을 낮추고 하나님께로 돌아오게 만드신 역사가 있었다는 것을 이해하게 된다.

오늘의 말씀을 정리하면서 깨닫게 되는 것은 사람의 마음은 완악하여 자신의 창조자 하나님을 찾지 않으며 제 잘난 멋으로 살아가게 되지만 한 나라와 그 가운데 살아가는 사람들을 구원하기 원하시는 하나님은 때로 필요하다면 전쟁이라는 충격요법을 사용해서라도 사람들의 마음을 낮추시고 하나님을 의지하여 돌아오게 만드시며 예수 믿는 계기가 되게 하신다는 점이다.

사람의 마음이 온유하여져 예수를 구주와 주님으로 영접하게 되는 것이 얼마나 중요한 것이기에 이렇게까지라도 할 수밖에 없는 주님의 마음을 헤아려 보면서 오늘 우리 주변에서 일어나고 있는 크고 작은 전쟁들이 결코 국가 간에 충돌하는 우연한 문제만이 아니며 그 속에 하나님의 뜻이 있다는 것을 새로운 관점으로 바라보게 된다.

주님!
전쟁이 터지지 않고서도 주님 앞에 겸비한 마음으로 돌아와 죄악을 버리고 주님을 의지하는 은혜가 이 땅, 이 민족 가운데 있게 하소서. 오늘 세상 나라들 가운데 흉흉한 전쟁 소식이 들려올 때 전쟁의 참화 속에서도 구원의 손길을 내미는 주님의 아픈 마음을 헤아려 기도의 무릎 꿇을 수 있게 하소서.

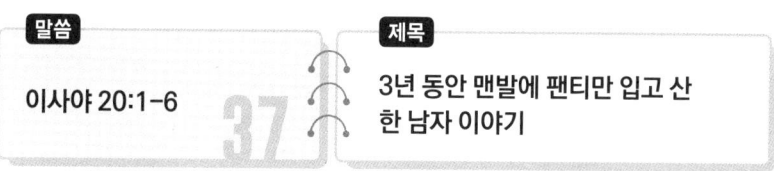

말씀 이사야 20:1-6
제목 3년 동안 맨발에 팬티만 입고 산 한 남자 이야기

37

³ 여호와께서 이르시되 나의 종 이사야가 삼 년 동안 벗은 몸과 벗은 발로 다니며 애굽과 구스에 대하여 징조와 예표가 되었느니라

북왕국 이스라엘이 앗수르 왕 사르곤에게 멸망당한 이듬해(BC 721. 사르곤의 부왕은 제국을 확장시킨 디글랏 빌레셀이고 아들은 산헤립이다) 이사야는 하나님께로부터 매우 특이한 계시를 전달받는다(20:2). 그 계시는 말씀으로 주시는 계시가 아니라 행동으로 보이라는 계시였는데 그것은 옷을 벗고 팬티만 입은 채 그리고 샌들(신발)도 신지 않고 맨발로 다니면서 3년을 지내게 하신 것이다(20:2-3).

하나님께서 이사야 선지자에게 이런 행동 계시를 주신 것은 애굽과 구스 사람들이 앗수르 왕에게 포로로 잡혀갈 때 바로 이사야가 보인 행동 계시처럼 벗은 몸과 벗을 발로 엉덩이까지 드러내며 수치를 당할 것을 미리 나타낸 것이다(20:4).

왜 유다의 멸망에 관련된 것이 아닌 애굽과 구스의 멸망과 관련하여 이런 행동 계시를 주셔야 했는지 이유는 유다를 비롯한 당시 주변 국가들이 앗수르의 침공을 두려워하며 애굽을 믿고 의지하였지만 애굽조차 이렇게 무너지게 되었으니 너희의 멸망은 더 말할 것도 없다는 것을 이렇게 알려주심으로(20:5-6) 오직 하나님만 의지해야 한다는 것을 이렇게 나타내신 것이다.

오늘의 말씀을 묵상하면서 크게 두 가지가 마음에 닿는다. 한 가지는 하나님의 계시 전달을 위해 모든 체면을 무릅쓰고 팬티만 입고 맨발로 3년을 버틴 이사야의 순종이며 다른 한 가지는 하나님의 백성 유다가 자신들의 진정한 보호자시며 왕이신 하나님만 의지하도록 위하여 선지자 이사야에게 못할 짓까지 시키시며 또 심지어는 유다가 의지했던 애굽까지 무너뜨리시면서까지 자기 백성의 마음을 돌이키고자 하셨는가 하는 점이다.

오늘 말씀에서 보여주는 선지자 이사야의 순종도 눈물겹고 가상하지만 그보다 더 자기 백성들이 의지하는 것들을 제거시키시면서까지 자기에게 돌아오게 만드시는 하나님의 열심이 큰 울림으로 닿는다.

요즘 우리나라는 북한 핵문제와 관련하여 국제무대에서 어떻게 처신하여야 하는지 시험대 위에 올라가 있다. 세계 제1의 패권국가 미국에 의지하여 이 국난을 넘어설 것인지 아니면 북한을 통제할 수 있는 힘을 가진 중국에 의지할 것인지 두 갈림길에서 고통을 당하고 있다. 그러나 오늘의 말씀에 비추어보면 우리는 미국도 중국도 아닌 세상 모든 나라들 위에서 국가 간 힘을 재편하시며 통제하시는 하나님만 의지하고 나가야 할 것을 배우게 된다.

성경은 하나님의 백성들이 국가적으로 뿐 아니라 개인적으로도 하나님만 의지하고 살기를 바라셔서 내가 의지하던 어떤 것들을 제거시키시는 일들을 보여주고 있다. 창세기 12장에서 우리 믿음의 조상 아브라함은 부름을 받아 가나안으로 들어왔을 때 자신의 부족과 가축 떼도 데리고 들어왔는데 극심한 기근으로 인하여 살길을 찾아 애굽으로 내려가게 된다.

사실 하나님께서 아브라함에게 이런 시련을 허락하신 것은 그를 불러내신 하나님이 어떤 분이신지 잘 배우고 하나님만 의지하며 그의 믿음을 업그레이드 시키기 위한 시험이기도 했다. 아브라함은 이 시련 앞에서 하늘의 창을 열어 비를 내리게 하시는 것이나 하늘의 창을 닫아 비를 내리지 않게 하시는 것도 모두 하나님의 손에 달려 있음을 믿고 그 부름 받은 자리에서 하나님만 바라보고 의지해야 했다. 그러나 그렇게 하기에는 하나님을 의지하는 그의 믿음이 거기까지 자라지는 못했던 것 같다. 그래서 곡창지대 애굽으로 갔다.

그는 애굽에 내려가서 하마터면 왕에게 부인 사라까지 뺏길 뻔했는데 성경은 하나님의 특별하신 개입으로 가족이 보호되고 다시 가나안으로 돌아오는 것을 보여준다. 아브라함은 하나님께서 이렇게까지 자신과 가족을 지켜주시는데 이 하나님을 의지하지 못하고 애굽으로 내려간 것을 회개하며 이후로 하나님께서 정해 주신 가나안 땅에서 자신의 자리를 지키게 된다.

오늘 말씀에서 이사야를 통해 보여주는 것처럼 내가 의지하려 하고 또 내가 의지할 만한 것들이 없어져 낙심될 때 이러한 일들이 우연한 것들이 아니라 이러한 일들을 통하여 자신의 마음을 알려오시는 하나님의 뜻을 깨닫고 오직 하나님만 의지하는 신앙과 삶이 될 것을 다시 한 번 마음 깊이 새긴다.

이스라엘아 여호와를 의지하라 그는 너희의 도움이시요 너희의 방패시로다 아론의 집이여 여호와를 의지하라 그는 너희의 도움이시요 너희의 방패시로다 여호와를 경외하는 자들아 너희는 여호와를 의지하여라 그는 너희의 도움이시요 너희의 방패시로다(시115:9-11)

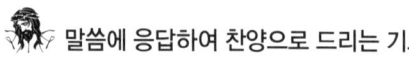 말씀에 응답하여 찬양으로 드리는 기도

주님 한 분밖에는 아는 사람 없어요.
가슴 깊이 숨어 있는 주를 사랑하는 말
주님 한 분밖에는 기억하지 못해요.
처음 주를 만난 그날 울며 고백하던 말
나는 행복해요 죄 사함받았으니
아버지 품 안에서 떠나 살기 싫어요.
나는 행복해요 사랑이 샘솟으니
이 세상 무엇이든 채우고도 남아요.

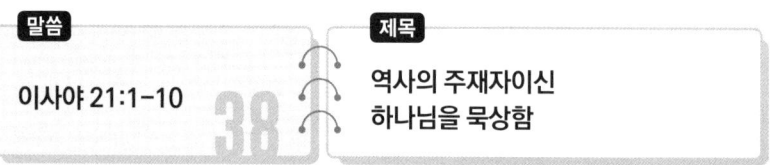

말씀	제목
이사야 21:1-10	역사의 주재자이신 하나님을 묵상함

38

⁹ 함락되었도다 함락되었도다 바벨론이여 그들이 조각한 신상들이 다 부서져 땅에 떨어졌도다 하시도다 ¹⁰ 내가 짓밟은 너여, 내가 타작한 너여, 내가 이스라엘의 하나님 만군의 여호와께 들은 대로 너희에게 전하였노라

이사야를 읽어나가면서 어려움을 느끼는 것 중의 하나는 연대기적 순서로 기록된 것이 아니라 선지자가 받은 계시의 전달이 가까운 장래와 먼 장래를 교차적으로 오가면서 전하고 있기 때문이다.

앞선 13-14장에서는 바벨론의 멸망이 유다 백성들의 구원과 관련되어 언급되었다면 오늘의 말씀 21장에서는 바벨론을 해변 광야로 지칭하며 메다와 엘람 연합군에 의해 철저하게 짓밟힐 것이 예고되는데 여기서 바벨론이 해변 광야로 지칭되는 것은 바벨론 남쪽에 있는 거대한 걸프만(해) 때문에 생긴 별칭으로 이해하게 된다.

바벨론 멸망과 관련된 오늘 말씀에서 특이한 점은 그날에 벌어질 전쟁의 상황이 너무 혹독하고 참혹하여 이사야도 차마 눈을 뜨고 볼 수 없어서(21:3-4) 파수꾼을 세워서 보고받은 것을 전달하는 형식으로 무서운 계시를 전달하고 있다는 것이다(21:6-10). 그날 바벨론 멸망의 날에 무서운 마병대가 바벨론을 휩쓸고 지나가는데 사실은 하나님께서 짓밟은 것이고 타작한 것이며 이사야는 자신이 여호와께 들은 계시대로 전달하는 것임을 밝히고 있다(21:10).

바벨론의 멸망과 관련된 오늘 말씀에서 "무너졌도다! 무너졌도다! 큰 성 바벨론이여"라고 파수꾼이 외치고 있는데 이 외침은 요한계시록에서 천사의 외침으로 다시 반복되는 바(계18:2) 주전 8세기의 선지자 이사야를 통해 오늘 우리가 사는 시대까지 관통하시며 바벨론으로 상징된 이 세상 종말의 어떠함까지 알려주신 오늘의 말씀에서 세상의 역사는 그냥 흘러가는 것이 아니라 인간 역사를 주재하시는 하나님의 손길에 있음을 다시 확인하게 된다.

세상 어떤 제국이나 강대국도 영원할 수 없다. 하나님의 백성들을 중심으로 해서 역사의 방향을 주재하시는 하나님 앞에서 무너지지 않을 것 같았던 앗수르도 바벨론도 무너지고 세상을 지배하는 힘의 균형이 재편되는 것을 보면서 오늘 이 세상에서 강대국이라고 자처하는 미국도 중국도 예외가 아니며 오직 우리 하나님의 나라만 영원한 것을 다시 확인하게 된다.

주님!
천지의 주재자이시며 인간 역사의 주재자이신 주님의 높고 위대하심을 찬양합니다. 주님 어서 속히 완성된 새 예루살렘으로 임하셔서 오늘 이 땅에서 성도들을 미혹하며 무너뜨리려는 이 세상 바벨론을 속히 무너뜨려주시고 영원하신 주님의 나라 임하게 하옵소서!

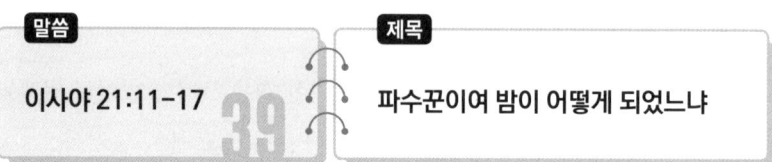

말씀 이사야 21:11-17
제목 파수꾼이여 밤이 어떻게 되었느냐

11 두마에 관한 경고라 사람이 세일에서 나를 부르되 파수꾼이여 밤이 어떻게 되었느냐 파수꾼이여 밤이 어떻게 되었느냐 **12** 파수꾼이 이르되 아침이 오나니 밤도 오리라 네가 물으려거든 물으라 너희는 돌아올지니라 하더라

이사야 선지자는 유다와 예루살렘의 심판 경고를 시작으로 주변 국가들의 심판과 장래사를 예고하는데 오늘의 말씀은 두마(에돔)에 대한 경고로 시작되고 있는바 파수꾼을 향해 외치는 질문과 답변 형식으로 나타나고 있다.

파수꾼이여 밤이 어찌 되었느냐?
파수꾼이여 밤이 어찌 되었느냐?

달리 말하면 밤의 길이가 얼마나 남았냐는 질문인데 내 생각에는 밤의 유희를 탐하고 즐기는 사람들이 새벽이 오고 동이 트는 것이 싫어서 아쉬워하며 깊어가는 밤을 붙들어두고 싶어 하는 상징적 질문으로도 이해하게 된다.
내 마음속에는 은근하게 낮의 시간보다 밤의 시간을 좋아하며 빛보다 어둠의 시간 속으로 나 자신을 숨기고 싶어 하지는 않는지 (시계가 없었던 당 시대에 파수꾼에게 시간을 물었던) 어떤 사람들의 이야기가 나의 이야기는 아닌지 이 아침 자신을 돌아보며 나 자신에게 물어보게 된다.

이어지는 파수꾼의 답변을 보면 아침이 오나니 밤도 다시 오리라는 것인데 그러나 더 중요한 파수꾼의 답변과 호소는 "너희는 (어서 속히) 돌아오라"는 것이다(21:12). 파수꾼의 답변 속에 선지자를 통하여 주시는 하나님의 마음이 담겨 있다는 것을 생각할 때 질문과 답변 형식을 통해 전달하시는 하나님의 말씀이 명백하게 마음에 닿는다.

무릇 밤의 시간은 마귀의 활동 시간이고 도깨비(귀신)들의 시간이며 숲속에서는 사나운 날짐승들의 활동 시간인데 빛 되신 하나님께 속한 내가 낮보다 밤의 시간을 좋아해서는 안 되겠다. 빛의 자녀들은 흥청거리는 밤 문화에 휩쓸리기보다 하나님의 창조 원리대로 밤을 휴식의 시간이며 안식의 시간으로 잠자리에 일찍 들어 새벽을 기다리며 기도의 시간을 준비하는 시간으로 삼아야 하며 신앙과 삶이 밤보다 낮에 속한 사람으로 살아야 할 것을 이 아침 다시 한 번 마음 깊이 다짐한다.

주님!
이제는 밤의 시간보다 새벽을 깨우는 시간으로 나가기 위해 준비하는 밤의 시간이 되게 하소서. 빛보다 어둠을 좋아하지 않게 하시고 어둠에서 빛으로 나가는 시간을 살게 하소서.

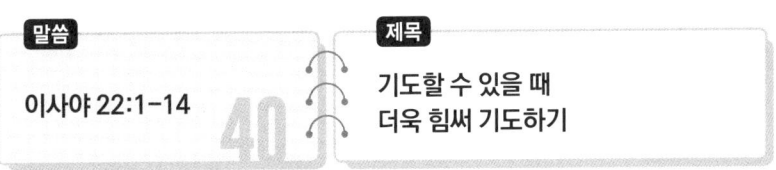

말씀 이사야 22:1-14

제목 기도할 수 있을 때 더욱 힘써 기도하기

12 그 날에 주 만군의 여호와께서 명령하사 통곡하며 애곡하며 머리 털을 뜯으며 굵은 베를 띠라 하셨거늘 13 너희가 기뻐하며 즐거워하여 소를 죽이고 양을 잡아 고기를 먹고 포도주를 마시면서 내일 죽으리니 먹고 마시자 하는도다 14 만군의 여호와께서 친히 내 귀에 들려 이르시되 진실로 이 죄악

은 너희가 죽기까지 용서하지 못하리라 하셨느니라 주 만군의 여호와의 말씀이니라

선지자 이사야는 바벨론 연합군이 유다와 예루살렘을 침공하게 되는 그날을 바라보면서 그날에 그들이 혼란 가운데 빠질 것을 예고함과 동시에(22:1-7) 그날에 그들이 위기에 처하였어도 이것이 자신들의 범죄함으로 인해 하나님께로부터 말미암은 것인 줄도 모르고 자신들의 힘으로 자신들의 문제를 해결해 보려고 하며(22:8-11) 하나님께서는 그들이 철저히 회개함으로써 문제해결을 받으라고 하지만(22:12) 그들은 우리가 내일 죽을 것이니 먹고 마시자 자포자기 막무가내식으로 나가는 것을 보시면서(22:13) 이런 죄악은 죽기까지 용서받지 못할 죄악이라고 말씀하신다(22:14).

성경에서 유다와 예루살렘 멸망의 날을 보면 당시는 마지막 왕 시드기야 시대인데 그들은 선지자 예레미야가 전하는 하나님의 말씀을 받아들이지 않고 친애굽 정책으로 일관하며 버티다 마지막에 예루살렘 성이 무너지면서 관원들과 병사들이 왕을 옹위하고 도망가다가 체포되는데 이사야 선지자는 적어도 140여 년 전에 그들이 당할 일을 정확히 바라보고 환상의 골짜기(유다)에서 벌어질 일들을 정확히 예고하고 있다(22:3,8).
그리고 그들이 망할 수밖에 없는 궁극적 이유는 회개해야 할 때 회개하지 못하고 하나님께 대한 기대도 갖지 않으며 막가파식으로 자포자기 신앙으로 끝내버리는 것을 보여준다.

신앙이란 무엇인가(?)
그것은 자신의 기도와 믿음에 반응하시는 하나님을 의지하는 것이며 또 그 결과로써 하나님을 체험하는 것이다. 그러나 하나님의 백성이라는 유다인들은 정작 하나님을 찾고 부르짖어야 할 때 하나님을 찾지 않았고 하나님께서 주시는 회개 기회도 마다하며 스스로 자멸의 길을 선택하여 갔으니 어찌 이

를 신앙이라 하겠으며 하나님을 믿는 자들이라 하겠는가(?)

아마 그들이 평소에 하나님을 등한시하고 멀리하며 살아온 결과 마땅히 기도하여 하나님을 체험해야 할 때 기도가 되지 않고 회개의 문도 열리지 않은 답답함 가운데 이런 자멸적 선택을 한 것 같다. 따라서 오늘 주신 말씀의 교훈 가운데 마음 깊이 받아들이는 것을 평소 기도할 수 있을 때 그리고 회개(참회)할 수 있는 겸비한 마음이 아직 강퍅함으로 바뀌지 않았을 때 기도하고 참회하며 주님의 은혜를 구하는 것이 얼마나 귀한 것인지 새삼 깨닫는다.

주님을 섬기는 신앙생활 가운데 육신의 연약함 때문에 마음이 무너질 때 하나님께 향한 소망과 기대까지 무너지면 안 된다. 나의 범죄함으로 하나님과 교제가 일시 끊어질 수 있겠지만 관계까지 끊어진 것이 아닌데 자백과 참회를 통해 교제를 회복하지 않고 그냥 무너진 마음 그대로 방치하고 자포자기식으로 나가버리면 어느 순간 정말 마음이 너무 완악함으로 고착되어 유다인들이 멸망의 날에 보인 태도처럼 하나님도 필요 없이 자기 스스로 자멸로 가게 된다. 이것이 바로 용서 못 할 죄악이며 유다인들이 멸망의 날에 보인 태도로 하나님께 대한 소망과 기대마저도 다 버린 최악의 모습이다.

신앙생활 가운데 이런 최악의 상황까지 내몰리지 않기 위해서는 평소 지극히 작은 문제까지도 주님을 의지하며 살아가는 것과 또 지극히 작은 죄악이라도 민감하게 죄책감을 느낄 때 참회하고 기도하며 벌떡 일어서야 되겠고 주님께 향한 소망과 기대를 절대 버려서는 안 된다는 것을 배우게 된다.

여섯 번 넘어지면 일곱 번째 일어나고 아흔아홉 번 넘어지면 백 번째라도 일어나면서 하나님을 의지하고 나는 하나님이 없으면 안 된다고 고백하며 붙잡는 사람들을 하나님께서 기뻐하시고 이렇게 심령이 가난한 자들의 하나님이 되어주신다.

어차피 구원받은 성도에게 있어서 신앙의 여정이라는 것은 장기간을 필요로 하는 성화성장의 기간을 거쳐 영화로 들어가는 것이기 때문에 여기 이 땅에서 살아가는 동안의 (   ) 안에 해당되는 성화성장의 기간은 야곱의 생애에서 보여주는 것처럼 넘어짐과 일어섬의 반복일 수밖에 없다.

그러나 이런 연약함 가운데서도 성령께서 이끌어주시는 견인의 은혜가 있어 마침내 야곱이 생애 말년에 이르러 자녀들의 장래사를 예고할 만큼 영적인 깊이에 들어가는 것처럼 하나님 중심의 견고한 신앙에 서게 되는 것을 배우게 된다. 이사야 22장을 통하여 주시는 교훈으로써 기도해야 할 때 기도하지 못하고 회개해야 할 때 회개가 되지 않아서 정작 하나님을 찾아야 할 때 하나님을 찾지 않으며 자멸로 간 유다인들의 모습이 지금 나의 모습과 내 생애 마지막 날의 초상이 되지 않기를 진심으로 기도한다.

주님!
내 신앙생활 가운데 지극히 작은 것 하나라도 주님과의 관계에서 생각하며 나 자신을 지켜나가는 것은 결코 소심하고 쫀쫀한 모습이 아니라 주님이 가장 기뻐하시는 모습인 것을 이 아침 다시 한 번 마음에 새깁니다.
나에게는 주님 앞에 숨겨진 모습이 단 하나라도 없게 하시고 주님과 나 사이에 투명한 생명의 교제로 자신을 세워갈 수 있게 하소서. 그리고 이러한 삶의 결과는 생명을 얻되 더욱 풍성히 얻는 축복인 것을 경험하게 하옵소서.

말씀 이사야 22:15-25
제목 종지부터 모든 항아리까지
41

²⁰ 그 날에 내가 힐기야의 아들 내 종 엘리아김을 불러 ²¹ 네 옷을 그에게 입히며 네 띠를 그에게 띠워 힘 있게 하고 네 정권을 그의 손에 맡기리니 그가

예루살렘 주민과 유다의 집의 아버지가 될 것이며 ²² 내가 또 다윗의 집의 열쇠를 그의 어깨에 두리니 그가 열면 닫을 자가 없겠고 닫으면 열 자가 없으리라 ... ²⁴ 그의 아버지 집의 모든 영광이 그 위에 걸리리니 그 후손과 족속 되는 각 작은 그릇 곧 종지로부터 모든 항아리까지니라

오늘의 말씀에 등장하는 두 인물은 셉나와 엘리아김인데 이사야 36장에서 실물이 확인되는 사람들이다. 두 사람 모두 히스기야 왕 시대에 유다의 유력한 고위 관리들인데 하나님께서 셉나에 대해서는 크게 책망하시고 심판을 경고하시는가 하면 엘리야김에 대해서는 셉나가 차지했던 모든 영광을 그에게 입히고 다윗의 집의 열쇠를 그의 어깨 위에 두어 열면 닫을 자가 없게 하고 닫으면 열 자가 없게 하리라고 하신다(22:22).

여기 엘리야김에게 하신 이 말씀은 계시록 3:7절에서 칭찬받는 교회인 빌라델비아 교회에 주신 말씀 가운데서 재현되는 말씀으로 교회의 머리 되신 우리 주 예수 그리스도를 지칭하는 말씀인 것을 감안할 때 엘리아김은 우리 예수님을 예표하여 여기에 등장한 사람으로 이해하게 된다.

그런데 하나님께서 다 아시고 인정하는 자 엘리아김에게 주신 축복의 약속을 보면 그를 단단한 곳에 박힌 못과 같이 견고하게 하여 그의 아버지 집에 영광이 되게 하시므로 그의 후손들도 모두 영광을 얻게 하시리라는 것인데 특이한 것은 그릇으로 비유된 "작은 종지로부터 시작해서 모은 항아리까지니라"는 말씀이다.

오늘의 말씀을 묵상하면서 히스기야 왕 시대 유대의 관원 된 유력한 두 인물 셉나와 엘리야김이 나와 무슨 상관이 있겠는가? 의문이 되며 묵상의 진전이 이뤄지지 않는 가운데 불현듯 "작은 종지로부터 모든 항아리까지"라는 말씀에서 성령님의 조명을 받게 된다.

옛날 시골집에 가면 대못에 여러 개의 옷들이 함께 걸려 있는 것을 보곤 했는데 같은 이치로 예수님에게 속한 자는 이 세상에서 아무리 작은 자라고 할지라도 그가 예수님으로 말미암아 큰 영광을 함께 얻게 되리라는 것이다.

더불어 이사야의 글에 예고되는 바와 같이 엘리아김이 예수님을 예표하였다고는 하나 그 역시 사람인지라 그의 영광 역시 유다 왕국이 멸망하는 그날 함께 사라지게 되지만(22:25) 우리 예수님은 영원하신 분이고 그의 나라는 영원하기 때문에 지금 이 세상에서 예수님에게 속한 자가 받을 영광은 그와 함께 영원할 것이라고 하는 성령님의 위로가 이 아침 나의 마음에 위로와 소망으로 가득 차게 해준다.

벌써 십수 년째 주님의 부르심을 따라 선교지 이곳저곳을 이동하며 나그네 인생으로 살아가는 나 자신에 대해 아무것도 자랑할 것이 없는 지극히 작은 그릇 - 간장 담는 종지에 불과한 나라도 내가 주님께 속한 자인 것 때문에 그와 함께 받을 영광을 생각하니 왠지 모르게 가슴 가득 밀려오는 주님의 위로와 평안으로 이 주일의 아침을 시작하게 한다.

주님!
감사합니다. 찬양합니다. 사랑합니다. 아멘!

말씀 이사야 23:1-18

제목 하나님을 소유하면 모든 것을 가진 것입니다

42

17 칠십 년이 찬 후에 여호와께서 두로를 돌보시리니 그가 다시 값을 받고 지면에 있는 열방과 음란을 행할 것이며 그 무역한 것과 이익을 거룩히 여호와께 돌리고 간직하거나 쌓아 두지 아니하리니 **18** 그 무역한 것이 여호와 앞

에 사는 자가 배불리 먹을 양식, 잘 입을 옷감이 되리라

성경은 참 놀라운 책이다. 약 2천여 년에 걸쳐 적어도 40여 명 이상의 저자들이 3개의 대륙에 흩어져서 기록하였지만 이들의 생각과 사상을 주장하시고 한 방향으로 나가게 하신 한 분 성령님에 의해 기록되었다는 것을 오늘의 말씀을 통해 다시 한 번 확인하게 된다.

주전 8세기 선지자 이사야는 하나님께 받은 감동의 계시로 유다와 예루살렘의 장래를 예고하는 가운데 이방 나라들의 장래사까지 예고하였는데 13장에서 바벨론으로부터 시작된 이방 나라들에 대한 예고는 여러 나라들의 멸망사를 예고하면서 한 바퀴 돌아 이번에는 (계시록에서 음녀 바벨론으로 상징된 나라로 해상 무역 왕국인) 두로의 멸망사를 끝으로 한 단원의 막을 내리고 있다.

여기 이사야가 예고하고 있는 음녀 두로의 멸망사가 성경의 마지막 책 계시록의 17-18장과 일맥상통한 내용을 가지고 있는 것은 참 경이로운 일로써 인간 역사의 과거와 현재와 장래를 모두 한 현재로 보시는 하나님께서 주시는 계시가 아니고서는 이렇게 선지자 이사야의 글과 주님의 사도 요한의 글이 한 흐름으로 연결될 수 없을 것이 분명하다.

오늘의 말씀에서 해상무역 왕국 두로(베니게/페니키아)의 힘은 막강하여서 서쪽으로는 가까운 섬 깃딤(구브로)부터 시작하여 다시스(스페인의 남부 타르테티스)까지 세력을 뻗쳤으며 남부로는 나일의 곡물을 수출하는 애굽까지 연결되어 당시대의 사람들이 생각했던 세상의 바다 지중해를 장악하고 살았으니 그 위세가 얼마나 당당했겠는지 짐작하고도 남는다.

과연 그들은 당시 지중해 세계를 지배하여 면류관을 씌우던 자들이며 그 상인들은 고관이고 그 무역상들은 세상의 존귀한 자들이었는데(23:8) 만군의

여호와께서 그들이 누리던 모든 영화를 욕되게 하시며 세상의 모든 교만 위에 군림하던 그들이 멸시를 받게 만드셨다(23:9).

따라서 오늘의 말씀은 두로의 멸망과 관련된 나라들의 반응이 여러 모습으로 소개되고 있는데 다시스/시돈/애굽/깃딤 등과 같은 나라들이다. 그런데 오늘의 말씀 마지막 네 구절은 이렇게 철저하게 깨졌던 두로가 70년을 기한으로 다시 재기하게 될 것이지만 그가 다시 값을 받고 모든 열방과 음란을 행할 것이라고 했는데(23:15-17) 이 예고대로 두로는 주전 332년 알렉산더 대왕 시대에 정복되었다가 주전 274년 프톨레미 2세에 의해 다시 탈환되어 대략 70년 만에 재기하였는데 그러나 그들이 다시 이전의 죄악으로 돌아가게 될 것도 이사야는 예고하고 있다.

그런데 오늘의 말씀에서 더욱 난해하게 생각되는 것은 이처럼 70년 만에 다시 재기한 두로가 그 무역한 것과 이익을 거룩히 여호와께 돌리고 간직하거나 쌓아두지 아니할 것이며 그 무역한 것이 여호와 앞에 사는 자들이 배불리 먹을 양식이 되며 옷감이 되리라는 말씀인데(23:18) 이것은 해상무역 왕국 두로로 상징된 이 세상(나라들)의 경제활동과 발전들도 결국 따지고 보면 이 세상에 있는 하나님의 백성들을 돌보시는 하나님의 섭리의 틀 안에서 이뤄지게 되는 것으로 이해하게 된다.

오늘 주신 말씀 가운데 마음 깊이 닿는 교훈은 하나님 없이 높아진 그 어떤 세력들이라도 하나님은 그들의 교만이 지속되지 못하도록 그의 손을 펴사 흔드시며 그들의 견고한 것들을 무너뜨리신다는 것이다(23:11). 이것은 성경의 역사서나 예언서들이 보여주는 것뿐 아니라 인류 일반 역사 가운데서도 볼 수 있으며 또한 이것은 세상의 나라들 가운데서 뿐 아니라 개인적으로도 적용되어야 할 말씀이다.

사람의 심리는 두로의 모습에서 보는 것처럼 경제적 부를 쌓아 돈을 많이 가지면 자신도 모르게 교만해지며 돈의 권세를 사용하고 싶어지는가 보다. 그러나 이 모든 것들이 얼마나 허망한 것들인지 높은 데서 떨어진 두로의 추락에서 배우게 된다.

세상에서 가장 돈이 많은 부자였던 록펠러는 53세에 세계 최대 갑부가 되었지만 행복하지 못했고 55세에는 불치병으로 1년 이상 살지 못한다는 사형선고를 받았다고 한다. 그가 인생의 허무를 느끼며 실의에 빠져 있던 어느 날 "주는 자가 받는 자보다 복이 있다"는 병원 로비에 걸린 액자를 보는 순간 전율을 느끼고 눈물이 났다고 하는데 그날 원무과 앞에서 입원비가 없어 울며 사정하는 한 환자의 어머니를 아무도 모르게 도와주고, 그 소녀가 기적적으로 회복되는 모습을 보면서 처음으로 행복을 느꼈다고 한다. 그때 그는 많이 버는 것도 중요하지만 그것을 잘 사용하는 것이 더 중요한 것을 깨달았고 나눔의 삶을 작정하고 실천하였는데 신기하게 그의 병도 사라져서 그 뒤 43년을 더 살아 98세까지 살며 선한 일에 힘쓰며 행복하게 살았다고 한다.

나는 장사로 돈 버는 재주에 탁월했던 두로 사람들이나 개인 사업으로 돈 버는 데 특출했던 록펠러 같은 사람과는 거리가 멀기 때문에 오늘의 말씀이 나에게는 별로 와닿지 못하지만 그래도 오늘 주신 말씀 가운데 큰 위로로 닿는 말씀은 하나님께서 두로가 무역하여 얻은 부와 이익을 하나님 앞에 사는 자들이 배부르게 먹을 양식과 입을 옷감이 되게 하리라는 말씀이다(23:18).

결국 온유한 자가 땅을 차지하게 되리라는 말씀처럼 돈을 벌기 위해 생존 경쟁이 살벌한 이 세상에 살면서 내 것을 쌓기 위해 굳이 세상 사람들처럼 피터지게 싸우지 않아도 하나님께서 돌보아주시면 결과적으로 세상 사람들이 치열하게 싸워가며 쌓은 것들도 나를 위한 것이 되게 만드신다는 것이다.

오늘 주신 이러한 말씀들은 나로 하여금 내가 하나님을 소유하면 세상의 모든 것이 나의 것이 되지만 내가 세상의 모든 것을 소유한 것 같아도 하나님 없이 소유한 것들은 하나님께서 한 번 흔드실 때 모두 날아갈 수 있으며 아무 것도 자랑할 것이 없다는 것을 배우게 한다.

주님!
내가 세상의 것으로 많이 쌓아 배부르지 않게 하시고 오직 주님으로 인하여 배부르며 행복한 신앙과 삶이 되게 하옵소서.

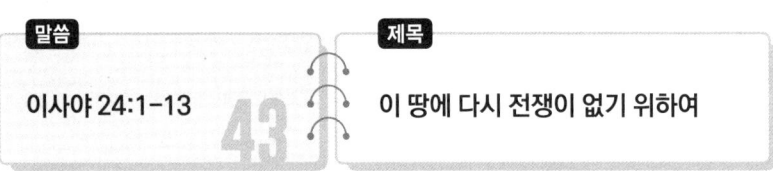

말씀 이사야 24:1-13
제목 이 땅에 다시 전쟁이 없기 위하여

¹ 보라 여호와께서 땅을 공허하게 하시며 황폐하게 하시며 지면을 뒤집어 엎으시고 그 주민을 흩으시리니 ² 백성과 제사장이 같을 것이며 종과 상전이 같을 것이며 여종과 여주인이 같을 것이며 사는 자와 파는 자가 같을 것이며 빌려 주는 자와 빌리는 자가 같을 것이며 이자를 받는 자와 이자를 내는 자가 같을 것이라

오늘 아침도 압록 강가엔 자욱한 안개가 덮여 있다. 내가 묵고 있는 압록 강변 빌딩 17층 창가에서 내려다보면 6·25전쟁 때 미군의 폭격으로 끊어진 다리가 보이고 북한에서 두 번째로 큰 도시 신의주도 한 눈에 들어온다. 도시가 아직 잠들어 있는 것 같은 새벽녘에 창가에 서서 습관처럼 강 건너 북녘 땅을 바라다보며 기도드린다. 주님 다시는 이 땅에 전쟁이 없게 하시고 주님이 주시는 평화가 이 땅에 정착되게 하소서!

오늘 말씀에서 이사야가 계시의 환상 가운데 바라보는 장면은 전쟁으로 말미암아 땅이 공허해지고 황폐해진 모습이다. 전쟁의 포화로 많은 사람들이 살상되었고 기쁨이 사라진 거리에 깊은 탄식만 흘러나오는 모습이다(24:1-6).

선지자 이사야는 전쟁으로 인해 모든 기존의 질서가 깨지고 한 사회가 무너져 내린 모습을 리얼하게 묘사하고 있다.

> (그날에) 백성과 제사장이 같을 것이며 종과 상전이 같을 것이며 여종과 여주인이 같을 것이며 사는 자와 파는 자가 같을 것이며 빌려 주는 자와 빌리는 자가 같을 것이라(24:2)

한 나라가 전통적으로 유지해 온 사회 질서가 깨진 모습을 보여주는 이 말씀을 묵상하면서 불현듯 우리나라 6·25전쟁 기간에 있었던 일들이 영화나 소설로 재현되어 그려진 모습들이 떠오른다.

해방 후 우리나라는 남북으로 갈려 2개의 정부가 들어서게 되었는데 6·25 전쟁으로 북한군이 해방군이라는 명목으로 이 땅에 들어왔을 때 먼저 한 일은 이런 기존 질서를 뒤엎는 것으로 가장 먼저 수난을 당한 사람들은 성직자들과 많은 땅을 가지고 소작인들과 주종 관계를 형성한 지주들이었다.

조선시대에는 지주와 소작인 사이에 보통 4:6 비율로 그나마 소작인들을 배려하는 분배 비율이었는데 일제시대에 들어서면서 거꾸로 6:4 내지는 7:3으로 변해서 등골 빠지게 일해 봐야 살길이 없어진 농민들이 압록강 두만강 건너 만주로 북간도로 유랑 이민을 떠난 것이 우리네 슬픈 역사이며 지금도 중국 땅에 남아 있는 조선족이다.

해방되었을 때 새로운 세상을 만들어야 했지만 변한 것은 없었고 좌우익 대립으로 싸움질만 하고 성직자들도 서로 기득권을 잡기 위해 신사참배 반대 세력과 찬성했던 세력 사이에 싸움만 하고 있을 때 전쟁이 터졌다. 그런데 북한군이 남한을 점령하였을 때 오늘 주신 말씀과 동일한 현상이 나타나 인민 재판이라는 형식으로 많은 성직자와 지주들이 살상을 당하면서 제사장이나 백성이 같아지게 되었으며 지주와 소작인 곧 주인과 상전이 같아지고 빌리는 자와 빌려주는 자가 같아지며 이자를 받는 자와 이자를 내는 자가 같아지게 되었는데 이처럼 한 사회의 질서가 무너지는 배후에는 그동안 잘못 살아온 그 사회를 향한 하나님의 심판이 나타난 것으로 선지자는 밝히고 있다.

이는 그들이 율법을 범하며 율례를 어기며 영원한 언약을 깨뜨렸음이라
(24:5)

하나님께서 모세에게 주신 율법 가운데 여러 가지 케이스를 다루는 율례를 보면 가장 먼저 나오는 첫 번째 조항이 한 사회에서 가장 인권이 무시될 수 있는 사회적 약자 곧 종들에 대한 배려이다(출21:1-11).

한 국가나 사회가 사회적 약자들에 대한 배려를 무시하고 그들의 탄성이 하늘에 닿을 때 하나님께서 전쟁을 통해서라도 그 사회의 질서를 뒤집어지게 만드신다는 것이 오늘 주신 말씀의 무서운 경고인데 바로 이것이 유다의 역사에도 있었고 우리네 역사에도 있었던 것을 본다.

오늘 우리 사회는 많이 가진 자들의 갖지 못한 자들에 대한 갑질로 몸살을 앓을 정도인데 더불어 함께 잘 살아가는 사회를 이루지 못하고 갑질이 성행하여 사회적 약자들이 고통을 당하면 하나님께서 전쟁을 통해서라도 모든 것을 뒤흔들어 종이나 상전이 같아지게 하며 가진 자나 갖지 못한 자가 같아지게 하고 이자를 내는 자와 이자를 받는 자가 같아지게 하신다는 이러한 경고가 우리의 현실이 될 수 있다는 것을 마음 깊은 교훈으로 받아들인다.

주님!

한 국가나 사회를 내려다보시며 다 아시는 주님 앞에서 오늘 우리 사회가 공정 사회로 나가게 하시며 공평과 정의로 세상 나라들을 다스리는 주님 앞에서 배려와 나눔으로 이루어지는 아름다운 사회를 이루게 하소서.

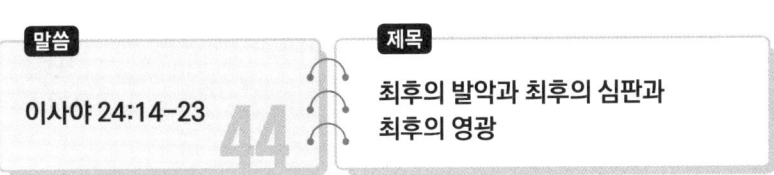

말씀 이사야 24:14-23

제목 최후의 발악과 최후의 심판과 최후의 영광

44

¹⁶ 땅 끝에서부터 노래하는 소리가 우리에게 들리기를 의로우신 이에게 영광을 돌리세 하도다 그러나 나는 이르기를 나는 쇠잔하였고 나는 쇠잔하였으니 내게 화가 있도다 배신자들은 배신하고 배신자들이 크게 배신하였도다

앞선 말씀에서 이사야는 유다와 세계 처처에서 벌어질 심판 재앙을 예고하면서 그 가운데서도 마치 한 번 턴 감람나무에 붙어 있는 열매들처럼 구원 받을 자들이 있을 것을 예고하였는데(24:13) 오늘의 말씀에서는 그 환난 가운데서도 구원받은 자들이 있어 하나님께 영광을 돌리게 되는 일이 있는 반면(24:14-16a) 반대로 끝까지 하나님께 반역하는 세력들이 있어(24:16b) 최후의 발악을 도모할 것이지만 하나님께서는 땅을 흔들어서라도 그들을 한 곳으로 모아 최후의 심판을 집행하시고 (24:17-22) 시온산과 예루살렘에서 영광의 왕으로 등극하실 것을 구약적 배경과 방법으로 설명하고 있다(14:23).

오늘의 말씀 가운데 난해한 구절이면서 한편 전체 말씀, 전후 문맥의 키를 쥐고 있는 24:16절의 말씀에 주목하게 되는데 선지자 이사야는 한 구절 속에서 최후 심판의 날에 있게 될 두 모습을 대조시키고 있다.

하나는 그날에 구원받는 성도들이 전 세계적으로 나아오며 주님께 영광을 돌리는 장면이며(24:16a) 다른 하나는 최후 심판의 날까지도 회개하지 않으며 최후의 발악으로 하나님을 대적하는 세력들이 받게 될 화를 환상 가운데 바라보며 그 끔찍함에 떠는 모습이다(24:16b).

이사야가 바라보며 전달하는 세상 끝날의 최후의 심판이나 사도 요한이 계시록에 기록한 최후의 심판이 일맥상통하게 나타나고 있음을 확인하게 되는데 결국 이 세상은 하나의 영적 전쟁터로써 그리스도를 따르는 (하나님의 백성된) 교회와 사단 마귀를 추종하는 세상의 세력이 끝없이 충돌하면서 마침내 하나님께서 집행하시는 최후의 심판의 날이 도래하고 하나님께서 자기 백성의 영광스런 왕으로 자신을 나타내시고 마무리되는 것을 성경에서 보게 된다.

그날 하나님께서 자기 백성들 가운데 자신의 영광을 나타내시는 그때에는 달이 수치를 당하고 해가 부끄러워한다고 하였는데 이는 그의 찬란한 빛으로 자기 백성을 감싸시는 그의 영광으로 해나 달의 비침이 쓸데없게 되기 때문이다(24:23/계21:23-24).

오늘 아침도 나는 아직 창밖이 어두울 때 묵상 글에 들어갔는데 어느덧 어둠이 걷히고 창밖이 밝아지자 내가 방 안에 환하게 켜두었던 전등불들이 쓸데없게 되는 것을 보면서 그날의 영광이 얼마나 찬란한 것인지 더욱 밝히 이해하게 된다.

하나님의 백성으로서 이 세상을 살아갈 때 죄와 악의 세력이 너무나 크게 보여서 때로 절망이 될 때가 있으며 공의로우신 하나님은 멀리 계시는 것처럼 막연하게 느껴질 때가 있다. 이러한 절망은 기독교 문화가 형성된 우리나라보다 무신론 국가들이나 우상숭배의 나라들을 갔을 때 더욱 강하게 느끼게 되는데 그 이유는 국가 정책상 노골적으로 하나님을 반대하며 하나님께 드리는 예배가 방해를 받게 되기 때문이다.

이럴 때 하나님은 어디 계시는 것인지 의문을 갖게 되지만 오늘의 말씀에서 이사야 선지자가 전해 주는 것처럼 이러한 현상은 악의 세력이 나타낼 수 있는 최후의 발악으로써 마치 머리가 깨진 뱀이 죽어가면서 심하게 꼬리를 치는 것처럼 최후의 발악으로 이해하게 된다.

이사야가 가리켰고 주님의 사도 요한이 가리켰던 그날 모든 악의 세력들이 철저하게 심판을 당하고 주님께서 자기 백성(교회)에게 자신을 영광의 왕으로 나타내시는 그날을 바라보며 오늘도 어려운 상황에서도 용기를 내어 힘차게 살아야 할 것을 마음 깊이 다짐한다.

볼지어다! 내가 세상 끝날까지 너희와 항상 함께 있으리라(마28:20)

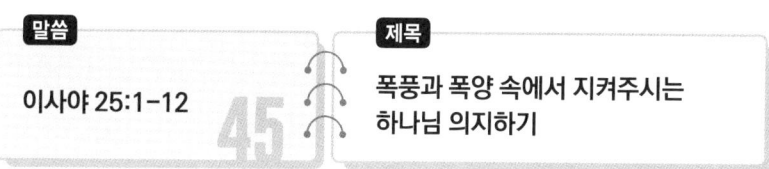

말씀	제목
이사야 25:1-12	폭풍과 폭양 속에서 지켜주시는 하나님 의지하기

⁴ 주는 포학자의 기세가 성벽을 치는 폭풍과 같을 때에 빈궁한 자의 요새이시며 환난 당한 가난한 자의 요새이시며 폭풍 중의 피난처시며 폭양을 피하는 그늘이 되셨사오니 ⁵ 마른 땅에 폭양을 제함 같이 주께서 이방인의 소란을 그치게 하시며 폭양을 구름으로 가림 같이 포학한 자의 노래를 낮추시리이다

이사야 선지자가 환상의 계시 가운데 바라보는 악인들에 대한 최후 심판의 날은(24:14-23) 뒤이어 의인들을 위한 최고 연회의 날이 된다(25:1-12).
이사야는 그날의 위로와 축복을 두 가지로 소개하는데 하나는 더 이상 주의 백성들이 고난과 시련에 처하지 않도록 주님께서 폭풍 중의 피난처가 되시며 폭양을 피하는 그늘이 되실 것과(25:4-5) 또 다른 하나는 지금까지 모든 슬픔의 원천이었던 사망을 영원히 폐하시고 자기 백성의 수치(죄악)를 온전히 제하시며 모든 얼굴에서 눈물을 씻어주실 것이라고 전하고 있다(25:8).

온 세상 열방과 민족, 인간의 역사를 주재하시는 하나님께서 세상 역사의 마침표를 찍게 되는 날 어떤 일이 있게 될 것인지 주전 8세기 선지자 이사야에게 알려주신 그대로 적어도 800-900년의 시차를 두고 신약으로 넘어와서 사도 요한에게도 동일한 영으로 말씀하신 것을 보게 된다.

장로 중에 하나가 응답하여 내게 이르되 이 흰옷 입은 자들이 누구이며 또 어디서 왔느뇨? 내가 대답하되 주여 당신이 알리이다. 그가 나더러 이르되 이는 곧 환난에서 나오는 자들인데 어린 양의 피에 그 옷을 씻어 희게 하였느니라 그들이 하나님의 보좌 앞에 있고 또 그의 성전에서 밤낮 하나님을 섬기니 보좌에 앉으신 이가 그들 위에 장막을 치시리니 저희가 다시 주리지도 목마르지도 아니하고 해나 아무 뜨거운 가운데 상하지 아니할 지니 이는 보좌 가운데 계신 어린 양이 저희의 목자가 되사 생명수 샘으로 인도하시고 하나님께서 저희 눈에서 모든 눈물을 씻어 주실 것임이니라(계7:13-17)

그들의 눈에서 모든 눈물을 씻어주실 것이니 다시는 죽음도 없고 슬픔도 없고 우는 것도, 아픔도 없을 것이다. 이것은 전에 있던 것들이 다 사라져 버렸기 때문이다(계21:4).

믿음을 지키며 살기가 정말 힘들고 어려운 이 세상 속에서 믿음을 지키며 살아가는 성도들을 위로하시며 붙들어주시는 오늘의 말씀을 잠잠히 묵상하면서 주전 8세기 선지자 이사야가 주님께 향하여 가졌던 그 신앙 고백을 나의 고백으로 드리며 아무리 힘들고 어려워도 이 말씀 꼭 붙잡고 힘차게 살아가야 할 것을 마음 깊이 다짐한다.

주는 포학자의 기세가 성벽을 치는 폭풍과 같을 때 빈궁한 자의 요새이시
며 환난 당한 가난한 자의 요새이시며 폭풍 중의 피난처시며 폭양을 피하
는 그늘이 되셨사오니, 마른 땅에 폭양을 제함 같이 주께서 이방인의 소란
을 그치게 하시며 폭양을 구름으로 가림 같이 포학한 자의 노래를 낮추시
리이다(25:4-5). 아멘.

주님!
지금 이곳은 조직적인 박해가 시작되었고 예배당 문은 닫혔습니다. 포학자
의 기세가 성벽을 치는 폭풍과 같은 이 시기를 잘 넘어가게 하소서.

- From C국 ○○에서

이사야 26:1-7 / 46 / 심지가 견고한 자가 받을 복

³ 주께서 심지가 견고한 자를 평강하고 평강하도록 지키시리니 이는 그가
주를 신뢰함이니이다

며칠 전 한 가정을 방문하여 딸로 인하여 큰 고통을 안고 있는 어머니를 만
났다. 21살 난 딸에게 어떤 정신적 문제가 있는지 이 딸은 항상 귀에 이어폰을
낀 채 현실과 동떨어진 딴 세상을 살고 있는 것을 보았다. 임신 후 7개월 만에
조기 출산하였는데 손톱과 발톱도 나오지 않은 상태에서 나와 인큐베이터에
서만 8개월을 보냈고 자라면서도 병치레가 너무 잦아 온 식구가 병원에 매달
려야만 했던 딸이라고 한다.

병원비로만 중국 돈 100만 위안을 썼다고 하며 병원에 갖다 바친 돈을 쌓
으면 딸 아이 키보다 높을 정도라고 하니 이 가정에 얼마나 많은 시련이 있었

는지 짐작이 간다. 설상가상으로 8년 연애 끝에 결혼한 남편조차 이혼을 요구해 와 혼자 딸을 키워야 했기에 자기는 더 이상 이 세상 남자들은 믿지 않는다고 말하기도 했다.

엄마는 돈을 벌어야 했기에 딸을 가정교사에게 맡기고 평양을 드나들면서 장사를 했다고 하는데 딸이 대학에 들어가는 시험을 치르기 3개월 전부터 폐렴으로 입원하여 시험을 치르지 못해 대학도 들어가지 못했고 엄마 대신 자기를 돌봐주던 할머니마저 화장실에서 넘어져 골절되었으며 자신도 교통사고를 당해 눕게 되자 그때 딸애에게 정신적 충격이 와서 딴 세상 사람처럼 행동하게 되었다고 한다.

심리적 문제라며 병원에서 치료를 못 하자 엄마는 딸이 귀신 들려서 이상 행동을 하는 것인지 고쳐보려고 교회를 찾게 되었는데 교회에서 딸애를 구금하고 때려가면서 기도를 해서 그런지 어느 순간부터 딸애에게 강력한 방어기재가 생겨서 모든 사람들을 기피하며 혼자 웃고 혼자 먹으며 혼자 음악을 듣는 것으로 모든 일상을 대신하는 것처럼 보였다.

나는 어머니와 상담하면서 계속 들어주기만 했는데 그동안 평양을 드나들며 장사하느라 다른 사람에게 딸을 맡기고 어린 시절부터 딸에게 사랑을 쏟아주지 못했다는 자책을 들으면서 그리고 돌팔이 상담사가 시키는 대로 딸애에게 귀신을 쫓아주려고 신체적 위해를 가했다는 말을 들으면서 이제부터라도 그녀가 딸의 치료를 위해서 해야 할 일이 무엇인지 스스로 자기 입으로 말하고 있다는 것을 확인하게 되었다.

딸애는 이제라도 엄마가 사랑을 표현하고 안아주려고 하면 도망간다고 하는데 나는 그녀에게 딸애가 엄마 품에 안길 수 있는 그날이 곧 치료가 되는 날이 될 터이니 그때까지 조급하게 생각하지 말고 끈기 있게 딸을 불쌍히 여기는 마음으로 품고 기도하며 사랑을 표시하면 반드시 주님이 도와주셔서 치료의 날이 오리라 위로하고 함께 기도해 주었다.

상담하면서 어머니의 마음속에는 딸이 빨리 정상화되어 자기 할 일을 하게 되기를 바라는 조급한 마음이 불쑥불쑥 튀어나왔는데 나는 거라사 지방의 귀신들린 자를 고쳐주러 주님께서 배를 타고 가실 때 폭풍의 바다를 통제하시고 제자들에게 믿음을 일깨워주신 것을 상기시키며 모든 상황을 통제해 주시는 주님이 함께 계심을 믿고 의지하며 주님이 어떻게 하실 것을 기대하면서 흔들리지 말고 나가라고 당부하며 딸애가 좋아한다는 만화 그리기도 마음껏 하도록 하라고 코칭해 주었다.

비교적 짧은 구절로 되어 있는 오늘의 말씀을 묵상하면서 마음 깊이 닿는 말씀은 주께서 심지가 견고한 자를 평강에 평강으로 지키시리니 이는 그가 주를 의뢰함이니이다(26:3)는 구절이다. 여기서 심지가 견고하다고 함은 (Whose minds are steadfast) 한 방향을 정하고 똑바로 나간다는 말인데 보통 대양에서 배를 운전할 때 더 이상 변침할 필요 없이 고정 항로에 배를 올리게 되면 그 방향을 계속 유지하라는 조타 명령어로 스테디(Steady)를 명한다.

신앙생활하는 가운데 때로는 제자들이 폭풍의 바다에 직면하여서 갈팡질팡하며 불안에 떨다가 뒤늦게라도 주님을 깨워서 해결 받은 것처럼 될 때가 있는데 그러나 주님께서 한 배에 같이 타고 계시니 주님이 알아서 어떻게 하실 것이라고 믿으면 조금도 불안해할 필요가 없음을 배우게 된다.

오늘 나의 신앙과 삶 가운데 나를 불안케 하는 일들을 조우할 때 오늘 주신 말씀으로 심지가 견고한 자 곧 마음이 주님을 의지하여 오직 한 방향으로만 고정된 자의 길을 갈 것을 이 아침 내게 주시는 교훈으로 마음 깊이 새긴다.

말씀 이사야 26:8-21

47

제목 내 백성아 네 밀실에 들어가 분노가 지나기까지 숨을지어다

²⁰ 내 백성아 갈지어다 네 밀실에 들어가서 네 문을 닫고 분노가 지나기까지 잠깐 숨을지어다

구약의 선지자들이 전달하는 미래 계시들을 보면 때로 노래 형식으로 전달하는 경우가 있는데 대표적인 것으로 신명기 32장은 모세가 이스라엘이 가나안에 들어가기 전에 고별사를 하면서 그들이 가나안에 들어가게 된 후에 어떻게 될 것인지 미리 노래 형식으로 가르쳐준 것을 볼 수 있다.

동일한 맥락에서 주전 8세기 선지자 이사야는 자신의 사후에 이스라엘(유다) 백성들이 바벨론에 포로로 잡혀갈 것과 그 포로기 가운데 어떻게 그들이 하나님을 찾게 될 것이며 또 하나님께서 그들의 간구를 들으시고 어떻게 구원하실 것인가를 노래 형식으로 전달하고 있는데(26:1) 환난 가운데서 하나님을 찾는 그들의 절절한 기도가 마음 깊이 닿는다.

① 그들은 환난 가운데서 비로소 주님을 찾게 되고 기다리며 의를 배우게 될 것이다(26:8-9).
② 악인은 은총을 입을지라도 의를 배우지 아니하나 주의 백성 이스라엘은 자신들을 위한 하나님의 열심을 보고 부끄러워하며 주님을 마음을 배우게 될 것이다(26:10-12).
③ 그들은 이교도들의 땅에서 비로소 자신들을 구원할 신은 여호와 하나님 외에 다른 신이 없음을 알게 될 것이고 징벌 가운데서도 간절히 기도하게 될 것인데(26:13-17)
④ 그것은 마치 임신한 여인의 산고와 같은 간구를 하게 될 것이지만 산고

로 낳은 것이 바람을 낳은 것 같아서 (세계의 거민/바벨론을 생산치 못할 것이다.) 그들이 자력으로는 바벨론의 압제에서 벗어나지 못할 것이다(26:18).

⑤ 그러나 주님께서는 죽은 자 같이 된 주의 백성들의 기도를 들으시고 마침내 그들이 마치 죽은 자 가운데서 살아나는 것처럼 놓임을 받게 하실 것이다(26:19).

⑥ 노래 형식으로 전달하는 이사야의 계시는 마지막 두 구절에서 자기 백성들을 향한 주님의 위로와 영광으로 빛나게 되는데 그것은 "내 백성아 네 밀실에 들어가 네 문을 닫고 분노가 지나기까지 잠깐 숨으라"는 것과 (26:20) 하나님께서 피로 세운 바벨론의 죄상을 철저히 드러내시고 벌하시겠다는 것이다(26:21).

오늘 말씀을 묵상하면서 진한 여운으로 남는 말씀은 구약이 보여주는 부활 신앙의 소망과(26:19) 또 이 소망을 가진 자는 자신의 힘으로 자력 구원을 이룰 것처럼 헛수고하지 말고 "네 밀실로 들어가 분노가 지나기까지 숨어 있으라"는 선지자의 부탁처럼 그는 골방에 숨어 기도함으로 하나님께서 친히 나서서 하실 일을 기대하라는 것이다.

지난 몇 해 동안 중국의 예루살렘이라고 불리는 복건성福建省 온주溫州를 중심으로 2,500개 이상의 교회당에서 십자가 탑들이 철거되었는데 포크레인으로 십자가 첨탑들이 철거될 때 현장에서 울면서 찬송을 부르는 성도들의 모습을 유튜브를 통해 보면서 마음이 아팠던 것이 엊그제 같은데 정부 주도로 이루어지는 기독교 탄압이 금년 들어서는 조직적으로 진행되고 있다. 이미 공산당 중앙 상무위원회에서 종교법이 추가로 개정되어 이제 중국 내 모든 가정교회(지하교회)들이 문을 닫아야 하는 상황에 몰려 있다.

내가 중국인 목사와 함께 섬기는 교회도 지난 주 종교국 주도로 공안경찰들이 예배 중에 난입하여 예배를 중단시키고 성도들의 신분을 조사함과 아울러 목사님과 사모님이 잡혀가게 되었다. 나는 순리대로 하면 그 자리에 있어야 했는데 주님의 섭리 가운데 다른 곳을 방문 중이어서 그 현장에 있지 않았기 때문에 피해갈 수 있었다.

모든 성도들이 기도하는 가운데 목사님과 사모님이 다행히 돌아올 수 있었지만 다시는 예배하지 말라는 협박과 아울러 또 위반 시에 받을 벌금과 투옥에 대해서도 상세한 설명을 듣고 돌아왔는데 그럼에도 불구하고 흩어지지 않는 성도들과 목사님의 용기를 보고 큰 감동을 받았다.

나는 성도들이 모인 자리에서 그들을 위로하며 도리어 하나님께 드리는 예배를 방해하고 가로막고 있는 정부가 어떤 큰일을 당하려고 이런 일을 하는지… 나의 생각을 전하기도 하였다. 국가의 조직적인 힘을 가지고 주님이 머리가 되시는 교회를 핍박하는 국가는 오래가지 못하는 것이 역사의 증거인데 중국이라는 나라가 과연 어찌 될 것인지 주목하게 된다.

기독교에 대한 국가의 조직적인 핍박이 이미 시작된 중국의 가정교회(지하교회) 성도들에게 오늘 주시는 말씀처럼 자력으로 이 문제를 해결하려고 덤벼들기보다 "네 밀실에 들어가 문을 닫고 분노가 지나기까지 잠깐 숨어 있으라"는 말씀이 꼭 필요한 시점으로 받아들인다.

예배당 입구에 CCTV가 설치되어 우리는 일단 예배당 문을 닫게 되었지만 골방으로 들어가는 것처럼 성도들이 지역별 소그룹으로라도 계속 예배모임을 이어가도록 조처하였는데 이제 당장 내일 주일부터 어떻게 될지 다만 주님께 기도할 뿐이며 오늘 주신 말씀처럼 밀실 모임으로 들어가게 되는 성도들에게 주님의 위로와 평안이 함께하기를 간절히 기도드린다.

더불어 꼭 기억해야 할 말씀(약속)은 이 분노/환난은 오래가는 것이 아니라 감당할 만한 '잠깐'이라는 것인데 그 기한은 주님의 손에 있음을 믿는 것이며 그때까지 참고 주님을 기다리면서 주님이 하실 일을 기대하고 소망 중에 바라보는 것이다.

주님!
환난의 바람이 불어닥치기 시작한 중국 교회들을 돌아보사 긍휼을 베푸소서. 그들이 환난의 바람 가운데서도 쭉정이로 날아가지 않게 하시고 충실한 알곡들로 남아 있게 하시며 이 환난이 지나가기까지 밀실 기도와 모임으로 승리하게 하시며 주님이 나타내실 놀라운 일들을 보게 하옵소서.

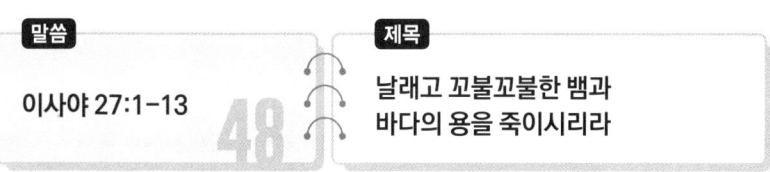

말씀 이사야 27:1-13
제목 날래고 꼬불꼬불한 뱀과 바다의 용을 죽이시리라
48

¹ (그 날에 여호와께서) 날랜 뱀 리워야단 곧 꼬불꼬불한 뱀 리워야단을 벌하시며 바다에 있는 용을 죽이시리라

앞선 말씀(26장)에서 이사야는 주의 백성들이 이방 나라에 포로로 잡혀가 신음 중에 기도할 것이고 하나님께서는 그들에게 이 분노가 지나기까지 밀실로 들어가 기도한다면 하나님께서 자기 백성의 원수들을 반드시 응징하리라고 하셨는데(26:20-21) 오늘의 말씀(27장)에서는 이미 말씀하신 그대로 자기 백성을 돌아보시며 자기 백성의 원수 된 세력들 - 예컨데 앗수르/바벨론/애굽 같은 나라들에게 벌하시며 죽이시리라고 하시고(27:1) 자기 백성들은 지극한 정성으로 돌봄을 받는 포도원같이 될 것을 예고하신다(27:2-4).

하나님께서 자기 백성들을 일시적 환난 가운데 두신 것은 그들의 죄악을 속하고 정화시키기 위해서라고 하시며 그들을 정화시키실 때에도 너무 심하게 하지 않으셨고 적당히 하신 것이지만(27:7-9) 자기 백성의 원수 된 세력들(하나님께 향한 지각이 없는 자들)에 대해서는 철저히 응징하시고 불쌍히 여기지 않으시며 은혜를 베풀지 않으시고 아주 망하게 하실 것이라고 하신다(27:10-11).

더불어 오늘의 말씀 마지막 두 구절에서는 자기 백성들을 아끼시고 소중히 여겨 구원하시는 하나님 되심을 보여주시는데 마치 과일나무를 떨 때 하나도 떨어지지 않도록 모으는 것같이 창일하는 강(북쪽 유프라/티그리스강)에서부터 애굽 시내까지 포로로 잡혀갔거나 쫓겨난 자들(도망간 자들)이 모두 돌아오게 하여 예루살렘 성산에서 하나님께 예배하게 되리라고 하신다(27:12-13).

온 우주 만물을 창조하시고 섭리 운행하시며 그 가운데 우리 인간을 만물의 영장으로 지으시고 그의 인격적 피조물인 인간을 통하여 예배(경배)를 받으시는 하나님께서는 범죄함으로 하나님을 아는 지식을 잃어버린 이 세상 인류를 향하여 자기 아들을 보내시기 전에도 이미 구약의 선지자들을 통하여 자신이 어떤 분이신가를 계시해 주셨는데 특별히 이사야 선지자의 글을 통해서 하나님을 아는 지식에서 많은 것들을 배우게 된다.

오늘의 말씀에서도 하나님께서는 이사야 선지자 당 시대에 자신이 세계 최강국이라고 자처했던 앗수르/바벨론/애굽과 같은 나라들을 통재하시고 주재하는 분이심을 밝히신다(27:1).
(여기서 날랜 뱀 리워야단은 급류로 흐르는 티그리스 강가에 세워진 앗수르에 대한 상징적 표현이며 꼬불꼬불한 뱀은 굴곡이 많은 강줄기를 형성하고 흐르는 유프라테스 강가에 세워진 바벨론에 대한 상징적 표현이고 바다의 용은 북방의 두 세력과 각축을 겨룬 남방 세력 애굽을 상징한다.)

하나님의 백성들을 괴롭힌 이런 나라들을 뱀으로 표시하며 용으로 표시한 것은 사단 마귀의 사주를 받는 그들이 얼마나 음흉하고 흉악한 자들인 것을 드러냄과 동시에 하나님의 포도원이 되며 주의 백성 된 교회가 하나님의 돌보심으로만 굳게 설 수 있음을 잘 보여준다.

오늘 주신 말씀 가운데 묵상 소재가 많고 많지만 오늘 주일 아침에는 왠지 모르게 27:1절에 시선이 머무르게 되는데 아마 요즘 심하게 핍박받고 있는 중국 교회들을 염려하는 마음에서 비롯되는 것 같다.

중국 교회가 중국 공산당 혁명의 상징적 인물인 모택동 시절에는 5백만 이었는데 홍위병을 앞세운 무서운 핍박 기간에 모든 교회들이 철폐되고 교회 지도자들은 감옥에 갇혔으며 기독교는 그대로 멸실된 것 같았으나 경제 발전을 위하여 개혁개방을 들고 나온 등소평 시절에 종교 자유를 조금 열어놓고 뚜껑을 열어보았을 때 무려 5천만 명으로 늘어난 것을 보고 사람들은 이것이 하나님께서 하신 일이라고 고백하게 되었다. 그렇다. 하나님께서는 핍박과 환난 가운데서 자기 백성을 정화시키시며 더욱 번성케 하신다는 성경과 일반 역사 가운데서도 불변의 법칙인 것 같다.

최근 중국 교회는 공산당 종교국의 비호와 통제를 받는 삼자교회나 자생적으로 세워진 가정교회(지하교회)들까지 합하면 1억 2천이라고 하니 중국 인구의 10%에 가까운 수치인데 자신들의 체제 유지를 위해 가장 신경을 쓰는 북한이나 중국의 입장에서 볼 때 이렇게 성령의 역사 가운데 들풀처럼 번져나가는 기독교에 대해서 위협을 느끼는 것은 당연한 것 같으며 기독교를 공산주의 국가 건설의 적으로 간주하는 것도 자연스러운 것으로 보인다.

그런데 중국 교회의 문제는 공산당 종교국의 사주를 받은 삼자교회와 이들의 연합체인 양회를 통해 같은 기독교(가정교회)들을 핍박하는 데 있는 것 같으며 이러한 현상이야말로 두 뱀과 용으로 상징된 세력들이 의를 가장한 불법의 음흉함이 그대로 드러나는 것처럼 보이기도 한다.

이사야 선지자 시대뿐 아니라 오늘 우리 시대에도 강물 속에 잠복하여 기회를 노리는 날랜 뱀 리워야단과 꼬불꼬불한 뱀과 바다 속에 몸을 숨긴 용은 하나님의 교회를 해치려는 음부의 권세들인데(마16:18b) 이러한 세력들 앞에서 교회는 언제나 먹잇감이 될 수밖에 없는 미약한 존재로 보일 수밖에 없지만 그러나 교회가 승리할 수 있음은 이 모든 악한 세력들을 하나님께서 통제하고 계신다는 것과 또 그리스도의 교회는 음부의 권세를 이기고 기필코 승리하리라는 주님의 약속을 굳게 믿기 때문이다(마16:18b).

주님!
성도들이 함께 모여 예배하며 교제하던 아름다운 시간들을 뒤로하고 지금은 밀실로 들어간 시간이 되었습니다. 다시 밝은 빛 가운데로 돌아오게 되는 그 시간 곧 주님께서 예정하신 시간까지 교회가 더 정화되고 강화되며 새롭게 회복되는 시간으로 준비되게 하옵소서.

말씀	제목
이사야 28:1-8	세 가지 면류관

5 그 날에 만군의 여호와께서 자기 백성의 남은 자에게 영화로운 면류관이 되시며 아름다운 화관이 되실 것이라

앞선 장(27장)에서 유다의 미래사를 예언했던 이사야는 다시 자신이 선지자로 부름 받았던 당 시대(아하스/히스기야 시대)로 돌아가 에브라임(북이스라엘)이 교만과 사치로 인해(28:1) 앗수르의 침공을 받아 교만했던 면류관이 발에 밟히는 면류관이 되리라고 예언한다(28:3).

그런가 하면 그날 이스라엘의 남은 자들에게는 하나님께서 영화로운 면류관이 되시며 아름다운 화관이 될 것이라고 예고하는데(28:5) 이는 하나님으로 말미암아 왕 같은 제사장들이 되어 모든 것을 의롭게 판결하며 이긴다는 것이다(28:6).

이사야가 선지자로 부름을 받았던 웃시야 왕의 죽던 해(6:1) 곧 북왕국 이스라엘이 여로보암 II세 때의 영화를 이어가던 때는 하나님께서 그들을 불쌍히 여기셔서 일시적 안정과 부흥을 주셨던 시기인데(왕하14:23-27/호12:8) 그들은 그 평화의 시기와 넘쳐나는 물질적 풍요를 감사하며 하나님을 더 잘 섬기기 보다 자신들의 사치와 방탕에 사용하며 교만하여 술에 빠진 자들의 성이 되어서 스스로 쇠잔해 가는 꽃처럼 되고 말았으니(花無十日紅) 그들에게 주어진 안정과 평화와 물질적 풍요가 도리어 저들을 사치하고 방탕하게 하며 교만하게 만들어 도리어 멸망을 자초하고 화가 되었음을 감안하면 때로 하나님께서 성도들에게 평안 대신 일시적 고난을 허락하시며 가난을 허락하시는 것도 은혜요 감사라는 것을 다시 한 번 상기하게 된다.

> 내 사랑하는 형제들아 들을지어다 하나님이 세상에 대하여는 가난한 자를 택하여 믿음에 부요하게 하시고 또 자기를 사랑하는 자들에게 약속하신 나라를 유업으로 받게 하셨느니라(약2:5)

더불어 오늘의 말씀에서 보여주는 세 가지 면류관으로 교만한 면류관과 발에 밟히는 면류관 그리고 영화로운 면류관을 보면서 이와 유관된 잠언의 말씀이 떠오른다.

> 겸손은 존귀의 앞장이고(잠15:33b) 교만은 패망의 선봉이며 거만한 마음은 넘어짐의 앞잡이니라(잠16:18).

주님!

어느 덧 깊어가는 가을입니다. 선교지의 이곳저곳으로 이동하기 위해 기차를 타고 달리다 보면 차창 밖으로 누렇게 익어가는 황금들판을 바라보게 됩니다. 알알이 영글어 무겁게 고개 숙인 곡식들을 바라보면서 쭉정이들은 꼿꼿하게 얼굴을 쳐들지만 알곡들은 무겁게 고개를 숙인다는 자연의 이치에서도 왜 사람은 언제나 겸손해야 하는가를 배우게 됩니다.

주님!

끝없이 펼쳐진 가을 들판을 달리는 기차 안에서 주님이 지으신 세계의 아름다움을 보았습니다. 누렇게 익어가는 논두렁가에서 푸른 하늘을 향해 하늘거리는 코스모스를 보며 금년에도 다시 만난 가을을 감사했으며 무엇보다 지난여름의 더위와 장마를 거쳐 누렇게 익은 곡식들을 보며 나도 주님 앞에 충실한 알곡으로 드려지기 위해 더위와 장마와 같은 날들도 필요함을 배웠습니다. 그러나 무엇보다 더 큰 감동과 교훈은 무겁게 고개를 숙인 잘 익은 곡식처럼 내가 성령의 아홉 가지 성품으로 열매 맺으며 이 열매의 진품을 감정하고 증명하는 겸손의 사람이 되어야 할 것을 배웠습니다.

아버지께로부터 우리에게 여기 이 땅에 오셨을 때 자신의 닉네임으로써 나는 마음이 온유하고 겸손한 사람이라고 하시며 내게 와서 배우라고 하신 주님! 내가 주님 앞에 겸손한 자가 되는 표시로써 항상 누구에게든지 배우는 자세를 잊지 않게 하시고 또 모든 수고하고 무거운 짐진 자들을 품으셨던 주님의 그 크신 겸손과 큰 가슴을 배우는 자로서 제자의 길을 잘 따라가는 신앙과 삶이 되게 하옵소서.

말씀 이사야 28:9-22

제목 보라 내가 한 돌을 시온의 기초 석으로 삼았노니

16 그러므로 주 여호와께서 이같이 이르시되 보라 내가 한 돌을 시온에 두어 기초를 삼았노니 곧 시험한 돌이요 귀하고 견고한 기촛돌이라 그것을 믿는

이는 다급하게 되지 아니하리로다

앞선 말씀(28장 전반부)에서 선지자 이사야는 에브라임(북이스라엘)의 멸망이 하나님께서 그들을 불쌍히 여기시고 은혜 베푸신 것을 모르고 사치와 방탕함과 교만에서 비롯되었다고 경고하였는데 오늘의 말씀(28:9-22)에서는 유다의 멸망이 그들이 하나님의 말씀을 멸시하고 경멸하며 도리어 사망과 음부로 무슨 맹약이나 한 듯이 죄를 십상이 여기며 경만히 행한 데 있다고 지적하신다 (28:9-15).

더불어 타락한 유다의 지도자들이 거짓과 허위를 자신들의 안식처로 삼고 있음에 대하여 그것이 틀렸음을 지적하시며 (좀 돌발적으로 튀어나온 예언처럼 보이지만) 이사야 선지자는 800년 후에 자기 백성의 진정한 피난처가 되시며 안식처로 오실 그리스도(예수님)를 예고하는데(28:16) 그는 시온의 기초 돌이 되시는 분으로서 그를 믿고 의지하는 자는 급절하게 되지 않으리라고 한다.

오늘의 말씀을 읽고 또 읽어보면서 이사야 선지자 당시 유다의 백성들이 선지자의 말을 엄청 무시했다는 것을 곳곳의 구절을 통해서 엿보게 된다.
본래 심판의 메시지란 단순하고 명료한 것이어서 회개하지 않는 자들이 들을 때는 반복하고 또 반복되어 들리는 이러한 소리가 그들의 귀에 권태롭게 들렸을 것이며 이러한 말씀들을 무시하고 나감으로 그들의 마음이 더욱 완악함으로 고착되어 우리는 사망과 음부도 또 하나님의 어떤 심판도 두려워하지 않는다고 말하는 자리까지 간 것 같다.

이러한 그들에게 하나님께서 앗수르를 내려보내 그들을 치시는 날 곧 그 날에 도리어 하나님께서 다윗과 여호수아를 보내 이스라엘의 대적을 치시던 날 바알브라심(삼하5:20)과 기브온에서 있었던 일이 벌어질 것이라고 하신다 (수10:10-15). 나의 잘못을 지적하시는 하나님의 말씀을 들을 때 대수롭지 않게 여기며 십상이 여기는 것 때문에 점점 마음이 완악해지고 은혜에서 떨어지며 마침내 급절하게 되는 일이 발생하지 않도록 해야겠다.

오늘은 생명의 삶 본문보다 에세이로 올라온 글을 읽으면서 내 영혼에 큰 울림이 되었으며 각성을 받게 되었는데 평소 하나님께서 나의 어떤 죄악에 대하여 혹은 영적으로 허약한 부분에 대하여 깨닫게 하실 때 그냥 습관처럼 쉽게 지나치지 말아야겠다. 내가 유다의 관리들과 백성들처럼 이렇게 무시하고 막 나가다가 어느 날 급절하게 되는 일이 생길 수 있다는 성령님의 각성시켜 주심을 마음 깊이 받아들인다.

> 자주 책망을 받으면서도 목이 곧은 사람은 어느 날 갑자기 패망을 당하고 피하지 못하리라 (잠29:1)

오직 내가 안전한 신앙에 서게 되는 것은 우리(나)에게 시온의 기초 돌로 세워주신 한 돌 곧 내 신앙과 삶의 기초 돌이 되신 주님을 의지하며 그가 가르치신 말씀들을 내 삶의 기준과 철칙으로 삼고 순종하며 살아야 할 것을 이 아침 마음 깊은 교훈으로 받아들인다.

주님!
내 안에는 못난 놈, 또 하나 있습니다. 나에게 생명과 안전을 주시며 내 영혼의 기초 돌이 되신 주님의 말씀을 십상이 여기고 습관처럼 지나치게 하며 내 육신의 성향과 고집대로 살자고 하는 내 안의 또 다른 못난 나입니다.
주님!
잘 순종하지 못하는 나를 불쌍히 여겨주시고 오직 나의 피난처 되신 주님의 말씀을 따름에 나의 장래와 영원한 운명이 걸린 줄 알아서 주님의 말씀에 목숨 거는 자세로 살아가게 하옵소서.

말씀	제목
이사야 28:23-29	기묘하고 지혜로우신 주님의 경영에 나를 맡깁니다

29 이도 만군의 여호와께로부터 난 것이라 그의 경영은 기묘하며 지혜는 광대하니라

이 세상과 만유를 지으신 하나님 편에서 이 세상을 바라보실 때 이것은 나의 소유이며 나의 기업이라고 하시며 가장 소중히 여기시는 것이 있는데 하나님의 백성들, 곧 구약에서는 이스라엘이며 신약에서는 우리들의 교회이다.

땅에 있는 성도는 존귀한 자니 나의 모든 즐거움이 저희에게 있도다(시 16:3)

앞선 말씀에서 이사야 선지자는 하나님께서는 자기 백성들이 하나님의 말씀을 잘 듣고 하나님 중심으로 돌아오게 하기 위해서 필요하다면 이방 나라들을 도구로 삼아서 징계하신다고 하셨는데 오늘의 말씀에서는 이러한 하나님의 세계 경영 중에서 자신에게 가장 특별한 자기 백성들을 다루시는 방법을 농부의 지혜로운 농사 방법 곧 파종과 추수를 비유로 해서 이사야 선지자의 농사 식견을 통해 자기 마음을 전달하신다.

파종하려는 자가 언제까지나 땅을 갈고 고르게 하는 일에만 매달리겠는가. 이미 씨를 뿌릴 만한 토양을 만들었으면 소회향/대회향/소맥/대맥/귀리를 각각 심을 자리에 심을 것이며 또 그 씨가 싹이 나고 자라서 추수 시기가 되었을 때 각 식물의 종류에 따라 가장 적당한 방법으로 추수하여 최종적으로 원하는 알곡/열매를 거두게 되는 것처럼 하나님께서 자기 백성 된 우리를 이렇게 다루신다고 하신다.

깨처럼 작은 씨알이 되는 소회향 같은 것은 막대기(몽둥이) 같은 것으로 하지 아니하고 작대기(회초리) 같은 것으로 털게 되며 보리나 밀 같은 곡식들은 껍질이 두꺼워서 도리깨질이나 수레바퀴를 굴리거나 말굽으로 밟게 하나 그 알갱이가 부서지지 않고 껍질만 벗겨지게 하는 것처럼 하나님께서 자기 백성들을 알곡으로 얻으시기 위해서 다루시는 방법이 이렇게 함부로 하시는 것이 아니라 조심스럽게 각 식물의 종류를 따라 적절하게 하시며 그가 우리를 다루시는 방법이 이렇게 지혜로우신 것이라고 하신다.

오늘의 말씀을 읽으면서 하나님의 교회에 속한 우리 모두는 각각 다양성을 가지고 그리스도의 몸 된 교회에 속해 있으며 우리 각 사람의 신앙을 성장시키시며 알곡으로 만들어내시는 우리 하나님의 방법이 각각 다를 수 있다는 것을 배운다.

우리의 단단한 아집 같은 껍질을 벗겨내시고 알곡 신앙으로 나오게 하기 위해서 어떤 사람은 작대기(회초리)로 다루시는가 하면 어떤 사람은 막대기(몽둥이)로 다루시기도 하고 어떤 사람은 도리깨질식으로 다루시는가 하면 어떤 사람은 수레바퀴나 말굽으로 밟게 하시는 것처럼 각 사람에 따라서 다르게 하신다는 것인데 중요한 것은 농부가 타작마당에서 절대 열매를 부수거나 열매를 다치지 않게 하는 것처럼 나의 처지와 형편과 성향에 따라 적절히 다루신다는 것이다.

가끔 내가 처한 상황과 형편이 너무 초라한 듯하고 나를 너무 밑바닥에 두신다고 불평하는 마음이 있었고 또 어떤 때는 내가 처한 형편이 너무 힘들고 어려워서 하나님께서 나를 너무 심하게 다루신다고 생각할 때도 있었는데 오늘 말씀을 읽어보니 하나님께서 나를 어떤 형편에 두시든지 그것은 나의 어떠함을 가장 잘 아시는 하나님께서 나를 위해 가장 좋은 방법으로 지금까지 나를 다루셨고 또 지금 나를 빚어가시는 현재 진행형인 것을 확신하게 된다.

주님!

지금 내가 어떤 형편에 처하여 있든 이것은 나를 가장 잘 아시는 주님께서 나를 알곡 신앙으로 세우시는 과정이며 내가 주님의 장중에 들어 있음을 감사드립니다. 그러니 내가 나 자신을 다른 사람과 비교하거나 또 내가 나의 현실만 보고 불평하지 않게 하시고 내 인생의 선후 사를 가장 잘 아시며 전체적으로 나를 다루어가시는 주님의 손길에 나 자신을 온전히 맡기고 늘 범사에 감사하며 살아가는 신앙과 삶이 되게 하소서.

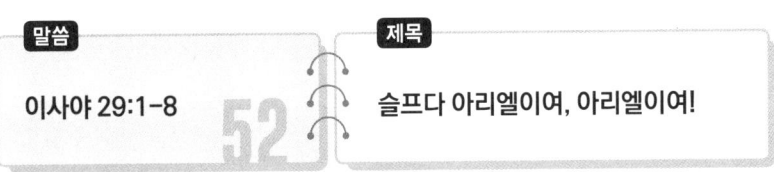

말씀: 이사야 29:1-8
제목: 슬프다 아리엘이여, 아리엘이여!

⁸ 주린 자가 꿈에 먹었을지라도 깨면 그 속은 여전히 비고 목마른 자가 꿈에 마셨을지라도 깨면 곤비하며 그 속에 갈증이 있는 것 같이 시온 산을 치는 열방의 무리가 그와 같으리라

본문의 말씀은 이사야의 가슴을 통하여 전달하시는 하나님의 슬픈 곡조의 노래로 시작되고 있다.

슬프다 아리엘이여, 아리엘이여! 다윗의 성(예루살렘)이여! 다시 축제의 절기가 돌아오지만 그 기쁨의 날들은 사라지고 네게 슬픔과 애곡의 소리뿐이며 네가 낮아져서… 네 말소리가 티끌의 소리 같으리니 이는 내가 너에게 괴로움으로 임하게 하였음이라(29:1-4)

하나님께서 단단히 화가 나셨다. 너무 사랑하셔서 아리엘로 호칭하신 예루살렘과 유다를 향하여 적군을 불러들여서까지 분노를 쏟으심은 자기 백성들의 변심과 변절에 대하여 참을 수 없는 고통을 이렇게 드러내신 것 같다.

하나님께서 연인의 호칭으로 사용하신 아리엘이 히브리어 음역이어서 정확히 무슨 뜻인지 알 수 없지만 하나님께서 사랑하신 도성 예루살렘을 의미하며 더 깊게는 전체 예루살렘 성전의 핵심코어가 되는 번제 단을 의미한다는 것을 감안할 때 (겔43:15-16) 당시 예루살렘 성전 번제 단에서 드리는 제사는 이미 그 기능을 잃었고 하나님께 향한 마음과 진정성이 없는 빈껍데기 제사로 전락한 것 같은데 아마 그들에게 다른 애인(우상)이 생겨서 하나님께서 그들의 마음을 비집고 들어가실 만한 빈자리도 찾아볼 수 없음을 엿보게 한다.

왜 그들의 마음은 불같은 사랑의 중심을 이뤘던 제단 중심의 신앙을 잃어버리고 뜨겁던 화로의 식은 재처럼 되어버린 것일까(?)
자신들이 죄를 지을 때마다 양과 소 같은 제물들을 이 번제 단으로 가져와서 제물이 피를 쏟게 해야 되고 또 제물의 각을 뜨며 태워 드리는 일들이 이제 그만 식상하고 번거로웠던 것일까(?)

거룩하신 하나님을 모시고 살아야 되는 것 때문에 거룩한 교제가 이루어지기 위해서 필수적으로 통과해야 하는 죄의 처리 문제가 얼마나 중요한 것인지 인식하지 못하고 이런 것들이 번거로운 것이라고 생각하게 되었을 때 더 이상 번제 단은 나를 하나님과 이어주는 생명의 자리가 아니라 제물의 피비린내가 나는 혐오의 자리가 되었으며 하나님께서 더 이상 이 아리엘(번제 단)을 박살을 내든 태워버리든 그냥 두고 볼 수 없는 막장 상황에까지 이르게 된 것으로 이해하게 된다.

예루살렘 성전의 번제 단으로 상징되는 히브리 신앙의 위기는 실제 이사야 선지자가 부름 받은 사역의 초기 아하스 왕 시대에 유다와 예루살렘에 만연하였는데 아하스 왕은 앗수르에 빌붙어서 그들의 신을 가져와 예루살렘 성전에서 번제 단을 철거하고 앗수르의 신들을 세우기까지 하였던바 (왕하16:10-18) 이러한 하나님께 향한 배교와 변절이 오늘 주신 말씀의 배경이 되는 것으로도 이해하게 된다.

본문 말씀을 묵상하고 자신에게 적용하면서 나는 내 신앙의 코어가 되는 내 마음의 아리엘(제단)을 잃었는가(?) 내 자신에게 자문해 보게 된다. 범죄함으로 하나님과의 교제가 깨지고 마음이 무거울 때 나는 내 마음/영혼의 제단으로 나아가 나의 죄를 위해 단번에 영원한 속제 제물로 불 태워지신 나의 주님을 의지하며 제물로 끌려온 양이 목에 칼이 들어가고 피를 흘리듯 나의 죄 때문에 나의 주님께서 십자가에서 흘린 피를 의지하는가(?)

그리고 내 신앙과 양심에 부끄러운 죄가 보여서 내 마음의 제단으로 나가는 일이 하루에 몇 번이고 반복되더라도 그것을 번거롭게 여기지 아니하며 그럴수록 더욱 주님을 의지하는가(?) 나 자신을 돌아보게 된다.

주님!
내사 세상에서 다른 것은 다 잃어버린다 하여도 나에게 속죄의 좌소가 되는 번제 단의 신앙은 결코 잃어버리지 않게 하옵소서. 이 제단에 붙여주신 거룩한 성령의 불로 찬양과 기도와 내 몸의 헌신을 드리게 하시며 무엇보다 주님과 교제가 끊어지지 않게 하는 참회와 자백의 기도가 무시로 일어나게 하옵소서.

말씀	제목
이사야 29:9-14	왜 은혜 받지 못하는가

53

¹³ 주께서 이르시되 이 백성이 입으로는 나를 가까이 하며 입술로는 나를 공경하나 그들의 마음은 내게서 멀리 떠났나니 그들이 나를 경외함은 사람의 계명으로 가르침을 받았을 뿐이라

신앙생활에서 가장 큰 불행은 주님과 생명의 교제에서 흘러나오는 생명의 삶이 아니라 생명을 잃어버린 종교생활이 되는 데 있다. 신앙생활이 이런 자리에 떨어지면 위선과 외식으로 자기를 가장하고 헛된 열심으로 나가게 되는데 이러한 일은 이사야 당시뿐 아니라 예수님 당시에도 만연하여서 예수님은 자신을 알아보지 못하고 반대를 위한 반대로 일관했던 당 시대 종교지도자들을 향해 이사야의 글을 인용하여 책망하기도 하셨다.

외식하는 자들아 이사야가 너희에게 대하여 잘 예언하였도다 이 백성이 입술로는 나를 존경하나 마음은 내게서 멀도다 사람의 계명으로 교훈을 삼아 가르치니 나를 헛되이 경배하는도다(마15:7-9)

그런데 왜 이런 불행한 자리까지 떨어지게 되는가.
그 이유를 살펴보면 오늘 주신 말씀에서 설명되는데 여호와께서 그들에게 깊이 잠들게 하는 영을 보내사 그들의 눈을 감기게 하시고 그들의 귀를 닫히게 하신 것이라고 말한다(29:9-10).

그렇다면 왜 하나님께서 이렇게까지 하셔야 했을까?
그들의 눈을 뜨게 하시고 귀를 열어 회개에 이르게 하시면 더 좋을 텐데 굳이 이렇게 만드셔야만 하는 이유가 있었던 걸까(?)

선지자 이사야의 글을 통해 이해하게 되는 그 이유는 수없이 거듭되고 반복해서 전달하는 하나님의 말씀으로써 회개를 촉구하는 선지자들의 말을 무시하게 되었을 때 그 결과는 회개의 기회마저 박탈당하게 된 것인데 오늘의 말씀 첫 구절에서 보여주는 저주 선언처럼 "너희는 맹인이 되고 맹인이 되라!"고 저주를 받은 것이며 이러한 현상은 이사야 선지자 시대로부터 시작해서 예수님의 시대까지도 이어졌던 것을 볼 수 있다.

제자들이 예수께 나아와 이르되 어찌하여 저희에게 비유로 말씀하시나이까? 대답하여 이르시되 천국의 비밀을 아는 것이 그들에게는 허락되었으나 저희에게는 아니 되었나니 … 저희가 보아도 보지 못하며 들어도 듣지 못하며 깨닫지 못함이라 이사야의 예언이 저희에게 이루었나니 일렀으되 너희가 듣기는 들어도 깨닫지 못할 것이요 보기는 보아도 알지 못하리라 이 백성들의 마음이 완악하여져서 그 귀는 듣기에 둔하고 눈은 감았으니 이는 눈으로 보고 귀로 듣고 마음으로 깨달아 돌이켜 내게 고침을 받을까 두려워함이라 하였느니라 그러나 너희 눈은 봄으로 너희 귀는 들음으로 복이 있도다 (마13:10-16).

오늘 말씀을 묵상하고 적용하면서 세상에서 가장 큰 복 중의 복은 나에게 복음이 전해졌을 때 주의 영이 내 안에 역사하시어 마음의 눈을 열어주시고 예수님이 어떤 분이신지 알게 하시며 예수님을 나의 구주와 주님으로 영접함으로 내가 그 안에서 새 생명을 얻고 생명 - 교제 - 기쁨 - 사명의 삶으로 나가게 된 것을 다시 한 번 확인하게 된다. 더불어 주님을 사랑하며 섬길 때에 입술로만 아니라 주님을 사랑하는 표시로 말씀을 순종할 것과 또한 억지로 하는 순종이 아니라 마음이 담긴 행함과 진실함으로 할 수 있기를 기도한다.

또 혹시 범죄하여 주님과 교제가 끊어짐으로 성령께서 내 안에 거룩한 부담감을 주실 때 회개의 기회를 미루다가 마음이 완악하여져서 회개하고 싶어도 회개가 되지 않는 불행한 자리에 떨어지지 않게 되기를 기도하며 또 내 신앙과 삶 가운데 지극히 작은 것에서도 주님의 주권을 인정하는 표시로 범사에 감사하며 주님과의 사귐이 잠시라도 끊어지지 않게 할 것을 이 아침 마음 깊은 다짐으로 주님 앞에 올려 드린다.

주님!
내가 잠자는 신앙에 빠지지 않도록 사람으로 깊이 잠들게 하는 영을 내게서 멀리 하여 주시며 내가 주님의 말씀을 열거나 들을 때 주의 말씀이 내 눈에 보이고 내 귀에 들리는 은혜를 주옵소서.

말씀 이사야 29:15-24 **54**

제목 가난한 자, 겸손한 자가 받을 은혜

¹⁸ 그 날에 못 듣는 사람이 책의 말을 들을 것이며 어둡고 캄캄한 데에서 맹인의 눈이 볼 것이며 ¹⁹ 겸손한 자에게 여호와로 말미암아 기쁨이 더하겠고 사람 중 가난한 자가 이스라엘의 거룩하신 이로 말미암아 즐거워하리니

오늘은 9월의 마지막 날이자 추석을 낀 10일 연휴가 시작되는 날이다.

춥지도 않고 덥지도 않은 1년 중 가장 좋은 이 여유로운 계절에 요즘 연속되고 있는 이사야 말씀에 더욱 깊이 닿아 이 말씀을 주신 주님 마음에 닿기를 기도하며 오늘의 말씀을 연다.

앞선 말씀(29:9-14)에서는 마음은 없으면서 입술로만 공경하는 자기 백성들의 외식주의 신앙을 더 이상 보고 싶지 않으셔서 잠들게 하는 영을 보내 그들의 눈이 가려지게 하심으로 그들의 지혜와 총명 또한 가려지게 하리라고 하셨는데(29:14) 오늘의 말씀에서는 그들의 영이 어두워져 온갖 음모와 나쁜 짓을 하면서도 누가 우리를 보랴(?) 누가 우리를 알랴(?) 하나님을 조소하는 막장까지 나가는 패역에 대해(29:15) 그것은 마치 진흙이 자기를 빚은 토기장이를 판단하는 것 같은 교만 중에 교만이며 패역 중에 패역이라고 하시며(29:16) 하나님께서는 높은 산 레바논으로 비유된 이런 교만한 자들을 낮추시고 오직 주 앞에 겸손한 자들이 은혜 받게 될 것을 예고하신다(29:17).

여기서 이사야 예언의 지평은 다시 한 번 메시아의 시대를 바라보며 그날에 가난한 자/겸손한 자들이 받게 될 은혜를 예고하고 있는데 따라서 오늘의 말씀은 거의 전부가 악하고 교만한 자들에게 이리저리 치이며 살았던 이스라엘의 진정한 남은 자들,(29:20-21) 곧 신약의 교회로까지 이어지게 되는 남은 자들이 받을 은혜가 얼마나 놀라운 것인지에 대해 상세히 기록하고 있다.

> 그 날에 못 듣는 자가 듣게 되며 … 맹인의 눈이 볼 것이며 겸손한 자에게 여호와로 말미암아 기쁨이 더하겠고 사람 중 가난한 자가 이스라엘의 거룩하신 이로 말미암아 즐거워하리니(29:18-19)

이사야 선지자의 예언대로 예수님이 이 땅, 우리에게 오셨을 때 이사야 선지자가 예언한 그대로 오신 것을 밝히 드러내셨다.

> 주의 성령이 내게 임하셨으니 이는 가난한 자에게 복음을 전하게 하시려고 내게 기름을 부으시고 나를 보내사 포로 된 자에게 자유를 눈 먼 자에게 다시 보게 함을 전파하며 눌린 자를 자유케 하고 주의 은혜의 해를 전파하게 하려 하심이라(눅4:18-19/마11:4)

오늘의 말씀을 묵상하면서 아직 나의 생각 속에는 반성경적 가치관들이 여전히 깊숙이 자리 잡고 있음을 돌아보게 된다. 우리 하나님의 은혜는 세상에서 가난한 자들, 그리고 아무 자랑할 것도 없는 겸손한 자리에 있는 자들에게 임하는 것인데 나는 도리어 부하지 못한 것을 원망하고 불평하였으며 내가 자랑할 만한 것이 없는 것 때문에 열등감을 가졌고 낮은 자리의 겸손이라는 것은 세상에서 낙오된 밑바닥 인생들이나 갖게 되는 자세라고 생각했으니 아직 세속적 가치관에 길들여져 주님의 나라 먼발치에 떨어져 있는 나 자신의 모습을 부끄러워하게 된다.

> 형제들아 **너희를** 부르심을 보라 … 하나님께서 세상의 미련한 것들을 택

하사 지혜 있는 자들을 부끄럽게 하려 하시고 세상의 약한 것들을 택하사 강한 것들을 부끄럽게 하려 하시며 하나님께서 세상의 천한 것들과 멸시 받는 것들과 없는 것들을 택하사 있는 것들을 폐하려 하시나니 이는 아무 육체라도 하나님 앞에서 자랑하지 못하게 하려 하심이라(고전1:26-29)

주님!
세상에서 가난한 것이 부끄러운 것이 아니라 도리어 주님의 은혜를 받을 자리이며 세상에서 자랑할 만한 것이 없는 것이 열등한 것이 아니라 오직 주님의 은혜로 자랑거리가 될 수 있음을 이 아침 다시 한 번 확인합니다.

이제 가난함을 부끄러워하지 않게 하시고 자랑할 것이 없음을 열등하지 않게 하시며 이런 것들이 나로 하여금 겸손한 자리에 세워주며 주님의 은혜가 깃들게 하는 축복인 것을 결코 잊지 않게 하시고 나는 내 잘난 멋대로 사는 인생이 아니라 오직 주님의 장중에 붙잡혀 주님의 은혜로만 살아가는 인생인 것을 잊지 않게 하옵소서.

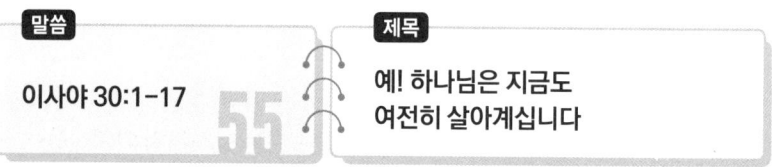

말씀 이사야 30:1-17

제목 예! 하나님은 지금도 여전히 살아계십니다

¹⁵ 주 여호와 이스라엘의 거룩하신 이가 이같이 말씀하시되 너희가 돌이켜 조용히 있어야 구원을 얻을 것이요 잠잠하고 신뢰하여야 힘을 얻을 것이거늘 너희가 원하지 아니하고 ¹⁶ 이르기를 아니라 우리가 말 타고 도망하리라 하였으므로 너희가 도망할 것이요 또 이르기를 우리가 빠른 짐승을 타리라 하였으므로 너희를 쫓는 자들이 빠르리니

10월의 첫날이자 첫 번째 주일 아침 하나님께서 선지자 이사야를 통해 전달하시는 오늘의 말씀은 주의 백성들이 세상에서 어려움을 당할 때 어찌해야

하는지 분명하게 말씀하신다.

> **너희**가 위협과 위기를 당할 때 애굽으로 상징된 세상적인 방법 곧 **너**의 상식과 방식으로 해결하려 하지 말고 선지자들이 전달하는 (나의) 말을 들으라 그러나 **너희**는 듣기 싫어하며 끝까지 **너희** 방법과 방식을 따르고 있으니(30:1-11) 필경은 한 사람이 꾸짖은즉 천 사람이 도망가겠고 **너희** 남은 자는 겨우 산꼭대기에 서 있는 깃대 같으리라(30:16-17)

세상에서 성도가 어려움을 당할 때 그는 어떻게 해야 하는가를 손에 쥐어 주듯 알려주시는 이 분명한 말씀을 나의 호심경으로 삼아야 할 것을 이 아침 마음 깊이 다짐한다.

> 주 여호와 이스라엘의 거룩하신 이가 이같이 말씀하시되 **너희**가 돌이켜 조용히 있어야 구원을 얻을 것이요 잠잠하고 신뢰하여야 힘을 얻을 것이거늘 **너희**가 원하지 아니하고 이르기를 우리가 말 타고 (애굽으로) 도망하리라 하였으므로 **너희**가 도망할 것이요 … **너희**를 쫓는 자들이 빠르리라 (30:15-16).

선교지에서 사역하다 보면 어려운 상황에 직면할 때가 있고 더불어 살아 계신 하나님의 돌보심을 체험할 때가 많다. 몇 주 전 출장사역을 위해 칭다오라는 곳에 내려갔다가 다시 비행기를 타고 돌아가는 길에 꼭 들러야 하는 두 곳의 사역지를 놓고 기도하면서 어느 곳을 먼저 가야 하는지 망설이게 되었다. 상식적으로 생각하면 칭다오에서 가까운 단동을 먼저 들려야 하는데 왠지 모르게 그날 여행사에서 알아본 비행기 값이 그곳보다 두 시간을 더 가야 하는 하얼빈이 더 싸서 순서를 바꿔 먼 곳을 먼저 가게 되었다. 후에 알게 되었지만 몇 푼 안 되는 비행기 값의 차이로 내가 가까운 쪽보다 먼 곳을 먼저 선택한 것은 결코 우연이 아니라 나의 가는 길을 인도하시는 주님의 보호하심이었다.

내가 먼저 가고자 한 단동이라는 도시에서는 그 주일에 종교국의 지도를 받은 공안 경찰 십여 명이 예배 중에 들이닥쳐서 모든 퇴로를 차단하고 예배에 참여한 사람들의 신분조사를 했다는데 내가 만일 그 자리에 있었다면 나는 꼼짝없이 체포될 수밖에 없는 상황이었던 것을 뒤늦게 알게 되었으며 진정 나의 오가는 출입을 지키시고 눈동자같이 보호해 주시는 주님의 인도를 실감할 수 있었다.

그런가 하면 언젠가 북한 말 성경 100권 정도를 가지고 C국의 ○○공항으로 입국하는데 검색대 앞에서 심장이 터질 듯한 긴장감으로 불안해할 때 불현듯 내 마음에 주님을 의지하는 담대한 마음이 생겨서 기도하기를 "주님 이것들은 모두 다 주님의 것이니 주님이 알아서 해주십시오!"라고 기도했는데 검색대를 통과하는 그 순간 두 감시원이 모니터는 보지 않고 서로 마주 보고 농담하면서 웃는 가운데 그냥 무사히 통과하기도 했는데 살아계셔서 돌보아 주시는 주님을 나의 온몸으로 부딪쳐 실감하는 순간이었다.

지금 이 묵상 글을 올리는 이 시간 생명의 삶 오늘의 찬양으로 올린 시편 121편의 찬송을 들으며 나의 평생에 오직 주님만 의지하고 살아야 할 것을 다시 한 번 마음 깊이 다짐한다. 주님! 감사합니다.

내가 산을 향하여 눈을 들리라 나의 도움이 어디서 올고 나의 도움이 천지를 지으신 여호와에게서로다 여호와께서 너로 실족지 않게 하시며 너를 지키시는 자는 졸지도 아니하고 주무시지도 아니하시리로다 이스라엘을 지키시는 자는 졸지도 아니하고 주무시지도 아니하시리로다(시121:1-4)

아멘!

말씀 이사야 30:18-26

제목 내 인생의 날에 항상 비오고 흐린 날만 있는 것은 아니다

26 여호와께서 자기 백성의 상처를 싸매시며 그들의 맞은 자리를 고치시는 날에는 달빛은 햇빛 같겠고 햇빛은 일곱 배가 되어 일곱 날의 빛과 같으리라

사람이 하나님 앞에 범죄하지 않고 일평생 의롭게만 살 수 있다면 얼마나 좋을까? 그러나 죄 가운데 태어나서 죄로 더불어 먹고 마시며 살아가는 인생 가운데 그래도 하나님의 소유된 백성이 된 것 때문에 하나님께서 그 사람을 이리저리 다듬으시며 또 의의 길에 세우시려 하시기에 징계를 받음으로 고난과 상처로 패인 인생을 살게 되는 것은 어쩔 수 없는 일이다.

그러나 하나님께 붙잡힌 사람이 결코 낙심할 수 없는 것은 하나님께서 그 사람을 징계와 고난만 허락하시는 것이 아니라 오래 기다리심의 때가 되면 은혜를 베푸시며(30:18) 긍휼히 여기시고 그가 다시 통곡하지 아니하도록 그가 고난 가운데 부르짖는 소리를 들어주시며 응답하시고(30:19) 그가 하는 일에 복을 주사 그가 하는 일들이 헛수고가 되지 않게 수고의 열매를 주심으로 풍족하게 하시되(30:23) 그와 그의 집에 속한 가축들에게까지 은혜를 받게 하시며(30:24) 전쟁의 포화가 지나간 뒷동산에 다시 개울과 시냇물이 흐르듯 파괴되었던 그의 삶을 다시 회복하여 주실 것이기 때문이다(30:25).

이사야를 통하여 자신이 어떤 하나님이신지 드러내신 오늘 말씀의 결론은 마지막 한 구절로 요약되는데 성도는 언제까지 징계적 시련 가운데 고통만 있는 것이 아니라 때가 되면 그 상처를 싸매주시는 날이 이르며 그날에 넘치는 위로와 기쁨은 얼마나 큰 것인지 마치 달빛은 햇빛 같겠고 햇빛은 일곱 배가 되어 마치 일곱 날의 빛과 같이 광명한 날을 맞으리라고 하신다(30:26).

주일로 보낸 어제는 나에게 너무 힘든 일이 있었고 피곤하기도 하여 일찍 잠자리에 들었는데 그래서 그런지 자정이 좀 지나서 잠이 깨어 오늘의 말씀을 펼쳐들게 된다. 처음 한 번 읽을 때 내 마음을 적시고 흘러내린 이 말씀의 위로가 두 번, 세 번 … 일곱 번, 여덟 번을 읽으면서 마치 메말랐던 사막에 우기가 시작되어 은혜의 단비가 내리면서 점점 물이 불어나게 되고 작은 내를 이루며 마침내는 강물을 이루고 흘러가는 것처럼 이 말씀의 강물 속에 잠기듯 위로의 충만함으로 가득하게 되며 이렇게 말씀해 주시는 주님의 품에 내가 안김을 체험하는 것 같다.

　내가 살아온 날의 연수가 그리 긴 것은 아니지만 그래도 그간 참 힘든 인생을 빡빡하게 살아온 것 같은데 오늘 말씀이 내 안에 충만하게 넘치는 위로로 닿으면서 꼭 나에게 1:1로 주시는 말씀처럼 마음 가득 받아들인다.

　오늘 말씀을 깊은 숨을 들이마시듯 읽으면서 나를 향하신 하나님의 속마음을 깊이깊이 이해하게 되었고 그가 왜 나에게 어려운 인생의 날들을 허락하시며 어떤 때는 패인 상처로 고통받게 하셨는지 충분히 이해하게 되고 이것이 모두 나를 위한 사랑이었고 나를 위한 기대 때문이었으며 나는 이 하나님의 은혜 때문에 반드시 실패할 수 없는 영광스런 인생을 살게 되고 마감하게 될 것이라는 확신을 갖게 된다.

　어제는 정말 특별한 날이었다. 내가 섬기는 교회에 나가기 위해 그리고 시간 전에 도착하기 위해 먼 거리를 나섰는데 여러 번 버스를 타고 내리는 와중에 큰 시험에 들게 되는 일이 생겨서 하마터면 어제 나의 말씀사역이 그냥 그대로 헝클어져 버리고 무산될 위기의 순간을 맞게 되었다.

　그런데 이러한 나의 모습을 주님이 내려다보고 계시며 나를 다 아신다는 생각이 들면서 간신히 나를 추스려 세울 수 있었고 나를 무너뜨리려고 부딪

쳐왔던 시험도 이겨낼 수 있었다. 그리고 예배를 마친 후 성도의 교제를 나누고 돌아오는 길에 주님은 내가 그동안 상상해 보지 않은 새 일을 나에게 허락하셨다. 그간 내가 세우고 싶은 새로운 공동체에 대해 막연한 기도만 해왔는데 다음 주일부터 작으나마 새로운 신앙 공동체를 시작하게 하셨는데 내 눈에 보이기에 지극히 작은 출발이지만 주님이 허락하신 일이고 이 모든 배후에 주님이 함께하신다는 담대함이 지금 나를 이끌고 있다.

주님!
어제는 흐리고 광풍이 몰아치는 날이었어도 오늘 다시 구름 걷힌 파란 하늘에 무지개를 보게 하심을 감사드립니다. 오늘 말씀이 내게 큰 위로의 샘물이 되었고 나에게 다시 허락하시는 일에 담대함이 되었습니다. 주님이 함께 하시면 불가능한 일도 가능한 일이 되고 못 이룰 것이 없음을 믿으며 주님의 손에 모든 것을 맡깁니다.

주님!
어제는 내게 환난과 고난의 떡을 주셨으며 고생의 물을 마시게 하셨어도 오늘은 나에게 숨기셨던 얼굴을 향하여 비쳐주시고 나의 가는 길에 스승이 되어주셔서 이리로 가라 혹은 저리로 가라 이 길이 바른 길이라 인도하여 주시겠다고 하시니 진심으로 감사드립니다. 주님을 의지하고 새롭게 출발하는 이 길에서 달빛은 햇빛같이 되고 햇빛은 일곱 배가 되어 일곱 날의 빛을 합한 것 같은 영광으로 임하게 하옵소서.

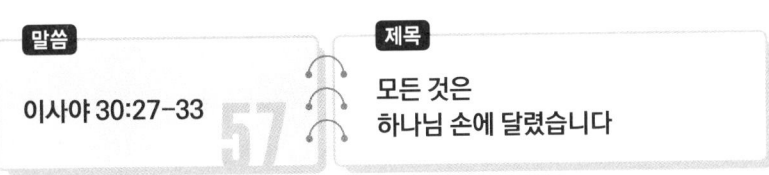

말씀 이사야 30:27-33

제목 모든 것은 하나님 손에 달렸습니다

32 여호와께서 예정하신 몽둥이를 앗수르 위에 더하실 때마다 소고를 치며 수금을 탈 것이며 그는 전쟁 때에 팔을 들어 그들을 치시리라

밤하늘에 보이는 지구보다 더 큰 수많은 우주의 행성들이 그냥 돌아가는 것이 아니며 세상의 수많은 나라와 민족들이 서로의 경계를 정하고 살지만 인간 역사는 그냥 흘러가는 것이 아니라 천지간에 가득한 우주의 만상들을 섭리 가운데 운행하시며 인간 나라들의 역사를 주재하시는 하나님이 계신다는 것을 거듭 알려주는 선지자 이사야의 글을 읽으면서 감사하게 된다.

만일 세상 나라들이 힘의 대결로만 존립할 수 있다면 약소국들은 늘 불안에 떨 수밖에 없겠지만 공평과 정의로 세상 나라들을 다스리시는 하나님이 계셔서 나라 간 힘의 균형을 조절하시며 그의 뜻대로 세계의 경영을 이루어가시는 것이 얼마나 다행한 일인가(?)

오늘의 말씀에서 이사야는 하나님의 심판 도구였던 앗수르가 도리어 하나님의 몽둥이에 산산이 깨어지게 되며(30:32) 그들의 침공과 위협 가운데 시달렸던 하나님의 백성 유다가 마치 명절을 맞아 즐거워함 같은 축제가 될 것을 예고하는데(30:29) 이 일은 실제로 앗수르가 유다를 침공하여 유다의 지방 도시들을 정복하고 예루살렘의 목을 조여오던 히스기야 왕 14년 되던 해에 일어난 일이다(왕하18:13-19:35).

오늘 말씀에서 특별히 눈여겨보는 것은 하나님께서 자기 백성 유다를 업신여기며 괴롭힌 앗수르를 향해 화를 발하시며 진노를 쏟으시는 것을 여러 비유로 나타낸 것인데 그의 입술에 분노가 찼으며 그의 혀는 맹렬한 불같고(3:27) 화가 나시어 호흡이 거칠어지신 것을 (나일) 강물이 창일하여 목에까지 미친 것으로 표현하였고 장엄한 목소리를 발하여 맹렬한 화염과 폭풍과 폭우와 우박으로 자기 백성의 원수들을 내려치시는 것으로 표현한 것이다(30:28-30).

특별히 "그가 멸하는 키로 열방을 까부르며 여러 민족의 입에 미혹하는 재갈을 물리시리니"라고 하신 것은 당시 앗수르가 자신에게 조공을 바치는 여러 군소 국가들과 연합군을 이루어 유다를 쳐들어왔는데 이 여러 민족들이 종주국 앗수르와 함께 벌을 받게 될 것을 의미하며 오늘의 말씀 마지막 구절에서 유다의 원수들을 심판하시는 하나님께서 이미 도벳을 예비하셨다는 것은 당시 도벳이 산 사람을 태워 죽이는 흉한 장소였던 것을 감안하면(왕하 23:10) 앗수르 왕과 그의 하수인들이 모두 도벳에 불태워지듯 여호와의 호흡이 유황 개천같이 진노를 내리시는 지옥 같은 곳에서 패망하게 될 것을 표현한 것으로 이해하게 된다(30:33).

요즘 북한의 핵 문제로 파생된 국가 간 시끄러운 일들이 우리나라 한반도를 중심으로 세계의 이목이 집중되고 있다. 할 일 많은 유엔에서도 이 문제를 가장 큰 이슈로 다루고 있는데 북한의 배후에서 은밀한 조력자가 되고 있는 중국과 러시아 때문에 세계의 경찰국가라고 하는 미국도 어찌해 볼 수 없는가 보다. 그나마 얼마 전 죽음의 백조라고 불리는 미군의 B-1B 폭격기가 괌에서부터 날아와 한반도의 북방 한계선 NLL까지 접근하여 위협을 보여준 것 때문에 그런지 북한도 좀 겁을 먹은 것 같다.

얼마 전 수소 폭탄 실험을 마친 후 자신만만하게 남한을 깔고 앉아서 미국을 위협하겠다고까지 했는데 이런 말은 마치 앗수르 왕 산헤립이 유다를 침공해서 예루살렘 거민들에게 쏟아낸 모욕과 위협 같은 것이어서 산헤립의 거친 말들이 증폭될수록 그의 말로가 가까웠던 것처럼 중국과 러시아를 등에 업고 전쟁광이 되어가는 김정은의 말로가 멀지 않은 것을 직감하는데 이는 이사야를 통하여 주시는 오늘의 말씀에서 보는 바와 같이 하나님께서 세상 나라들의 모든 것을 내려다보고 계시며 불의한 나라(세력)들의 교만에 대해 크게 분 내시고 진노의 심판을 쏟게 될 것을 보여주셨기 때문이다.

앗수르(교만한 원수 국가)가 무너지는 그날이 유다 백성들에게는 명절과 같은 기쁨의 날이 되리라고 예고한 오늘의 말씀이(30:29a) 오늘 20○○년 추석 명절

연휴를 맞고 있는 우리 민족에게도 동일하게 이루어지기를 이 아침 깊은 간구를 올려 드린다.

주님!

오늘 우리는 금방이라도 전쟁이 터질 것 같은 미국과 북한의 말 폭탄 사이에서 아슬아슬한 긴장을 이어가고 있는 가운데 또다시 20○○년 추석 명절을 맞고 있습니다. 주께서 악하고 교만한 원수들을 멸하실 때 주께서 은혜를 베푸신 나라들에게는 명절과 같은 즐거움이 가득할 것이라고 하셨는데 이 은혜와 축복이 우리 민족 가운데 있게 하시고 또 우리가 이 은혜를 받을 만하게 겸손히 주님을 의지하고 주님의 은혜를 구하는 민족이 되게 하옵소서.

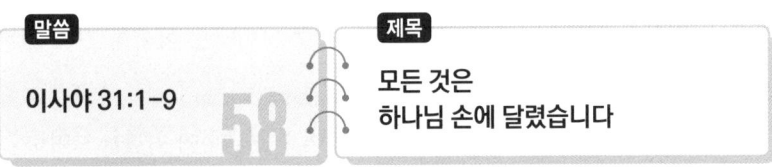

말씀 이사야 31:1-9

제목 모든 것은 하나님 손에 달렸습니다

58

¹ 도움을 구하러 애굽으로 내려가는 자들은 화 있을진저 그들은 말을 의지하며 병거의 많음과 마병의 심히 강함을 의지하고 이스라엘의 거룩하신 이를 앙모하지 아니하며 여호와를 구하지 아니하나니

지난 국군의 날 행사에서 문재인 대통령은 앞선 정권에서 미국에 갖다 바친 전시 군 작전 통수권을 속히 되찾아 우리나라가 주권국가로서 면모를 갖추겠다고 하였다. 향후 한국이 주도적으로 남북관계 정상화와 평화협상을 논의하기 위해서는 한국이 전시작전 통제권을 가지고 있어야 한다고 하는데 그 이유로 전시 작전 통제권을 우리가 갖지 않으면 북한으로부터 남한의 자주성이나 정치군사적 권위를 무시당하게 되고 대북 협상력이 저하되며, 한반도 실정에 맞는 독자적 방위작전 계획수립 등에 문제점이 생긴다고 한다.

이사야 선지자 당시 주전 8세기 앗수르 세력은 오늘날 강대국 미국의 힘보다 더 강한 패권국가가 되어서 북왕국 이스라엘이 앗수르에게 잡혀 먹히자 (BC 722) 남유다 왕 아하스는 아예 앗수르 왕에게 나라의 군 작전 통수권까지 갖다 바치고 앗수르에 조공을 바치는 신하의 나라가 되기로 자청함으로 비굴하지만 그나마 나라의 명맥을 이어갔던 것 같다.

조선 왕조 16대 왕 인조 때 청나라가 명을 위협하고 평원의 실력자로 부상하자 김상현을 중심으로 오랑캐 나라 청을 배척하는 척화파와 최명길을 중심으로 시대의 흐름을 감지하고 청을 따르자는 주화파로 나뉘어 대립하였는데 아마 유다 왕국도 아하스 왕이 죽고 히스기야가 등장하자 남부의 강자 애굽을 등에 업고 독립하자는 친애굽파와 북부의 강자 앗수르를 계속 의지하여 나라의 안정을 도모하자는 친앗수르파로 대립한 것 같다. 그래도 유대인들 특유의 독립 자존성 때문인지 친애굽주의자들의 주장이 강하여 앗수르를 배척하고 독립을 추구하며 애굽의 군사 원조에 의지하기로 한 것 같은데 이러한 배경 가운데서 오늘의 말씀을 이해하게 된다.

하나님의 은혜로 출애굽하여 시내산에서 모세를 통해 하나님의 언약 백성으로서 출발한 유다 왕국이 자신들의 진정한 보호자시며 왕 되시는 여호와 하나님은 안전에도 없고 북방 세력 앗수르와 남방 세력 애굽 사이에서 나라의 안위를 도모하고자 했던 모습 앞에서 하나님께서는 선지자 이사야를 통해 강하게 책망하신다.

도움을 구하러 애굽으로 내려가는 자들은 화 있을진저 그들은 말을 의지하며 병거의 많음과 마병의 심히 강함을 의지하고 이스라엘의 거룩하신 이를 앙모하지 아니하며 여호와를 구하지 아니하나니 … 애굽은 사람이요 신이 아니며 그들의 말들은 육체요 영이 아니라 여호와께서 그의 손을 펴시면 돕는 자도 넘어지며 도움을 받는 자도 엎드러져서 다 함께 멸망하

리라(31:1-3)
새가 날개 치며 그 새끼를 보호함 같이 나 만군의 여호와가 예루살렘을 보호할 것이라 그것을 호위하며 건지며 뛰어넘어 구원하리라(31:5)

앗수르를 두려워하지 말며 애굽도 의지하지 말라 이 모든 나라들의 흥망성쇠가 다 내 손에 있거늘 너희는 나의 백성이며 내가 너희의 보호자이니 오직 나를 의지함으로 굳게 서라고 하는 이사야 선지자의 계속되는 메시지를 보면서 오늘 백척간두에 서 있는 우리 조국 대한민국의 안보가 오직 하나님께서만 붙들어주셔야 가능하다는 것을 다시 한 번 확인하게 된다.

오늘 또다시 추석 명절을 맞아 밥상머리에서 정치판 이야기들도 많이 나오게 될 텐데, 적어도 성도들의 가정에서는 친애굽이나 친앗수르가 아닌 친미도 친북도 친중도 아닌 하나님 중심의 신앙적 이야기가 나와야 함을 오늘 우리(나)에게 주시는 교훈으로 마음 깊이 받아들인다.

주님!
우리 대한민국의 독립 운동가들이 전해 준 애국가에 하나님이 보호하사 우리나라 만세가 들어간 것처럼 오직 하나님으로만 나라의 자존과 독립을 이룩하는 복받은 우리 조국, 우리나라 대한민국 되게 하옵소서.

말씀 이사야 32:1-8

제목 존귀한 지도자

59

¹ 보라 장차 한 왕이 공의로 통치할 것이요 방백들이 정의로 다스릴 것이며
² 또 그 사람은 광풍을 피하는 곳, 폭우를 가리는 곳 같을 것이며 마른 땅에 냇물 같을 것이며 곤비한 땅에 큰 바위 그늘 같으리니

어제 추석 특집으로 방송된 세계의 나쁜 지도자 10인을 보았는데 1위가 군사 쿠데타로 정권을 잡고 거의 10년에 걸쳐(1971-1979) 정치적 정적들뿐 아니라 평범한 국민까지 엽기적 살인 방법으로 30만 명을 죽인 우간다의 이디 아민 대통령이었다.

한 국가가 좋은 지도자를 갖는 것은 그 자체로 큰 축복이지만 나쁜 지도자를 갖는 것은 국민들을 불행에 빠트리는 재앙이다. 이런 의미에서 선지자 이사야는 주전 8세기 정치적 혼돈 가운데서 장차 유다의 진정한 지도자로 등장할 한 왕을 예고하고 있다.

보라 장차 한 왕이 공의로 통치할 것이요 방백들이 정의로 다스릴 것이며 또 그 사람은 광풍을 피하는 곳, 폭우를 가리는 곳 같을 것이며 마른 땅에 냇물 같을 것이며 곤비한 땅에 큰 바위 그늘 같으리니…(32:1-4)

이스라엘은 다윗 왕 이후 그에 버금갈 만한 왕을 갖지 못했지만 이 왕의 등장으로 새로운 전기를 맞이할 것인데 이 왕은 가깝게는 히스기야를 가리키며 궁극적으로는 자기 백성의 진정한 왕으로 오실 예수 그리스도와 그의 메시아 시대를 가리키는 것으로 이해하게 된다.

그런데 그가 오셔서 이루시는 일 가운데 하나는 백성들을 잘 다스리기 위하여 인재를 등용할 때 능력이 있다고 아무나 뽑는 것이 아니라 진정 백성들의 배고픔과 목마름이 무엇인지 잘 알고(32:6) 공평과 정의로운 선정에 동참할 자들을 뽑는다는(32:8) 오늘의 말씀을 묵상하면서 악하고 어리석은 자들은 지도자가 되어도 백성들의 사정을 알아주지 못하지만 진정 의로운 지도자들은 백성들의 처지를 이해하는 자로서 존귀한 자는 존귀한 일을 계획하나니 그는 항상 존귀한 일에 서리라(32:8)는 말씀에 공감하게 된다.

최근 문재인 정부의 핵심 각료들을 구성하는 가운데 인재로 추천된 사람들이 청문회가 진행되는 과정에서 여러 사람들이 하마평에 오르는 것을 보며 능력 있는 사람들이 많다고 하지만 국민 공감대를 얻을 수 있는 지도자는 많지 않은 것도 보았다.

이것은 한 국가뿐 아니라 지상교회도 마찬가지인데 진정 교회(하나님 나라)의 일꾼으로 뽑히는 사람들은 마음이 간사하거나 악하지 않아야 하며(32:6a) 다른 것은 몰라도 자기 백성의 진정한 왕이시며 선한 목자로 오신 예수님을 본받아 주린 자, 목마른 자의 심정을 알아주고 그들에게 광풍을 피하게 하며 폭우를 가려주며 마른 땅에 시냇물 같은 사람이 되어야 할 것을 배운다.

오는 주일부터 지극히 작은 예배 공동체를 시작하게 되는데 오늘 주신 말씀을 마음 깊이 담고 자기 백성의 진정한 왕이시며 지도자이신 주님을 따라 마른 땅에 한 작은 지류 천 시냇물이라도 흘려보낼 수 있는 주님의 선정에 동참할 수 있기를 간절히 기원 드립니다.

주님!
내가 주님의 교회를 섬길 때에 주린 자의 속을 비게 하며 목마른 자에게 마실 것을 없어지게 하는 포악하고 어리석은 자의 길에 서지 않게 하시고 광풍을 피하고 폭우를 가려주며 마른 땅에 냇물 같은 사람으로 서게 하시며 존귀한 일을 계획하는 존귀한 일에 자신을 세울 수 있게 하옵소서.

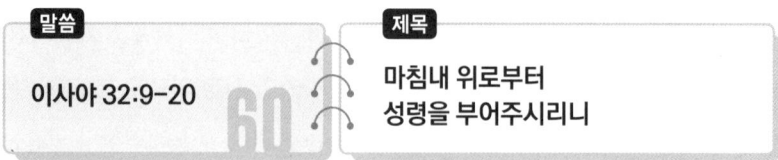

말씀	제목
이사야 32:9-20	마침내 위로부터 성령을 부어주시리니

15 마침내 위에서부터 영을 우리에게 부어 주시리니 광야가 아름다운 밭이

되며 아름다운 밭을 숲으로 여기게 되리라

　이사야 선지자의 예언 특징을 보면 하나님 백성들의 타락에 대한 (징계적) 심판과 회복이 반복적으로 예고되고 있다. 타락-심판-회개-회복-다시 타락 사이클을 반복할 수밖에 없는 자기 백성들에게 희망의 메시지로 하나님께서 자기 백성의 진정한 구원자로서 메시아(그리스도)를 보내시리라는 약속인데 앞선 말씀에서는 장차 보낼 한 왕(메시아)을 예시했다면(32:1-4) 오늘 말씀에서는 그가 이 땅에 오심으로 연이어 메시아 탄생-십자가-부활-승천-보좌 우편으로 귀환이라는 구속역사의 순서에 따라 사도행전 2장에서 보여주는 것처럼 위로부터 성령을 우리에게 부어주셔서 광야가 아름다운 밭이 되는 것 같은 역사가 주의 백성들에게 나타날 것을 예시하고 있다(32:15). 더불어 이러한 축복의 절정이 한 구절로 소개되는데 모든 물가에 씨를 뿌리고 소와 나귀를 그리로 모는 너희는 복이 있느니라(32:20)이다.

　그러고 보면 주전 8세기의 선지자로 부름 받은 이사야는 당 시대의 주의 백성들에게 회개의 메시지를 선포하면서 한편 하나님의 구속역사를 내다보는 예언의 지평은 메시아 시대와 신약교회 시대까지 멀리 내다보는 것을 보면서 자기 백성을 향한 하나님의 구원 계획과 진행과 성취가 얼마나 크고 깊으며 놀랍게 나타났는지 새삼 깨닫게 된다.

　그러나 선지자가 바라본 구속역사의 관점을 별개로 하고 오늘의 말씀은 특별히 '안일한 여자들', '염려 없는 여자들'을 다섯 번이나 호칭하면서 회개를 촉구하고 있는데 이는 하나님의 백성 이스라엘 전체에 대한 호칭이자 한편으로는 문자적 의미 그대로 남자들보다는 위기의식과 책임의식이 약하다고 생각되는 안일한 여자들에 대한 특별한 교훈으로도 이해하게 된다.

　선지자 이사야가 하나님께서 주신 계시를 환상 중에 바라볼 때 앗수르의 침략이 눈앞에 다가와서 마치 풍전등화 같은데 사치와 허영으로 세월을 보내며 도무지 회개와 개전의 기미가 없는 여자들/백성들에 대해 급박한 마음으로 이 강력한 경고를 주는 것 같다.

오늘의 말씀을 묵상하면서 추석 연휴를 맞아 세상이 어떻게 돌아가는지 모르고 한가롭고 안일하게 보내고 있는 우리(나) 자신에게 주시는 경고로도 받아들이게 되는데 그 이유는 앗수르의 침공을 눈앞에 두고 있던 유다의 처지처럼 연일 핵폭탄급의 무서운 전쟁 엄포를 들으며 아차 하면 전쟁이 터질 수도 있다는 사인을 수없이 받으면서도 여전히 무덤덤하게 지내며 세속주의로 살아가는 우리(나)의 모습이 오늘 주신 말씀에 투영되어 떠오르기 때문이다.

일락을 좋아하는 안일주의자는 살았으나 죽은 자라고 하셨고,(딤전5:6) 세상을 사랑하는 안일주의자의 특징은 쾌락 사랑하기를 하나님보다 더한다고 하였는데(딤후3:4) 오늘 내가 이사야 선지자가 바라보고 전해 주는 것처럼 지금 세상이 어떻게 돌아가는지 모르고 또 장차 임할 무서운 일들이 얼마나 엄중한 것인지 모르고 이렇게 안일주의 세속주의에 중독되어 살고 있지 않은지….

오늘 주신 말씀 앞에서 삼가 다시금 마음의 옷깃을 여미고 주님 앞에 정신 차려 바르게 살며 깨어 기도하면서 주님의 나라와 의를 구하며 살아야 할 것을 마음 깊이 다짐한다.

말씀 이사야 33:1-6
제목 보물 창고를 여는 열쇠
61

² 여호와여 우리에게 은혜를 베푸소서 우리가 주를 앙망하오니 주는 아침마다 우리의 팔이 되시며 환난 때에 우리의 구원이 되소서 … ⁶ … 여호와를 경

외함이 네 보배니라

세상을 살아가면서 가장 중요한 것 중의 하나는 정직과 신용이다.

북한이 가난하게 살 수밖에 없는 이유 중 하나는 국제 거래에서 신용을 지키지 않기 때문에 계약이나 거래 자체가 되지 않기 때문이다. 최근 우리나라는 미국으로부터 FTA를 파기해서라도 개정하자는 압박을 받고 있는데 같은 테이블에 앉아 공정한 협상으로 출발했던 계약을 북한의 핵 위협에 시달리는 우리에게 힘을 앞세워 뒤바꾸려는 시도를 보면서 진정한 우방의 신용이 무엇인지 의심하게 한다.

오늘 말씀은 앗수르와 유다 왕국 사이에 체결되었던 조약이 깨지고 유다가 침공을 받은 상황에서 나온 것 같다. 히스기야 왕 6년 북이스라엘 수도 사마리아는 앗수르에게 2년 동안 포위당하다가 결국 무너지는데(왕하18:9-10) 국경을 접하고 있는 유다 왕국은 위협을 느끼고 앗수르에게 은 300달란트와 금 30달란트를 바치고 국가 존립을 보장받게 된다(왕하18:14).

그때 히스기야는 금이 모자라서 성전 문에 입힌 금까지 벗겨서 바쳤는데 앗수르 왕 산헤립은 그 정도로 만족할 위인이 아니어서 7년이 채 지나지 않아 유다 왕국 전체를 삼키려고 대규모 군대를 앞세워 침공한다(왕하18:13). 이처럼 무력을 앞세워 얼마든지 파괴와 배신을 밥 먹듯이 할 수 있는 세력 앞에서 유다 왕국은 오직 하나님만 의지할 수밖에 없음을 뼈져리게 인식하는데 오늘의 말씀은 이러한 배경에서 나온 선지자 이사야의 책망과(33:1) 하나님께 올리는 탄원과 간구(33:2) 그리고 자기 백성을 위해 나서시는 하나님을 바라보며(33:3-5) 하나님께서 자기 백성들에게 주시는 위로로 마감되고 있다(33:6).

선지자 이사야는 히스기야와 유다 백성들이 처음부터 하나님을 의지하지 않고 앗수르의 무력 앞에 굴종적 협정을 체결했던 것이 얼마나 잘못된 것이었는지 이 말씀 속에서 암시하고 있으며 아무도 그리고 어떤 나라도 믿을 것이 없는 사악한 인간 세상에서 오직 하나님을 의지하고 경외함이 너희들의 시대에 안전과 평화와 구원 그리고 지혜와 지식과 보화의 창고를 여는 열쇠가 된다고 강조한다.

여기서 하나님을 경외함이란 무엇인가? 경외함이라는 단어에는 두려움과 존경과 애정이 복합적 의미로 담겨 있는데 한 마디로 내 신앙과 삶에서 하나님을 가볍게 상대하지 않는 깊이와 무게감을 가지고 하나님을 섬김이며 이것은 내가 그에게 드리는 예배에서 그리고 무엇보다 더 그의 말씀을 존중히 여기고 순종하는 가운데서 표현될 수 있는 것이다.

오늘도 죄 많은 이 세상에서 하루를 살아가면서 수없이 많은 선택과 결정을 하게 되는 갈림길에 서게 될 것인데 그때마다 하나님을 경외함이 모든 좋은 것들로 가득 찬 보배의 창고로 나를 닿게 하고 그 창고를 열게 하는 열쇠가 된다는 것을 이 아침 깊은 교훈으로 받아들인다.

주님!
성령의 인도와 육체의 소욕으로 갈등하는 갈림길에 설 때마다 성령과 말씀의 인도를 따름으로 주님을 경외함에 굳게 서게 하시고 온갖 보배로운 것들로 가득 찬 은혜의 창고에 닿게 하옵소서.

말씀 이사야 33:7-16
62
제목 하나님의 안전지대에 거할 자

15 오직 공의롭게 행하는 자, 정직히 말하는 자, 토색한 재물을 가증히 여기는 자, 손을 흔들어 뇌물을 받지 아니하는 자, 귀를 막아 피 흘리려는 꾀를

듣지 아니하는 자, 눈을 감아 악을 보지 아니하는 자 ¹⁶ 그는 높은 곳에 거하리니…

길었던 추석 연휴가 끝나가는 10월의 두 번째 주일이다. 명절 분위기와 긴 휴식에서 느슨해진 마음을 가다듬고 오늘 예배의 자리에 나아가며 주님을 경배함을 통하여 하늘의 기운으로 충만하여지는 행복한 주일을 사모한다.

주님! 주의 이름으로 모인 우리가 찬양하며 예배할 때 주님의 성령이 모임 가운데 충만히 임하옵시며 은혜와 기쁨과 평강이 넘치는 예배되게 하소서.

오늘의 말씀을 묵상하면서 마음에 와닿는 4개의 질문이 있다.
① 하나님은 자기 백성이 곤란 중에 있을 때 언제 일어나시나?(33:7-10)
② 하나님께서 구원의 행동을 개시하실 때 나타나는 결과들은?(33:11-14)
③ 하나님의 안전한 피난처에 거하여 보호받을 자들은 누구인가?(33:15)
④ 하나님의 구원에 참여한 자들이 받을 은혜와 축복은 무엇인가?(33:16)

1. 하나님은 자기 백성을 위하여 언제 구원의 행동을 개시하시나?

본문은 유다 왕 히스기야 시대에 앗수르의 침공으로 온 나라가 초토화되고 지방 성읍들이 원수들의 말발굽 아래 짓밟혔으며 겨우 예루살렘만 남아 있는 상황을 반영하고 있다. 히스기야는 평화의 사신(협상 대표)을 앗수르 왕에게 보냈지만 돌아온 것은 무시와 모욕과 굴욕적 항복 요구뿐이었다(왕하18:14).

대적 앗수르는 조약을 파기하고 지방 성읍들을 접수했으며 정복 기간이 길어져 전쟁의 폐허로 대로에 인적이 끊기고 아름다운 산하가 폐허가 되어 레바논의 숲이 망가졌으며 기름진 사론 평야의 작물과 꽃들은 사막화가 되어 버렸고 아름다운 과실을 맺던 갈멜의 과수들도 잎새를 떨구는(33:8-9) 슬픔과 절망의 나락으로 떨어졌을 때가 곧 하나님께서 자기 백성을 위하여 일하시는 때라고 밝히신다.

> 여호와께서 이르시되 내가 이제 일어나며 내가 이제 나를 높이며 내가 이제 지극히 높아지리니 (33:10)

여기서 이제(Now)라는 시제에 주목하는데 더 이상 인간적인 힘으로 어찌 해 볼 수 없을 때 그때가 곧 하나님이 일하시는 때라고 하시는 말씀 앞에서 위로와 평안과 안심을 얻는다. 시제 Now는 성도 개인뿐 아니라 국가적으로도 적용되는 말씀인데 요즘 우리나라가 북한의 핵폭탄 위협에 시달리며 여차하면 전쟁이 터질 것 같은 위기상황이라 해도 아직 주님께서 보실 때 이제(Now)의 상황은 아니며 아직 더 지켜볼 시기라는 것을 오늘 말씀에서 배운다.

유다가 앗수르에게 참을 수 없는 무시와 모욕과 위협으로 절망의 나락에 떨어졌을 때가 곧 하나님께서 일어나시는 때이며 자신의 존엄을 나타내시는 때였음을 확인하면서 이러한 은혜가 우리 민족에게도 있기를 기도한다.

2. 하나님께서 자기 백성을 위하여 일어나실 때 나타나는 결과들

하나님께서 자기 백성을 위하여 일어나 위엄을 보이실 때 앗수르의 침공 전략은 겨같이 아무것도 아닌 것이 되었으며 그들이 유다를 침공해서 얻은 결과는 짚같이 무가치한 것이 되고 그들이 침공으로 크게 숨을 내쉬어 불을 붙이는 것처럼 했으나 그 불길이 자신들을 삼키고 태우므로 도리어 자신들이 판 함정에 스스로 빠지게 됨으로써(33:11) 민족들(앗수르 군대와 연합한 민족들)은 불에 달궈져 푸석거리는 횟돌처럼 될 것이고 신속히 불타버리는 가시나무같이 될 것인데(33:12) 실제 이 예고 말씀처럼 앗수르의 18만 연합군은 하나님께서 파견한 한 천사에 의해 몰살당한다(왕하19:35).

하나님은 자기 백성의 구원을 위해서라면 못 하실 것이 없는 분이신데 사람이 상상할 수 없는 기적적인 방법을 동원해서라도 하시는 분이며 최종적으로는 자기 백성의 구원을 위해서라면 자신의 전능을 뛰어넘어 자기 아들까지도 희생하신 분이시다.

오늘 주일 예배에 나아가 전능하신 하나님이시며 측량할 수 없는 사랑으로 우리(나)를 구원하신 하나님께 경배와 찬양으로 높여 드리겠습니다.

3. 하나님의 피난처에 거하여 보호받을 자들은 누구인가?

오늘 말씀에서 가장 주목하고 관심이 가는 구절이다. 앗수르의 대 연합군이 예루살렘을 포위했을 때 이사야 선지자의 말씀 전언과 히스기야의 기도가 있었고 자기 백성을 구원하시는 하나님의 위엄이 나타났을 때 그동안 여호와 하나님을 등한시하며 죄 가운데 행하던 시온의 죄인들이 외치는 탄식 가운데 (33:14) 해답이 있다.

> 오직 공의롭게 행하는 자, 정직히 말하는 자, 토색한 재물을 가증히 여기는 자, 손을 흔들어 뇌물을 받지 아니하는 자, 귀를 막아 피 흘리려는 꾀를 듣지 아니하는 자, 눈을 감아 악을 보지 아니하는 자, 그는 높은 곳에 거하리니 견고한 바위가 그의 요새가 되며 그의 양식은 공급되고 그의 물은 끊어지지 아니하리라(33:15-16)

선지자 이사야는 구약적 방법으로 하나님의 구원에 참여할 자가 누구인지 설명하고 있는데 흥미로운 것은 율법이 말하는 의로운 행실들을 사람의 신체 구조와 연결시켜 설명하는 것이다(Niv 버전에서 참조).

① 그의 발은 의로운 길에 행하며

② 그의 입은 정직한 것만 말하고
③ 그의 손은 부정한 뇌물을 받지 않으며
④ 그의 귀는 악한 자의 음모를 듣지 않으려고 닫으며
⑤ 그의 눈은 악한 것들을 응시하지 않는 자입니다.

오늘의 말씀 마지막 구절은 하나님의 구원에 참여한 자들이 받을 은혜가 무엇인지 보여주는데 정말 은혜로운 축복이다.

그는 높은 곳에 거하리니 견고한 바위가 그의 요새가 되며 그의 양식은 공급되고 그의 물은 끊어지지 아니하리라(33:16)

오늘의 묵상을 정리하면서 마음 깊이 새기는 것은 내가 구약적인 방법으로 하나님의 구원에 참여할 자로서가 아니라 이미 하나님께 받은 은혜로 구원에 참여한 자로서 나의 온몸과 지체들이 거룩한 산 제물로 하나님께 드려져야 할 것을 다짐한다. 사도 바울이 서신들에서 그토록 강조한 몸의 헌신이 오늘 나의 발걸음과 입술, 손과 귀와 눈으로 행하는 모든 일들 가운데 나타나야 하는데 특별히 안목의 정욕/눈의 유혹에 쉽게 무너지고 취약한 나에게 보지 못할 것에 너의 눈을 닫는 자가 되어야 한다는 말씀에 더욱 주의해야겠다.

주님!
성령으로 도우셔서 나의 마음과 온몸을 그중에서도 특별히 나의 눈이 악한 것들을 응시하지 않으며 주님께 집중하고 살 수 있게 하옵소서.

말씀	제목
이사야 33:17-24	해자(垓子)로 둘러싸인 하나님의 안전지대

63

²¹ 여호와는 거기에 위엄 중에 우리와 함께 계시리니 그 곳에는 여러 강과 큰 호수가 있으나 노 젓는 배나 큰 배가 통행하지 못하리라

선지자 이사야는 예루살렘에 전쟁의 위협과 공포가 지나간 후 다시 찾은 안전과 평안을 여러 가지 모습으로 표현한다.

① 하마터면 죽었거나 포로로 잡혀갈 뻔했던 왕이 위태로웠던 왕위를 다시 회복함을 보게 될 것이며(33:17) ② 적의 진영에서 전쟁이 끝났을 때 징수할 비용 과세를 계산하며 유다의 망대를 계수하던 침략자들이 다 사라질 것이고(33:18) ③ 언어도 낯선 이방 포악자들을 다시 보지 않을 것이며(33:19) ④ 예루살렘은 영원히 뽑히지 않을 도성으로 굳게 설 것이다(33:20).

더불어 예루살렘이 이렇게 안전할 수 있는 이유는 여호와 하나님이 함께 계심으로 마치 옛 고대 성들이 성 주변에 해자(물길)를 둘러서 적의 침입을 막아냄으로 한 명의 적도 들어올 수 없게 한 것과 같다고 한다(33:20).

바벨론이나 앗수르는 유프라테스강이나 티그리스강으로 둘러싸여 있었고 애굽은 나일강으로 둘러싸여 안전을 도모했으나 예루살렘에는 성을 둘러싼 물길이 없었음에도 이사야가 이러한 표현을 한 것은 대저 여호와 하나님께서 이스라엘의 입법 사법 행정 3권을 책임지는 분 되심으로(33:22) 이 나라는 안전하며 도리어 침공한 원수의 재물을 탈취하여 나누는 나라가 되리라는 것인데 실제 예루살렘은 앗수르의 침공으로 멸망 직전까지 갔으나 하나님께서 파견하신 한 천사에 의해 18만 5천의 군사가 전멸하여 전리품을 챙기는데도 몇 날이 걸렸다고 했으니 선지자의 예언이 그대로 이루어진 것이다(왕하19:35).

그러나 오늘 말씀 가운데 더욱 감사와 은혜가 되는 것은 그들이 전쟁 위기를 벗어나고 승리를 얻은 것뿐 아니라 그들이 병들어 죽게 된 것 같은 상황에서 벗어나 죄 사함의 은총을 받을 것을 예고하고 있다(33:24).

이사야 선지서를 읽으면서 전체 문맥의 흐름이 잘 잡히지 않아 이해가 되지 않는 구절들이 많은데 그럼에도 매일 조금씩 묵상을 진행하면서 전체 문맥의 흐름을 잡고 난해하게 생각되는 구절들을 이해할 수 있게 되는 것만으로도 얼마나 감사한지 모르겠다. 이렇게 매일 조금씩 이어가는 묵상을 통해서 성경이 나에게 닫힌 책이 아니라 열린 책이 되는 것만으로도 이사야 선지서 묵상의 충분한 가치가 있음을 진심으로 감사드린다.

오늘 말씀을 묵상하면서 가장 인상적인 구절은 하나님께서 예루살렘을 적의 공격으로부터 보호하시기 위해 물길로 둘러싼 해자垓子가 되어주신다는 말씀이다. 언젠가 서울 올림픽 공원을 방문했다가 거기서 가까운 아차산에 고구려의 유적이 많은 것을 보았고 특히 인상 깊게 본 것은 고구려군이 적의 침입을 막기 위해 인공적으로 파놓은 물길로 성을 둘러싼 해자垓子를 보았는데 그것이 지금은 아름다운 호수로 남아 당시의 흔적을 엿보게 해준다.

예루살렘은 시온산 위에 있는 도성이에 해자를 만들 수 있는 지형적 조건을 갖추지 못했지만 하나님께서 그곳에 위엄 중에 계심으로 적이 침입할 수 없는 해자가 되어주신다는 말씀이 이 아침 마음에 강한 인상으로 남는다.

그렇다. 하나님께서 나와 함께하시며 우리나라와 함께하시면 적이 결코 침입할 수 없는 해자로 둘러싸인 안전지대가 되리라는 약속의 이 말씀이 오늘 나의 신앙과 삶 속에서 그리고 우리 민족 가운데 이뤄지기를 이 아침 간절히 기도드린다.

주님!

주님의 깃발이 휘날리는 내 마음의 영토에 세상 유혹과 시험들이 넘실거리는 위협으로 다가올 때 주님의 보혈과 은혜의 강물이 내 영혼의 요새를 지키는 해자垓子가 되어주셔서 흔들림 없이 자신을 지킬 수 있게 하옵소서.

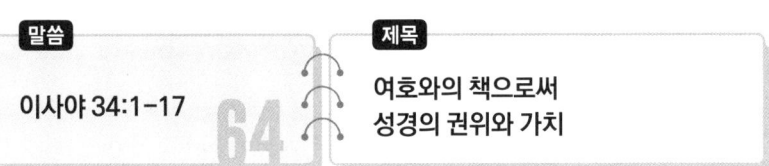

말씀 이사야 34:1-17

제목 여호와의 책으로써 성경의 권위와 가치

64

¹⁶ 너희는 여호와의 책에서 찾아 읽어보라 이것들 가운데서 빠진 것이 하나도 없고 제 짝이 없는 것이 없으리니 이는 여호와의 입이 이를 명령하셨고 그의 영이 이것들을 모으셨음이라

앞선 말씀(33장)에서는 하나님의 백성 이스라엘이 일시적인 징계를 받아 고통 가운데 있었지만 도우시고 보호하시는 하나님의 전격적인 개입으로 구원 받는 위로의 말씀이 예시되었다면 오늘 말씀은 반대로 하나님의 백성 이스라엘을 침공한 앗수르와 그 동맹 세력들을 어떻게 철저하게 심판하시는지 보여 주는데 특별히 앗수르 동맹군들 중에서도 이스라엘을 미워하여 가장 앞장섰던 에돔을 악한 동맹 세력의 대표적 상징 국가로 삼아 하나님의 나라를 대적하는 모든 열방과 민족이 어떻게 심판을 받는지 본보기로 예시하고 있다.

에돔은 이삭의 쌍둥이 두 아들 야곱과 에서에게서 보는 것처럼 항상 택자와 불택자의 상징적 대비로 등장하는데 따라서 오늘 말씀은 이 세상에서 하나님의 택한 백성(교회)이 택함 가운데 들어 있지 못하고 유기된 불택자들이 마귀의 하수인이 되어 택한 백성(교회)을 대적할 것이지만 오늘 말씀과 같이 철저하게 심판받을 것도 예시하고 있다.

그래서 그런지 성경의 진정한 원 저자이신 성령께서 이사야에게 주신 무서운 심판의 날 모습을(34:4) 베드로와 요한에게도 동일하게 계시하셔서(계12-17) 세상 끝날 악의 세력들이 받을 최후 심판의 날 모습을 같은 내용으로 기록하게 하신 것을 확인한다(벧후3:10-13). 따라서 하나님의 심판이 나타나는 날은 곧 여호와 하나님께서 자기 백성(시온)의 송사를 위하여 신원하시는 날이라는 34:8절 말씀은 오늘 말씀 전체를 이해하는 Key Word 구절이 되는 것 같다.

마지막으로 오늘 말씀 하반부는 거의 전부 에돔이 심판을 받아 소돔 고모라와 같이 황폐한 곳이 되고 온갖 동물들의 서식처가 되리라고 예고하면서 (34:9-15) 이사야가 전하는 '여호와의 책'에 기록된 심판 경고 그대로 이 심판은 하나도 빠짐없이 다 이루어질 것이라고 강조함으로 기록된 말씀으로써 성경의 권위와 가치를 확고히 하고 있다.

> 너희는 여호와의 책에서 찾아 읽어보라 이것들 가운데서 빠진 것이 하나도 없고 제 짝이 없는 것이 없으리니 이는 여호와의 입이 이를 명령하셨고 그의 영이 이것들을 모으셨음이라(34:16)

여기서 "제 짝이 없는 것이 없으리니"라고 하신 것은 이단들이 흔히 사용하는 수법처럼 성경 구절들을 여기서 조금, 저기서 조금 가져다 억지로 연결시켜 자신들의 주장을 합리화시키는 그런 '말씀의 짝'이 아니라 하나님의 말씀은 기록된 그대로 반드시 성취된다는 의미에서의 짝이다. 따라서 이러한 사실을 증명이라도 하듯 바로 이어지는 말씀은 하나님의 심판을 받은 에돔 땅이 사람이 살 수 없는 광야 황무지가 되어 대대로 동물들의 서식처가 되고 있음이 오늘날 증명되고 있다(34:17).

오늘 말씀을 묵상하면서 마음에 정리되는 두 가지 주제는 하나님의 심판과 그 심판이 기록된 '여호와의 책'으로써 성경이다.

때로 불신자들과 함께 섞여서 세상을 살아가면서 믿음 지키기가 얼마나 어려운지 그래서 나도 좀 불신자들처럼 내 맘껏, 내 맘대로 막장인생으로 즐기며 살 수는 없는가(?) 예수 믿는 것의 유익은 무엇이며 내가 죄악의 홍수를 이루고 있는 이 세상 속에서 예수 믿는 것 때문에 경건을 지키며 사는 것이 과연 무슨 유익이란 말인가…(?) 그리고 하나님 중심으로 살아가는 신앙은 내가 세상에서 육적 만족을 추구하며 살아가는 것 이상의 가치와 만족을 나에게 줄 수 있는가…(?) 억지 생각을 해볼 때도 있는 것이 솔직한 나의 마음이다.

그러나 오늘 다시 한 번 말씀으로 돌아가는 신앙에 나의 신앙을 견고히 하고 하나님 중심에 서야 할 것을 마음 깊이 다짐한다. 멸망으로 인도하는 넓은 문은 사자처럼 아가리를 벌리고 좁은 문으로 들어가는 하나님의 택한 백성들을 위협하며 거짓된 사상과 세상 가치와 철학으로 유혹하지만 오직 '여호와의 책'에 기록된 말씀은 내 신앙과 삶의 방향을 정하는 표준이요 기준이며 내가 호심경처럼 내 인생의 신조와 신경으로 삼고 이 악한 세상을 이겨 나가야 할 말씀인 것을 다시 한 번 마음 깊이 받아들인다.(*)

주님!
세상 많고 많은 책들 가운데 유일하게 여호와의 책으로써 성경을 우리 손에 들리게 하심을 감사드립니다. 기록된 말씀의 짝으로써 이 세상 인간 역사에 나타나는 수많은 심판의 성취들을 주목하면서 이 말씀 위에 내 인생의 전부를 걸고 나의 영원한 장래를 준비하며 지혜로운 인생을 살게 하옵소서.

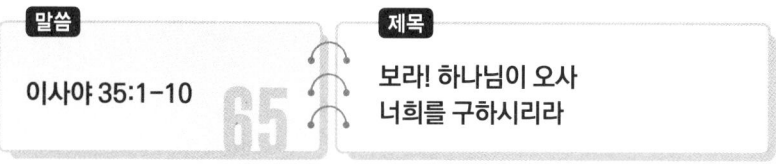

말씀		제목
이사야 35:1-10	65	보라! 하나님이 오사 너희를 구하시리라

⁵ 그 때에 맹인의 눈이 밝을 것이며 못 듣는 사람의 귀가 열릴 것이며 ⁶ 그 때

에 저는 자는 사슴 같이 될 것이며 말 못하는 자의 혀는 노래하리니 이는 광야에서 물이 솟겠고 사막에서 시내가 흐를 것임이라

앞선 말씀에서 이스라엘의 구원(33장)과 원수들의 멸망을 예고(34장)하셨는데 오늘 말씀(35장)에서는 이스라엘이 구원받는 그날의 영광을 마치 광야와 메마른 땅이 기뻐하며 사막이 백합화같이 피어 즐거워하는 것으로 비유하고 있다(35:1).

앞선 말씀에서는 앗수르의 침공으로 백향목 산림 레바논이 훼손되고 아름다운 사론 평야가 사막이 되며 평화로운 목양의 초장 갈멜 언덕에 낙엽이 떨어지는 쓸쓸함을 노래하였는데(33:9) 절망과 슬픔이 흐르는 곳에 자기 백성을 구원하시는 하나님께서 친히 개입하심으로 완전한 반전이 이루어진다(33:10, 35:2b). 그러나 이사야 선지자의 예언의 지평은 자신의 당대에 멈추는 것이 아니라 이 작은 구원이 하나의 예표가 되어 멀리 메시아 시대까지 바라보며 하나님께서 친히 자기 백성을 찾아오시는 영광스런 그날을 노래한다(35:4b).

그 때에 맹인의 눈이 밝을 것이며 못 듣는 사람의 귀가 열릴 것이며 그 때에 저는 자는 사슴 같이 될 것이며 말 못하는 자의 혀는 노래하리니 이는 광야에서 물이 솟겠고 사막에서 시내가 흐를 것임이라(35:5-6)

이 아름답고 영광스런 예언에 따라 하나님께서 친히 사람이 되시어 우리에게 찾아오신 예수님은 이 선지자의 글이 바로 자신의 사역과 자신의 시대를 가리키는 것이라고 하셨다(마11:2-, 7:20-).

오늘 말씀에서 가장 인상 깊게 닿는 것은 이스라엘이 구원받는 그날 전쟁으로 황폐해져 시랑이 눕던 곳에 다시 무성한 숲을 이루며 시내가 흐르고 아름다운 들판으로 변할 것이며(35:7) 시온의 대로가 열리게 될 것을 노래하는데

그 길은 아무나 다닐 수 있는 길이 아니고(35:8) 구속함을 입은 자들만 그리고 행할 것이라고 하는 바(35:9) 친히 사람의 몸을 입고 우리에게 찾아오신 예수님이 내가 곧 길이요 진리요 생명이며 아버지께 이르는 유일한 길이라고 하신 선언에서(요14:6) 오늘 내가 나의 구주 예수님을 의지하여 시온의 대로로 행할 수 있게 된 것을 이 아침 진심 어린 감사와 찬양을 주님께 올려 드린다.

이러한 이사야의 예언 지평은 당대에 앗수르의 침공에서 구원받고 앗수르가 붕괴되는 것뿐 아니라(36-37장) 나아가 바벨론 시대까지 예고하며(38-39장) 바벨론 포로에서 돌아오는 것까지 예고하는데(35:10) 이러한 앗수르나 바벨론 같은 나라의 속박에서 해방되고 구원받은 이스라엘 이야기는 하나의 예표적 계시들로써 궁극적으로 메시아(그리스도) 시대가 도래하여 앗수르나 바벨론의 속박과 비교될 수 없는 가장 무서운 죄와 사망과 마귀의 굴레에서 주의 백성들이 구원받게 될 것을 예시하는 것으로 이해하게 된다.

오늘 말씀 가운데 가장 실제적으로 받아들이는 것은 앗수르의 침공으로 온 유다가 황폐해지고 수도 예루살렘을 포위하여 백성들이 두려워 떨 때 이제 곧 하나님께서 개입하실 것이므로 너희는 약한 손을 강하게 하며 떨리는 무릎을 굳게 하고 겁내는 자들에게 용기를 북돋아주라는 말씀이다(35:3-4).

당시 히스기야는 이사야 선지자의 권면에 따라 하나님을 의지하여 백성들을 위로하며 안심시켰는데(대하32:7-8) 하나님께서는 히스기야가 백성들을 안심시킨 그대로 한 천사를 보내 큰 구원의 역사를 일으키셨던 바(대하32:20-23) 오늘 내가 어떤 어려운 상황에 처하였든 현실적 상황에 급급하지 않고 하나님께서 개입하여 주실 것을 믿으며 함께하는 사람들의 마음이 흔들리지 않도록 굳게 하여 줄 것을 마음 깊은 교훈으로 받아들인다.

주님!

지난 주일부터 시작된 우리의 작은 예배 공동체 처소를 찾기 위해 오늘 몇 곳을 방문하는데 어떤 상황에서도 기죽지 않게 하시고 약한 마음을 보이지 않게 하시며 나와 함께하는 사람들을 격려하여 그들도 같은 신뢰를 가질 수 있도록 하겠습니다. 오늘 나의 가는 길에 함께하셔서 주님께서 친히 개입하시고 앞서 행하시며 아름답게 이루어주시는 결과를 보게 하옵소서.

말씀 이사야 36:1-12

제목 모욕과 거짓과 위협으로 독 묻힌 말의 화살이 날아올 때

¹ 히스기야 왕 십사년에 앗수르 왕 산헤립이 올라와서 유다의 모든 견고한 성을 쳐서 취하니라

히스기야는 자신의 부왕이었던 아하스 왕 시대에 하나님의 나라요 백성인 유다 왕국이 앗수르에 예속되어 굴욕적 외교 관계를 맺으며 앗수르의 신을 섬기기 위해 예루살렘 성전 문까지 닫고 모든 성전 기물을 부수었으며 여호와 하나님을 섬기는 신앙에서 떠난 것에 대해 왕세자로서 크게 슬프고 한이 맺혀 지냈던 것 같다(대하28:22-27).

그래서 그는 부왕 아하스가 죽고 자신이 왕으로 즉위하자마자 가장 먼저 시도한 것이 대대적인 종교개혁으로 여호와 신앙 회복운동을 벌이는데(대하29-31장) 오늘 말씀(36장)과 같은 내용을 다루고 있는 역대하 32장의 말씀을 보면 이러한 히스기야의 충성된 일들이 있은 후 앗수르 왕 산헤립이 침공해 온 것으로 기록하고 있다(대하32:1).

왜 하나님을 기쁘시게 하는 종교개혁과 성전 청결과 성전 제사의 예배가 회복이 있은 후 곧이어 이런 국가적 재난으로 전쟁이 발발했는지 이해가 되지 않지만 모든 전쟁이 하나님께 속한 것이라는 성경의 가르침에 비추어볼 때 분명 이 전쟁은 하나님의 뜻이 담긴 허락된 전쟁이었고 이 전쟁을 통하여 히스기야와 유다 왕국에 주시려는 하나님의 놀라운 은혜가 숨겨져 있는 특별한 전쟁이었다는 것을 이해하게 되는데 결국 이 전쟁으로 대제국 앗수르가 망하고 히스기야와 유다 왕국이 존대해지는 결과로 이어진다.

그러나 오늘 말씀은 결국 Happy End로 끝나게 될 이 전쟁의 전후사를 알 수 없는 히스기야와 예루살렘 거민들은 앗수르 왕 산헤립이 항복을 받기 위해 파견한 앗수르의 사신 랍사게의 여러 가지 모욕적인 말 앞에서 크게 굴욕 당하는 모습을 보여주는데 오늘 말씀 마지막 구절에서(36:12) 랍사게가 유다의 멸망을 전제로 던지는 모욕적인 말에서 히스기야와 유다 백성들이 당하는 굴욕은 절정에 이른다.

랍사게가 이르되 내 주께서 이 일을 네 주와 네게만 말하라고 나를 보내신 것이냐 너희와 함께 자기의 대변을 먹으며 자기의 소변을 마실 성 위에 앉은 사람들에게도 하라고 보내신 것이 아니냐 하더라(36:12)

여기서 대변과 소변을 먹게 되리라는 것은 예루살렘 성이 포위되어 먹을 것이 없어짐으로 자신들의 대변과 소변까지 먹을 만큼 비참하게 되리라는 것인데 당시의 전쟁은 이처럼 성을 포위하여 굶주리게 함으로 마침내 성문을 열게 만드는 전략을 썼는데 이러한 포위 전략은 조선 역사에서도 간혹 보게 된다. 청이 조선을 침공하여 16대 왕 인조가 남한산성으로 피신하였을 때 결국 성문을 열고 항복하게 된 것도 포위 전략이 아니었던가(?)

그러나 오늘 말씀 가운데 가장 무섭고 두렵게 만드는 랍사게/산헤립의 위협적 언사는 그가 이스라엘의 하나님 여호와의 이름까지 사용하며 여호와께서 자신을 보내어 유다를 치게 하신다는 거짓말이었다(36:10).

이 거짓말은 예루살렘 성벽 위에서 저항을 위해 무장하고 성 밖을 내다보는 유다인들을 크게 동요시키고 자칫 잘못하면 히스기야를 반역하며 살기 위해 항복하자고 하며 내분이 일어날 수도 있는 말이었기 때문에 히스기야의 사신들은 랍사게에게 유다 방언이 아닌 아람 방언으로 말해 달라고 하였는데 더욱 교만한 기세가 오른 랍사게는 너희는 너희 똥이나 먹고 너희 오줌을 마시게 되리라 하였으니 결국 이런 막말 상황까지 허락하신 하나님의 뜻은 어디에 있는지 오늘 묵상에 초점을 맞추게 된다.

그렇다. 하나님의 백성 된 교회와 성도들을 무너뜨리려는 마귀의 전술은 거짓말과 수치와 위협을 주는 말의 화살로 다가온다는 것을 배우게 된다. 내가 그리스도의 군사 되고 천국 일꾼이 되어 일할 때 듣는 말이 매우 중요한 분별의 시금석이 된다고 생각되는데 이처럼 거짓과 위협의 독을 묻힌 말의 화살이 나를 얼마든지 쓰러뜨릴 수 있기 때문이다.

히스기야와 예루살렘 거민들이 말할 수 없는 모욕과 심지어 하나님의 이름을 빙자한 거짓 언사로 모든 것을 포기할 수 있는 위기에 몰렸을 때 (이어지는 말씀에서) 그들이 하나님을 의지하는 믿음을 끝내 포기하지 않고 기도로 나아가 전세가 바뀌게 되는 것처럼(37장) 주님은 오늘 말씀을 통하여 나와 우리 교회에도 우리가 당면할 수 있는 가상현실을 제시해 주시며 이럴 때일수록 더욱 마음을 단단히 먹고 주님을 의지하는 믿음의 정면 돌파로 나아가야 할 것을 가르쳐주신다.

주님!
나의 믿음을 무너뜨리기 위해 마귀가 사람들의 말을 통해 쏘아대는 독 묻힌 말의 화살이 날아올 때 내가 정신을 차려서 믿음의 방패로 잘 방어할 수 있게 하시고 내가 들은 모욕과 거짓과 위협의 말들 때문에 주님이 내게 베푸실 놀라운 은혜와 승리를 기대하게 하옵소서.

말씀	제목
이사야 36:13-22	내 마음의 성벽 지켜내기

21 그러나 그들이 잠잠하여 한 말도 대답하지 아니하였으니 이는 왕이 그들에게 명령하여 대답하지 말라 하였음이었더라

지난 주부터 시작된 작은 신앙공동체 예배를 위하여 장소를 찾던 중 가을비가 많이 내렸던 엊그제 가장 적절하다고 생각되는 곳을 찾아가서 장소 사용에 대한 섭외를 하였다. 얼마든지 장소를 빌려줄 수 있는 그분은 장소 사용에 대한 긍정적인 면도 이야기했고 또 그 장소 사용에 따른 부정적인 면도 이야기했는데 남에게 조금이라도 폐 끼치는 것을 싫어하는 내 마음은 왠지 모르게 긍정적인 면보다 훨씬 더 작은 부담으로 작용할 수 있는 부정적인 면에 마음이 기울어져 그만 그 장소를 사용하지 않는 쪽으로 결정하고 돌아왔다.

내가 어떤 결과를 가져올지 기다리던 아내는 자초지종을 듣고 실망하였는지 왜 한 번이라도 시도해 보지 않고 안 하겠다고 했냐며 다시 한 번 생각해 보자고 했는데 그 순간 주님께서 내 마음속에 네 마음의 저울추가 처음부터 안 되는 쪽/부정적인 쪽으로만 기울어져 있어서 이런 결과를 가져온 것이라는 깨달음을 주시며 하나님의 나라를 위한 일에는 적극적인 믿음을 가질 것과 또 필요하다면 성격상 받아들이지 못하는 사소한 폐 끼침의 부담도 품고 나가야 할 마음도 주셨다.

그런데 막상 그분에게 다시 전화하기가 쑥스럽고 다시 만나기도 부담스러운 상황이었는데 뜻밖에 그분으로부터 먼저 전화가 왔다.
"선교사님, 어제 우산을 놓고 가셨어요. 언제 다시 오시겠어요?"
순간 내가 우산을 놓고 온 것도 그리고 다시 만날 기회가 만들어지는 것도

다 주님의 섭리 가운데 있다는 생각을 하게 되었고 어제 그분을 찾아가 다시 대화하며 서로 기뻐하는 가운데 전격적인 합의를 보게 되었다.

오늘 말씀을 묵상하면서 마음 깊이 와닿는 것은 모든 불신과 부정적인 사고 배후에는 마귀의 음모가 숨어 있다는 것이다. 하나님의 나라요 백성인 유다를 무너뜨리려는 마귀는 산헤립과 그의 사신 랍사게를 통하여 예루살렘 사람들이 그들의 지도자 히스기야를 불신하고 성을 포기하게 만들기 위해 온갖 부정적인 언사로 그들을 설득하며 회유 정책을 쓰는 것이 놀랍다.

히스기야가 **너희**에게 여호와를 신뢰하게 하려는 것을 따르지 말라(36:15)
히스기야의 말을 듣지 말라 … 항복하고 나오면 포도와 무화과와 우물물과 좋은 것들이 **너희**를 기다리고 있다(36:16-17)
혹시 히스기야가 **너희**에게 이르기를 여호와가 우리를 건지시리라 할지라도 속지 말라(36:18)

마귀는 성도들이 하나님을 믿고 의지하지 못하게 만들며 하나님께서 세우신 그들의 지도자도 믿지 못하게 만들려고 백방으로 노력하며 만일 그들이 자신의 말을 듣고 항복하기만 하면 평안을 줄 것이고 모든 좋은 것을 줄 것처럼 약속하지만 사실 이런 것들은 모두 거짓말이라는 것이 예수님이 받으신 광야 시험에서도 증명되었다(마4:8-11).

인간의 영혼을 유린하고 탈취하려는 마귀의 속삭임이 달콤한 것 같지만 거짓된 속삭임에 속아서 얼마나 많은 사람들이 자신의 영혼을 팔고 죄악의 수렁에 빠져들며 마침내 끝도 없는 부정적 사고에 함몰되어 자살과 같은 극단적 선택으로 무너지게 되는지 많이 보았다.

앞선 말씀(36:1-12)에서는 예루살렘을 포기하고 항복하게 만들려고 마귀는 랍사게의 입을 통하여 모욕과 위협과 거짓으로 설득했는데 오늘 말씀에서는 하나님도 우리(나)에게 도움을 줄 수 없는 별것 아닌 하나님으로 인식하게 만들며(36:18-20) 하나님께서 세우신 지도자를 불신하게 만들고(36:15-18) 온갖 부정적인 사고가 담긴 말의 가라지를 흩뿌려서 결과적으로 자신들을 지켜주는 성을 포기하고 자신들을 포기하며 하나님의 공동체를 무너뜨리려는 간악한 술수를 간파하게 된다.

자기의 마음을 다스리는 자는 성을 빼앗는 자보다 나으니라(잠16:32)

주님!
마귀가 다른 사람의 입을 통해 혹은 내 마음에 흩뿌리는 말과 생각의 악한 가라지들을 잘 분별하여 물리치게 하시고 오직 주님의 뜻을 전달해 주는 말씀을 내 사고의 근간으로 삼아 내 마음의 성벽을 방어하며 나를 지키고 우리 공동체를 지켜갈 수 있게 하옵소서.

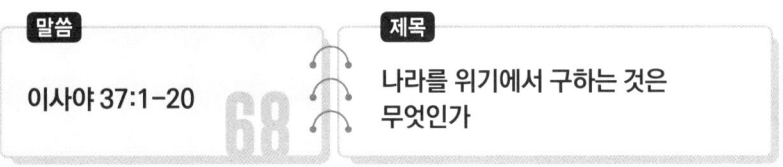

말씀 이사야 37:1-20

제목 나라를 위기에서 구하는 것은 무엇인가

68

²⁰ 우리 하나님 여호와여 이제 우리를 그의 손에서 구원하사 천하 만국이 주만이 여호와이신 줄을 알게 하옵소서 하니라

성경과 인류 일반 역사 가운데 나오는 수많은 전쟁사를 접하면서 성경에서 가장 미스터리하게 생각되는 전쟁 중 하나는 주전 8세기 앗수르 제국과 유다의 전쟁이며 인류 일반 역사에서 발발한 전쟁 가운데는 1941년에서 1945년까지 독일과 소련 사이에 벌어진 전쟁이다.

앗수르와 유다의 전쟁에서는 앗수르에 상대도 되지 않는 유다가 온 나라를 점령당한 채 수도 예루살렘만 남겨 있는 가운데서도 오늘의 말씀이 보여주는 것처럼 앗수르가 잘못된 정보력(37:7. 우리말 성경에 번역된 영(루-아크)은 풍문 곧 헛바람 소식인데) 즉, 구스 왕 디르하가가 앗수르와 접전하기 위해 올라온다는 소식 때문에 예루살렘 공략을 포기하고 돌아가면서 이사야의 예언대로 고국으로 돌아가 자식들에게 살해당하고 나라가 내분으로 망한 것이다.

히스기야의 기도를 들으신 하나님께서 앗수르 군영에 잘못된 정보력(헛바람 소식)이 들어가게 만드시고(37:7) 결국 전쟁의 승패가 갈라지게 하신 앗수르와 유다의 전쟁사를 읽으면서 독일의 나치 정권으로 말미암아 전 세계의 재앙이 되었던 2차 대전이 독일이 잘못된 정보력과 판단으로 구소련을 침공하여 결국 이것이 나치 독일을 망하게 만든 것과 연관되어 생각하게 된다.

독일은 전투력 대부분을 동부 전선에 배치하였다가 막대한 손실을 입고 미국과 유럽의 연합군들에 의해 서부 전선 노르망디가 뚫리면서 궤멸한다. 본래 독일과 소련은 2차 대전이 발발하기 전 불가침 조약을 맺었는데 이는 독일이 서부 유럽을 공략할 때 소련에게 뒤통수를 맞지 않기 위해 짜놓은 각본이며 또 독일과 소련 사이에 있는 나라들은 서로 반분하기로 한 조약이었다.

그런데 소련이 핀란드를 침공하면서 핀란드의 저격수들로 인하여 고전하는 것을 본 독일은 소련의 군사력이 별것 아니라는 잘못된 정보력과 판단으로 소련마저 집어삼키기 위해 독소 전쟁을 일으켜 처음에는 승승장구하는 것 같았으나 북극에서 흑해까지 이르는 거대한 전선을 감당하지 못하고 레닌그라드의 혹독한 동장군(추위)을 견디지 못하여 궤멸된다. 이때 독일과 소련의 사상자가 3천만 명에 이른다고 하니 어마어마한 전쟁의 재앙이 인류 역사를 휩쓸고 지나간 셈이다. 하나님께서는 당시 악의 축이 되었던 이 두 나라를 서로 싸우게 만들어 2차 대전이 종식되는 결정적 배경이 되게 만드신 것 같다.

잘못된 정보력(헛바람 소식)으로 강대한 제국 앗수르가 자그마한 나라 유다를 공략하지 못하고 이어지는 말씀에서 국운이 다하여 망하게 되는 것을 보면서 결국 세상의 전쟁이라는 것은 모두 하나님의 손에 달려 있으며 오늘 말씀이 보여주는 것처럼 유다 왕 히스기야의 간절한 기도가 당시의 세상이었던 고대 근동지방의 판세를 바꾸게 된 것을 본다.

오늘 우리나라도 남북으로 갈라진 첨예한 대립 가운데 북한의 위협을 받으며 또 한반도를 둘러싼 강대국들의 틈바구니 속에서 전전긍긍하고 있지만 기도! 기도! 오직 기도밖에는 다른 길이 없다는 것을 배우게 된다.

그러나 아직 우리는 히스기야와 유다 왕국이 받은 위협의 벼랑 끝까지 간 것은 아닌 것 같으며 앞으로도 더 많은 위기와 공갈 협박과 모욕이 가중될 수 있는데 오직 기도로 난국을 돌파한 히스기야의 기도가 여기 성경에 기록되어 있는 것은 오늘 이 땅의 교회들에게 나라를 살리는 길이 어디에 있는지 보여주는 해결책이자 모범답안이라는 것을 마음 깊이 받아들인다.

주님!
부패와 무능으로 혼란했던 이 나라가 지금은 적폐청산의 테스크 위에서 공평과 정의를 세워나가는 가운데 엎친 데 덮친 격으로 북한의 핵 위협을 당하고 있습니다. 이 땅을 굽어살피소서. 이 땅에 기도하는 교회와 성도들로 인하여 이 나라가 만세반석 되시는 주님의 보호 가운데 굳게 서는 나라, 우리 조국 대한민국이 되게 하옵소서.

말씀	제목
이사야 37:21-38	기도의 전쟁에서 승리하기

³⁶ 여호와의 사자가 나가서 앗수르 진중에서 십팔만 오천인을 쳤으므로 아침에 일찍이 일어나 본즉 시체뿐이라

1. 기도 전쟁/공방(공격과 방어)에서 승리하기

앗수르의 침공으로 풍전등화와 같이 된 유다 왕국이 벼랑 끝 전술로 나간 것은 백성을 대표하는 히스기야의 기도였다. 그런데 성경에 나타난 수많은 기도들 가운데 유독 많은 지면을 할애하는 히스기야의 기도를 보면 이렇게 길고 긴 기도의 과정과 내용들이 전개되는 이유가 기도하는 자와 기도해 보아야 필요 없다고 하는 자 사이에 치열한 공방이 오고 가며 그 사이에 이것을 중재하는 양편의 사람들이 있음을 보게 된다.

기도의 공방에서 마귀와 그의 하수인으로 상징된 산헤립과 랍사게는 유다 왕 히스기야에게 기도해도 소용없으니 속히 항복하라는 온갖 부정적인 언사로 기도를 포기하게 하는가 하면 반대 진영에 있는 히스기야 편에서는 엘리아김과 셉나와 장로들을 이사야에게 보내 긴급한 기도 지원을 요청하는 것을 보게 된다(37:1-5).

이 사람들은 긴급한 기도 지원을 요청하는 것뿐 아니라 기도 요청의 응답까지도 전달하게 되는데(37:6-7) 히스기야의 기도를 꺾으려는 사단의 음모는 산헤립의 지시를 받는 랍사게를 통해 더 강력하게 기도를 포기하게 만든다(37:9-13). 그러나 히스기야가 기도의 사람이라고 불릴 만한 이유는 기도를 포기하게 만드는 원수의 협박에도 불구하고 심지어 원수에게서 받은 서찰(편지)

까지 하나님 앞에 펼쳐놓고 전심 기도로 승부를 건 데 있다(37:15-20).

오늘 말씀은 이사야가 보낸 사람들을 통해 하나님께서 알려오신 기도 응답이 다시 한 번 전달되는데 앞에서는 말로 전달된 하나님의 응답이었다면(37:6) 이번에는 글로 된 응답이었다(37:21-34). 이렇게 기도로 문제를 해결하려는 자와 그 기도를 저지하려는 자의 치열한 공방의 최종 결론으로 이사야의 글이 전달된 그 밤 하나님께서 한 천사를 앗수르 진영으로 보내 18만 5천 인을 죽이신 것으로 나타나는데(왕하19:29-37) 이것은 마치 이스라엘이 출애굽 하는 전날 밤 애굽의 모든 장자들을 쳐서 죽인 사건을 연상하게 한다.

하나님을 의지해도 쓸데없다고 하는 원수의 방해를 물리치고 끝까지 포기하지 않고 전심 기도로 나아간 히스기야와 그의 기도를 들으신 하나님의 응답은 여기서 그치는 것이 아니라 교만한 앗수르 왕 산헤립을 마치 갈고리로 코를 꿰고 입에 재갈이 물려서 잡아가는 것처럼 돌아가게 만든 것인데 후에는 더욱 치욕스런 종말로 그 자식들의 손에 죽는다(37:37).

히스기야의 기도를 보면서 기도는 하나의 전쟁이며 치열한 공방이라는 것을 깨닫는데 히스기야가 원수들로부터 기도해도 소용없다는 압력을 받은 것처럼 오늘 나의 주변에는 현실의 문제가 너무 크게 보여서 기도해도 소용없다고 여겨지는 낙심과 절망케 할 일들이 너무나 많은 것을 본다.

요즘 '우리들 교회' 김양재 목사가 쓴 『100프로 응답받는 기도』라는 책을 틈틈이 보는데 여러 내용 가운데 특히 마음에 남은 것은 진정한 기도 응답은 문제 해결 자체보다 이 사건을 주신 하나님의 의도와 마음이 어디에 있는지 깨닫기를 기도하는 것이 더 중요하다는 것을 깊이 공감하였다. 이렇게 주님의 뜻을 묻는 씨름 기도를 할 수 있다면 기도를 포기하게 만드는 어떤 심리적 방해 앞에서도 진심 기도로 나아갈 수 있음을 다시 한 번 확인하게 된다.

2. 하나님의 기도 응답은 어떻게 오는가(?)

기도의 사람으로 소개되고 있는 히스기야의 기도와 그 기도 응답을 보면서 한 가지 의문을 갖는 것은 왜 전심 기도에 돌입한 히스기야에게 기도 응답이 바로 오지 않고 선지자 이사야를 통해서 전달되었는가 하는 점이다.

히스기야의 기도가 부족했기 때문인가 아니면 그의 영성이 이사야에게 미치지 못하기 때문인가. 무슨 이유로 이렇게 한 단계 거쳐서 오는 것일까. 이 의문을 곰곰 생각해 보면서 당시 하나님께서 자기 백성에게 세우신 왕/제사장/선지자라는 삼중직에 대해 생각해 보게 되는데 왕은 하나님의 통치를 대행/매개하는 자였고 제사장은 백성을 대신해서 하나님께 나가는 자였으며 선지자는 백성들에게 하나님의 말씀을 전달하는 자로서 분명한 삼중직의 구분이 있었다는 점에서 이해하게 된다.

그렇다면 예수 그리스도의 십자가와 부활로 이 삼중직의 의미가 그 한 몸에서 완성되고 그 은혜와 축복을 계승받아 왕 같은 제사장들이 되었고(벧후2:9) 하나님의 예언/말씀을 말하는 선지자가 된(고전14:31) 신약의 성도들에게 이 기도의 응답은 어떻게 오는 것인가 의문을 가지게 되는데 우리 주님이 세상에 계셨을 때 가르쳐주신 것처럼 이제는 제삼자를 거치지 않고 주의 이름을 힘입어 기도하고 응답받을 수 있음을 재차 확인하게 된다(요14:13, 15:7).

아직도 구약에 존재했던 제사장이나 선지자를 의지하는 개념으로 신앙생활하는 성도들은 히스기야가 이사야에게 기도를 부탁하고 또 그를 통해 기도 응답을 받아내는 것처럼 구약적 배경에서 벗어나지 못해서 꼭 목사님이나 다른 사람들에게 기도 부탁하고 또 그렇게 기도 응답을 기대하는 경우도 있는데 이제는 주님의 말씀을 의지하여 담대히 은혜의 보좌 앞에 기도로 나아가야 한다는 것을 본문에서 다시 한 번 상기하게 된다.

히스기야가 간접 응답을 받을 수밖에 없었던 또 다른 이유 중 하나는 그가 기도하면서도 이사야의 기도에 의지했고 또 그로부터 나오는 응답을 기대했기 때문에 하나님께서 믿음의 분량대로 그렇게 해주신 것이라는 점을 감안할 때 오늘 내가 기도의 자리에 나아갈 때 담대함과 확신을 가지고 나가야 할 이유가 어디에 있는지 중요한 교훈으로 마음 깊이 받아들인다.

그를 향하여 우리의 가진 바 담대한 것이 이것이니 그의 뜻대로 무엇을 구하면 들으심이라 우리가 무엇이든지 구하는 바를 들으시는 줄을 안즉 우리가 그에게 구한 그것을 얻은 줄을 또한 아느니라 (요1서5:14-15)

아멘!

말씀: 이사야 38:1-8
제목: 기도란 무엇인가(?)

2 히스기야가 얼굴을 벽으로 향하고 여호와께 기도하여 3 이르되 여호와여 구하오니 내가 주 앞에서 진실과 전심으로 행하며 주의 목전에서 선하게 행한 것을 기억하옵소서 하고 히스기야가 심히 통곡하니

1. 수명을 연장 받은 히스기야의 기도 평가에 대한 양면성

오늘 말씀을 읽으면서 '기도' 그것도 '통곡 기도'의 위력이 얼마나 큰지 엿보게 된다. 참새 한 마리가 땅에 떨어지는 것 같은 지극히 작은 일들도 다 하나님의 작정과 주권 허락에 의해 이루어진다고 했는데 히스기야는 자신이 병들어 죽음의 문턱까지 이르게 되었을 때 그리고 선지자 이사야를 통하여 곧 네 집안을 정리하고 죽음을 받아들일 준비를 갖추라는 막다른 상황에 몰려서까

지 벽을 향한 통곡 기도로 수명의 연장을 받았으니 과연 기도의 위력이 얼마나 큰 것인지 새삼 일깨우게 된다.

그러나 한편 한 사람의 선후사를 가장 잘 아시는 하나님 편에서 볼 때 그가 죽어야 할 때 죽지 않고 수명을 연장 받은 것이 과연 잘한 것인지 한번 역으로도 생각해 보게 되는데 이어지는 말씀에 보면 그가 수명을 연장 받은 기간 동안에 저지르게 되는 과오들과(39:1-8) 또한 그가 수명을 연장 받은 기간 동안에 낳은 므낫세라는 아들로 인해 유다 왕국이 돌이킬 수 없는 멸망의 나락으로 떨어지는 것을 보면(왕하21:-) 과연 모든 기도는 능사인가라는 의문이 자연스럽게 나오게 되는 것 같다.

하나님께서 선지자를 통하여 전달하신 분명한 뜻이 있었는데 이러한 하나님의 작정과 주권을 인정하기 싫어하고 자신의 뜻을 이루고자 했던 히스기야의 기도를 보면서 하나님의 주권보다 자신의 뜻을 앞장세워 변경시키려는 기도는 사람의 눈에 보기에 아무리 위대한 변화와 결과를 가져온 것 같아도 그것은 차라리 기도의 만용에 가까운 것이라는 생각도 하게 된다.

죽음의 벽 앞에서 통곡하며 수명 연장을 간구했던 히스기야의 기도는 또한 동일하게 십자가의 죽음을 앞에 놓고 기도했던 예수님의 기도와 비교되는데 히스기야의 기도는 하나님의 뜻을 뛰어넘어 자신의 뜻대로 되기를 바란 기도였던 반면 예수님의 기도는 "내 뜻대로 마옵시고 아버지의 뜻대로 되리이다"는 하나님의 주권과 작정 가운데 자신을 맡긴 기도였다.

그렇다면 히스기야는 왜 그토록 그의 죽음을 애통해하면서까지 기도했을까(?) 그와 그의 나라가 앗수르의 침공을 받았을 때 옷을 찢고 기도했지만 이렇게 애통해하면서 기도했다는 기록은 없는데 유독 자신의 죽음을 기정사실로 받아들일 수 없는 상황에서는 이렇게 통곡 기도가 나올 수 있었다는 것을 생각해볼 때 무릇 사람은 다른 무엇보다 하나밖에 없는 자신의 목숨에 대한 애착이 세상의 그 무엇보다 강하게 작용할 수 있다는 점도 엿보게 된다.

그렇다면 그는 이토록 자신의 수명을 연장해서라도 세상에 더 있고 싶은 그 무슨 마력 같은 이유가 있었던 것일까?

오늘 말씀이 다 보여주지는 않지만 같은 내용을 기록한 역대기 말씀에 보면 그가 당시 세상의 전부라고 할 만한 강대국 앗수르를 하나님의 도우심을 끌어내는 기도로 물리친 후 고대 근동의 모든 나라와 사람들 가운데 유명한 인물로 등장하고 또 사람들이 예루살렘에 찾아와 예물을 바쳤다는 기록에서 그가 다윗과 솔로몬에 버금가는 명예와 영화를 누린 것을 짐작하게 되는데(대하32:23) 이처럼 어마어마한 부와 명예와 영광을 그대로 놓고 가려니 너무 아쉬웠던 것은 아닐까 추론하며 세상에 더 있고 싶어 하는 이러한 애통함이 한 인간의 선후사를 가장 잘 아시는 하나님의 작정과 뜻을 넘어서까지 자신의 뜻을 이루고 싶어 했던 것은 아닐까 생각해 보게 된다.

2. 기도란 무엇인가(?)

그러나 또한 오늘의 본문 자체만 놓고 본다면 히스기야가 통곡으로 수명을 연장 받은 기도는 기도 자체로 얼마나 위대한 것인지 심지어 그 기도에 대한 응답의 징조로 아하스의 일영표(해시계) 그림자를 뒤로 10도나 물러가게 한 것에서 또 다른 면을 보게 한다.

여기서 태양의 운행이 역으로 10도를 물러갔다가 다시 왕복한 셈이니까 경도 1도를 15분으로 계산할 때 하나님께서 지구의 자전을 거꾸로 돌려 $15 \times 10 \times 2 = 300$분(5시간)이나 변동을 주시면서까지 그의 수명 연장에 대한 징조를 주셨다는 점에서 '기도의 위력'에 대한 매우 특별한 교훈을 주신 것으로도 이해하게 된다.

이것은 한편 이스라엘의 가나안 정복 전쟁사의 기브온 전투에서 가나안 이 족들과 치르는 전쟁을 승리로 이끌기 위해 시간이 모자랐던 여호수아가 태양을 향해 멈추라고 했을 때 하나님께서 그의 기도를 들으시고 거의 종일토록 중천에 머문 태양이 내려가지 않았다는 기록과 연계되어 생각하게 되는데(수 10:13) 지구 자전에 변동을 주었던 이 두 사건으로 인해 지금 우리 인류가 사용하는 연대기 태양력에 부족해진 시간을 보충하기 위한 윤달을 두고 있는 것도 결코 우연한 일은 아닌 것 같다.

하나님께서 자기 백성 혹은 성도의 기도를 들으시고 이루어주실 때 필요하면 지구보다 더 크고 작은 무수한 별들이 정확한 스피드와 방향성을 가지고 돌아가는 천구의 세계에서 충돌하지 않도록 서로 비켜가게 하시면서까지 지구의 자전을 붙들어두시고 혹은 뒤로 역행하게 하셨다는 점에서 기도가 가진 위대한 힘과 경이로움에 전율하게 된다.

오늘의 묵상을 정리하면서 마음 깊이 와닿는 것은 연속되는 히스기야의 기도와 응답을 통해 기도란 무엇이며 기도가 가진 위대한 힘의 작용이 무엇인지 우리(나)에게 가르쳐주시려는 아버지 하나님의 마음을 엿보게 되면서 나도 하나님께서 나의 수명을 연장하여 이 세상에 머물게 하는 동안에 이 기도의 깊이에 들어가는 은혜와 축복이 있기를 기대한다.

주님!
기록된 주님의 말씀을 통하여 알게 하시고 보여주시는 이 기도의 위력과 신비를 다만 아는 것으로 끝내지 않게 하시고 주님의 나라와 영광을 위한 기도의 실전에 뛰어들어 더욱 이 기도의 깊이와 이 기도의 참맛에 들어가는 신앙과 삶이 되게 하여 주옵소서.

말씀 이사야 38:9-22

제목 깊어가는 이 가을의 단상(斷想)

71

¹⁴ 나는 제비 같이, 학 같이 지저귀며 비둘기 같이 슬피 울며 내 눈이 쇠하도록 앙망하나이다 여호와여 내가 압제를 받사오니 나의 중보가 되옵소서

아무리 바쁘게 사는 사람도 현란한 잎새들이 낙엽이 되어 떨어지는 가을이 되면 언젠가는 나에게도 찾아오는 인생의 가을을 생각하게 되고 또 영원한 동면으로 들어가는 인생의 겨울로써 죽음에 대해서도 한 번쯤은 생각해 보게 되는 것 같다.

히스기야 왕이 병들어서 죽음 직전까지 갔다가 다시 수명을 연장 받고 살아 돌아와서 쓰게 된 죽음에 대한 단상인 오늘의 말씀을 접하면서 나도 깊어가는 이 가을 언젠가 나에게도 찾아올 죽음의 문제를 피하지 않고 정면으로 맞대면하는 내면의 시간을 가져보게 된다.

오늘 말씀에서 히스기야가 그토록 자신의 죽음을 애통해한 것은 그가 천수를 다 누리지 못하고 중년에 죽음의 세계로 데려감을 당하는 것에서 애통을 표현하는 것을 엿보게 되며 산 자의 땅에서 만났던 사람들을 다시 만나지 못한다는 것에 격렬한 슬픔을 표시하는 것을 엿보게 된다(38:10-11).

그는 죽음 앞에서 마치 제비같이 학같이 지저귀며 비둘기같이 슬피 울며 눈이 쇠하도록 앙망하며 주여 나를 치료하시며 나를 살려주옵소서 기도했는데(38:14) 자신의 죽음과 맞닥뜨리는 절체절명의 상황에서 자신이 아무리 일국의 왕이고 또 최강국 앗수르까지 물리친 후 모든 나라와 사람들에게 존귀한 자가 되었어도 죽음 앞에서는 이러한 영광들이 아무것도 아닌 초라한 자

신의 존재를 적나라하게 들여다보면서 비로소 자신을 제로 점에 놓고 정직하게 하나님을 대면하며 하나님의 뜻을 깊이 간파하게 된 것을 고백하고 있다.

> 보옵소서 내게 큰 고통을 더하신 것은 내게 평안을 주려 하심이라 주께서 내 영혼을 사랑하사 멸망의 구덩이에서 건지셨고 내 모든 죄를 주의 등 뒤에 던지셨나이다 … 주께서 나를 구원하시리니 우리가 종신토록 주의 전에서 수금으로 나의 노래를 노래하리이다(38:17-20)

히스기야 왕이 죽음을 대면하여 쓴 기도 詩를 묵상하면서 그가 평소에는 깊이 닿지 못했던 하나님을 아는 지식에 깊이 들어간 것을 보면서 왜 하나님께서 때로 성도의 삶에 병이나 사업 실패나 고통과 슬픔 같은 것들을 허락하셔야 하는지 히스기야가 경험하고 기록한 글을 통해 귀중한 교훈을 얻게 된다.

깊어가는 가을에 한 편의 기도 詩로 오늘의 말씀을 읽으면서 주님 앞에 깊이 있는 인생을 살지 못하고 그냥 세월 가는 대로 태평하게 살아온 나의 지난날이 얼마나 새털처럼 가벼웠는지 나 자신을 돌아보게 되며 더불어 평소 주님께서 내게 베푸신 놀라운 특별 은총들을 감사하지 못하고 얼마나 간과하고 살아왔는지… 부끄러운 내 인생에 대해 나 자신을 돌아보는 계기가 된다.

히스기야가 죽음 직전에 깨닫고 다시 이생으로 돌아오면서 남기고 있는 고백들은 한결같이 오늘 이 시간 이 말씀을 묵상하는 나 자신에게도 동일하게 주시는 말씀으로 받아들이며 마음 깊이 새긴다.

주님!
내 인생 굽이굽이에 고통과 시련이 있었던 것은 나에게 진정한 평안이 무엇인지 배우게 하시려는 주님의 뜻이라는 것을 오늘 주신 말씀을 통해 마음 깊이 새기게 되었습니다. 더불어 진정한 평안은 아무 데서나 오는 것이 아니고 세상이 알 수도 줄 수도 없는 것이며 이것은 주께서 나의 모든 죄를 주의 등 뒤에 던져버리는 죄 사함의 은총에서 오는 것이라고 말한 히스기야의 고백을 나의 고백으로 드립니다. 그가 이 은혜를 깨닫고 주님 앞에 드린 다짐처럼 나도 나의 평생에 나의 영혼을 이처럼 사랑하사 멸망의 구덩이에서 건져주신 주님의 은총을 나의 노래로 노래할 수 있도록 하겠습니다.

주님! 감사합니다. 사랑합니다. 찬양합니다. 아멘.

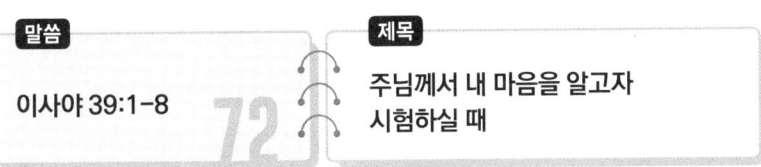

말씀 이사야 39:1-8

제목 주님께서 내 마음을 알고자 시험하실 때

⁶ 보라 날이 이르리니 네 집에 있는 모든 소유와 네 조상들이 오늘까지 쌓아 둔 것이 모두 바벨론으로 옮긴 바 되고 남을 것이 없으리라 여호와의 말이니라

성경에 히스기야 왕의 이야기가 다윗이나 솔로몬의 이야기처럼 많이 기록되어 있는 것은 히스기야의 인생과 그가 주님 앞에서 살아낸 삶을 통해 오고 오는 모든 시대 성도들에게 주님께서 주고 싶으시는 교훈이 많기 때문이리라 생각하게 된다.

히스기야의 이야기는 이스라엘 연대기를 기록한 열왕기하/역대하에서 뿐 아니라 이사야에서도 많은 지면을 할애하고 있는데 이사야 1부를 마감하는 오늘 말씀에서 그토록 많은 은혜를 받았고 그토록 위대한 기도의 사람으로 소개되어 지구의 자전까지 멈추게 할 만한 기도 응답의 징조까지 받았던 히스기야가 은혜의 자리에서 떨어지는 애석한 모습을 보여주고 있다.

아마 그는 당대 최강국이었던 앗수르를 물리친 후 그리고 그가 병들어 죽을 것이라는 소문을 잠재우고 다시 살아서 여전히 영광스런 왕위에 올라 통치하게 되었으며 주변 국가들에게 존대한 인물로 떠오르게 되었고 많은 사람들이 찾아와 예물을 바치게 되는 영광의 절정에 이르렀을 때 마음이 흐트러진 것 같다.

당시 앗수르의 위세 때문에 약소국으로 전락해 있던 바벨론 왕 므로닥발라단(후에 유다를 침공하게 되는 왕)이 히스기야가 죽을 병에서 회복되었다는 소식을 듣고 사절단에게 편지와 예물을 들려 보냈을 때 그는 사절단에게 자신의 위상이 얼마나 영광스러우며 자신의 나라가 얼마나 강대한 나라인지를 자랑하고 싶었는지 궁중의 모든 보물 내탕고와 무기고 등등 숨겨야 할 것들을 모두 드러내 보였는데 오늘 말씀과 같은 내용을 기록하는 역대하 32장에서는 히스기야가 자신의 영광을 자랑하는 마음을 절제하지 못하고 이렇게 자신이 내밀하게 숨겨야 할 것들을 다 드러낸 것은 하나님께서 히스기야의 심중에 있는 것들을 다 알아보고자 이렇게 시험하신 것이라고 기록하고 있다(대하32:31).

이에 대하여 선지자 이사야는 날이 이르러 이 모든 것들이 바벨론으로 옮겨질 것과 또 히스기야 자손들 가운데도 바벨론으로 옮겨져 그 나라의 환관이 되리라는 것도 예고하는데 후에 전개되는 바벨론의 침공과 3차에 걸친 포로 압송에서 이러한 예언이 그대로 이루어지는 것을 확인할 수 있다.

오늘 말씀을 묵상하면서 마음 깊이 닿는 교훈은 사람은 자신이 많이 가진 만큼 그리고 높은 자리에 올라 있는 만큼 자신이 받은 부와 영광과 존귀에 대한 책임이 있다는 것과 또 사람이 하나님의 은혜와 축복을 받는 것도 중요하지만 그 은혜와 축복을 잘 관리하는 것은 더욱 중요한 것이며 사람의 존귀는 그가 가진 귀한 것들을 드러내 보이는 것보다 깊이 감추고 드러내지 않는 신비로움 가운데 더욱 돋보이고 존귀하게 되는 것이라는 것을 배우게 된다.

주님!

주님께서 내게 주신 은혜와 축복들을 내가 받아 누릴 만한 그릇이 되는지 내 마음을 시험하시며 나를 알아보고자 하실 때 오늘 교훈으로 주신 히스기야의 실수를 나의 반면교사反面敎師로 삼아 내가 누리는 모든 것이 내가 잘나서 누리는 나의 영광이 아니라 오직 주님의 은혜로 말미암아 내게 주어진 주님의 영광인 것을 잘 드러내게 하옵시고 내게 베푸신 은혜에서 떨어지지 않도록 나를 붙들어주시고 깨어 있게 하옵소서.

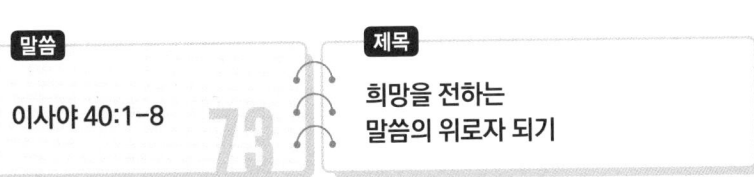

말씀 이사야 40:1-8

제목 희망을 전하는 말씀의 위로자 되기

³ 외치는 자의 소리여 이르되 너희는 광야에서 여호와의 길을 예비하라 사막에서 우리 하나님의 대로를 평탄하게 하라 ⁴ 골짜기마다 돋우어지며 산마다, 언덕마다 낮아지며 고르지 아니한 곳이 평탄하게 되며 험한 곳이 평지가 될 것이요 ⁵ 여호와의 영광이 나타나고 모든 육체가 그것을 함께 보리라 이는 여호와의 입이 말씀하셨느니라

지난해 10월 이사야 전반부 39장까지 마쳤는데 5개월이 지나 다시 이사야 후반부를 시작하는 40장으로 돌아왔다. 이사야 1-39장이 범죄한 유다 백성들에 대한 심판 경고였다면 연속되는 후반부 40장 이하는 바벨론 포로생활 가운데 주시는 회복의 메시지다.

오늘 말씀은 역대하 36:21-23을 배경으로 하면서 한편 히스기야 왕이 병에서 나은 후 바벨론 사신들의 예방을 받고 보여주지 말아야 할 것들을 보여준 후 그 땅의 모든 것들이 바벨론으로 옮겨지리라고 예고된 이사야 39장부터 점차 나라의 국운이 쇠하여지고 실제 바벨론 포로기를 거친 이후 150여

년이 지나는 시점에서 주시는 말씀이다.

　이 같은 이사야 선지자의 예언의 지평은 처음 소명을 받았던 웃시야 시대부터 시작해서(1:1) 바벨론을 무너뜨리고 이스라엘에게 해방을 선사한 바사 왕 고레스 시대까지를 계산하면 적어도 270여 년을 관통하며 메시아 시대까지를 내다본 것을 보면(40:3-5) 시드는 풀과 풀의 꽃으로 비유된 인생의 날들은 아무것도 아니며 오직 역사의 주재자이신 하나님과 그의 말씀만이 영원한 것이며 존중받아야 한다는 이사야의 글을 깊은 감동으로 받아들인다.

　너희의 하나님이 이르시되 위로하라 너희는 위로하라 내 백성을 위로하라는 말씀으로 시작되는 오늘 말씀을 묵상하면서 네 가지 질문을 해본다.

　① 여기서 앞의 너희는 누구이고 뒤의 너희는 누구이며 누가 누구에게 위로의 전달자가 되라고 하시는 것인가(?) 혹자는 이사야 전반부 1-39장까지 심판과 징계로 점철된 유다 백성들의 고통과 눈물과 한숨 같은 고난들을 의인화시켜서 너희 곧 그 고난이 너희(이스라엘)의 위로자라고도 하는데 아마 그 고난의 세월들로 인하여 그들(이스라엘)이 변화되었고 마침내 해방의 날을 맞이하게 된 것을 이렇게 이해하는 것일까(?)
　② 유다 백성들이 경험한 노역의 때 곧 바벨론 포로 기간을 통해 죄 사함을 받은 것은 지금 우리 시대(신약)에서는 어떻게 적용되어야 하는가?
　③ 외치는 자의 소리가 있어 광야에서 주의 길을 예비하라 한 것은 궁극적으로는 세례 요한과 예수님에게 연결시키게 되는데 일차적으로 바벨론으로부터 해방과 관련해서는 누구와 누구에게 적용시켜야 하는가?
　④ 하나님의 섭리 가운데 유다 백성을 해방시킨 바사 왕 고레스는 오실 메시아에 대한 예표가 될 수 있는가?

　많은 신학적 질문과 깊은 묵상 소재들을 담고 있는 오늘 말씀을 읽으면서 모든 말씀의 배후에 계시는 하나님은 어떤 분이신지 깊이 생각하게 된다.

1. 변함없는 그의 사랑(40:1-2)

하나님은 자기 백성을 끔찍이 사랑하셔서 백성들이 잘못 나가고 돌이키지 않을 때 멸망의 길에서 돌이키도록 징계하실 때도 있지만 그의 사랑은 변함이 없고 그가 택한 백성은 절대 버리심이 없으며 징계하시지만 징계보다 더 큰 위로로 그의 사랑을 나타내 보이시는 것을 배우게 된다.

그리고 구약에서 자기 백성을 이렇게 상대하신 것을 보여주신 그의 사랑은 신약에서 하나님의 백성 된 교회와 성도들에게도 동일한 원리로 작용한다는 것을 오늘 말씀을 통해 배운다.

2. 희망을 전하는 말씀의 위로자와(40:1-2) 경종을 울리는 외치는 자의 소리가 되기(40:3-5)

1) 지금 징계로 고통받는 성도들에게

혹독한 시련 가운데 바벨론 포로기를 통과한 백성들처럼 내 주변에 하나님께서 사랑하시기 때문에 징계하심으로 고통 가운데 있는 형제나 자매가 있다면 징계도 사랑이니 낙심하지 말고 잘 극복해 내고 성화 성장에 이를 수 있도록 돕고 격려하며 권면하는 위로자가 될 수 있어야겠다.

2) 다시 오실 주의 재림을 잘 준비하지 못하는 성도들에게

자기 백성을 구원하러 오시는 하나님을 맞이하기 위하여 고레스의 등장을 잘 이해해야 했던 포로기 유다 백성들처럼 그리고 형식주의 신앙에 빠져 있던 포로 후기 백성들에게 세례 요한을 보내시고 구원자 예수님을 등장시키신 것처럼 주님은 자기 백성을 구원하시기 위해 다시 오시는데 먼저 나 자신이 주의 오심을 잘 준비하는 자가 되며 나도 이사야가 예고한 외치는 자의 소리가 되어 사람들에게 주의 오심을 준비하게 하는 한 소리가 되어야겠다.

3. 주의 오시는 길을 평탄케 하기(40:3-4)

이사야 선지자는 하나님께서 자기 백성을 구원하기 위하여 오시는 길을 예비하며 평탄케 하여 그가 찾아오심에 방해됨이 없게 하라고 한다. 그래서 골짜기마다 돋우어지며 높은 산 언덕은 낮아져야 하고 험한 곳은 평지가 되게 하라고 한다.

여기서 높아진 것들, 험하게 된 것들은 무엇을 의미하는가?
마음이 교만하여 높아진 것, 내 마음이 죄악된 것으로 험하게 되어서 주님께서 나에게 오시는 길을 가로막고 있는 것들이 아닌가?

오늘 내 마음에 주님을 향하여 산같이 높아진 것이 있거나 죄악을 품어 험하게 된 것들이 있어서 주의 오심을 가로막고 은혜를 차단하고 있는 것들이 있다면 단호하게 제거하고 차단할 수 있어야겠다.

4. 하나님의 말씀이 가지는 권위와 가치(40:6-8)

오늘 말씀에서 하나님이 우리를 찾아오시는 방법으로 그의 영원하신 말씀을 강조하고 있으며 그의 말씀으로 풀과 같이 시드는 인생이 그 말씀의 기운으로 위로를 받고 소생케 될 수 있음을 가르쳐준다.

그런데 하나님의 위로는 어디서부터 어떻게 오는 것인가?
오늘 주신 말씀을 통하여 그것은 결코 쇠하지 아니하며 영원하신 하나님의 말씀에서부터 비롯되는 것임을 강조하신다.
벌써 햇수로 10년 가까이 큐티를 하다 보니 나도 모르는 사이에 큐티 매너

리즘에 빠져 말씀을 십상이 여길 때가 있는 것 같은데 정말 정신 차려서 조심해야 하며 오늘 주신 말씀을 통해 다시 한 번 말씀의 권위와 가치에 대해 경종을 받게 된다.

주님!
말씀은 곧 주님 자신이시며 나를 변화시키는 능력이고 나의 영원한 운명이 여기에서 좌우되는 것을 내가 한시도 잊지 않게 하옵소서. 기록된 주님의 말씀으로써 성경을 대할 때 최고 최대의 존경으로 대하게 하시며 진심을 다할 수 있게 하옵소서.

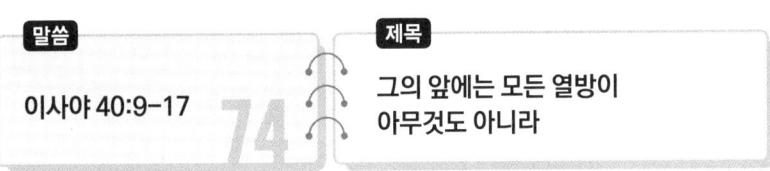

말씀	제목
이사야 40:9-17	그의 앞에는 모든 열방이 아무것도 아니라

74

¹⁵ 보라 그에게는 열방이 통의 한 방울 물과 같고 저울의 작은 티끌 같으며 섬들은 떠오르는 먼지 같으리니

앞선 말씀에서 조국을 등지고 바벨론으로 잡혀간 이스라엘이 다시는 나라를 이룰 수 없을 것 같은 절망 가운데서도 하나님께서 다시 저들을 회복시킬 것을 예고하였는데(40:1-8) 오늘 말씀에서는 저들이 포로에서 돌아오는 것뿐 아니라 하나님께서 강한 자로 임하셔서 저들을 다스려주시고 양떼를 먹이는 다정한 목자같이 저들의 형편을 따라 인도하실 것을 예고하고 있다(40:9-11).

더불어 이처럼 실현 불가능하게 보이는 꿈같은 이야기가 헛된 망상이 아니라 반드시 이루어질 것을 확신시켜 주기 위해서 선지자 이사야는 성령의 감동 가운데 자신이 이해하게 된 전능하신 하나님을 열아홉 가지 질문과 비사를 들어 설명한다(40:12-17).

세상 무엇과도 그리고 그 어떤 나라와 인간과도 비교 불가한 절대 주권자 되시며 전능하신 하나님을 설명하는 구절들 가운데 가장 마음 깊이 닿는 그의 위대성과 전능성은 그에게는 온 열방이라도 통의 한 방울 물과 같고 섬들은 떠오르는 먼지에 불과하여(40:15) 그의 앞에는 모든 열방이 아무것도 아니며 그는 그들을 없는 것같이 빈 것같이 여기신다는 말씀이다(40:17).

지난 동계 올림픽 이후 한반도는 해빙 기류를 타고 남북 대화와 평화로 가는 길을 추진하고 있으며 이러한 동력이 남북통일로 이어지기를 바라는 염원이 있다. 지금도 남측 예술단이 지난겨울 우리를 찾아온 북측 예술단의 답방 형식으로 북한 평양에 들어가 있고 4월 27일에는 남북정상회담까지 결정된 가운데 있는데 한편 이렇게 잘 나가고 있는 가운데서도 중국과 러시아의 눈치도 살펴야 하는 북한 김정은과 미국의 눈치도 살펴야 하는 문재인 대통령 입장을 생각해 보며 과연 지금 진행되고 있는 해빙 무드가 해피 엔딩이 될 것인지 아니면 중도에 시들 것인지 지극히 염려되는 마음도 있다.

한반도 평화와 통일 문제를 놓고 첨예하게 대립하는 주변 열강들의 이해관계를 따져보게 되면 왠지 조바심 나고 안타까운 마음을 어찌할 수 없어서 오직 하나님만이 우리의 문제를 해결할 수 있다고 간절히 기도하게 되는데 온 열방이라도 그 앞에서는 통의 한 방울 물같이 여기시는 하나님을 생각하면서 큰 위로와 담대함을 갖게 된다.

주전 8세기 이사야가 이 말씀을 예언할 당시만 해도 앗수르 제국을 무너뜨린 바벨론의 힘이 너무 막강하여 이스라엘이 한 번 포로로 잡혀가면 그것으로 끝장이고 다시 나라를 이룰 수 없으리라는 절망이 팽배하였는데 이사야 선지자는 남방 세력 애굽도 북방 세력 앗수르나 바벨론도 아무것도 아니며 그 나라들이 아무리 크고 강성하다 한들 하나님 앞에서는 통의 한 방울 물이요 떠오르는 먼지에 불과하다고 밝힘으로써 결국 하나님이 하시고자 하면 능치 못하심이 없고 그의 사전엔 불가능이 없다는 것을 명백히 밝히고 있다.

따라서 나는 나라와 민족을 위해 기도할 때마다 우리의 평화와 통일에 거침돌이 되고 있는 주변 열강들의 텃세와 부정적인 이해관계로 늘 무겁고 확신 없었던 마음을 다 내려놓고 희망이 없던 이스라엘에게 새 희망을 안겨준 선지자의 글과 또 자기 백성을 위하여 크고 놀라운 일을 행하시는 전능하신 하나님을 의지하는 믿음으로만 나갈 것을 이 아침 새 소망 가운데 마음 깊이 받아들인다.

높고 위대하신 주님!
주의 백성들 기도에 응답하여 크고 놀라운 일을 행하시는 주님!
손바닥으로 바닷물을 헤아리시며 뼘으로 하늘을 재시고 접시저울로 산들을 달아보시는 전능하신 주님의 손길에 오늘 해결의 길이 없는 것 같은 우리 민족의 문제를 맡기며 우리를 위하여 크고 놀라운 일을 행하실 주님을 기대합니다. 사람들의 눈에 실현 불가능하게 보이는 우리 민족의 평화와 통일의 문제가 주변 열강들의 이해관계나 힘으로가 아니라 주님의 개입하심으로 이뤄질 것을 믿으며 약해진 기도의 무릎을 일으켜 세우겠습니다.
주님이 친히 하신 놀라운 일 때문에 세상 모든 열방이 경이로운 눈으로 바라보는 그날이 우리에게 속히 오게 하옵소서.

말씀 이사야 40:18-31
제목 오직 여호와를 앙망하라

31 오직 여호와를 앙망하는 자는 새 힘을 얻으리니 독수리가 날개치며 올라감 같을 것이요 달음박질하여도 곤비하지 아니하겠고 걸어가도 피곤하지 아니하리로다

오늘 말씀에서 이사야는 하나님을 아는 지식이 없어서 헛된 우상숭배에 빠진 유다 백성들에게 일곱 가지 반어법적 질문을 통해 저들의 시선을 헛된 우상들과 비교 불가한 언약의 주 하나님께로 향하게 하고 있다(40:18-25).

그러나 히스기야가 15년 수명을 연장 받은 기간에 태어난 므낫세의 치세부터 시작하여 국가가 파산하고 마침내 바벨론 포로로 잡혀가기까지 그들은 우상숭배 죄악에서 벗어나지 못했는데 오늘 말씀은 바벨론의 고달픈 포로생활 가운데서 하나님도 우리를 버렸다고 한탄하게 될 유다 백성들에게(40:27) 여호와를 앙망함으로 다시 일어서고 힘을 얻으라는 하나님의 마음이 선지자를 통해 전달되고 있다(40:28-30).

> 야곱아 어찌하여 네가 말하며 이스라엘아 네가 이르기를 내 사정은 여호와께 숨겨졌으며 원통한 것은 하나님께 수리하심을 받지 못한다 하느냐 (40:27)

여기서 눈에 번쩍 들어오는 단어는 유다 백성들을 야곱이라고 지칭하신 것이며 야곱의 별칭인 이스라엘이라고 부르신 것이다. 비록 헤어나지 못한 우상숭배 죄악으로 바벨론 포로지에서 따끔한 맛을 보게 되겠지만 그들은 언약의 주 하나님께 유기된 자들이 아니며 다시 회복 기회가 있음을 엿보게 된다.

그리고 그들이 회복되고 일어서서 언약의 땅 예루살렘으로 다시 돌아오게 될 때에 그 길은 멀고 험한 길이 되겠지만 오직 여호와를 앙망하는 자는 새 힘을 얻으리니 독수리가 날개 치며 올라감 같을 것이요 달음박질하여도 곤비치 아니하겠고 걸어가도 피곤하지 아니하리로다 하신 대로(40:31) 그들은 희망 중에 다시 귀향길에 오르게 될 것이다.

이사야는 아직 유다 백성들에게 닥치지 않은 바벨론 포로기와 귀향길에 오르게 될 장래의 사건들을 성령의 감동 가운데 미래적 시각으로 내다보면서 더불어 오고 오는 모든 시대의 하나님의 백성들에게도 오직 '여호와를 앙망함'이 살길인 것을 강조한다. 여기서 앙망함이란 소망Hope, 존중Respect, 숭배 Adore(예배), 감탄Admire(찬송), 붙듦Hold, 기다림Waiting의 의미로 이해하는데 이 가운데서도 더욱 특별히 기다림Waiting의 의미로 마음 깊이 받아들인다.

야곱의 후손 이스라엘은 바벨론에서 포로로 살 때 자신들의 죗값으로 버려졌다고 생각했겠지만 그래서 절망과 한숨, 자포자기했을지 모르지만 이사야는 선지자는 언약의 자손이며 야곱으로 불리는 그들이 고난 가운데서도 여호와를 앙망함으로 기다리면(Waiting) 반드시 회복 기회가 오고 반드시 귀향길에 오르게 되고 독수리의 날개 치며 올라감같이 될 것을 예고한다.

요즘 우리 가정의 결혼식을 앞두고 걱정되는 일이 많은 중 가장 큰 것은 과연 몇 분이나 참석하게 될 것인지 도무지 감을 잡을 수 없다는 것이다.
그날 우리 가정 한 팀만 그곳에서 결혼하기 때문에 식사 준비를 위하여 가능한 적절한 숫자를 알려주어야 하는데 예식장 측에서는 많이 오든 적게 오든 ○○○명을 기본 숫자로 해서 적게 와도 그 기본비용을 내야 하고 많이 오면 초과된 숫자만큼 더 내야 한다고 해서 신중에 신중을 기하여 이름을 적어 보니 기본 숫자에도 많이 부족하다.

여러 곳에 청첩장과 모바일 청첩장을 보냈지만 딱히 누가 그날 꼭 온다고 말해 주는 것도 아니어서 감을 잡기가 어려운데 혹시 작은 숫자를 통보하여 그날 음식이 부족하면 이 역시 낭패이기 때문에 이왕이면 크신 주님을 의지하고 기본 숫자보다 50%를 더 추가하여 통보해 주었다.

그날 들어가는 꽃 값부터 시작해서 식사 비용과 그 밖의 부대 비용을 계산해 보니 손님들이 많이 와야 하는데 걱정이 걱정을 낳고 마음에 안심이 되지 못하여 흔들리는데 오늘의 말씀을 묵상하면서 "오직 여호와를 앙망하라"는 말씀과 그 앙망 속에 담긴 신뢰하고 기다림(Waiting)에 내 마음을 담고 있어야 할 것을 마음 깊은 교훈으로 받아들인다.

주님!
예측할 수 없는 우리 가정의 대사를 앞에 놓고 마음이 많이 흔들렸는데 주님을 앙망함으로 신뢰하고 기다림이 내가 할 일이라고 하셨습니다.
주님!
근심 걱정보다 그날 주님께서 어떻게 해주실 것인지 기대하는 마음으로 맞이하겠습니다. 그리고 그날은 부담이 아니라 큰 잔치이며 축제이고 가나의 혼인 잔치에 찾아가신 주님이 함께하셔서 주님의 축복을 경험하는 은혜의 자리가 될 것을 믿고 기대하겠습니다. 신랑 신부가 행복하고 양가가 행복하며 모든 하객들이 행복해지는 축복의 자리가 되게 하소서.

말씀 이사야 41:1-13
제목 참으로 나의 의로운 오른손으로 너를 붙들리라

76

¹⁰ 두려워하지 말라 내가 너와 함께 함이라 놀라지 말라 나는 네 하나님이 됨이라 내가 너를 굳세게 하리라 참으로 너를 도와 주리라 참으로 나의 의로운 오른손으로 너를 붙들리라

온천지의 주재자이시며 높고 영화로우신 하나님은 자기 백성 이스라엘에게 뿐 아니라 자신의 인격적 피조물인 이 땅의 모든 사람들에게 자신의 존재와 위엄과 능력을 나타내기를 원하신다. 그리고 마치 청문회 자리를 통하여 모든 감춰진 일들을 드러내듯 모든 민족들을 청하여 이 세상 역사 가운데 진행된 일들이 누구로 말미암아 된 결과인지 알라고 하신다(41:1).

여기서 이사야가 제시하며 바라보는 예언의 지평은 하나님께서 자신의 의의 수행자로 세우실 동방에서 일으키는 한 인물을 예고하는데 그가 하나님의 백성 이스라엘에 해방을 선사할 바사(페르시아) 제국의 초기 왕 고레스로 이해되며 그의 군대가 고대 근동지방을 휩쓸고 지나감으로 세계 역사가 재편될 것인데 과연 이 일을 누가 행하였느냐 누가 이루었느냐 누가 처음부터 만대를 불러내었느냐 나 여호와라 … 처음도 마지막도 "내가 곧 그니라"고 선포케 하신다(41:2-4).

하나님께서 일으키신 바사 왕 고레스의 군대가 원정 공격으로 당대의 국가들을 하나하나 정복해 나갈 때 고레스의 서진 - 남하 정책을 막기 위해 당대 국가들이 연합 전선을 형성하며 자신들의 신에게 의존하여 문제를 해결해 보려고 더욱 열성적으로 우상과 우상의 전각들을 세워보지만 허사였고 바다의 흉흉함 같은 두려움과 불안이 세상에 퍼져나갔을 때(41:5-7) 하나님께서는 선지자를 통하여 자기 백성에게는 다정히 말씀하신다.

그러나 나의 종 너 이스라엘아 내가 택한 야곱아 나의 벗 아브라함의 자손아! 내가 땅 끝에서부터 너를 붙들며 땅 모퉁이에서부터 너를 부르고 네게 이르기를 너는 나의 종이라 내가 너를 택하고 싫어하여 버리지 아니하였다 하였노라. 두려워하지 말라 내가 너와 함께 함이라 놀라지 말라 나는 네 하나님이 됨이라 내가 너를 굳세게 하리라 참으로 너를 도와 주리라 참으로 나의 의로운 오른손으로 너를 붙들리라(41:8-10)

더불어 이어지는 말씀에서 주목하게 되는 화두는 하나님의 선택받은 자는 결코 망하지 않으며 환난 가운데서도 하나님께서 붙들어주시고 도와주심으로 반드시 살길이 있다는 것이며 그들을 핍박하고 해치던 자들은 아무것도 아닌 자같이 되리라는 것이다(41:11-12).

오늘 말씀을 묵상하면서 눈물겹게 닿는 구절은 하나님은 아무도 도울 자 없는 것 같은 곤난과 애처로움 가운데 빠져 있는 자기 백성을 결코 방관하지 않으시고 함께하시며 굳세게 하시며 참으로 도와주시며 참으로 의로운 오른손으로 붙들어주시리라는 것이다.

이처럼 한 번만 말씀해 주셔도 감사와 안심이 될 터인데 무려 다섯 번이나 반복해서 내가 안심하도록 애쓰시는 약속 앞에 감격하면서 이사야 41:10절! 이 한 구절 말씀만으로도 두려움 없이 근심 걱정 많은 세상을 넉넉히 이길 수 있을 것이다. 그러나 본문 말씀 가운데 더 큰 감동은 그의 의로우신 오른손으로 나를 붙들어주시겠다고 거듭해서 다짐하신 약속이다(41:10,13).

본문의 묵상을 정리하면서 젊은 시절 신학교를 갓 졸업하고 낯선 땅 항구도시 ○○에 가서 개척목회하던 시절이 떠오른다. 그때 우리는 힘들고 어려울 때마다 애창한 찬송이 있었다.

주님여 이 손을 꼭 잡고 가소서 약하고 피곤한 이 몸을
폭풍우 흑암 속 헤치사 빛으로 손 잡고 날 인도하소서.
인생이 힘들고 고난이 겹칠 때 주님여 날 도와주소서.
외치는 이 소리 귀기울이시사 손 잡고 날 인도하소서.

내 약하고 피곤한 이 손 꼭 붙잡고 인도해 달라는 찬송을 부를 때 마음 깊이 감동하며 전율했고 오늘 주신 이사야 41:10절이 체휼되었다. 그래서 그런지 별로 감정 표시를 하지 않는 아내도 이 찬송에 은혜를 받으며 좋아하는 애창곡이 되었는데 그때 그 모습과 그때 한 이야기들이 이 아침 불현듯 떠오른다.

그때 그 시절부터 어느덧 많은 세월이 지나 지금은 사역을 마무리하는 시점이 되었지만 그 시절 외롭고 힘들며 어려웠을 때 불렀던 이 찬송은 내가 주

님을 만나게 되는 그날까지 참으로 나의 의로운 오른손으로 너를 붙들어주리라는 그 약속을 기억하면서 시시로 내가 주님께 드려야 할 나의 고백이며 나의 찬송이 되게 할 것을 이 아침 새롭게 받아들인다.

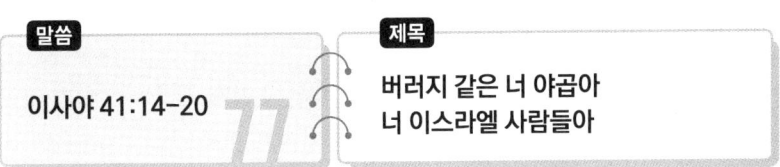

말씀 이사야 41:14-20

제목 버러지 같은 너 야곱아 너 이스라엘 사람들아

¹⁴ 버러지 같은 너 야곱아, 너희 이스라엘 사람들아 두려워하지 말라 나 여호와가 말하노니 내가 너를 도울 것이라 네 구속자는 이스라엘의 거룩한 이이니라

오늘의 말씀은 첫 구절 첫 단어에서부터 콱 막히고 들어간다.
왜 하나님께서는 자신이 선택한 자기 백성이자 야곱의 후손인 이스라엘을 버러지, 그러니까 밥버러지 같은 놈들이라고 칭하는 것일까?
이전에 나온 한글 개역 성경에서는 이 구절을 지렁이 같은 야곱이라고 번역했는데 버러지든 지렁이든 하나같이 흉측하고 (발 없이 꿈틀꿈틀 움직이는) 부정한 동물로 지칭하심이다.

성경에서는 발이 없는 동물(벌레)들을 부정한 동물로 취급하고 이에 접촉하는 사람 역시 부정하게 된다고 가르치고 있는데 하나님은 버러지 같고 지렁이 같은 자기 백성 이스라엘이 얼마나 가련하고 흉한 존재들인지 이렇게 표현하시는 것 같다.

그런데 왜 하필이면 버러지요 지렁이라고 하시는 것일까? 요즘 겨울이 지나고 봄이 돌아와 가까운 텃밭을 일구고 있는데 흙 한 삽 떠낼 때마다 여기저기서 지렁이들이 나오는 것을 보며 그래도 이놈들이 생명을 가지고 있으니 죽지는 않게 하려고 꿈틀거리는 놈들을 도로 습기 찬 축축한 땅에 묻어주곤 하는데 오늘 말씀에서 야곱의 자손 이스라엘이 버러지요 지렁이로 호칭되는 것을 보면서 왜 지렁이라 하시는지 지렁이의 생리를 생각해 보며 지렁이와 이스라엘과 나를 연결해서 묵상해 보게 된다.

지렁이는 빛으로 나오면 금세 말라 죽기 때문에 언제나 빛이 쪼이지 않는 음침한 곳에서 서식하는데 빛으로 나가기를 싫어하며 어둡고 음침한 죄악의 자리를 좋아하는 것이 이스라엘이며 곧 적나라한 나의 모습을 반영함은 아닌지 자신을 돌아보게 된다.

왜 나는 하나님의 뜻을 즐겨 행하는 것보다 때로는 죄의 낙을 좋아하는 것에 더 마음이 갈까?
왜 나는 빛의 자녀가 되었으면서도 때로는 빛이 들어오지 않거나 그냥 어두침침한 곳을 분위기 좋은 곳으로 더 선호할까(?)

그러고 보니 내 안에도 여전히 버러지요 지렁이 같은 생리가 잔존하고 있음을 부정할 수 없다. 그러나 놀라운 것은 이렇게 부정하며 상대하기 힘든 이스라엘에 대해 하나님께서 두려워하지 말라 하시며 내가 너를 도울 것이라 하시고 너의 구속자Redeemer는 이스라엘의 거룩한 자라고 하신 것이다.

어디 그뿐인가. 지렁이 같은 이스라엘을 변화시켜 하나님의 공의를 집행하는 의의 도구들로 사용하시겠다고 하시며(41:15) 목이 갈한 자가 물을 구하는 것처럼 하나님께 부르짖는 저들의 기도에 응답하시고 결코 그들을 버리지 아니하시리라고 하시며(41:17) 그들을 다시 고토로 돌이켜 황폐해진 그 땅을 푸른 나무들로 뒤덮으며 골짜기에 샘물 터지고 광야에 물이 흐르게 하신다고 하시니 이 모든 것이 하나님의 은혜요 자기가 선택한 자들을 불쌍히 여기시는 전능자의 주권으로만 가능한 것을 엿보게 한다(41:18-20).

오늘 말씀을 정리하면서 버러지요 지렁이 같은 이스라엘을 거룩한 하나님의 도구가 되게 하시고 그들이 포로로 던져진 땅에서 돌이켜 다시 고토로 돌아오게 하시며 그들의 버려진 땅을 다시 회복시켜 황무지가 변하여 낙원이 되게 하시겠다는 하나님의 약속을 보면서 비록 나는 죄인이지만 나에게서 일어나는 모든 좋은 일들이 나의 의에서 나온 것들이 아니며 오직 그리스도 예수 안에서 나를 택하여 주시고 나도 영적 야곱의 자손이며 이스라엘이 되게 하여 주신 하나님의 주권적 은혜의 결과인 것을 다시 한 번 되새기게 된다.

그래서 그런 것일까. 바벨론 포로지에서 신음하는 이스라엘을 회복시키시는 오늘 말씀에서 처음부터 끝까지 이 모든 것은 내가 스스로 하는 것이라는 주권성을 강조하시는 것처럼 하나님께서는 이사야 선지자를 통해 '나' 곧 '내가'를 열 번이나 언급하시는 것을 보면서 지금 내 모습 나의 나 됨은 나의 의나 잘남이 아니요 오직 주님의 주권적인 은혜요 축복인 것을 고백하게 된다.

(오늘의 묵상을 접으면서 학생시절 즐겨 불렀던 찬양)

Why me Lord!(Kris Kristofferson이 부른 노래. 우리말 번역 '벌레 같은 내게')가 생각나 오늘 묵상을 마감하는 찬양의 기도 시로 올려본다.
벌레 같은 내게 은혜 베푸는지 나는 알 수 없습니다.
무엇 하나라도 어느 것 하나도 자격 없습니다.
오~ 주님, 예수 나를 도와주소서. 예수 오 나의 주님 × 2 …*

Why Me Lord What have I ever done

To deserve even one of the pleasures I've known

Tell me Lord what did I ever do to deserve loving you

And the kindness you've shown

Lord heavenly Jesus I praise Him

So help me Jesus I know what I am
Now that I know that I needed you
So Help me Jesus, my soul's in your hands

> **말씀** 이사야 41:21-29
>
> **제목** 나의 장래사를 아시는 전지하신 하나님 의지하기

25 내가 한 사람을 일으켜 북방에서 오게 하며 내 이름을 부르는 자를 해 돋는 곳에서 오게 하였나니 그가 이르러 고관들을 석회 같이, 토기장이가 진흙을 밟음 같이 하리니

앞선 말씀에서 구원받을 수 없을 것 같은 이스라엘이 구원받게 되는 하나님의 전능全能성을 말씀하셨는데 오늘 말씀은 장차 올 일을 미리 알리시고 알려주시는 하나님의 전지全知하심을 강조하신다.

그러나 이스라엘은 헛된 우상에게 의지하고 매달렸으니 그들의 어리석음을 책망하시며 장래 일을 미리 알고 말해 줄 수 있는 참 하나님을 의지하라고 하시며 장차 해 뜨는 곳 북방에서 일으킬 한 사람과 그가 정복할 나라들을 예고하시는데 이어지는 장에서 심지어 그의 이름까지 정확히 고레스라고 하시는데(44:28) 후에 이 예언은 한 치의 오차 없이 적중하였다.

누군가 내일 일 아니 5분 후에 일어날 일을 예견하고 말할 수 있다면 그는 신이라고 하였다. 사람들은 보통 사주팔자, 관상에 의존하며 혹은 거짓된 접신술사 무당에 의지하기도 하고 경험 또는 확률 통계 같은 것을 이용하여 미래 일을 예견하고 대응하기도 하는데 일본에서 야구의 신이라고 불렸던 김성근 감독도 항상 통계에 의지하여 선수를 기용하는 것을 많이 보았다. 그러나

통계에 의지한 그의 예견과 선택이 항상 맞는 것이 아니어서 그가 마지막 감독을 지냈던 한화 야구단을 보면 한 시즌 내내 하위를 면치 못했다.

단언하건데 사람은 자신의 5분 후 일도 알 수 없는 연약한 인생일 뿐이다. 만나고 돌아가는 길에 교통사고로 죽은 사람도 보았다. 오직 하나님만이 나의 오늘과 내일 그리고 먼 장래까지도 다 헤아려 아시는 전지전능하신 하나님이시며 그래서 우리에게 그의 전지하심과 전능하심을 믿고 나에게 닥칠 수 있는 시험과 악(악한 일)에서 구원해 달라고 기도해야 한다고 주님은 기도의 모범(주기도문)을 가르쳐주셨다.

오늘은 우리 가정의 결혼식이 있는 날이다. 예측할 수 없는 장래를 앞에 놓고 그러나 항상 우리에게 선한 길로 인도하시는 주님의 손길에 신랑 신부의 앞날을 맡긴다.

주님!
여기까지 이끌어주신 것 감사합니다. 오늘 우리 가정 결혼 예식에 누가 그리고 몇 분이나 올지 오직 주님만 아십니다. 오늘 신랑 신부 새 가정을 이루어 험한 인생의 바다를 헤쳐나갈 때 모든 장래사를 아시는 주님께서 선한 목자 되시어 평강의 길로 인도하옵소서.
"여호와는 나의 목자시니 내가 부족함이 없으리로다 그가 나를 푸른 초장으로 인도하시며 쉴 만한 물가로 인도하시도다 내 영혼을 소생케 하심이여 주의 이름을 위하여 의의 길로 인도하시도다." 아멘.

말씀	제목
이사야 42:1-9	종의 노래를 따라오신 그리스도를 본받아

¹ 내가 붙드는 나의 종, 내 마음에 기뻐하는 자 곧 내가 택한 사람을 보라 내가 나의 영을 그에게 주었은즉 그가 이방에 정의를 베풀리라 ² 그는 외치지 아니하며 목소리를 높이지 아니하며 그 소리를 거리에 들리게 하지 아니하며 ³ 상한 갈대를 꺾지 아니하며 꺼져가는 등불을 끄지 아니하고 진실로 정의를 시행할 것이며 ⁴ 그는 쇠하지 아니하며 낙담하지 아니하고 세상에 정의를 세우기에 이르리니 섬들이 그 교훈을 앙망하리라

앞선 장(41장)에서 동방에서 한 강력한 왕을 출현시켜서 당 시대의 세상 역사를 새롭게 재편하게 하며 특별히 하나님의 백성 이스라엘을 해방시킬 한 인물의 등장을 예고하였으며(41:2-25) 그가 바사 제국을 연 고레스 왕이라는 것을 밝히는데(44:28) 오늘 말씀에서는 동방에서 일으킬 그 왕의 출현으로 이스라엘의 육적 해방을 가져오게 하신 것처럼 하나님의 백성들을 영적으로 해방시킬 한 종의 출현을 예고하신다.

내가 붙드는 나의 종 내 마음에 기뻐하는 자 곧 내가 택한 사람을 보라 내가 나의 영을 그에게 주었은즉 그가 이방에 정의를 베풀리라(42:1)

이어지는 말씀은 하나님께서 보내실 특별한 사람이 보내신 이의 뜻을 행하기 위해 이 땅에 와서 행하게 될 사역의 특징을 보여주는데 그는 폭군들처럼 요란하게 떠들어대는 사람이 아니라 조용한 사람이며 상한 갈대를 꺾지 아니하며 꺼져가는 등불을 끄지 아니할 만큼 기다려주는 사람이고 그는 절망할 수밖에 없는 상황에서도 쇠하거나 낙담하지 않고 세상에 정의를 세우기에 이를 것이며 섬들이(나라들이) 그 교훈을 앙망하게 될 것이라고 하신다(42:2-4).

더불어 그의 사역을 통해 눈먼 자들의 눈이 뜨이며 갇힌 자들이 옥에서 나오고 흑암에 앉은 자들을 빛 가운데로 이끌어낼 것인데(42:6-7) 이사야가 예언한 이 사람 곧 하나님께서 붙드시는 이 특별한 종의 정체는 신약으로 들어와서 환하게 밝혀지는 바 마태는 이사야 선지자가 예고한 이 사람이 곧 우리에게 오셨던 예수님임을 그의 복음서에서 밝히 드러내고 있다(마12:17-21).

본문 말씀을 묵상하면서 세상과 역사의 주재이신 하나님께서 세상 가운데 있는 하나님의 백성(교회)을 중심으로 세상의 역사를 간섭하시고 이끌어가신다는 것과 그는 한 특정한 사람들을 도구로 삼아 자기의 뜻을 이루게 하시는데 이사야의 예언에서는 그가 곧 고레스 왕이었고(BC 590-529) 또 고레스 왕의 시대로부터 적어도 500년 뒤 이사야가 예고한 종의 노래를 따라오시게 되는 예수님이었다는 것을 이해하게 된다(42장,49장,50장,52장).

그런데 이 종의 노래를 따라서 오시게 되는 메시아의 사역이 어떻게 펼쳐질 것인가를 보여주는 오늘의 말씀에서 가장 마음 깊은 감동으로 닿는 것은 그가 조용한 사람이라는 것 그리고 포기할 수밖에 없는 사람들에 대해서도 쉽게 단념하지 않고 오래 기다려주는 사람이어서 상한 갈대 같은 사람들을 다시 소생시켜 주고 꺼져가는 등불 같은 사람들을 다시 타오르게 만들어주며 사람들의 닫힌 눈을 열어주고 매임에서 벗어나게 하며 흑암에 있는 자들을 빛 가운데로 나가게 해주는 사람이라는 점이다.

종의 노래를 따라오신 예수님 안에서 내가 이미 이 은혜를 받은 것처럼 나도 오늘 내가 그에게 부르심을 받은 자리에서 그의 제자가 되어 이렇게 살아야 한다는 것을 이 아침 깊은 교훈으로 받아들인다.

무엇보다 많이 말하고 많이 떠들어대는 사람이 되는 것보다 조용한 깊음 가운데서도 사람들에게 영향력을 미칠 수 있는 사람이 되고 싶고 조급한 성격 때문에 참아주지 못하여 성장과 변화가 필요한 사람들을 쉽게 포기하고 쉽게 속내를 드러냈던 나의 모습을 부끄러워하며 이제는 오래 기다려주고 그분의 제자답게 사람을 세워줄 수 있기를 소원한다.

주님!

군림하는 폭군 왕들의 시대에 조용한 종의 모습으로 오셔서 낮은 자리에서 조용한 소리로 하셨어도 그 영향력을 만대에 펼치시고 세상 끝까지 펼치신 주님의 길을 배우고 싶습니다. 결과로 사람을 평가하기 때문에 오래 기다려주지 못하는 초 스피드 시대에 상한 갈대 같고 꺼져가는 등불 같은 사람들을 오래 기다려줌이 사람을 살리고 세워주는 일이며 변화의 시작이라는 것을 제가 한시도 잊지 않고 따를 수 있게 하옵소서.

오늘 주일을 맞아 믿지 않는 사람들을 상대로 말하게 되는 특별한 자리에 서게 되는데 오늘 주신 말씀이 보여준 주님의 상(像)을 내가 사람들에게 보일 수 있도록 내 마음과 입술과 행함을 주장해 주옵소서.

말씀: 이사야 42:10-17
제목: 새 노래

13 여호와께서 용사 같이 나가시며 전사 같이 분발하여 외쳐 크게 부르시며 그 대적을 크게 치시리로다

앞선 말씀(42:1-10)에서 이스라엘의 해방을 위해 고레스라는 강력한 왕을 일으켜 세우시고 보내심같이 이 땅에 거하는 하나님의 백성들의 영적 해방을 위해 하나님께서 붙드시는 종이시며 마음에 기뻐하는 자로서 그의 영을 충만히 부으신 메시아(그리스도)를 보내시고 그의 사역이 어떻게 전개될 것인지 보이셨는데(42:2-7) 오늘 말씀에서는 그의 백성들을 향해 그토록 온유 겸손한 종

의 모습으로 나아가신 그가 자기 백성을 압제하는 원수 마귀의 세력들에 대해서는 얼마나 강력한 용사와 같고 전사와 같이 나가서 싸우시며 승리를 얻으실 것인지 보여주신다(42:13-15).

그를 통해 구원을 얻은 주의 백성들이 어떻게 새 노래로 불러서 구원의 은총을 노래할 것인지 보이시는데(42:10-12) 실제로 구원역사(천국 복음 운동)는 온 세상으로 뻗어나갔고 갈 바를 알지 못하는 (영적) 맹인들을 광명한 지름길로 인도하셨는데(42:16) 이 말씀은 일차적으로 바벨론 포로지에서 예루살렘으로 돌아간 유다인들에게 성취되었으며 궁극적으로는 모든 열방과 민족들 가운데서 성취되어 주님은 구원받은 자들이 드리는 새 노래로 영광을 받으신다.

오늘 말씀에서 인상 깊게 닿는 단어는 '새 노래'인데 요한계시록에서는 이처럼 구원받은 자들을 대표하는 24장로들이 부르는 새 노래가 이렇게 소개되고 있다.

> 새 노래를 노래하여 가로되 책을 가지시고 그 인봉을 떼기에 합당하시도다 일찍 죽임을 당하사 각 족속과 방언과 백성과 나라 가운데서 사람들을 피로 사서 하나님께 드리시고 저희로 우리 하나님 앞에서 나라와 제사장으로 삼으셨으니 저희가 땅에서 왕 노릇 하리로다(계5:9-10)

엊그제 토요일 우리 가정의 결혼식을 드리면서 비록 교회당에서 하지 못하고 행정/가정법원에서 하게 되었지만 교회당에서 예배드리는 것 이상으로 주님께 영광을 돌리는 결혼예배가 되게 해달라고 간절히 기도했는데 교회당에서 드리는 거룩하고 영광스런 예배 이상으로 정말 정갈하고 아름답게 잘 꾸며진 예식장에서 결혼예배를 드릴 수 있었던 것을 감사하였다.

그 자리에는 신 불신을 떠나 많은 분들이 참여하여서 혹시 예배 분위기를 해치면 어쩌나 걱정하기도 했는데 주님께서 도와주셔서 영광스런 결혼예배가 되게 하셨다. 주님께 드리는 찬양도 모두 1절부터 4절까지 다 불렀는데 오늘의 말씀처럼 새 노래로 찬양할 수 있었던 것도 감사하였다.

예배가 끝나고 주례 목사님께서 나에게 양가를 대표하여 한 말씀 하라고 하셨는데 하객들에 대한 감사와 식사 참여를 말하기에 앞서서 먼저 "이날 이 자리까지 인도해 주신 주님께 감사와 영광을 돌립니다"라는 말로 결혼의 축복과 그날 드린 결혼예배에 대한 감사를 표시했다.

일생에 한 번인 우리 가정의 결혼식을 진행하면서 정말 많은 은혜를 받았고 경험하였다. 아는 분들에게 사전에 결혼식을 알리기는 했지만 몇 분이나 참석할 것인지 감을 잡을 수 없어 예식장 측에서 식사 준비를 위해 참석 숫자를 물어왔을 때 암담하기만 해서 그래도 믿음으로 ○○○명이 참석한다고 했는데 정말 나중에 방명록에 기록된 이름을 보면서 깜짝 놀랐다.

내가 믿음으로 말한 그 숫자대로 거의 일치되게 왔는데 참석한 분들의 숫자를 보고 정말 주님께서는 우리의 기도를 이처럼 세세하게 들으시고 구체적으로 응답하신다는 것에 대해서도 놀란 감사를 드렸다. 또 요즘 젊은이들이 결혼하고 싶어도 집 문제 때문에 결혼하기가 어려운데 우리 가정이 가진 것이 없지만 이 어려운 문제들도 은혜로 해결 받게 하시고 또 결혼식에 참여하지는 못했으나 부조금을 보내주신 분들을 통해 도움을 받게 하셔서 우리 가정의 결혼식을 잘 마치게 하신 것이 마냥 감사하기만 하다.

허물과 죄로 죽은 나를 그리스도와 함께 살리시고 자녀 삼으셨으며 이 땅에 사는 동안에 주의 자녀로서 기도의 특권을 가지며 내가 받은 구원의 은총을 새 노래로 부르게 하시고 장차 천국에서 더 좋은 곡조로 새 노래를 부르게 하실 주님께 이 아침 마음 깊이 우러나는 감사와 찬양을 올려 드린다.

말씀	제목
이사야 42:18-25	맹인이 누구냐 내 종이 아니냐

81

¹⁹ 맹인이 누구냐 내 종이 아니냐 누가 내가 보내는 내 사자 같이 못 듣는 자겠느냐 누가 내게 충성된 자 같이 맹인이겠느냐 누가 여호와의 종 같이 맹인이겠느냐

며칠 기온이 급강하하던 꽃샘추위가 지나고 오늘은 아침부터 온화하고 화창한 봄날이다. 엊그제 우리 가정의 대사였던 결혼식을 마치고 어제는 지난날 즐겨 찾던 기도의 산에 오르려 서울의 동쪽 끝 마을 광진구 중곡동의 긴 고랑 골짜기를 찾아갔는데 길가에 끝도 없이 이어진 만개한 벚꽃 길을 걸으며 또 하나둘씩 떨어지는 꽃비를 맞으면서 황홀하기도 했다.

아름다운 연분홍 꽃길을 걸으면서 이렇게 찬란한 봄은 내 곁에 와 있는데 지금 내 마음은 주님과 함께하는 꽃길을 걷고 있는지 자신을 돌아보는 시간도 갖게 되었다.

주님!
오늘도 생명의 삶을 위해 주신 여기 기록된 말씀을 통해 주님의 뜻을 알게 하시고 그 길을 보여주시며 내가 그 길로만 똑바로 가게 하소서.

오늘 주신 말씀을 읽고 묵상하면서 부끄럽고 따가운 교훈으로 닿는 구절은 맹인이 누구냐 내 종이 아니냐? 누가 여호와의 종같이 맹인이겠느냐(42:19)는 말씀이다. 이사야가 선지자로 활동하던 시대에는 이사야 외에도 자신을 하나님의 종으로 자처하며 선지자로 자처하는 사람들이 많았지만 하나님의 뜻을 밝히 알고 백성들에게 바른 길을 제시하는 종들보다 하나님과 바알을 혼동하

여 섬기며 백성들을 그릇 인도하는 종들이 너무나 많았는데 이러한 우매한 종들에 대해 말씀하시기를 네가 많은 것을 볼지라도 유의하지 아니하며 귀가 열려 있을지라도 듣지 아니하도다(42:20) 한탄하신다.

하나님께 듣는 말씀이 없으니 거짓말로 가르치게 되고 하나님께로부터 보는 것이 없으니 갈 길을 보여주지 못해 결국 엉터리로 소경이 소경을 인도하는 꼴이 되었는데 오늘 말씀은 당 시대 모습을 이렇게 보여주고 있으며 이러한 현상은 므낫세 왕 시대에 극에 달했고 바르게 듣고 바르게 보며 바르게 말하는 이사야 같은 선지자들이 죽임을 당하기도 하는데(왕하21:16) 결국 이러한 모습을 더 이상 두고 볼 수 없어서 하나님께서 야곱이 탈취를 당하게 하시며 이스라엘을 약탈자에게 넘기시는 데까지 이르게 된다(42:24).

오늘 묵상을 정리하면서 다른 사람을 인도하는 영적 지도자가 되는 것이 얼마나 두려운 일인지 보게 되는데 이는 자신이 구렁텅이 길로 가고 있으면서 알지 못하고 남도 구렁텅이로 인도하여 자신도 남도 망하게 하기 때문이다.

(저희는) 소경이 소경을 인도하는 자로다(마15:14)

따라서 이러한 영적 지도자들에 대한 주님의 무서운 질책은 복음서에서도 보면 사역의 후반기로 가면서 증폭되어 마침내 십자가로 가는 길목에서 폭발하는 것을 볼 수 있다.

화있을찐저 소경된 인도자여 … 너희가 교인 하나를 얻으면 너희보다 배나 더 지옥 자식이 되게 하는도다(마23:15)
우맹이요 소경들이여(마23:17)
뱀들아 독사의 새끼들아 너희가 어떻게 지옥의 판결을 피하겠느냐(마

23:33)

소경된 인도자가 되지 말라고 따갑게 책망하시는 오늘 말씀을 받으면서 내가 주님과 교통이 꽉 막혀 있음으로 말씀을 받은 것 없어서 다른 이의 설교를 카피하거나 거짓말로 말하는 설교자가 되지 않기 위하여 그리고 평소 주님과 영적 교통이 막히지 않기 위하여 성령 안에서 말씀과 기도에 깨어 있을 것과 또 이 나라와 이 시대를 향한 주님의 뜻을 분별해야 하고 내가 사람들에게 찬성을 받든 거절을 받든 내가 받은 것을 성도들에게 말하고 제시해야 할 것을 이 아침 내게 주시는 교훈으로 마음 깊이 받아들인다.

찬양으로 드리는 기도

나의 눈 열어 주를 보게 하시고 주님의 길을 알게 하소서. 매일 나의 삶에 주 뜻 이뤄지도록 새롭게 하소서. 주의 사랑으로 주 사랑 나를 붙드시고 주 곁에 날 이끄소서. 독수리 날개 쳐 올라가듯 나 주님과 함께 일어나 걸으리 주의 사랑 안에.

말씀 이사야 43:1-13(1) **제목** 너는 내 것이라

¹ 야곱아 너를 창조하신 여호와께서 지금 말씀하시느니라 이스라엘아 너를 지으신 이가 말씀하시느니라 너는 두려워하지 말라 내가 너를 구속하였고 내가 너를 지명하여 불렀나니 너는 내 것이라 ² 네가 물 가운데로 지날 때에 내가 너와 함께 할 것이라 강을 건널 때에 물이 너를 침몰하지 못할 것이며 네가 불 가운데로 지날 때에 타지도 아니할 것이요 불꽃이 너를 사르지도 못하리니

앞선 말씀(42장) 후반부에서는 영적 소경과 귀머거리가 되어 주의 교훈을 싫어하며 주의 길로 다니기를 원치 아니하다가 마침내 구렁텅이에 빠지는 양들처럼 바벨론으로 잡혀가게 되는 이스라엘의 슬픈 운명을 예고했는데 오늘 말씀에서 이사야 선지자는 다시는 나라를 이룰 수 없고 다시는 예루살렘으로 돌아갈 수 없는 바벨론 포로지에서 그래도 그들을 버릴 수 없는 하나님의 기이한 사랑 때문에 이스라엘이 다시 건짐을 입고 회복될 것을 예고하고 있다.

바벨론의 포로지에서 비참한 노역에 내몰리는 절망 중에서도 다니엘이나 에스겔 같은 선지자들은 이러한 말씀을 기억하고 절망 중에도 소망을 갖고 회복의 날을 기다린 것 같은데 그들이 포로로 잡혀가기 전 하나님께서 희망의 등불로 섭리 가운데 남겨놓으신 선지자 이사야의 글은 그때 포로지의 백성들이나 오늘 이 시대에 하나님을 섬기는 우리에게도 동일하신 그의 말씀이며 동일하신 하나님이 되신다.

> 야곱아 너를 창조하신 여호와께서 지금 말씀하시느니라 이스라엘아 너를 지으신 이가 말씀하시느니라 너는 두려워하지 말라 내가 너를 구속하였고 내가 너를 지명하여 불렀나니 너는 내 것이라
> 네가 물 가운데로 지날 때에 내가 너와 함께 할 것이라 강을 건널 때에 물이 너를 침몰하지 못할 것이며 네가 불 가운데로 지날 때에 타지도 아니할 것이요 불꽃이 너를 사르지도 못하리니
> 대저 나는 여호와 네 하나님이요 이스라엘의 거룩한 이요 네 구원자임이라 내가 애굽을 너의 속량물로 구스와 스바를 너를 대신하여 주었노라
> (43:1-3)

여기서 하나님이 자신을 야곱의 창조자로 언급하시는 것은 그가 창조 시에 보이신 전능하신 능력처럼 너희들을 반드시 구원하리라는 이 약속은 반드시 성취될 것을 보증하시는 것이며 여기서 이스라엘의 구원을 위하여 애굽을

속량물로 구스와 스바를 너를 대신하여 주었노라고 한 것은 이사야의 예언이 선포된 170년 후 바사 제국을 일으키는 고레스가 서진 - 남하 정책으로 당시 세상(고대 근동지방)을 정복해 나갈 때 애굽/구스/스바와 같은 광대한 영역을 얻게 됨으로 이스라엘에게는 은혜를 베풀어 자신들의 고토로 돌아가게 하며 자신들의 본토에서 자유롭게 살게 해준 것이 이 같은 말씀의 성취로 나타나게 되는 것으로 이해하게 된다.

영적 소경이며 귀머거리 되어 주의 교훈을 받기 싫어하고 주님이 원치 않는 길로 다니기를 좋아하는 못난 자들이어서 그들을 일시 징계적 심판 가운데 던지셨으나 그들의 죄보다 더 무서운 그의 변함없는 사랑 때문에 그래도 그들을 버릴 수 없어 다시 품으시고 안으시며 너는 두려워 말라 내가 너를 구속하였고 너를 지명하여 불렀나니 너는 내 것이라고 선언하시는 말씀이 우매한 이스라엘과 같은 전철을 밟고 살아온 나에게도 동일하게 주시는 말씀으로 닿으며 울먹이는 감격으로 받아들인다.

오늘 말씀을 묵상하면서 특별히 마음에 닿는 구절은 너는 내 것이라는 말씀이다. 최근 바꾼 스마트 폰 하나도 내 소유이고 나에게 속한 내 것이기에 애지중지 보관하고 사용하는 것처럼 하물며 하나님께서 우리(나)를 얼마나 사랑하셨으면 마치 이스라엘에게 해방하시기 위해 고레스에게 애굽과 구스와 스바를 속량물로 주신 것보다 더 크고 비교할 수 없는 자기 아들을 속량물로 내놓으셨다는 것이 이 아침 마음에 큰 울림으로 닿으며 이처럼 하나님께서 자신의 공의에 손상이 없도록 하나밖에 없는 아들을 그 가치를 따질 수 없는 속량물로 내놓으시고 나 같은 죄인을 구원하셨다면 나는 어떻게 주님을 사랑하며 살아야 하는지 이 아침 마음 깊은 도전과 각성으로 자신을 돌아본다.

주님!
하나밖에 없는 아들을 나의 구원을 위한 속량물로 내어주시고 나를 주님의 소유 삼으시며 너는 내 것이라고 하셨는데 내가 이 주님의 선언 앞에 진지하게 하시고 진실한 사랑으로 응답할 수 있게 하옵소서.

나를 창조하심의 목적이 주의 영광을 위해서라고 하셨으며(43:7) 나를 선택하신 목적이 주의 증인이 되게 하심이라고 하셨는데(43:10) 창조와 구속 가운데 나타난 주님의 놀라운 은혜와 주님의 선하심을 온 세상에 알리는 복음의 신실한 증인 되게 하옵소서.

말씀 이사야 43:1-13(2)   **제목** 너는 내 것이라

³ 대저 나는 여호와 네 하나님이요 이스라엘의 거룩한 이요 네 구원자임이라 내가 애굽을 너의 속량물로, 구스와 스바를 너를 대신하여 주었노라

이번에 아들이 결혼하면서 인상 깊게 들은 인사말은 "시아버지 되심을 축하합니다"라는 말이었다. 결혼식을 마치고 며느리가 잠시 우리 집에 들렀을 때 "이제 이 집은 너의 집이니 언제든지 오고 싶을 때 오거라"고 했는데 며느리도 그윽이 행복해 하는 표정이었고 이제는 서로에게 속한 한 가족이 된 것을 확인하였다.

요즘 젊은이들이 결혼하고 싶어도 못 하는 이유 중 하나가 집 장만이 어려운 것인데 그나마 아들은 교회 부교역자로 작으나마 사택을 이용하게 되어 신혼살림을 차리게 되었다. 비록 ○○평밖에 되지 않는 작은 신혼 살림집이지만 그래도 아내와 나는 예쁘게 꾸며주려고 한 달 전부터 들랑거리며 가능한 돈을 들이지 않기 위해 손수 인테리어며 데코레이션을 해주었는데 한 번은 도통 시간을 낼 수 없는 아들이 말하기를 며느리가 방범창이 있으면 좋겠다고 한다기에 아내와 함께 기술도 없으면서 목재로 창을 만들어 달아주었다.

처음엔 철재 방범창을 달아보려고 용접사에 가서 알아보니 ○○만 원이나 든다고 하여 우리는 손수 목재로 만들었다. 문제는 2층집 창가에 이 방범창을 다는 건데 사다리도 없이 창문턱에 앉아서 못질을 해야 했다. 그런데 창을 다는 것이 여간 힘든 일이 아니어서 창을 다는 과정에서 망치질을 잘 못하여 잠시 정신을 잃고 방 쪽으로 떨어지는 일이 생겼다. 다행히 큰 부상은 아니어서 툴툴 털고 일어나 마저 작업을 끝냈다.

며느리를 우리의 새 가족으로 맞는 데 따른 여러 가지를 준비하면서 가전제품들도 새로 사야 했는데 며느리가 사택에 있는 세탁기며 냉장고를 그대로 쓰겠다고 하여 내심 고마운 마음으로 사용에 불편이 없도록 점검을 해주었는데 냉장고가 족히 ○년은 넘은 것이어서 그런지 전구 불이 나가 제조 회사에 찾아가 거기에 맞는 전구를 사다가 달았는데 며느리를 위해 이런 여러 가지 세세한 일들까지 챙기고 준비해 주면서 불현듯 나를 자신의 소유로 삼으신 하나님께서 이렇게 세세하고 자상한 손길로 나를 돌보아주신다고 생각하니 마음 가득 큰 감동의 물결이 밀려왔다.

그렇다. 단 한 가지 이유 곧 그가 나를 그의 소유로 삼으셨고 서로에게 속한 천국의 가족이 되게 하신 것 때문에 하나님께서 나의 자상하신 아버지가 되셔서 내가 모르는 가운데서도 나에게 무엇이 필요한지 다 아시고 준비시켜 주시며 나의 모든 필요를 채우신다는 믿음이 내 마음을 기쁘게 하였다.

결혼식을 마치고 신혼여행을 떠나는 날 내가 마침 인천 공항에서 가까운 곳에 일이 있었기 때문에 일을 마치고 아들 내외가 공항에 오는 시간에 맞추어 신혼여행 배웅을 나갔는데 비행기 탑승시간까지 여유가 있어서 우리는 공항 라운지 카페에 앉아 차를 마치며 대화하는 시간을 가졌다.

대화 중 결혼식을 치르면서 나간 비용이 얼마이고 축의금으로 들어온 것이 얼마나 되는지 화두가 되었다. 다행히 나간 비용을 계산하고도 남은 비용이 제법 되어서 어떻게 쓸 것인지 이야기하다 아들 내외를 기쁘게 해주기 위해 마음에 준비해 온 생각을 전달했는데 변호사가 된 며느리가 몇 년 전 로스쿨에 다니면서 학자금 대출을 받았는데 빚으로 남은 것이 있다기에 그 빚을 갚는 데 쓰자고 하니 아들이 농담인지 진담인지 모르나 반대했는데 이제 우리는 서로에게 속한 가족이고 가족이란 서로의 짐을 나눠 지는 것이라고 말하면서 빚을 갚는 쪽으로 쓰자고 결론을 내리자 며느리가 눈물을 글썽이며 감사하는 모습을 보였다.

여기 묵상 게시판은 서로에게 지체가 되는 교회 공동체가 아니기에 나와 내 가정의 이야기들을 속속들이 쓴다는 것이 솔직히 마음에 내키지 않기도 하지만 그래도 굳이 이런 글을 쓰게 되는 것은 오늘의 말씀에 근거하여 내가 하나님의 선택하심으로 그의 지명 받은 자가 되고 그의 소유가 된 천국의 가족으로 받게 되는 은혜가 얼마나 큰지 내 마음을 주장하시는 성령님의 감동을 따라 최근 우리 가정에 있었던 일들을 이렇게 적용적 차원에서 쓰게 된다.

주님!
나를 주님께 속한 천국 가족으로 삼아주심을 감사드립니다. 내가 미처 깨닫지 못하고 알지 못하는 중에도 주님은 나에게 무엇이 필요한 줄을 아시고 나를 위해 준비해 주시며 나의 모든 필요를 채워주시는 것을 아들의 결혼과 관련하여 이번 기회에 몸으로 부딪치며 배우게 하심을 감사드립니다.
내가 너를 구속하였고 내가 너를 지명하여 불렀으며 너는 내 것이니 너는 두려워 말라는 이 약속을 굳게 붙잡고 이 험한 세상을 힘차게 살아가는 나의 신앙과 삶이 되게 하여 주옵소서.

> **말씀** 이사야 43:14-28
>
> **제목** 신앙생활이 힘들고 괴로울 때 기억해야 할 것

19 보라 내가 새 일을 행하리니 이제 나타낼 것이라 너희가 그것을 알지 못하겠느냐 반드시 내가 광야에 길을 사막에 강을 내리니 **20** 장차 들짐승 곧 승냥이와 타조도 나를 존경할 것은 내가 광야에 물을, 사막에 강들을 내어 내 백성, 내가 택한 자에게 마시게 할 것임이라 **21** 이 백성은 내가 나를 위하여 지었나니 나를 찬송하게 하려 함이니라

이사야 선지자를 통하여 주시는 말씀을 묵상하면서 난해하게 여겨지는 것 중 하나는 너무도 좋은 진리의 말씀들이 옥구슬 파편처럼 여기저기 흩어져 산재해 있는 느낌을 받는 것이다. 이것들을 어떻게 한 주제로 취합해서 하나의 옥구슬 꿰미로 만들 것인지 난감하기도 한데 그래도 우리에게 성경을 주신 목적이 하나님이 어떤 분이신가를 드러내는 데 1차적 목적이 있음을 감안할 때 앞으로 계속 이어지는 말씀들을 여기에 초점을 모아 묵상해 나가는 것이 좋겠다는 생각을 해보게 된다.

따라서 오늘 주신 말씀 가운데 크게 세 가지를 묵상 포인트로 삼는다.

1. 하나님은 자기 백성의 구속자요 창조자시며 왕이시다(43:14-15)

이사야 선지자는 장차 이스라엘이 바벨론에 포로로 잡혀갈 것이지만 하나님께서는 자기 백성을 구출해 내기 위해 메데 바사 제국을 일으켜 바벨론을 멸망시킬 것을 미리 예고함으로 오직 하나님께서만 이스라엘의 구속자시며 거룩한 이요 창조자시며 왕이시라고 하신다.

2. 하나님께서 자기 백성을 구원하시는 방법은 인간의 상상을 초월하는 새 일을 행하심으로 이루신다(43:16-20)

그것은 출애굽 제1세대들에게는 홍해를 양쪽으로 갈라서 자기 백성은 건너게 하시고 애굽 군대를 수장시키신 것이며 출애굽 제2세대들에게는 흘러 내리는 요단 강물을 멈춰 서게 하여 물 무더기를 이룬 가운데 건너가게 하신 것인데 이제 제2의 출애굽이라고 할 만한 바벨론 포로지에서 자기 백성을 구출하실 때에는 메데 바사의 군대에 놀란 바벨론 사람들이 유프라테스, 티그리스 같은 강으로 배를 타고 도망하게 만들어서 자기 백성의 구원을 이루실 것이라고 하신다.

고대 문헌에 의하면 실제 바사군이 바벨론을 침공해 왔을 때 그동안 바벨론 왕들의 폭정에 시달려온 백성들이나 군사들이 바사 군대에 성문을 열어 주고 스스로 항복하거나 도망가는 길을 택함으로 이사야를 통해 예고된 오늘의 말씀이 그대로 성취되었다고 하니 이는 인간의 상상을 뛰어넘은 하나님이 새 일을 행하심으로써 이전에 행하신 구원의 방법과 또 다른 새로운 일을 행하신 것이다.

보라 내가 새 일을 행하리니 이제 나타낼 것이라(43:19)

이것은 마치 광야에 길을 내고 사막에 강을 내어 그가 택한 자기 백성에게 마시게 하는 것으로 비유되는데 그가 이렇게 자기 백성을 위해 새 일을 행하심으로 그들을 택하신 목적이 무엇인지를 분명히 드러내신다.

이 백성은 내가 나를 위하여 지었나니 나를 찬송하게 하려 함이니라 (43:21)

3. 하나님은 자기 백성이 자신이 행하신 구원의 큰일(새 일)을 감사하지 않으며 찬송하지 않을 때 매우 섭섭해 하신다(43:22-24)

인간이 하나님께 저지를 수 있는 치명적인 약점 한 가지는 받은바 은혜를 쉽게 잊고 은혜 베푸신 이에 대한 섬김을 부담스러워한다는 것이다.

> 그러나 … 너는 나를 괴롭게 여겼으며(43:22) 네 죄악으로 나를 괴롭게 하였느니라(43:24)

이것은 출애굽 제1세대가 홍해 바다를 육지같이 건너고 애굽 군대는 바다에 수장시킨 엄청난 구원을 체험한 그날에는 바닷가에서 춤추며 노래하며 하나님을 찬양했으나 홍해 도하 후 3일이 채 지나지 못하여 식수 부족으로 곤고할 때 자신들을 구원하여 광야로 이끌어낸 하나님을 원망한 마라의 쓴 물 사건에서도 잘 드러난다(출15:22-27).

이사야 선지자가 자기 백성을 향한 하나님의 탄식을 자신의 가슴과 심장으로 대신 전달한 것처럼 때로 구원받은 자의 새로운 삶으로써 신앙생활을 죄의 낙을 즐기며 막되게 살아가는 불신자들과 비교하여 고리타분하고 번거로운 것으로 생각하게 될 때가 있는데 그때마다 내 안의 성령께서 얼마나 탄식하실까 생각하니 하나님과 그에게 드리는 제사를 번거롭게 생각한 이스라엘의 죄가 나에게서도 멀지 않다는 각성을 하게 된다.

때로 예배에 참석하는 일이나 주의 일에 참여하는 것을 괴롭고 힘든 것으로 생각할 때가 있는데 이러한 것들은 마치 출애굽한 이스라엘이 하나님께서 행하신 구원의 큰일(새 일)을 잊어버리거나 구원의 큰일을 대수롭지 않게 여기는 불경죄에서부터 시작되는 것들이다.

오늘 내가 받은 구원은 구약 이스라엘의 출애굽 제1세대나 출애굽 제2세대 그리고 제2의 출애굽이라고 불리는 바벨론 포로지에서 돌아오게 된 유다 백성들의 구원과는 비교도 되지 않는 하나님의 큰일(새 일)인데 그것은 하나님께서 자기 아들을 희생하시며 아들의 목숨을 걸고 나를 죄와 마귀의 사슬에서 건져내신 일로 이러한 새 일은 세상 어떤 인간도 상상하지 못한 일이고 하늘의 천사들이라도 상상조차 해보지 못한 하나님이 행하신 구원의 큰일 곧 새 일을 행하심이기 때문이다.

신앙생활의 활력을 잃고 기쁨을 잃어버리며 내 입에 찬송이 끊어지고 예배가 힘들어질 때 나 같은 죄인을 위하여 행하신 하나님의 구원의 큰일(새 일)을 기억하고 새 노래로 하나님을 찬양하며 새로운 제사로써 제시해 주신 찬양과 감사와 선행과 나눔의 실천 같은 제사를(히13:15-16) 더욱 힘써 행할 것을 이 아침 마음 깊은 다짐으로 받아들인다.

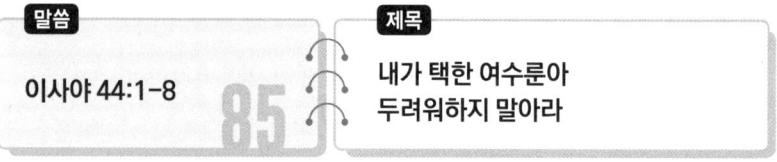

1 나의 종 야곱, 내가 택한 이스라엘아 이제 들으라 **2** 너를 만들고 너를 모태에서부터 지어 낸 너를 도와 줄 여호와가 이같이 말하노라 나의 종 야곱, 내가 택한 여수룬아 두려워하지 말라

2018년 4월은 온갖 희비가 교차하는 달이기도 하다. 인륜지대사人倫之大事인 자식의 결혼을 치른 기쁨이 가시기도 전에 병원에서 4대 암(간암·췌장암·전립선암·대장암) 검사를 받았는데 대장암이 우려되니 속히 큰 병원에 가서 정밀 진찰을 받아보라는 병원의 전화를 받았다. 지하철을 타고 가는 중에 전화를 받았는데 나에게 전화를 걸어온 간호사는 아주 진지하게 떨리는 목소리에 반해

나는 그냥 덤덤하게 전화기 저편의 목소리를 들으면서 마음을 추스렸다.

전화를 받은 후로도 밀린 일들이 많아서 차일피일 미루다 보니 어느새 일주일이 지나가고 있는데 내가 너무 태평한 것은 아닌지 모르겠다. 아마 다음 주 초에나 시간을 내어야 할 것 같은데 아직 검사 날짜도 잡지 못하고 있으니 내가 왜 이렇게 태평한지 정말 알다가도 모르겠다.

어제 주신 말씀과 다른 장면으로 바뀌는 오늘 말씀을 묵상하면서 이렇게 변화무쌍變化無雙한 글의 흐름을 잘 이해하기 위해서는 오늘도 가장 큰 주제와 흐름이 되는 '하나님의 어떠하심'에 초점을 두고 오늘의 말씀을 정리해 본다.

1. 하나님은 내 존재의 원인과 이유 그리고 목적이 되시는 분이시다
(44:1-2)

너를 만들고 너를 모태에서부터 지어 낸 너를 도와 줄 여호와가 이같이 말하노라 나의 종 야곱, 내가 택한 여수룬아 두려워하지 말라(44:2)

젊은 시절 배를 타면서 늘 암송했던 말씀은 시편 139편인데 "내가 새벽 날개를 치며 바다 끝에 가서 거할지라도 곧 거기서도 주의 손이 나를 붙드시나이다"라는 말씀을 좋아했고 이어지는 말씀으로 "주께서 나의 장부(오장육부)를 지으셨으며 나의 모태에서 나를 조직하셨고 … 내 형질이 이루기 전에 주의 눈이 보셨으며 나를 위하여 정한 날이 하나도 되기 전에 주의 책에 다 기록이 되었나이다"라는 말씀은 지금 내가 어떤 형편에 놓여 있으며 가는 길이 어떠하든지 나를 든든하게 하고 행복하게 하는 말씀이 되었다.

그런데 오늘 다시 한 번 이사야의 글에서 이 땅에서 살아가는 내 존재의 원인과 이유 그리고 내 삶의 목적을 확인하게 되는 말씀을 주시면서 너를 도와 줄 여호와가 이같이 말하노라 하시며 나의 종 야곱! 내가 택한 여수룬아! 두려워 말라고 하신다(여기서 여수룬은 의로운 자, 올바른 자란 뜻으로 나를 향한 하나님의 마음이 담겨 있는 애칭이다).

특별히 오늘 말씀 마지막 구절은 또다시 한 번 너는 떨지 말고 두려워 말라고 하시는데(44:8a) 왠지 모르게 오늘은 이 말씀을 더욱 굳게 붙들게 되며 특별히 "너를 도와줄 여호와"로 자신을 알려오신 이 특별하신 호칭에서 큰 위로와 용기를 얻게 된다(44:2a).

그렇다. 주님은 어디 먼 데 별나라에 계시는 분이 아니라 지금 내 곁에 그리고 내 안에 그의 영으로 함께하시며 내 호흡 숨결보다 더 가깝고 친밀하게 함께하시는 분이다. 나를 향하여 "나의 종 야곱아"라고 불러주시며 나를 향하여 "내가 택한 여수룬아!"라고 불러주시는 주님의 애정 어린 호칭을 이 아침 마음 깊이 받아들인다.

더불어 마른 땅에 샘물이 터져 시내가 흐르게 하시고 목마른 자에게 물을 주시며 네 자손들에게 나의 영을 부어주고 네 후손들에게 나의 복을 부어주리라는 영광스런 약속들을 감격으로 받아들이며 그들이(네 자손들이) 풀 가운데서 솟아나기를 시냇가의 버들같이 될 것이라는 약속을 굳게 믿고 의지한다.

2. 하나님은 처음이요 마지막이 되시는 분이시다(44:6)

3. 사람들이 의지하는 헛된 우상들을 향하여 얼마든지 천상천하 유아독존唯我獨尊이 되시는 분이시다(44:8)

오늘 묵상을 올리고 있는 우리 아파트 14층에서 내려다보는 아파트 단지 안에 어느덧 벚꽃들이 꽃망울을 터트리고 나무마다 화사한 군락을 이루고 있는 오늘은 20○○년 4월 13일 내가 어린 시절 다녔던 초등학교의 개교기념일을 기억하게 하는 날이다. 그때 그 시절에도 4월에 들어서면 벚꽃들이 흐드러지게 피었는데 그때 아름다운 동심에 각인된 아름다운 꽃들을 회상해 보면서 세월이 참 많이도 흘렀다는 것을 절감하게 되면서 그러나 나의 어린 시절로부터 오늘에 이르기까지 나를 기르시고 나를 이끌어주신 주님의 손길에 감사드린다.

나에게 처음이요 마지막이 되시며 내 존재의 원인과 이유와 목적이 되시는 주님! 내가 지나온 지난날들처럼 앞으로 남은 나의 날들도 크고 자비로우신 주님의 손에 맡깁니다.
주님!
아비가 자식을 향하여 긍휼이 불같이 타는 것처럼 나를 향한 주님의 사랑을 오늘 많이 표현해 오셨습니다. 오늘 주신 말씀들을 굳게 붙잡고 의지하며 험악한 인생의 날들을 힘차게 건너가게 하옵소서.

9 우상을 만드는 자는 다 허망하도다 그들이 원하는 것들은 무익한 것이거늘 그것들의 증인들은 보지도 못하며 알지도 못하니 그러므로 수치를 당하리라

하나님은 우상숭배 죄악을 그 어떤 죄보다 엄격하게 다루신다. 십계명의 제1, 2계명이 모두 우상숭배와 제조를 금하는 것이며 이 죄는 자손 3~4대까지 죄얼을 미치는 것이라고 하는 것을 보면 우상숭배가 어떤 죄악이기에 하나님께서 이렇게 엄격하게 다루시는지 궁금하지 않을 수 없다.

하나님 형상으로 지음 받아 인격의 존재가 된 인간은 또한 영원을 사모하는 마음을 갖도록 지음 바 되었기에(전3:11) 자신의 창조자요 주인 되신 하나님을 예배하고 섬기지 아니하면 그 대용물로 무엇이라도 섬기게 되어 있는데 타락한 인간의 심성은 하나님을 아는 지식을 잃어버렸기 때문에 자연히 하나님을 대신하는 것들을 숭배의 대상으로 삼는 것을 본다.

성경 첫 번째 책인 창세기를 열면 가장 먼저 천지창조 기사와 인간 창조 기록이 나오는데 이 책의 1차적 독자들이 출애굽한 이스라엘 백성들이었다는 것을 감안할 때 이제 이들이 곧 들어가서 차지하게 될 가나안 땅에서 가나안 이족들이 섬기는 우상들은 아무것도 아니며 하나님을 아는 지식이 없어서 하나님 대신 하나님께서 창조하신 것들을 숭배 대상으로 삼았다는 것을 알려주시는데 목적이 있었고 이런 것들은 너희에게 숭배 대상이 아니라 도리어 다스리고 지배하며 정복할 대상이라고 알려주심에 있었다.

그런데 고대 근동지방 셈족 후예들은 종교성이 강해서 일찍부터 우상 제조와 숭배에 몰두하였는데 심지어 아브라함의 아버지 '데라'로부터 시작해 직계 조상들까지 모두 우상숭배자들이었다는 것은 그리 놀랄 일도 아니다(수24:2).

하나님을 아는 지식이 없어 우상숭배에 빠진 아브라함 가족을 주권적으로 불러내시고 하나님을 아는 계시의 빛을 비춰주시어 하나님을 알게 하시고 계시에 대한 응답으로 하나님을 예배하고 섬기는 삶으로 이끌어주신 것은 아브라함을 믿음의 조상으로 둔 우리(나)의 축복이 얼마나 큰 것인지 또한 알려주시는 것이다. 그렇다. 나는 복음으로 계시의 큰 빛을 받아서 이렇게 주님을 예배하고 섬기는 은혜와 축복을 받은 것이다.

오늘 말씀에서 하나님께서는 우상숭배와 우상 제조가 얼마나 어리석고 무지하며 허망한 것인지 같은 내용의 말씀을 역설체로 무려 세 번이나 거듭하시며 말씀하신다(44:15,16-17,18-19). 사람이 자신의 몸을 따뜻하게 덥히며 음식을 만드는 데 사용하는 목재를 가지고 자기의 우상을 만들며 또 거기에 절하고 기도하며 너는 나의 신이니 나를 구원하라고 말하니(44:16-17) 이것이 얼마나 모순된 것인지 조소하듯이 말씀하신다.

먼저는 철공이 쇠를 녹여 만드는 우상에 대해서 말씀하시고(44:12) 이어서 목재 우상에 대해서는 더 길게 말씀하시는데(44:13-20) 아마 당시에 목재 우상이 더 흔하게 많았기 때문으로 이해된다. 그리고 이러한 우상숭배와 우상을 제조하는 어리석음의 이유는 그들의 눈이 가려서 보지 못하는 것이며 마음이 어두워져 깨닫지 못함이라고 하신다(44:18).

선지자 이사야는 앞선 말씀에서 하나님의 은혜로 이스라엘이 해방되고 구원받을 것을 이야기하다(44:1-7) 갑자기 화두를 바꾸어 우상숭배에 관한 주제로 넘어갔는데 이렇게 말하는 배경에는 이스라엘을 포로로 삼은 당시 바벨론 나라에 얼마나 우상숭배가 만연했는지 보여주며 이러한 것들은 모두 헛된 것들이며 오직 하나님만이 참 신이시며 너희를 구원할 자이시고 의지할 반석이라고 알려주는 데 목적이 있는 것으로 보인다(44:8).

'우상숭배와 우상 제조'와 관련된 오늘 말씀을 묵상하면서 왜 선지자는 이것을 하나님의 백성들에게 환기시켜야 했는지 의문을 가져보게 되며 이러한 우상들은 오늘 우리 시대에는 어떻게 어떤 형태로 나타나게 되는지도 의문을 가져보게 된다.

첨단 과학 시대라는 오늘 우리 시대에도 그 마음에 하나님이 없는 사람들은 눈에 보이는 우상을 만들어놓고 거기에 마음을 붙이고 의지하는 것을 보게 된다. 가장 흔하게는 이 나라 곳곳에서 볼 수 있는 절간의 부처상像이며 심지어 같은 기독교인 천주교에서 세워놓은 마리아상이나 성인들의 상도 예외가 아니다(우리 주님께서 눈에 보이는 것으로 지시하신 것은 주님의 몸과 피를 상징한 성찬뿐이다).

그런가 하면 우상 형상을 만들어 섬기지는 않아도 조상신을 섬긴다는 사람들을 보면 신위神位 패를 만들어 우상 형상을 대신하며 가문과 자손의 안전과 번영을 기원한다. 이 모든 것들은 하나님을 아는 지식이 없어 눈이 가려져 있고 마음이 어두워진 자들이 하나님을 향한 대체물로 이렇게 하는 것들이다.

오늘 묵상을 마감하면서 사람 손으로 만든 우상이나 신위 패 같은 우상 형태들보다 무서운 것은 내 안에 숨겨진 마음 속 우상이라고 생각하게 되는데 이는 사람이 우상을 만드는 이유가 바로 자기 마음의 욕구를 우상의 형태로 나타내기 때문이다. 따라서 사도 바울은 사람 손으로 만들어진 우상 이전에 사람의 마음속에 깃들어 있는 우상의 원형으로써 욕심, 욕구, 탐심의 문제를 지적하며 탐심은 곧 우상숭배라고 정의하는 것은 일리가 있는 것이다(골3:5).

하나님께 기도하면서 하나님의 뜻은 안중에 없고 나의 소원만 이뤄지기를 바란다면 이 역시 자신이 우상이 되어 자기를 위해 하나님을 이용하는 것에 지나지 않는다. 따라서 우상숭배와 관련하여 결과적으로 말할 수 있는 것은 가장 무서운 우상의 위험은 곧 자기 자신이며 더 구체적으로는 성령을 따르지 않는 내 몸, 내 육체의 소욕을 추구함이 가장 분별하기 어렵고 극복하기 어려운 우상이 된다는 것을 마음 깊이 각성하며 받아들인다.

주님!
나 자신 안에서 나올 수 있는 것은 썩게 될 죄악의 욕구들 외에 달리 선한 것들이 없음을 고백합니다. 이런 나를 주장하지 않게 하시고 이런 나를 주님의 십자가에 못 박아 우상 단지인 내 몸, 나 자신은 없어지고 오직 믿음, 오직 주님으로만 살아가는 나의 신앙과 삶이 되게 하옵소서.

말씀	제목
이사야 44:21-28	나를 품으시는 그 사랑 다함이 없어라

22 내가 네 허물을 빽빽한 구름 같이, 네 죄를 안개 같이 없이하였으니 너는 내게로 돌아오라 내가 너를 구속하였음이니라

고레스에 대하여는 이르기를 내 목자라 그가 나의 모든 기쁨을 성취하리라 하며 예루살렘에 대하여는 이르기를 중건되리라 하며 성전에 대하여는 네 기초가 놓여지리라 하는 자니라(44:28)

이사야 선지자의 가슴을 울려서 오늘 내게 주시는 말씀 다섯 가지를 마음에 새긴다.

① 너는 나에게서 잊히지 아니하리라(44:21).
② 네 죄악을 빽빽한 구름이 사라짐같이 하였으니 내게로 돌아오라(44:22).
③ 나는 만물을 지은 여호와라 홀로 이 일을 행하였노라(44:24).
④ 나는 나의 종들을 세워주며 그들의 말이 성취되게 하는 자니 예루살렘과 유다를 회복시키고 성읍들이 재건하게 하리라(44:26).
⑤ 내가 고레스라는 인물을 세워 그가 나의 모든 기뻐하는 일을 성취케 하리라(44:28).

오늘 말씀을 묵상하면서 나의 마음에 강하게 어필되는 것은 우리(나)를 향한 하나님의 집요하신 사랑은 상상을 초월하는 것이어서 나는 그의 사랑의 그물코에서 절대 벗어날 수 없는 사랑의 포로가 되었다는 것이다.

어제 아들 내외가 신혼여행에서 돌아왔는데 짧은 기간 동안에 많은 일정들을 소화시키고 오느라 피곤했는지 우리 부부와 함께하는 시간을 제대로 갖지

못하고 서둘러 자신들의 집으로 돌아가기에 내심 섭섭한 마음이 있었으나 한편 몸과 마음이 평안하지 못한 상태에서 준비되지 못한 모습으로 부모를 만나는 것이 불편하고 부담스럽게 생각되어 돌아갔으려니⋯ 이해하는 마음이 들면서 다음 편안한 시간에 만나기를 기약했다.

어제저녁 일을 떠올리며 오늘의 말씀을 묵상하면서 야곱의 하나님 이스라엘의 자비로우신 아버지는 비록 내가 그를 만날 준비가 되어 있지 못하고 죄로 얼룩져 있어도 언제라도 내가 돌아오기만 하면 그리고 내가 만나고자 한다면 지금 나의 모습이 어떠하든지 관계없이 두 팔 벌려 안아주시고 나를 맞아주시는 자비의 아버지 되심이 마음 깊이 닿았다. 이것은 사랑받는 자의 형편과 모습의 어떠함 때문에가 아니라 하나님의 고유하신 주권적 사랑의 속성 때문에 나의 준비와 관계없이도 나를 품으시고 안으시는 사랑으로 닿는다.

오늘의 말씀 한 구절 한 구절이 모두 소중하고 가슴 깊이 전율되는 따뜻한 사랑의 밀어요, 선언들이지만 그중에서 더욱 특별히 가슴 깊이 울리고 닿는 말씀은 너는 나에게서 잊히지 아니하리라는 말씀이며 내가 네 허물을 빽빽한 구름의 사라짐 같고 안개가 사라짐같이 없어지게 하였으니 너는 내게로 돌아오라는 간곡한 당부이다. 그리고 이러한 하나님의 사랑과 용서는 너무 기이한 것이어서 선지자는 하늘과 땅과 그 가운데 충만한 것들을 불러내며 야곱을 구속하시는 여호와의 영광을 찬송하라고 외친다(44:23).

어제저녁과 오늘 아침 일어나서도 마음이 정화되지 못하고 주님 앞에 준비되지 못한 자의 마음 같아서 나는 주님을 만나기에 자격이 안 된다는 마음이 지배했었는데 먼저 사랑과 용서를 준비해 놓으시고 우리(나)를 부르시며 애타게 돌아와 이 사랑을 받으라고 하시는 주님의 말씀 앞에 감격하고 감동하며 내 모습 그대로 나를 드려 안기게 된다.

주님!

오늘 복된 주일을 다시 맞았습니다. 주의 전에 나아가 예배드릴 때 이처럼 사랑의 우선권을 가지시고 나를 애타게 부르시며 그 사랑의 교제권 안으로 부르시는 주님 품에 안기는 예배가 되도록 하겠습니다.

주님!

감사합니다. 사랑합니다. 찬양합니다. 영원히… 아멘.

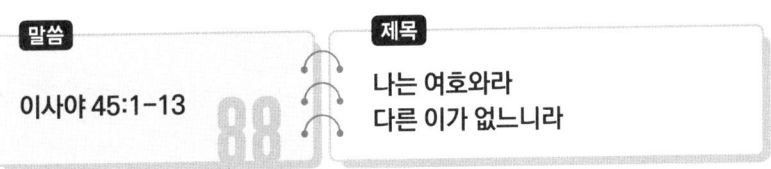

말씀 이사야 45:1-13

제목 나는 여호와라 다른 이가 없느니라

7 나는 빛도 짓고 어둠도 창조하며 나는 평안도 짓고 환난도 창조하나니 나는 여호와라 이 모든 일들을 행하는 자니라 하였노라

영국 런던의 대영박물관에는 오늘의 말씀에 소개되고 있는 고레스(Cyrus.BC 559-529)라는 인물과 그가 행한 일들이 실린더(Cylinder : 원통형 기둥)에 기록되어 있는데 23cm 되는 원통형 기둥에는 그의 치적이 쐐기문자로 기록되어 있다 (쐐기문자는 말랑말랑한 점토판에 끝이 경사진 첨필로 눌러 쓴 쐐기 모양(楔形)의 글자인데 BC 3000년부터 BC 1세기까지 사용되었다고 한다).

1879년 고고학자들이 이란에서 발굴한 이 실린더(원통형 기둥)에는 고레스가 고대 근동지방을 평정한 후 이전에 존재한 앗수르 제국이나 바벨론 제국 등과 같이 정복한 국가들에 대해 포악한 정책을 쓰지 않고 또 억눌려 지내던 유다 민족을 포함한 소수 민족들에게는 고국으로 돌아가게 하며 그들의 종교와 문화를 존중해 주는 칙령이 기록되어 있다는데 이는 세계 최초의 인권선언문으로 현재 미국 뉴욕에 있는 유엔 본부에도 복사본이 전시되어 있다고 한다. 그래서 그런지 훗날 알렉산더 대왕도 페르시아를 정복하면서 고레스의 묘(석

묘)에 기록된 그의 글을 보고 무덤을 해치지 않고 보존해 주어서 그 석묘는 지금도 관광객들에게 개방되어 있다고 한다.

대체로 고고학적 기록들이 성경의 내용들을 정확히 고증해 주는 것은 아니지만 적어도 고레스에 의해 남겨진 이런 유물들은 이사야가 남긴 성경의 기록이 얼마나 정확한 역사적 고증을 가지는지 간접적으로나마 증명해 주고 있는 것으로 이해하게 된다.

오늘 말씀에서 소개되고 있는 특별한 사람 고레스는 이사야가 므낫세 왕에게 죽임을 당한 후 100년 뒤에 나타나는데 성경의 원저자 되시는 성령께서 이사야 선지자를 감동케 하셔서 그의 사후에 나타나게 될 한 특별한 인물의 이름까지 예고하시며 그가 하나님의 백성 - 유다 민족을 위한 것뿐 아니라 인류 역사에 지대한 영향을 미칠 사람이 될 것을 미리 예고한 점에서 놀라움을 금치 못하게 된다. 과연 모든 성경은 하나님의 감동으로 된 것으로 눈에 보이지 않는 하나님의 존재와 그의 일하심을 인간 역사 속에 증명시키는 책으로서 권위를 가짐을 다시 확인하게 된다.

앞선 말씀에서는 하나님께서 고레스를 일컬어 그는 내 목자가 되어 나의 기뻐하는 일을 성취하게 하리라 했는데(44:28) 오늘의 말씀에서는 내가 그에게 기름을 붓고 그의 오른손을 붙잡아 내가 이루고자 하는 세계 경영을 그를 통해 나타내리라고 하신다(45:1).

여호와께서 그의 기름 부음을 받은 고레스에게 이같이 말씀하시되 내가 그의 오른손을 붙들고 그 앞에 열국을 항복하게 하며 내가 왕들의 허리를 풀어 그 앞에 문들을 열고 성문들이 닫히지 못하게 하리라(45:1)

그리고 하나님께서 이렇게 고레스라는 인물에게 특별한 권세를 부여한 것은 하나님의 백성 이스라엘을 위하여 이렇게 하시는 것이라고 선언하신다 (45:4). 뿐만 아니라 고레스라는 인물을 통하여 이스라엘의 해방뿐 아니라 하나님의 성전까지 건축하게 할 것이라고 하는데 실제로 이 예언은 성경의 에스라를 시작하는 첫 구절부터 증명되고 있다(스1:1-4).

오늘 말씀을 묵상하면서 인간 역사는 아무렇게나 흘러가는 역사가 아니라 역사의 주재이신 하나님의 뜻이 실현되는 역사이면서 특별히 이 땅에 있는 하나님의 백성 곧 구약에서는 이스라엘이며 신약에서는 교회를 중심으로 하여 인간 역사를 섭리하시며 주관해 나가신다는 것을 배우게 된다.

그리고 이렇게 인간의 역사에 개입하시고 그의 뜻을 펼치기 위해서는 고레스로 상징된 이 땅의 정치 권력자의 실세들을 움직이셔야 하는데 그래서 성경 지혜서인 잠언에서는 말하기를 왕의 마음이 여호와의 손에 있음이 마치 보의 물과 같아서 그가 임의로 인도하시는 것이라고 하시며(잠21:1) 바울 사도 역시 모든 권세는 하나님의 정하신 바라고 하였다(롬13:1).

하나님께서 땅에 있는 자기 백성(교회)을 위하여 내가 속한 조국과 또 세계 열방과 민족들의 흥망성쇠를 주장하심을 분명하게 보여주는 오늘 말씀을 마음 깊이 받아들이면서 왜 내가 속한 나라와 민족의 장래를 위하여 기도해야 하는지 그리고 나라의 지도자들을 위해서 기도해야 하는지도 배우게 된다.

빛도 짓고 어둠도 창조하며 평안도 환난도 창조하시는 주 하나님!
하늘로부터 의의 비를 내려주사 구원을 싹트게 하시며 공의도 함께 움돋게 하시는 것을(45:8) 오늘 우리 시대 우리나라와 민족 가운데서도 보게 하옵소서. 이 땅에 있는 주님의 교회들이 주께로부터 세움 받은 가치와 존귀함을 알게 하시고 이 나라와 역사의 중심이 되는 것을 보게 하옵소서.

> **말씀**
> 이사야 45:14-25

89

> **제목**
> 진실로 주는 스스로 숨어 계시는 하나님이시니이다

15 구원자 이스라엘의 하나님이여 진실로 주는 스스로 숨어 계시는 하나님이시니이다

영화 '브레이브 하트'를 보면서 주인공 윌리암 월리스 외에 인상 깊은 사람은 월리스 사후(死後)에 베노번 전투에서 스코틀랜드를 영국으로부터 독립시킨 브루스 백작이다. 당시 스코틀랜드는 왕 사후에 후계자가 없어서 귀족들이 서로 아귀다툼을 해서라도 왕위를 자처하려 하며 심지어 왕위를 얻을 수만 있다면 잉글랜드에 아부하여 분봉왕이라도 되려고 했는데 왕위가 가장 유력한 가문은 브루스 백작 가문이었다.

그런데 당시 브루스 백작의 아버지는 문둥병자로 철저히 자신을 숨긴 상태에서 아들을 막후 조정하였는데 아들 브루스 백작은 처음엔 아버지의 영향력을 따르다가 후에 윌리암 월리스의 애국심과 용기에 깊이 감동하게 되고 아버지의 막후 조정으로 잉글랜드 왕에게 왕위를 받으러 간 베노번에서 돌변하여 잉글랜드와 전쟁을 벌이게 되고 베노번 전투에서 스코틀랜드의 독립을 가져오게 된다.

오늘 말씀에서 영화 '브레이브 하트'의 한 줄거리가 떠오른 것은 이사야가 인간의 장래사(역사)를 말씀하시고 성취하시는 위대하신 하나님을 선포하다가 스스로 감격하여 선포하는 말이 "구원자 이스라엘의 하나님이여 진실로 주는 스스로 숨어 계시는 하나님이십니다"(45:15)이기 때문이다.

스코틀랜드의 왕위를 얻기 위해 자신을 철저히 숨긴 상태에서 아들을 막후

조정한 비굴한 브루스 백작의 문둥병 아버지와 달리 하나님께서는 우리 인생들에게 자신을 스스로 숨기시며 숨어 계시는 하나님으로 자처하시는 것은 (인간은 그를 보고 살 자가 없다고 하실 만큼) 우리 인생이 감당할 수 없는 그의 찬란하신 영광 때문이며 그가 자신을 우리에게 숨기신 분으로서 오직 계시의 말씀으로만 자신을 나타내시는 방법을 사용하시는 것은 그의 지혜요 영광이시다.

따라서 성경은 첫 번째 책인 창세기를 시작하면서 하나님이 가라사대로 시작하고 있으며(창1:3) 성경의 마지막 책인 요한계시록의 마지막 장면도 이것들을 증거하신 이가 가라사대로 끝나고 있다(계22:20). 이처럼 하나님께서는 자신을 스스로 숨어 계시는 분으로 자처하시는데 인간은 보이지 않는 하나님을 눈에 보이는 형상으로 끌어내리기 위해 우상을 만들고 이것이 하나님(神)이라고 하며 숭배하니 우상을 만드는 자는 부끄러움을 당하며 욕을 받아 수욕에 들어갈 것이라는 이사야의 전언은 진리이다(45:16).

히브리서 저자도 믿음 장이라는 히브리서 11장을 시작하면서 하나님은 우리의 믿음의 대상으로 존재하시기 위해서 보이지 않는 분으로 존재하신다고 하였는데 믿음은 바라는 것들의 실상이요 보이지 않는 것들의 증거가 되기에 보이는 것은 나타난 것으로 말미암아 된 것이 아니라고 하였다(히11:3).

이처럼 하나님께서는 우리(나)의 눈에 보이지 않는 분으로 존재하셔도 내가 충분히 믿고 의지할 수 있는 분이신 것을 간접적으로 보이셨는데 그것은 천지창조와 자연을 통해서 나타내셨으며(45:18) 비록 그가 스스로 숨어 계시는 분이시지만 의를 말하고 정직한 것을 알리시는 말씀으로 자신을 알리시는데(45:19) 옛적에는 선지자들로 여러 부분과 여러 모양으로 말씀하신 하나님께서 이 모든 날 마지막에는 아들을 보내셔서 숨어 계신 자신을 직접 드러내 보이시고 우리에게 말씀하셨으니(히1:1-2) 예수님은 숨어 계신 하나님을 우리에게 드러내신 가장 빛난 계시가 되셨다.

오늘의 말씀에서 이사야가 이토록 스스로 숨어 계시지만 말씀으로 자신을 드러내시는 하나님을 이토록 강조하는 이유는 그러니 너희가 하나님이 눈에 보이지 않는다고 하여 헛된 우상을 만들고 스스로 (가짜) 너희 하나님을 만들지 말고 말씀으로 너희를 만나주시는 하나님을 찾으며 그를 앙망하고 구원을 받으라는 외침이다.

땅 끝의 모든 백성아 나를 앙망하라 그리하면 구원을 얻으리라 나는 하나님이라 다른 이가 없음이니라(45:22)

주님!
우리의 참된 믿음의 대상이 되시기 위해 스스로 숨어 계셔서 보이지 않아도 주님이 만나주신 사람들의 이야기가 담긴 성경의 말씀(계시)을 통해 그리고 계시의 가장 밝은 빛이 되시는 아들을 우리에게 보내주심을 통해 오늘 이 시대에도 동일하신 나의 주, 나의 하나님으로 만나주심을 감사드립니다.
주님이 눈에 보이지 않는다고 계시지 않음이 아니요 나의 눈이 열리지 못함이 문제이오니 내가 주의 말씀을 열 때마다 말씀을 통해 비쳐주시는 환한 계시의 빛 가운데서 주님께 더 가까이 다가갈 수 있게 하옵소서.

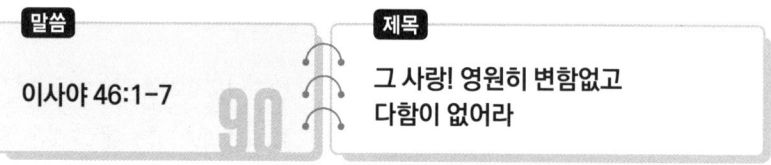

말씀 이사야 46:1-7

제목 그 사랑! 영원히 변함없고 다함이 없어라

³ 야곱의 집이여 이스라엘 집에 남은 모든 자여 내게 들을지어다 배에서 태어남으로부터 내게 안겼고 태에서 남으로부터 내게 업힌 너희여 ⁴ 너희가 노년에 이르기까지 내가 그리하겠고 백발이 되기까지 내가 너희를 품을 것이라 내가 지었은즉 내가 업을 것이요 내가 품고 구하여 내리라

얼마 전 기도하기 위해 산을 찾았다가 내려가는 길에 지름길로 가기 위해 부득이 한 절을 지나게 되었다. 거기 절 마당과 담장 곁에는 자신의 소원 성취를 쓴 수많은 등과 패가 걸려 있어서 바람에 흔들거리는 것을 보았다. 뿐만 아니라 살아 있는 자들의 소원 외에도 이미 죽어 세상을 떠난 이들의 극락장생이나 좋은 곳으로 천도되기를 바라는 문구를 쓴 것들도 많이 보았는데 얼마나 많이 시주하였는가에 따라 등의 크기도 다른 것을 보았다.

처음 석가모니에 의해 불교가 창시되었을 때는 고행이나 묵상을 통해 자기 수양이나 해탈을 목적으로 했다는데 결국은 자기 소원 성취를 위한 기복적 종교로 변질된 것을 보며 생명의 종교라고 하는 우리 기독교 안에도 이런 변질된 요소들이 들어와 있는 것은 아닌지 생각해 보았다.

오늘의 말씀에서 이사야는 유다인들이 바벨론에서 목격하게 되는 벨이나 느보와 같은 우상들이 아무것도 아니며 아무 힘도 없어서 고레스의 군대가 침공해 왔을 때 파괴되고 실려가게 될 것을 예고하면서 이처럼 사람이 의지하는 우상은 아무것도 아니니 너희는 어미의 사랑 같고 아비의 사랑 같은 인격적 사랑을 베푸시는 하나님만 의지하라고 권고하는 것을 본다.

이사야가 언급하는 바벨론의 신 벨은 마루드크의 별칭이며 느보는 벨에게 부종하는 부하 신하급 신이라는데 이것들이 고레스 군대의 침공에서 파괴되고 탈취되어 피곤한 짐승의 수레에 신세를 지고 실려가니 어찌 이런 것들이 너희를 구원할 신이라고 할 수 있느냐고 하심이다.

이사야는 주의 백성 이스라엘이 참으로 의지할 신으로 소개하는 여호와 하나님의 인격적 사랑을 달리 표현할 방법이 없어서 아이를 태중에 잉태하고 낳아서 품고 업으며 양육하는 어미의 사랑으로 표현하고 있으며 하나님의 사랑은 변함이 없고 다함이 없어서 노년에 이르고 백발에 이르기까지 (혹은 사후 영원한 내세에까지도) 이어지는 돌보심이요 사랑이라고 가르친다(46:3-4).

이처럼 눈동자같이 나를 지키시고 보호하시며(시17:8) 암탉이 병아리를 날개 아래 모음 같이 돌보시고(마23:37) 독수리가 새끼를 날개 위에 업는 것같이 한다고 하신(신32:11) 하나님의 사랑을 이제는 나를 잉태했고 낳았으며 품고 업고 가시는 부모의 사랑으로 표현하는 이 말씀 앞에서 내가 믿고 의지하는 하나님 앞에서 굳이 나의 소원 성취를 아뢰는 기복적 신앙을 갖지 않아도 어린아이가 어미 품에 안겨 있으면 어미의 모든 것(보호와 사랑과 돌봄 같은 것들)이 절로 자신의 것이 되는 것을 생각해 보며 성숙한 신앙생활의 참된 본질로 들어가야 함을 배우게 된다.

주님과 함께하는 신앙생활이라는 것은 타 종교에서 보는 것처럼 자신의 소원 성취나 기복하는 저급한 형태에서 벗어나 나에게 예수 안에서 새 생명을 주신 주님과의 관계에서 생명과 생명, 인격과 인격의 만남으로 이뤄져야 하며 말씀과 기도와 교제와 순종 가운데 더 깊은 교제와 관계 발전 속으로 들어가야 함을 이 아침 마음 깊은 교훈으로 받아들인다.

주님!
나를 향한 주님의 사랑이 나를 잉태하시고 낳으셨으며 나를 품고 안으시며 어깨에 업으시는 에미의 사랑보다 크다 하심을 감사드립니다. 그리고 세상은 변하고 사람들은 변하지만 주님의 사랑은 나의 노년과 내가 백발이 되기까지 변치 않는 사랑이며 돌보심이라고 가르쳐주심을 감사합니다.
때로 나는 나의 모습이 주님이 바라시는 수준에서 너무 멀어서 나는 정말 주님께 사랑받는 자인가 나 자신을 의심할 때가 있는데 주님의 사랑은 나의 어떠함에 따라 변하는 사랑이 아니라 내 모습이 어떠함에도 불구하고 나를 낳으시고 나를 양육하시며 품고 안고 업으시는 사랑이기 때문에 나의 평생과 내세에까지도 영원히 변치 않으며 다함이 없는 사랑인 것을 마음 깊이 새기겠습니다. 이 하루도 이 사랑의 힘으로 힘차게 살아가게 하옵소서.

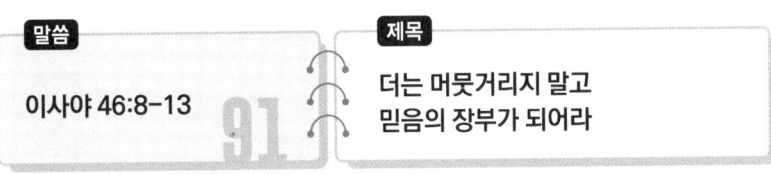

말씀 이사야 46:8-13

제목 더는 머뭇거리지 말고 믿음의 장부가 되어라

⁹ **너희는 옛적 일을 기억하라 나는 하나님이라 나 외에 다른 이가 없느니라 나는 하나님이라 나 같은 이가 없느니라**

하루를 사는 동안에도 수많은 선택의 갈림길에 서게 된다. 흔하게는 내가 먹는 음식의 선택부터 옷을 골라 입는 것까지 그리고 내가 하는 일의 선택이나 결혼 상대를 선택하고 가정을 이루는 일 등등 수없이 많다.

언젠가 TV에서 가전제품을 소개할 때 "순간의 선택이 평생을 좌우합니다"라는 명언을 듣기도 했는데 그러나 TV나 냉장고 같은 가전제품의 선택에 이런 말을 붙이기에는 좀 어울리지 않는 것 같기도 하다. 정말 평생과 운명을 좌우하는 중요한 선택은 변화무쌍한 세상 속에서 그리고 흔들리기 쉬운 내 마음 속에서 영원히 내가 믿고 의지하며 내 마음을 기댈 수 있는 그 무엇을 선택해야 하고 내가 거기에 나의 영원한 장래와 운명을 걸어야 하는 것이다.

오늘 말씀에서 이사야 선지자는 패역한 이스라엘에게 너희가 우상과 하나님 사이에서 더 이상 머뭇거리지 말고 장부답게 확실한 선택으로 하나님 편에 서라고 말하고 있다(46:8).

이러한 선택의 도전은 이스라엘의 우상숭배가 극에 달하여 온 이스라엘이 바알에게 부속된 것 같았던 아합 왕 시대에 불의 백병전을 벌였던 갈멜 산상에서 엘리야가 말하기를 너희가 어느 때까지 두 사이에서 머뭇거리겠느냐 만일 여호와가 하나님이면 그를 좇고, 만일 바알이 하나님이면 그를 좇을 것이라 한 말을 기억나게 한다(왕상18:21).

그러나 이후로도 그들의 신앙은 요동치는 바다 물결 같고 흔들리는 사시나무와 같아서 이사야 시대에 이르기까지도 머뭇거리는 신앙에서 벗어나지 못한 것 같은데 실제 이사야가 소명을 받고 예언사역에 나선 이후 4대 왕을 거치는 동안 히스기야 왕 시대를 제외하고는 우상숭배가 극성을 이루어 사역의 말기가 되는 므낫세 시대엔 하나님의 성전 자리에 우상의 단을 세울 정도가 되었으니(왕하21:5) 왜 이사야의 글에 그렇게도 많이 우상숭배를 배척하는 메시지가 나오게 되는지 짐작하고 남는다.

따라서 비교적 짧은 오늘의 말씀 역시 앞선 말씀에 이어 여호와 하나님께서 우상과 구별되는 신성과 능력으로서 그가 미래사를 다 아시며 그것을 관할하는 분인 것을 밝히고(46:10) 그 증거와 증명으로써 그가 일으키실 고레스 왕의 등장을 예고하는 것을 통해 입증시키고 있다(46:11).

오늘 말씀을 묵상하면서 깊은 울림으로 닿는 말씀은 이처럼 우상숭배로 마음이 완악하고 패역하며 공의에서 떠난 자기 백성 이스라엘을 향하여 너희가 제발 좀 내가 누구인지 알고 나를 선택하라고 하시는 하나님의 애타는 심정의 호소이다.

너희는 옛적 일을 기억하라 나는 하나님이라 나 외에 다른 이가 없느니라 나는 하나님이라 나 같은 이가 없느니라(46:9)

이사야의 글을 묵상하는 요즘은 그 어느 때보다 내가 살아온 지난날의 신앙생활을 돌이켜보는 일이 많아졌고 바르게 선택하지 못하고 머뭇거리는 이스라엘의 모습이 곧 나의 모습이라는 것을 마음 깊은 공감으로 받아들인다.

내가 나의 왕이시며 나의 주님으로 섬기는 하나님과 나의 믿음을 무너뜨리려는 이 세상 사이에서 그리고 내가 성령의 인도를 따르려는 의지에 반대해서 내 안에 더 강력한 반작용으로 발동하는 것 같은 찰거머리 육신의 소욕 사이에서 나는 그간 얼마나 많이 흔들리며 살았고 지금도 역시 오직 한 길을 선택하지 못하고 얼마나 자주 흔들리고 있는지 나 자신을 돌아보게 된다.

어떤 때는 우리(나)의 앞선 시대에 살았던 믿음의 조상들과 기독교 역사의 인물들 그리고 특별히 종교개혁의 아버지들도 모두 이런 선택의 갈림길에서 방황하였을까(?) 궁금하기도 하며 그들의 인생 말년은 어떤 모습을 보였는가에도 관심을 갖게 된다.

그러나 이러한 나의 머뭇거림이나 흔들림 가운데서도 감사하고 감사한 것은 내 안에 계시는 성령님께서 이런 여전히 지지해 주시며 너의 신앙과 삶이 흔들리지 않기 위해서 평생 삶의 기준과 표준으로 삼으며 마음의 심비에 새기는 신경처럼 하나님의 기록된 말씀으로 성경을 붙들라고 하심이다. 그리고 이 말씀이 너를 주장하게 하며 기록된 말씀 밖으로 넘어가지 않음이 진정한 너의 자유요 행복이라고 하신다.

깨어 믿음에 굳게 서서 남자답게 강건하여라(고전16:13)

주님!
무슨 미련이 있어서 나는 여전히 세상과 육신에 집착하게 되는지요?
이제는 더 이상 흔들리거나 머뭇거릴 것 없이 나의 우상으로 작용하는 이런 것들에서 벗어나게 하시고 오직 한 길 나는 죽고 예수로만 사는 신앙과 삶이 되게 하여 주옵소서.

말씀	제목
이사야 47:1-15	영광의 자리에서 몰락한 바벨론의 교훈

6 전에 내가 내 백성에게 노하여 내 기업을 욕되게 하여 그들을 네 손에 넘겨 주었거늘 네가 그들을 긍휼히 여기지 아니하고 늙은이에게 네 멍에를 심히 무겁게 메우며 **7** 말하기를 내가 영영히 여주인이 되리라 하고 이 일을 네 마음에 두지도 아니하며 그들의 종말도 생각하지 아니하였도다

요즘 우리 사회는 급격한 변화를 맞고 있다. 기득권의 정점에서 서슴지 않고 갑질을 해대며 아랫사람을 무시하고 함부로 교만을 부렸던 사람들이 여론과 언론의 칼날 앞에서 무참하게 고발되며 돈은 많고 권력을 가졌지만 얼마나 인격적으로 몰상식한 사람들이고 그들이 가진 부와 명예와 권력이 얼마나 잘못된 것인지 속속들이 파헤쳐지는 개방된 사회와 시대를 맞았다.

이것은 우리 사회에 불어닥친 Me Too 운동이 시발점이 되어 견고했던 기득권 세력들이 허물어지기 시작하더니 정치계/예술계/문화계/교육계/종교계 할 것 없이 막 터지고 있으며 강하게 퍼져나가는 것을 보여주고 있다.

최근에는 우리나라 항공사를 대표하는 대한항공 총수 일가의 몹쓸 갑甲질들이 백일하에 드러나고 있는데 사무장 무릎 꿇리기부터 시작해 항공기 지연과 맘에 들지 않는 아랫사람 얼굴에 물 뿌리기와 호칭을 실수한 직원을 퇴출시키는 것까지 그리고 공항 세관을 통해서 자기들이 원하는 것들이라면 얼마든지 밀수로 들여온 비리들도 드러나고 있다.

그러나 기득권의 정점에 있던 사람들이 무너지는 와중에 우리(내)가 기독교인으로서 정말 참담하게 접한 소식은 한국 교회에서 가장 부자들이 모여 사

는 서울 강남 서초동에 가장 멋지고 큰 교회당을 세우고 담임하는 ○○○ 목사님조차 편법으로 일관된 그의 잘못된 과거가 속속들이 드러나면서 대법원에서조차 그는 목사가 아니라는 판결을 받은 것인데 정말 이런 소식은 거룩하신 하나님 앞에서 두렵고 떨리는 일이다.

그런데 대법에서 이런 판결을 내린 부장판사가 다름 아닌 ○○교회 ○○○ 장로님이라는 점에서 또 한 번 충격을 받게 되며 그동안 수면 아래 가라앉아 있던 온갖 쓰레기 같은 부유물들을 떠오르게 하는 것 같은 이러한 충격파가 어디까지 그리고 언제까지 이어질지 정말 두렵고 떨리는 일이 아닐 수 없다.

이러한 현상들은 하나님 앞에서는 그 무엇도 숨길 수 없으며 하나님께서는 교만한 자들을 언제까지 그대로 두지 않으시고 그의 위상과 위치가 어떠하든지 관계없이 그들의 잘못된 치부를 드러나게 하시고 내려치신다는 것을 오늘 주신 바벨론의 교만과 멸망을 통해 확인하고 배우게 된다. 사치와 교만의 대명사가 된 바벨론과 관련하여 오늘 말씀이 보여주는 이들의 죄악상을 보면

1. 교만(47:10)
앗수르 제국을 무너뜨린 바벨론 제국은 그 위세가 너무 커져서 오직 하나님밖에는 사용할 수 없는 오직 '나뿐이라 나 외에 다른 이가 없다'고 자만하였으며(47:10)

2. 사치와 허영과 쾌락주의(47:8a)
하나님의 세계 경영 섭리 가운데 일시적으로 허락하신 부와 권력이 언제까지나 영원할 줄 알고 사치와 연락으로 지냈고

3. 무너진 윤리 의식(47:6)
피정복국가의 포로민들을 가혹하게 대했는데 심지어는 노인들에게조차

무거운 노역으로 괴롭게 한 것이며

4. 하나님보다 우상과 미신과 점성술을 의지함(47:12-15)이다.

그런데 여기서 점성술이라고 한 것은 그들이 하늘을 살피는 자와 별을 보는 자 그리고 초하룻날에 뜬 달을 보고 그 달의 길흉을 점친 것인데(47:13a) 이제 하나님께서는 조소하시듯 이들을 향하여 어디 한 번 너희의 점성술사들을 동원해서 너희에게 닥칠 재앙과 대책을 말해 보게 하라고 풍자적으로 말씀하고 있다(47:13b).

바벨론의 부와 권력과 영광이 하루아침에 무너지는 오늘 말씀을 묵상하면서 세상에는 영원한 양지도 음지도 없으며 한 국가나 사람은 자신들이 성공과 권력의 정점에 섰고 무엇이든지 할 수 있다고 생각할 수 있는 그 자리가 얼마나 무섭고 떨리는 자리인 것을 알아야 한다는 것인데 이는 하늘의 별들로부터 시작해서 이 세상 나라들과 또 그 안에 사는 사람들 그리고 땅의 참새 한 마리와 작은 개미의 움직임까지 세세히 살피시는 하나님께서 모든 것을 공의로 판단하시며 임의로(자신의 뜻대로) 만사를 주관하시기 때문이다.

오늘 말씀 가운데 특별히 마음에 닿는 구절은 하나님께서 특별한 뜻이 있어 일시적 어려움 가운데 처하게 하신 같은 기독교인 성도들을 내가 잘 이해하여야 하며 그들을 선한 눈빛으로 바라봐야 한다는 것이며(47:6a) 사람은 갑甲의 자리에 섰을 때 긍휼의 마음을 가지고 을乙의 자리에 있는 약자를 상대하지 않으면(47:6b) 자신도 하나님께로부터 긍휼 없는 심판을 당할 날이 온다는 것과 특별히 힘없는 '늙은이'로 상징된 사회적 약자들에 대해 내가 관용함으로 대해야 할 것을 마음 깊은 교훈으로 받아들인다.

더불어 바벨론 멸망의 또 다른 이유는 사치와 허영과 쾌락과 안일주의 사상인데 사람은 지금 자신이 누리는 부귀와 영화가 결코 언제까지 이어지는 것이 아닌 것을 알아야 하고 지금 내가 조금이라도 부를 누리고 있으며 고생이나 환란 없이 평안을 누리고 있다면 이 역시도 하나님께서 내게 허락하신 분복인 줄 알고 겸손과 감사함으로 받아야지 그렇지 않으면 자신이 누리는 것들이 자신을 교만하게 만들고 결국은 파멸로 몰아간다는 것을 마음 깊은 교훈으로 받아들인다.

주님!
바벨론의 영광과 몰락을 통해 보여주시는 주님의 시선으로 나도 나 자신과 세상을 바라보는 지혜가 있게 하소서.

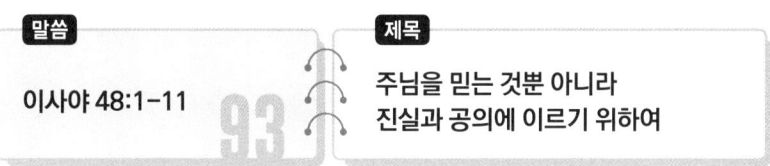

말씀 이사야 48:1-11

제목 주님을 믿는 것뿐 아니라 진실과 공의에 이르기 위하여

93

¹⁰ 보라 내가 너를 연단하였으나 은처럼 하지 아니하고 너를 고난의 풀무 불에서 택하였노라 ¹¹ 나는 나를 위하며 나를 위하여 이를 이룰 것이라 어찌 내 이름을 욕되게 하리요 내 영광을 다른 자에게 주지 아니하리라

오늘 말씀은 하나님의 이름을 빙자하여 살면서도 하나님께 대한 진실함과 의로움을 갖지 않고 여전히 우상숭배에 젖어 사는 이스라엘을 향해 하나님이 섭섭한 마음을 드러내시면서(48:1) 내가 어떻게 하여야 너희로 하여금 나를 믿게 하고 돌이켜 바른 신앙을 세울 것인지 그의 마음을 알려오신다.

① 너는 심히 완고하며 곧은 목과 놋 이마를 가지고 있도다(48:4).
② 이런 네게 나를 믿을 증거로써 예언과 성취를 주었노라(48:3-8).
③ 나는 내 이름과 영광을 위하여 너를 멸절하지는 않으리라(48:9).
④ 대신 너를 고난의 풀무에서 연단하여 금보다 귀하게 하리라(48:10).

오늘 말씀을 묵상하면서 가장 주목하는 것은 완악한 이스라엘에 대해 하나님께 대한 그들의 불신앙을 잠재우고 가장 믿을 만한 증거로 제시하시는 것이 장차 그들이 당할 일을 예고하시며 그들을 위하여 하나님께서 하실 일이 무엇인지 선지자들을 통하여 예고하시며 성취하게 하신다는 점이다.

하나님께서 이사야가 예언하던 당 시대의 사람들뿐 아니라 후대 사람들과 또한 오고 오는 모든 시대의 성도들에게 이러한 예언과 성취를 밝히 드러내심으로 하나님께서는 어떤 우상들과도 비교할 수 없는 전능하시며 신실하신 하나님 되심을 드러내시고 있다.

하나님을 믿고 의지하며 예배하고 섬기는 나의 신앙생활은 과연 무엇에 근거하는가? 그가 나에게 기적적인 것들을 보여주셨기 때문인가 혹은 내가 놀랄 만한 기도의 응답을 받은 것 때문인가? 그러나 오늘 말씀은 내가 붙들어야 하는 믿음의 본질은 하나님께서 선지자들을 통해 말씀하신 예언과 또 그 예언들이 어떻게 성취되었는지 보여주는 기록된 말씀에 있음을 보여준다.

내가 예수님을 나의 구주요 주님으로 믿는 것은 다른 무엇보다 그가 선지자들이 말한 예언과 그 예언의 성취로써 기록된 말씀에 따라오신 분이기 때문이다. 예수님은 사망의 문을 열고 부활하신 그 역사적인 날 하루종일 그를 만나게 된 제자들에게 이 사실을 얼마나 많이 강조하셨던가!

주님!
나의 믿음과 주님을 예배하고 섬김이 예언과 성취로 이 땅에 오셨던 주님께 대한 나의 반응이게 하시고 또한 나의 믿음은 주님께서 주신 기록된 말씀에 대한 응답을 나타내는 것으로써 이 믿음 더욱 불타오르게 하옵소서.

그러나 오늘 말씀을 묵상하면서 놓칠 수 없는 또 한 가지 중요한 교훈은 나의 어떤 실망스런 모습에도 불구하고 나를 선택하신 하나님의 크신 이름과 그의 명예와 영광 때문에라도 나를 결코 포기하지 않으시며 놓지 않으시고 나를 고난의 풀무에 연단해서라도 주님이 원하시는 작품으로써 금보다 귀한 믿음으로 이끄신다고 하시는 말씀이다. 이것이 이스라엘에게는 바벨론 포로 기간 같은 것이었고 오늘 나에게는 내가 살아가는 인생 가운데 경험할 수 있는 또 다른 고난이 될 수 있음을 나는 이의 없이 받아들인다.

순은이 제조되기 위해서는 열도를 조절한 풀무 불 가운데 모든 불순물들을 뽑아내는 제련 과정이 필요한 것처럼 내 안에 깊이 박혀 있는 가시들이 뽑히고 내 안에 깊이 내재되어 있는 불순한 것들이 제거되어 주님이 원하시는 사람으로서 성령의 열매를 맺는 신앙과 인격에 닿기까지 나는 나에게 닥칠 수 있는 여하한 고난이라도 달게 받겠다.

그러나 할 수만 있다면 내가 변화되지 못함으로 인하여 이러한 풀무 불 단련의 기간이 너무 오래 가지 않고 단축될 수 있기를 기도한다. 야곱의 생애에서 보는 것처럼 이러한 연단은 생애 전 과정에서 이루어져 영화롭게 성화된 노년을 맞을 수 있으며 이삭처럼 순한 과정을 통과할 수 있을 것이다.

그러나 내가 어떤 과정을 통과하든지 쓰레기 같은 나를 버리지 않으시고 포기하지 않으시며 자신의 작품으로 만들어가시는 주님의 손에 있음을 진심으로 감사하고 찬송할 것이다.

이교도들의 우상들(귀신들)은 숭배하는 자들이 자신의 비위를 만족하게만 해 주면 그들이 어떤 비열한 인간이 되든지 상관없이 더는 바라는 것이 없으며 자신처럼 비열하게 만들어가지만 나를 선택하시고 그의 영광을 위하여 그리스도 안에서 나를 부르신 하나님께서는 내가 그를 위해서 어떻게 해주기를 바라기보다 내가 그를 위하여 어떻게 변화되기를 바라시는 분이시다.

무엇보다 그가 거룩하신 분이시기 때문에 내가 거룩하여지기를 원하시고 그 거룩을 위하여 모든 것을 합력시켜 선을 이뤄주시는 분이시다(롬8:28). 따라서 오늘 말씀의 첫 화두가 되었던 구절처럼 나는 하나님을 믿는다고 하면서도 진실과 공의(의, 거룩함)가 없는 사람이 되는 것이 아니라 그를 향한 믿음과 진실, 그를 향한 사랑과 공의도 공히 함께 가진 하나님의 사람(성도)이 되기를 이 아침 간절히 기원한다.

주님!
내가 주님을 믿고 의지하며 사랑하는 것뿐 아니라 주님께서 더욱 크게 원하시는 수준으로서 진실과 의를 가진 성도로 변화되게 하옵소서. 나는 처음이요 또 나는 마지막이라.

12 나는 그니 나는 처음이요 또 나는 마지막이라 … 17 너희의 구속자시요 이스라엘의 거룩하신 이이신 여호와께서 이르시되 나는 네게 유익하도록 가르치고 너를 마땅히 행할 길로 인도하는 네 하나님 여호와라

어제 오늘 계속 이어지는 말씀을 통해서 하나님께서는 자기 백성 이스라엘을 위해 행하실 일이 무엇인지 거듭 예고하시며 이것은 그가 천지창조에서 보이신 전능하심처럼 자기 백성을 위해 반드시 이루어질 것인데(48:1-2) 그것은 장차 이스라엘이 바벨론에 포로로 잡혀가겠지만 자기의 사랑하는 자며 자기의 기뻐하는 뜻을 행할 자(고레스)를 통하여 바벨론을 응징하시고 자기 백성을 구원해 내실 것이라고 하신다(48:14).

이것은 이사야 당 시대뿐 아니라 후대 자손들이 이처럼 선지자를 통해 전달된 이러한 말씀들을 꼭 기억하고 믿어야 한다고 하시며 나는 너희에게 유익이 되도록 가르치고 마땅히 행할 길로 인도하는 네 하나님 여호와라고 하신다(48:16-17).

만일 이스라엘이 주의 말씀에 불순종하지 않았다면 그들의 평강이 강같이 흐르고 공의가 바다 물결 같고 그들의 자손이 모래알같이 많아지고 그들의 이름이 주 앞에서 끊어지지 않았겠지만(48:18) (부득이 바벨론 포로 기간을 거쳐야 하는 그들은) 후에 다시 하나님께서 해방 기회를 주실 때 즐거운 소리로 여호와의 구원을 만방에 알리라고 하시며(48:20) 그들이 다시 예루살렘으로 돌아오게 될 때 마치 출애굽 1세대가 광야에서 경험한 것 같은 반석의 샘물로 그들을 마시게 할 것을 예고하신다(48:21).

이사야가 웃시야 왕이 죽던 해에 선지자로 세움 받은 것을 감안하면 이러한 예언 말씀들은 적어도 170여 년 후에 일어날 일들인데 왜 하나님께서는 미리 앞당겨서 말씀을 주셔야 했을까(?) 그렇다면 한 국가나 개인의 장래와 운명은 이미 하나님의 손에서 결정된 대로 가게 되는 것인가(?) 세상에 우연은 없고 인간이 만들어가는 역사도 없으며 모든 것이 하나님의 각본대로만 가게 되는 것이라면 과연 인간의 역사는 무엇이며 무슨 의미가 있는 것인가(?)

그러나 이런 것들은 모두 부질없는 질문일 뿐이며 이사야의 글에서 거듭 거듭 강조되고 있는 나는 하나님이라 나 외에는 아무도 없다고 하신 말씀처럼 그리고 오늘의 말씀 첫 구절의 선언처럼 내가 바로 그니 나는 처음이요 마지막이라(48:12) 하시는 것처럼 모든 것이 그에게서 나오고 그에게로 돌아가기 때문이다(롬11:36).

하나님은 인류 일반 역사의 주재자 되시며 자기 백성을 중심으로 해서 세상의 역사를 펼쳐나감을 엿보게 하는 이러한 말씀들을 보면서 시공간의 제한을 받는 우리 인간과 달리 시공간의 제한을 받지 않으시는 하나님 앞에서는 인간의 과거와 현재와 미래가 다 현재라는 한 시점으로 보이며, 그는 자기의 뜻과 임의대로 인간 역사를 주재하심을 배우게 된다. 따라서 오늘 주신 말씀에 입각하여 하나님께서 우리 조국 대한민국을 향하여 가지신 그의 계획과 섭리는 무엇인지 궁금하지 않을 수 없고 앞으로 어떻게 전개될 것인지 기도하지 않을 수 없다.

우리 민족의 숙제로 남아 있는 남북 분단과 그로 인한 고통에서 벗어날 날이 도래하는 것일까(?) 대립각을 세우고 대치했던 남북이 해빙무드를 타고 있다. 이제 남북정상회담이 5일 앞으로 다가왔는데 이번에는 지금까지와 달리 북한 김정은이 직접 남쪽으로 내려와서 판문각에서 문재인 대통령의 영접을 받을 것이라고 한다. 이번 회담에서 어떤 일이 결정될 것인지 여기에 한반도의 운명이 걸려 있고 지금 세계가 주목하는데 하나님께서 이스라엘에게 일시적 징계를 허락하셨으나 결국은 선으로 인도하신 것처럼 이러한 은혜가 우리에게도 있기를 주일 아침 간절히 기도드린다.

어제 미국에 사는 지인이 보내온 카톡 문자를 보니 그는 나이가 70대 중반이며 극보수주의자인데도 벌써 남북통일의 꿈을 안고 북한에 들어가 복음 전할 일에 마음이 부풀어 있음을 표시해 왔다.

가끔 NK 선교를 위해 압록강가에 설 때마다 강변에서 끝없이 이어진 내륙의 도시들을 바라보면서 주님! 저곳도 주님의 땅, 어서 속히 복음의 빛이 들어가기를 기도해 왔는데 누군가의 말처럼 1945년 8월 15일 우리 민족의 해방이 소리 없이 찾아왔던 것처럼 ○○○○년 ○월 ○○일 70년 분단을 종식시키는 우리 민족의 통일도 그렇게 우리에게 찾아오게 되기를 주일 아침 간절히 기도드린다.

말씀: 이사야 49:1-13

제목: 이사야가 바라본 종의 노래에서 배우는 것들

⁶ 그가 이르시되 네가 나의 종이 되어 야곱의 지파들을 일으키며 이스라엘 중에 보전된 자를 돌아오게 할 것은 매우 쉬운 일이라 내가 또 너를 이방의 빛으로 삼아 나의 구원을 베풀어서 땅 끝까지 이르게 하리라

어제부터 내린 비가 밤 사이 굵은 빗줄기로 변했고 오늘 아침까지 이어지고 있다. 봄의 꽃들을 피워내느라 오랫동안 가물었던 대지를 흠뻑 적셔주는 이 단비로 농부들의 파종이 시작되고 논밭은 푸르게 변해 갈 것이다.

주님!
봄 가뭄으로 갈한 대지에 단비를 내려주심 같이 갈한 내 영혼도 은혜의 단비로 적셔주시고 오늘 주시는 은혜의 말씀으로 소성케 하옵소서.

이사야에 나타난 종의 두 번째 노래로 이사야 49장을 묵상하면서 주전 8세기 선지자 이사야를 통하여 이렇게 선명하고도 선명하게 장차 오실 메시아(예수 그리스도)께서 어떤 모습으로 이 땅에 오셔서 사역하게 될 것이며 그가 이루실 일들이 무엇인지 마치 손에 쥐어주듯이 가르쳐주는 오늘 말씀을 감격과 감사로 받게 되며 이러한 말씀을 전달해 주는 이사야를 우리를 위해 세워주신 주님께 진심으로 감사드립니다.

성경에는 성령께서 다윗의 입을 빙자하고 의탁하여 장차 오실 메시아 그리스도(예수님)를 전달하는 시편의 말씀들이 많이 소개되고 있는데 또한 같은 성령께서 선지자 이사야의 심장과 입술을 의탁하여 생생하게 전달해 주시는 메시아 예언들도 많은 것을 본다(49:1-4).

유대인들은 왕으로 오시는 메시아만 받아들이고 종으로 오시는 메시아를 받아들일 수 없어 이사야에 나오는 종을 자신들 이스라엘로 해석하며 이 종의 노래가 가리킨 진정한 메시아 예수님을 거절하며 십자가에 못 박는 데까지 나아갔는데 이미 42장에서 1차로 불렀던 종의 노래나(42:1-7) 다시 두 번째로 소개되는 오늘 말씀에서 다시 한 번 아버지께로부터 우리에게 종의 형체로 오셨던 예수님의 진정한 모습이 어떠하였는지 구약의 눈으로 본다.

여기서 여호와의 종으로 오시는 메시아 예수님은 마리아의 태중에 임신되고 그 형질이 이루어질 때부터 부름을 받으시며 그 이름이 지어진바 되시고 (49:1/마1:21) 사람들의 심령을 쪼개는 날카로운 칼과 마광한 화살처럼 그 입의 말씀이 권세 있게 사용될 것을 예고하시는데(히4:12/계19:21) 그가 오셔서 첫 공식적인 설교로 산상팔복을 선포했을 때 사람들은 심히 놀라워하며 그의 입의 말이 권세 있는 자와 같고 서기관들과 같지 않음을 눈치챌 수 있었다(마8:29).

하나님께서는 선지자 이사야를 통해 이 종에 대해 말하기를 그는 나의 종 나의 영광을 나타낼 (진정한) 이스라엘이라 하시고 장차 야곱의 지파들을 일으킬 뿐 아니라 더 멀리 이방의 빛이 되시어 그의 구원사역이 땅 끝의 백성(이방인들)에게까지 미치게 될 것을 예고하는데(49:6) 실제 이 일은 신약으로 들어와서 그의 세우심을 받은 사도들을 통해 땅 끝까지 성취되는 것을 사도행전을 통해 보게 되며 오늘 우리 시대까지 이어지고 있음을 확인하게 된다.

그가 이처럼 이스라엘을 구원하는 자며 이방의 빛이 되시기 위해 사람들에게 멸시를 당하며 백성들에게 미움을 받는 자리까지 내려가시는 종이 되시는 것뿐 아니라 (그리스도의 비하) 반대로 왕들이 보고 일어서며 고관들이 경배하는 존귀한 자리까지 이르게 될 것도 예고하는데(그리스도의 승귀, 49:7) 그로 말미암아 구약의 언약들을 완성하는 새 언약이 세워지고(49:8) 이 새 언약이 가져오는 축복이 얼마나 풍성할 것이며(49:9-10) 새 언약의 축복이 먼 곳 동서남북 이방의 땅까지 미쳐서(49:11-12) 하늘과 땅과 산천초목 자연세계까지 놀라운 구원의 은총을 노래하게 될 것을 선지자는 영광 중에 바라본다(49:13).

두 번째 종의 노래로 알려진 오늘 말씀을 묵상하면서 깊은 울림으로 닿는 말씀은 그가 나 같은 죄인에게까지 닿기 위해서 사람들에게 멸시를 당하며 미움을 받는 자리까지 내려가며 관원들에게 괄시를 받아 죽음의 자리까지 내려가신 것인데 이사야가 바라본 여호와의 종으로서 예수님은 겸비兼備는 이사야의 글을 잘 이해하였던 바울에게 닿아 그도 복음을 위해 가장 낮은 자리까지 내려가 처신하였고 또한 빌립보 교회에 보내는 편지에서 리바이벌(재현)되어 초기교회의 송영(예배찬송)이 되게 하였으며(빌2:5-8) 오늘 내가 천국 일꾼으로서 마땅히 따라야 할 기본 정신이 되어야 할 것을 마음 깊이 받아들인다.

너희 안에 이 마음을 품으라 곧 그리스도 예수의 마음이니 그는 근본 하나님의 본체이시나 하나님과 동등됨을 취할 것으로 여기지 아니하시고 오히려 자기를 비어 종의 형체를 가져 사람들과 같이 되셨고 … 자기를 낮추어 죽기까지 복종하셨으니 곧 십자가에 죽으심이라(빌2:5-8)

때로 주님의 일을 하면서 존경받기보다 멸시당할 때 사랑받기보다 오해를 당하며 미움을 당할 때 그리고 바닥에서 기는 종처럼 괄시를 받을 때 이런 나의 모습이 예수님처럼 바울처럼 내가 진정한 여호와의 종이 되어 그의 뜻을 수행하는 과정인 것을 잊지 않아야겠다.

주님!
이사야의 글에 기록된 대로 우리에게 종으로 오셔서 나의 구원을 이루어 주시고 교만한 나에게 섬김의 본을 보여주셨습니다. 그러나 나는 사람들에게 멸시받는 것보다 존경받고 싶고 미움보다 사랑을 받고 싶으며 괄시받는 종의 자리보다 군림할 수 있는 자의 자리를 탐하는 자이니 내가 어찌 주님의 종이라 할 수 있으리요.

주님!

죄와 교만으로 높아진 나의 마음을 내가 짓밟을 수 있게 하시고 그 짓밟힌 자리에서 종의 노래가 보여주는 주님의 본을 잘 배우며 따라갈 수 있게 하옵소서.

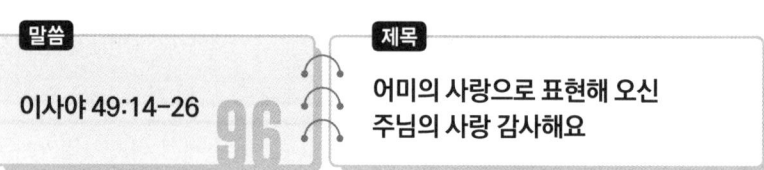

말씀 이사야 49:14-26
제목 어미의 사랑으로 표현해 오신 주님의 사랑 감사해요

96

¹⁴ 오직 시온이 이르기를 여호와께서 나를 버리시며 주께서 나를 잊으셨다 하였거니와 ¹⁵ 여인이 어찌 그 젖 먹는 자식을 잊겠으며 자기 태에서 난 아들을 긍휼히 여기지 않겠느냐 그들은 혹시 잊을지라도 나는 너를 잊지 아니할 것이라

지난 주 금요일 멀리 ○○에 사는 친구가 서울로 올라오면서 문자를 보냈다. 해기사 협회에서 주관하는 선장 포럼을 개최하는데 거기 창립 발기인으로 선택되어 지금 올라가고 있다는 것이다. 반가운 마음에 저녁 식사라도 함께하자고 했는데 병상에 계시는 어머님이 내일(토요일) 세례를 받게 되어 부득이 내려갈 수밖에 없다고 하며 자신은 평생 어머니 속을 썩이고 효도 못 한 죄인 중 죄인이라고 하기에 자네가 지금 서울까지 왔다가 개인 볼 일도 안 보고 어머니를 위하는 마음 때문에 안타까운 마음으로 서둘러 내려가는 자체가 효孝라고 위로해 주었다.

그리고 지난 토요일 어머님을 병상 세례 받게 해드리는데 어머님이 잠시 눈을 뜨셔서 기뻐했던 것도 잠시 엊그제 주일 새벽 어머니는 소천하셨고 주일 아침 카톡 방에 부고訃告가 올라왔다. 그리고 친구의 진한 슬픔이 카톡 문자에 떴기에 "자네가 지난 금요일 서둘러서 내려가 어머니 세례식을 받게 한 것이 우연이 아님일세. 자네의 마음이 하늘에 닿았음이야"라고 위로해 주었다.

어제는 비가 추적추적 내리는데 만사 제쳐놓고 먼 남쪽 도시 ○○로 문상을 갔는데 젊은 시절 함께 공부했던 동문들이 많이 참석하여 함께 식사하며 회포도 풀고 밤 늦게 서울로 돌아왔다. 서울로 돌아오는 기차 안에서 그 친구와 함께 보낸 지난날이 떠올랐다. 그가 왜 그토록 어머님 속만 썩여 드리고 효도하지 못했다고 하는지도 어렴풋이 생각나 쓴웃음을 짓기도 하였다.

그는 한때 잘 나가는 선장으로 돈을 많이 벌었는데 그놈의 돈이 웬수가 되어 사람을 그렇게 만든 것인지 자기 부인을 제쳐놓고 항구도시 ○○에 또 다른 애첩을 두고 살았다. 뒤늦게 친구들이 이 사실을 알고 그러지 말라고 만류했는데 요지부동이었다. 그때 안타깝게 여긴 한 친구가 부득이 이를 어머님께 알려서 아들을 좀 만류해 달라고 한 모양인데 그는 후에 모든 것을 잘 정리했지만 아무튼 이런저런 일로 정말 어머니 속을 무던히도 썩인 아들이었고 후에 나이가 들어서는 회심하고 부인을 따라 신앙생활을 하게 되었다.

오늘 말씀을 묵상하면서 불현듯 친구의 이야기가 떠오른 것은 나도 같은 모습과 같은 형태의 죄악은 아니더라도 주님의 속을 무던히 썩이고 살아온 것 같은 내 모습 때문이다.

내가 누구인지는 주님이 너무 잘 아시고 또 내가 가장 잘 안다.
○○년을 신앙생활했지만 내가 내 속을 들여다보면 갈라디아서 5장 16절 이하에서 밝히는 온갖 육체의 소욕들이 엉겅퀴 가시처럼 뿌리가 박혀서 틈만 엿보이면 성령을 거스르고 육체의 열매를 맺으려 뛰쳐나오려 하니 이런 나의 모습을 볼 때마다 '나는 아직도 멀었어' 자책하며 주님이 이런 나를 선택하여 부르신 것 때문에 또한 이런 나를 변화(성화)시키시려고 얼마나 속을 많이 썩으

실지… 생각하게 된다.

연속되는 이사야의 말씀 가운데 그토록 사랑받고 잘 나가던 이스라엘이 바벨론에 포로로 잡혀간 것은 하나님의 사랑이 식었거나 떠났기 때문이 아니라 그들을 향한 사랑이 더욱 질투처럼 타오르시기 때문에 그들 안에 내재된 불순한 것들을 뽑아내시고 정화시키기 위해서 축복의 땅 가나안에서 일시 추방의 쓴맛을 보게 하신 것이다. 그러나 그들은 바벨론의 포로로 잡혀가 이제는 모든 것이 끝장났으며 하나님도 우리를 버린 것이라고 했는데 그러나 오늘 말씀은 그 시작부터 절대 그런 것이 아니라고 하시며 하나님의 파격적인 사랑이 어떤 것인지 선지자를 통해 전달되고 있다.

오직 시온이 이르기를 여호와께서 나를 버리시며 주께서 나를 잊으셨다 하였거니와 여인이 어찌 그 젖 먹는 자식을 잊겠으며 자기 태에서 난 아들을 긍휼히 여기지 않겠느냐 그들은 혹시 잊을지라도 나는 너를 잊지 아니할 것이라 내가 너를 내 손바닥에 새겼고 너의 성벽이 항상 내 앞에 있나니 네 자녀들은 빨리 걸으며 너를 헐며 너를 황폐하게 하던 자들은 너를 떠나가리라(49:14-17)

어린 시절 시골에 살 때 사랑방에서 들은 이야기인데 어떤 집 헛간에서 불이 났는데 불을 끄고 정리하던 중 까맣게 타죽은 어미 닭이 있어서 들쳐내니 엄마 닭 품 안에 보호받던 병아리들이 뛰쳐나오더라는 이야기를 듣고 눈물이 난 적이 있다. 말 못 하는 미물들에게조차 모성애적 사랑을 부여하신 하나님은 사랑의 근본이시기에 그의 사랑은 변함이 없고 다함이 없어서 마침내 나 같은 죄인을 구속하기 위하여 자기 아들까지 희생하신 사랑이다.

그의 사랑을 인간의 언어로 다 표현할 수 없어서 젖 먹는 자식을 품에 안은 어미와 자기 배를 아파서 낳은 자식을 긍휼히 여기는 어미의 심정으로 자기의 사랑을 표현해 오신 이 놀랍고 위대한 하나님 사랑의 선언 앞에서 나는 내가 아무리 흉한 죄인이고 그의 거룩함에서 너무 멀리 떨어져 있는 사람이라고 하여도 나는 결코 주님의 사랑을 의심한다거나 부정하지 않을 것을 이 아침 마음 깊이 받아들인다.

그리고 그가 나를 변화시키기 위하여 이스라엘이 경험한 것 같은 쓰디쓴 고난이 허락될 때에도 이것은 나를 향해 질투처럼 타오르는 그의 사랑이 만드는 사랑의 또 다른 충격 요법이라는 것을 이의 없이 받아들이며 이러한 쓰디쓴 시간 뒤에 따라오는 것은 오늘 주신 말씀의 변주곡들처럼 그가 주시는 은혜요 회복이고 넘치는 사랑의 확증이 된다는 것을 감사와 감격으로 받아들인다.

 찬양으로 드리는 기도

다 표현 못 해도 나 표현하리라.
다 고백 못 해도 나 알아가리라.
다 닮지 못해도 나 닮아가리라(x2).
그 사랑 얼마나 아름다운지
그 사랑 얼마나 날 부요케 하는지
그 사랑 얼마나 크고 놀라운지를
그 사랑 얼마나 나를 감격하게 하는지.

말씀: 이사야 50:1-11

제목: 철저한 순종으로 나아가신 예수님을 본받아

⁴ 주 여호와께서 학자들의 혀를 내게 주사 나로 곤고한 자를 말로 어떻게 도

와 줄 줄을 알게 하시고 아침마다 깨우치시되 나의 귀를 깨우치사 학자들 같이 알아듣게 하시도다

봄비가 지나간 뒤 세상은 더 푸르러지고 초록 빛깔 생명으로 충만하다.

주님!
시든 내 영혼에도 성령의 생기를 불어넣어주셔서 주님과 교제하는 생명의 풍성함으로 이끌어주옵소서.

하나님께서 선지자 이사야를 통해 바벨론으로 잡혀가는 이스라엘에 대한 자신의 심경을 전달하신다. 그리고 그들이 축복의 땅 가나안에서 추방되고 내보냄을 당한 것은 (하나님께서 하신 것이 아니라) 자신들의 죄악으로 말미암아 스스로 팔린 것이라고 하시며(50:1) 이렇게 되지 않게 하기 위해서 하나님께서 (선지자들을 통하여) 그토록 많이 그들을 찾아오시고 그들을 그토록 부르고 불렀어도 그들이 응답하지 않았으며 그들을 능히 건질 수 있는 하나님을 의지하지 않았음을 탄식하신다(50:2).

그런데 이사야 예언에서 종종 보는 것처럼 선지자는 하나님을 찾지 않고 불순종하여 멸망으로 갈 수밖에 없는 이스라엘에 대비시켜 철저한 순종으로 자신을 하나님께 드린 한 사람을 예언 가운데 등장시키는데 이는 글에서 세 번째로 소개되는 종의 노래로 메시아(예수 그리스도)를 소개하고 있다(50:4-10).

주 여호와께서 학자들의 혀를 내게 주사 나로 곤고한 자를 말로 어떻게 도와 줄 줄을 알게 하시고 아침마다 깨우치시되 나의 귀를 깨우치사 학자들 같이 알아듣게 하시도다 주 여호와께서 나의 귀를 여셨으므로 내가 거역하지도 아니하며 뒤로 물러가지도 아니하며 나를 때리는 자들에게 내 등을 맡기며 나의 수염을 뽑는 자들에게 나의 뺨을 맡기며 모욕과 침 뱉음을

당하여도 내 얼굴을 가리지 아니하였느니라(50:4-6)

예수님은 아버지께로부터 우리에게 오셔서 사역하실 때 학자 같은 혀를 가지사 (많이 배워 알고 깨달은 자로서) 말씀으로 영혼들을 살리셨으며(50:4/마11:28) 자신의 귀를 여신 아버지의 말씀을 따라서만 순종하시고 그가 가르치신 말씀 하나 그가 행하신 표적 하나 맘대로 하신 것이 없으신 예수님의 철저한 순종과 이로써 그가 뭇 사람들에게 당해야 했던 수모와 곤욕이 예고되고 있다(50:5).

이처럼 수욕과 고난을 받으셔도 타협하거나 물러서지 않으신 그의 용기와 불굴의 정신은(50:7-9) 복음서에서 볼 수 있다. 오늘 말씀을 묵상하면서 마음 깊이 새기는 것은 하나님께서는 오늘도 우리에게 말씀을 통해서 찾아오시고 만나주신다는 것이며 말씀의 전달자 되는 사역자들이 예수님께서 본을 보이신 것처럼 학자의 혀를 가지고 곤고한 사람들을 도울 수 있도록 많이 배워 깨달은 자가 되어야 하고 항상 아버지께 귀를 열어놓아야 하는 것과 또 아버지께서 주시는 말씀만 바르게 전하려다 보니 말씀사역으로 영광을 얻는 것보다 수염을 뽑히고 뺨을 맞으며 침 뱉음 당하는 수모의 자리까지 내려갈 수 있어야 하고 또 이런 수욕과 고난 가운데서도 얼굴을 부싯돌같이 단단히 하고 뒤로 물러가지 않는 용기와 담대함으로 사역해야 한다는 것을 배우게 된다.

그러나 오늘 주신 말씀 가운데 더욱 꼭 붙잡고 싶은 말씀은 예수님의 철저하신 순종이다. 그런데 순종이란 것은 그냥 만들어지는 것이 아니라 고난받음으로 만들어진다. 히브리서 저자는 그가(예수님이) 육체로 계실 때 고난받으심으로 순종을 배우셨다고 했는데(히5:8) 나는 과연 제대로 된 순종을 배운 사람인지 돌아보게 된다.

내가 주님의 말씀을 따르고자 할 때 말씀을 순종하는 것 때문에 고난으로 어떤 대가를 지불해야 할 때 괴로워하지 말고 나의 상식과 나의 욕구를 따르기보다 경건과 절제와 의의 순종을 통하여 나 자신을 주님께 드리는 일에 더욱 힘써야 할 것을 이 아침 내게 주시는 교훈으로 마음 깊이 받아들인다.

주님!
제가 꼭 적용하고 실천하여 주님의 순종에 이르게 하옵소서.

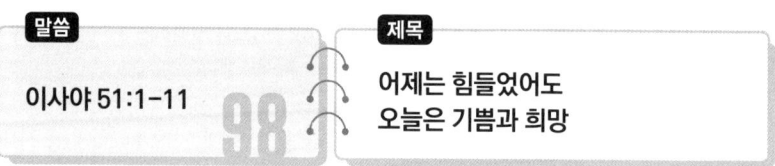

말씀 이사야 51:1-11
제목 어제는 힘들었어도 오늘은 기쁨과 희망

98

¹ 의를 따르며 여호와를 찾아 구하는 너희는 내게 들을지어다 너희를 떼낸 반석과 너희를 파낸 우묵한 구덩이를 생각하여 보라 ² 너희의 조상 아브라함과 너희를 낳은 사라를 생각하여 보라 아브라함이 혼자 있을 때에 내가 그를 부르고 그에게 복을 주어 창성하게 하였느니라

여호와께 구속 받은 자들이 돌아와 노래하며 시온으로 돌아오니 영원한 기쁨이 그들의 머리 위에 있고 슬픔과 탄식이 달아나리이다(51:11)

어느덧 이사야 묵상도 50장을 넘어섰다. 어렵게만 느껴지는 선지자의 글을 한 장 한 장 넘기면서 오늘 내게 주시는 관심과 희망의 메시지로 받게 하심을 감사드린다.

1. 나를 불러주시는 호칭에 합당하게 살아가기

오늘 주신 말씀 가운데 주님과 언약관계에 있는 우리(나)를 불러주시는 호칭들은 나의 무너진 자존감을 다시 일으켜주며 주님께 향한 친근감으로 희망을 갖게 해준다.

① 의를 따르며 여호와를 찾아 구하는 너희여
… 내게 들을지어다(51:1).
② 내 백성이여 내게 주의하라
… 내 나라여 내게 귀를 기울이라(51:4).
③ 의를 아는 자들아
… 마음에 내 율법이 있는 백성들아 두려워 말라(51:7).

세상에 많고 많은 사람들이 살지만 이처럼 주님과 특별한 관계가 되어 관심 어린 호칭을 받는 것은 나는 이 세상에 아무렇게나 살도록 던져진 존재가 아니라 그리스도 예수 안에서 하나님과 특별한 관계가 되었고 하나님께서 나를 주목하시며 특별한 관심 가운데 두신다는 것이며 성경의 말씀이 제3자의 이야기가 아니라 나를 향한 주님의 말씀으로 받아들이게 한다.

주님!
내가 부름 받는 호칭에 합당한 자존감을 갖게 하시고 나를 특별하게 불러주심에 합당한 삶을 살게 하옵소서.

2. 초라하고 어려웠던 지난날 잊지 않기(51:1b)

"너희를 떠낸 반석과 너희를 파낸 우묵한 구덩이를 생각하여 보라."

최근 우리 가정에 결혼식을 잘 치를 수 있는 은혜를 받았다. 물론 여느 가정에서나 이런 큰일은 치르지만 나에게는 정말 남다른 은혜가 되었다. 많은 분들이 찾아와 주셨고 필요한 물질도 채워주셨으며 결혼 과정을 통하여 무엇보다 초라한 자리에만 있는 것 같았던 나의 위상을 높여주신 정말 특별한 은혜를 생각했을 때 내가 이런 은혜를 받을 자격이 있나(?) 생각될 정도였다.

오늘 말씀에서 하나님께서는 이사야 선지자를 통해 그의 백성 이스라엘에게 그들의 조상 아브라함을 샘플로 삼아 너희가 얼마나 비천한 자리에서 존귀한 자리로 부름 받았는지 자신들을 돌이켜보라는 권고를 받고 있다. 돌을 떠내어 깎고 다듬는 채석장에 가보면 대리석을 떠내고 난 뒤 아무렇게 방치된 볼품없는 원석들을 볼 수 있으며 아름다운 도자기를 만들기 위해 찰진 흙을 파내는 옹기 골에 가보면 파쇄되어 볼품없이 버려진 도자기들과 흙더미들을 볼 수 있다.

하나님께서는 조상 대대로 우상숭배 가문이었던 아브라함 가정을 불러내셔서 하나님 나라의 기초를 이루는 위대한 구속사역에 참여시킨 그 특별한 선택과 은혜를 기억하라고 하시며 그리스도 예수 안에서 아브라함의 후손이 된 너희(네)가(갈3:29) 이런 동일한 은혜를 받은 자가 되었고 천사들도 흠모할 영광스런 하나님 나라의 기업을 받은 자가 되었다고 상기시킨다.

세상적인 가치관으로 볼 때 때로 내가 처한 현실이 어렵고 힘들며 초라하게 보여도 내가 주님께 처음 부름 받았던 자리가 어떤 자리였는지 기억하고 하나님의 작품으로 만들어지고 있는 지금의 나를 돌아보며 나를 떠낸 반석, 나를 파낸 우묵한 웅덩이, 초라하게 버려졌던 나의 근본을 잊지 않고 주님께 향한 감사와 찬양이 마르지 않도록 해야겠다.

3. 힘들고 어려울 때 기억해야 할 기도 (51:9-10)

"여호와의 팔이여 깨소서, 깨소서 능력을 베푸소서. 옛날 옛 시대에 깨신 것 같이 하소서. 라합을 저미시고 용을 찌르신 이가 어찌 주가 아니시며 바다를, 넓고 깊은 물을 말리시고 바다 깊은 곳에 길을 내어 구속 받은 자들을 건너게 하신 이가 어찌 주가 아니시니이까."

구원받은 성도로서 세상을 살아가는 동안 당면할 수 있는 여러 가지 시련 가운데 있을 때 주저앉기보다 성경이 보여주는 살아계신 하나님과 능력을 의지하고 기도하며 그 능력을 경험하라고 이렇게 좋은 말씀을 남겨주신 것이 너무 감사하다.

여기서 선지자는 과거 이스라엘이 하나님의 특별하신 권능으로 애굽(라합-30:7)에서 구원받았던 일을 기억하며 제2의 출애굽이라 할 만한 바벨론에서의 구원을 기도하는데 이런 아름다운 기도를 여기에 남겨두심은 오고 오는 모든 세대의 성도들이 같은 기도를 드리라고 하심이며 기도를 통하여 여호와의 팔(구원하시는 능력)을 깨우라고 하심이다.

이제 한반도의 운명을 좌우하며 큰 획을 긋게 될 남북정상회담이 내일(2018.4.27.)로 다가왔다. 세상 역사의 주인이시며, 왕들의 마음을 주장하시여 세계 경영을 이루시는 하나님께서 이번 남북정상회담과 다음 달에 이어지는 북미회담에 크게 역사하셔서 상상하지 못했던 일들이 나타나고 여호와의 팔이 깨시어 능력을 나타내신 일로 인해 온 세상이 경이로운 눈으로 바라보게 되기를 진심으로 기도드린다.

4. 어제는 힘들어도 오늘은 기쁨과 희망(51:11)

"여호와께 구속 받은 자들이 돌아와 노래하며 시온으로 돌아오니 영원한 기쁨이 그들의 머리 위에 있고 슬픔과 탄식이 달아나리이다."

여호와 팔이여 깨소서 능력을 베푸소서 … 기도했던 이사야는 이제 제2의 출애굽으로써 이스라엘이 바벨론에서 해방되어 다시 예루살렘으로 돌아오게 되는 그날을 바라보며 하나님의 백성이며, 자녀로서 세상에서 살아가는 성도들이 지금은 현실적으로 힘들고 어려운 가운데 있을지라도 이런 상태가 언제까지나 이어지는 것이 아니라 그는 그 어려움 때문에 기도하게 될 것이며 반드시 그 어려움 가운데서 건짐 받게 된다는 것과 또 그때 기쁨의 화관을 쓰고 노래하게 될 것이며 슬픔과 탄식이 달아날 것을 가르쳐주고 있다.

이스라엘이 그들의 죄로 인해 바벨론에 팔리게 되었어도 하나님께서는 언제까지나 그들을 그 상태에 두시지 않고 구원을 받게 하시며 기쁨의 화관을 쓰게 하시는 것처럼 때로 성도의 삶이 죄로 인해 갇힌 자의 마음이 되어 어둡고 힘들게 될지라도 그것이 끝이 아니며 그는 기도할 것이고 반드시 기쁨과 찬양을 회복할 것이며 슬픔과 탄식이 달아나리라고 가르쳐주시는 이 말씀은 그래서 왜 내가 어제는 갇힌 자의 마음이 되었을지라도 오늘은 기쁨과 희망을 잃지 않아야 되는지를 배우게 된다.

주님!
어제 나의 마음은 구겨진 종이같이 되어 얼굴을 펴지 못했지만 나에게 기도의 영을 회복하게 하시고 오늘 환하게 펴진 얼굴로 나가게 하심을 감사드립니다. 주님께서 우리(나)를 향해 바라시는 것은 고통과 슬픔과 일그러진 얼굴이 아니라 기도 가운데 회복되며 기뻐하되 항상 기뻐하고 범사에 감사함으로 섬기는 것임을 잊지 않게 하옵소서.

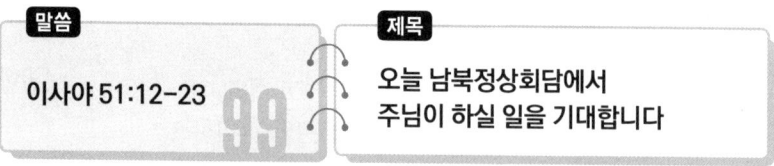

말씀 이사야 51:12-23
제목 오늘 남북정상회담에서 주님이 하실 일을 기대합니다

¹⁵ 나는 네 하나님 여호와라 바다를 휘저어서 그 물결을 뒤흔들게 하는 자이니 그의 이름은 만군의 여호와니라

오늘은 지난 70년간 남북 분단을 고착시킨 판문점에서 남북정상회담이 있

는 날이다. 우리나라 대기업들이 세계 주식시장에 상정했을 때 실제 가치의 60% 정도밖에 인정받지 못하는 것은 남북 분단의 리스크(위험성) 때문이라는데 비근한 예로 삼성과 애플의 기술 차이는 거의 없지만 세계 주식시장에서 삼성이 애플보다 저평가되는 것은 바로 이런 남북 분단이 가져오는 위험성 때문이라고 한다.

지난 70년간 남북이 서로 이질적인 길을 걸었기 때문에 지금 당장 통일로 가기에는 무리라고 하여도 남북이 서로 전쟁의 위험을 불식시키고 지금의 휴전을 종전으로 선언하며 평화의 길로 가는 길을 열어놓을 수 있다면 우리나라의 국력은 물론이고 향후 10년 안에 우리의 GDP(국내 총생산량 - 국가 부가가치 창출)는 세계 3위권으로 진입한다는 발표도 있다.

세계 투자의 귀재 짐 로저스는 지난해 8월에 방영된 KBS1 '명견만리'에서 한국은 가계부채 때문에 머지않은 미래에 큰 위기가 올 수 있지만 만일 남북이 통일만 될 수 있다면 세계에서 가장 매력 있는 제1 투자처가 될 것이고 자신의 모든 재산도 북한에 투자하고 싶다고 하였다. 오늘 남북정상회담이 어떤 결과로 나타날지는 모르지만 그동안 북한의 지하교회 성도들과 남한의 교회와 성도들이 기도해 온 것이 헛되지 아니하여 주님께서 우리 시대에 평화와 통일로 가는 길을 꼭 열어주시기를 이 아침 더욱 간절히 기도한다.

그동안 우리 민족이 남북으로 갈라져 경험한 쓰디쓴 일들과 또한 너무 길게 느껴지는 분단 70년이라는 긴 세월 때문에 과연 우리는 평화 통일로까지 이어질 수 있을까 의심되기도 하지만 오늘 주신 말씀을 묵상하면서 하나님께서 이루어주실 일 때문에 잔잔한 희망을 가지고 오늘의 회담을 지켜본다.

이스라엘은 바벨론 포로 기간 동안 혹심한 노역에 시달렸고 또 그들을 강제하는 바벨론의 세력이 너무 강하게 여겨져서 선지자들이 말한 자유 해방과 예루살렘으로의 귀환 그리고 다시 독립된 나라를 재건하는 일은 꿈에도 생각하지 못했는데 오늘 말씀은 이처럼 현실에 매몰되어서 희망 줄을 놓고 하나님께서 하실 큰일을 기대하지도 않는 이스라엘을 향하여 하나님께서는 이사야를 통해 강력하게 그의 뜻을 전달하신다.

> **너희를 위로하는 자는 나 곧 나이니라 너는** 어떠한 자이기에 죽을 사람을 두려워하며 풀 같이 될 사람의 아들을 두려워하느냐 하늘을 펴고 땅의 기초를 정하고 **너를 지은 자 여호와를 어찌하여 잊어버렸느냐** 너를 멸하려고 준비하는 저 학대자의 분노를 어찌하여 항상 종일 두려워하느냐 학대자의 분노가 어디 있느냐
> 나는 네 하나님 여호와라 바다를 휘저어서 그 물결을 뒤흔들게 하는 자이니 그의 이름은 만군의 여호와니라 내가 내 말을 네 입에 두고 내 손 그늘로 너를 덮었나니 이는 내가 하늘을 펴며 땅의 기초를 정하며 시온에게 이르기를 **너는 내 백성이라 말하기 위함이니라** (51:12-16)

이사야를 통하여 이스라엘에게 주신 이 말씀에 의지하여 우리 민족에게 깜짝 선물을 주시기 위해 크고 놀라운 일을 행하실 주님을 기대한다.

우리 민족의 평화와 통일은 주변 열강이 만들어주는 것이 아니라 주님께서 만들어주는 것이라는 성경 말씀을 의지한다. 북한 주석 김정은의 마음도, 문재인 대통령의 마음도, 미국 대통령 트럼프의 마음도 하나님께서 임의로 주장하셔서 가장 선한 결과로 도출해 주시기를 기원한다.

그러나 한 가지 염려되는 것이 있다. 하나님께서 우리가 상상할 수 없는 크고 놀라운 일을 계획하셔도 당시 바벨론의 세력이 너무 강했기 때문에 쉽게 믿으려 하지 않았고 두려움으로 밥을 먹으면서도 바벨론 포로생활에 익숙해져 갔던 이스라엘처럼 우리가 그렇게 될까 두렵다.

우리 사회는 물론이고 교회에서도 더 이상 통일은 원치 않고 그냥 이대로 살기를 바라는 사람들이 너무 많아졌다. 한번은 안양의 어느 교회에 가서 NK(북한 선교)에 대한 영상 보고를 하는데 어느 분이 손을 들고 노골적으로 우리는 통일을 원치 않는다며 그냥 이대로가 더 좋다고 하기에 통일은 하나님께서 여시고자 하시지만 우리 안에서 막혀 있구나 하는 생각을 가지게 되었다.

서울 목동의 한 대형교회 모임(주로 50-60대 연령층 사랑방)에서 허심탄회하게 통일 문제를 논의했는데 대부분이 원치 않는다고 했고 이유는 통일 비용 부담을 말하며 당장 내 주머니에서 그 비용이 나갈 것이기 때문에 그냥 이대로 사는 것이 좋다는 말을 들었다. 그러나 우리는 동서독이 통일될 때 엄청난 통일비용을 염려했지만 불과 십수 년 만에 이런 문제를 다 해결하고 독일이 유럽연합(EU)에서 수장 역할하는 것을 보고 있다.

남북 분단 70년으로 고착되어 버린 우리의 닫힌 생각과 이대로 우리(나)만 잘살면 된다는 이기적인 생각과 더 이상 하나님이 하실 큰일을 기대하지 않으며 기대할 필요도 없다고 생각하는 이런 닫힌 마음들을 염려하며 오늘의 남북정상회담을 놓고 더욱 간절하게 기도한다.

주님!
70년 세월이 흐르면서 남북으로 고착된 대립으로 이 땅에는 주님이 아시는 억울한 피가 강같이 흐르고 있습니다. 우리가 분단으로 말미암은 비참과 고통과 손실을 외면치 않게 하시고 주님이 열어주시는 더 좋은 길로 나아가며 주님이 우리를 위해 하실 큰일을 기대하게 하옵소서. 왜냐하면 주의 백성 된 우리는 이 땅 대한민국의 백성이기 이전에 하나님의 나라 백성으로서 이 땅에 태어났고 이 땅을 위해 보냄을 받았기 때문입니다.
주의 나라 임하옵시며 뜻이 하늘에서 이루어짐 같이 땅에서도 이루어지리이다. 아멘.

말씀 이사야 52:1-12

제목 복음 들고 산을 넘는 자의 발이 어찌 그리 아름다운가

¹¹ 너희는 떠날지어다 떠날지어다 거기서 나오고 부정한 것을 만지지 말지어다 그 가운데에서 나올지어다 여호와의 기구를 메는 자들이여 스스로 정결하게 할지어다

고대 근동지방에서 앗수르 제국이 세계를 평정하던 시절 이사야는 웃시야 왕이 죽던 해에 선지자로 소명을 받는다(6:1). 그리고 그는 요담 - 아하스 - 히스기야 - (그가 죽임을 당하는) 므낫세까지 무려 4대 왕의 시기에 걸쳐서 예언 사역을 한다(BC 751-697).

그런데 그의 예언의 지평이 당시에는 존재조차 미미했던 메데 - 바사(후에 바벨론) 제국이 흥기할 것과 이에 맞물려 유다 민족이 바벨론에 포로가 되겠지만 해방되어 다시 나라를 이룰 것이라는 장래사를 생생하게 예고하고 있으니 베일에 가려진 모든 일들이 역사의 주관자이신 하나님께로부터 말미암지 않는다면 결코 한 마디도 말할 수 없는 예언사역이 아닐 수 없다.

이러한 맥락에서 이사야 52장은 이사야가 활동하던 당시 강성했던 앗수르 제국의 멸망을 건너뛰고 신흥국가로 부상한 바벨론이 등장하며 이스라엘은 그 나라에 포로되어 잡혀가지만 다시 해방되어 나오는 날에 벌어질 일들을 생생하게 전달하고 있다.

그런데 더욱 놀라운 것은 그가 바라보는 예언의 지평이 여기서 멈추는 것이 아니라 52장의 마지막 세 절(52:13-15)과 이어지는 이사야 53장은 메시아 예언의 절정으로써 바벨론보다 더 무서운 죄의 종살이에서 우리를 구속하실

메시아(그리스도)가 수난의 종으로 등장하여 그로 말미암아 주의 백성된 우리가 (구약과 신약교회까지 포함) 구속함을 받게 될 것을 바라보며 생생하게 전달하고 있으니 과연 하나님 말씀의 권세와 능력의 성취가 놀랍기만 하다.

오늘 말씀 대부분은 이스라엘이 바벨론으로부터 벗어나는 구속의 날에 그들이 어떻게 해야 하는지 가르쳐주고 있는데

① 시온이여 깰지어다 깰지어다 네 힘을 낼지어다로 시작해서(52:1)
② 너희는 떠날지어다! 떠날지어다!

거기서 나오고 부정한 것을 만지지 말지어다! 여호와의 기구를 메는 자들이여 스스로 정결하게 할지어다(52:11)로 마치며 그날에 여호와께서 그들을 앞뒤로 호위하시므로 그들이 안연하게 돌아올 것을 예고하고 있다(52:12).

그런데 오늘 말씀을 묵상하면서 인상 깊게 닿으며 친숙하게 품어지는 말씀은 이제 바벨론의 압제가 끝났고 여호와께서 친히 자기 백성을 찾아와 통치하신다는 놀라운 소식을 전하는 보발꾼(복된 소식의 전달자)의 이야기다. 좋은 소식을 전하며 평화를 공포하며 복된 좋은 소식을 가져오며 구원을 공포하며 시온을 향하여 이르기를 "네 하나님이 통치하신다" 하는 자의 산을 넘는 발이 어찌 그리 아름다운가(52:7).

신약으로 들어와서 이방인의 사도가 된 바울은 믿음으로 구원받는 복음의 도리를 전하면서(롬1-8) 동족 이스라엘이 아직 복음을 받아들이지 못함을 탄식하는 가운데(롬1-11) (이제는 누구든지) 유대인이나 헬라인(이방인)이나 차별 없이 주의 이름을 부르는 자는 구원을 얻으리라 하며(롬10:12) 이 복음을 전하도록 보냄 받은 자들의 축복을 말하면서 이사야가 말하는 보발꾼의 이야기를 인용하고 있다(롬10:15).

이스라엘이 바벨론으로 잡혀가서 그발강가 포로민촌에서 죽지 못해 살아가며 홍수의 언덕이라고 불리는 텔아비브 개간지에 노역으로 내몰리던 노예 생활을 끝내고 다시 자유민들이 되어 예루살렘으로 돌아오는 그날 과연 여호와께서 그의 백성을 위로하셨고 예루살렘을 구속하신 것이며(52:9) 여호와께서 열방 가운데 그의 거룩한 팔을 나타내신 것이고 땅 끝까지 하나님의 구원을 보게 하신 것인데(52:10) 이러한 이사야의 예언은 궁극적으로 바벨론의 압제보다 더 무서운 죄와 마귀의 굴레에서 우리를 건지시기 위해 하나님께서 인간의 몸을 입고 친히 우리에게 찾아오신 그리스도 예수 안에서 성취되었고 오늘도 이 복된 소식을 전하는 복음의 보발꾼(전도자)들을 통해 세상 이 끝에서 저 끝까지 전달되고 있음을 본다.

주님!
이스라엘이 바벨론에게 받은 억압의 통치보다 더 무섭고 고역스런 죄와 마귀의 굴레에서 나를 건져주셨고 이제는 주님의 통치를 받는 자유민으로 천국 백성이 되게 하셨습니다. 주께서 우리에게 오셔서 친히 다스려주시므로 희년의 종소리가 울려퍼지게 하시고 은혜의 해가 시작되게 하신 이 복된 소식(복음)을 가지고 나도 힘차게 달려가는 복음의 보발꾼이 되게 하시며 이 발걸음이 아직도 사망의 그늘에 앉은 북한 땅 개성과 평양을 지나고 북한 땅 곳곳을 향하는 그날이 속히 오게 하옵소서. 아멘.

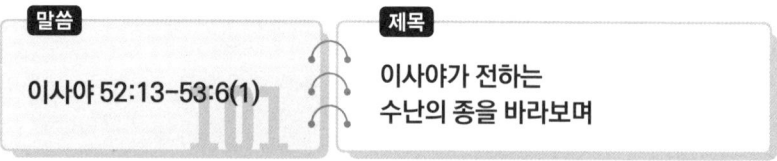

말씀 이사야 52:13-53:6(1)
제목 이사야가 전하는 수난의 종을 바라보며

⁵ 그가 찔림은 우리의 허물 때문이요 그가 상함은 우리의 죄악 때문이라 그가 징계를 받으므로 우리는 평화를 누리고 그가 채찍에 맞으므로 우리는 나음을 받았도다 ⁶ 우리는 다 양 같아서 그릇 행하여 각기 제 길로 갔거늘 여호

> 와께서는 우리 모두의 죄악을 그에게 담당시키셨도다

이사야는 바벨론의 포로에서 해방되어 돌아오는 이스라엘 이야기를 하다 앞뒤 문맥도 맞지 않는 것처럼 왜 갑자기 고난받는 한 종의 이야기를 하는 것일까?

그가 하나님께로부터 이스라엘의 장래사를 전달받는 특별한 계시 가운데 마치 환한 계시의 꽃처럼 피워낸 고난받는 종의 이야기는 너무나 리얼하고 생생하게 전달되어 대부분 독자들이라면 여기에 등장하는 고난받는 종은 바벨론의 압제보다 더 무섭고 고통스런 죄와 마귀의 종에서 자기 백성을 구원하기 위하여 오시게 될 예수 그리스도를 가리키게 되는 것을 단박에 알아차릴 수 있는데(마1:21)

(그러나 이것은 나의 생각일 뿐)

이 글의 1차적 수신인이고 독자가 되는 이스라엘 사람들은 이사야 53장에 나오는 고난받는 종의 이야기가 곧 이스라엘 자신들을 가리키는 것이며 여전히 메시아(구원자)를 기다린다고 하니 참 놀랍기만 하다. 그래서 하나님의 말씀은 아무리 쉽게 보이는 구절들이라도 하나님께서 눈을 열어주지 않으시면 닫힌 책이 된다는 것일까?

주전 8세기 선지자 이사야가 전하는 수난의 종 이야기는 적어도 이사야가 예언사역을 했던 당시부터 750여 년이 지난 뒤 실제 예수님에게 성취되어 예수님은 말씀에 기록된 그대로 우리에게 오시는데 그의 탄생부터 시작해서 그의 생애와 사역과 삶이 고스란히 녹아 있는 오늘의 말씀을 접하면서 수난의 종으로 오시는 그의 초상을 간단히 스케치해 보게 된다.

① 그는 마치 마른 땅을 뚫고 나온 연한 순 같으시고 … 외모적으로 볼 때 아무 매력적인 것은 없는 분이시다(53:2).

② 그는 매력은 고사하고 사람들에게 혐오스런 존재가 되어 멸시와 버림받음과 간고와 질고를 경험하게 되는 자가 되며 특별히 사람들이 보기 싫은 것을 볼 때 자신들의 얼굴을 손으로 가리게 되는 것 같은 혐오의 대상이 될 것이다(53:3).

③ 그가 받는 형벌은 너무 가혹한 것이어서 사람들이 생각하기를 … 그는 하나님께 벌받는 것이라고 여겨지게 될 것이다(53:4).

④ 그러나 그가 찔림을 당하고 상함을 입으며 징계를 받은 것은 … 자신의 죄가 아닌 우리의 죄악 때문인데 그가 찔림은 우리의 허물 때문이며 그가 상함은 우리의 죄악 때문이고 그가 징계를 받음으로 평화의 길이 열리고 그가 채찍에 맞음으로 우리에게 나음 받는 길이 열리게 될 것이다(53:5).

⑤ (종합적으로) 이사야는 성령의 감동 가운데 여기 고난받는 종에 대하여 주석을 달며 해석하기를 이 모든 것은 여호와께서 말 안 듣는 양들처럼 뿔뿔이 흩어져서 멸망으로 가게 된 우리 모두의 죄악을 이 종에게 대신 담당케 하신 대리적 – 대속적 죽음이 되는 것이라고 해설해 주고 있다(53:6).

하나님께서 이스라엘을 바벨론에서 건져내실 구원자로 세우신 것은 고레스라는 바사(페르시아) 왕이었다. 그의 권세와 능력 위엄의 깃발 아래서 바벨론은 무너졌고 이스라엘은 자신들의 고토로 돌아가는 길을 열었다. 그런데 이사야는 여기서 이스라엘의 구원자 고레스와 비교되는 또 다른 구원자를 등장시키는데 그의 구원의 방법은 고레스가 보여주는 권세와 능력 위엄의 표상과 정반대가 되는 고난받는 종으로써 가장 낮은 자리에서 비참과 수욕과 죽임을 당하는 자리로 내려가는 구원자의 모습이다.

그러나 오늘 말씀 첫 세 구절은 고난받은 종이 마침내 높이 들려 고레스와 비교되지 않는 진정한 영광의 자리에 오르는 모습을 보여준다(52:13-15). 고레스는 하나님께서 자신에게 허락하신 왕위에 올라 20여 년간 한 시대를 풍미하고 역사의 뒤안길로 사라졌지만 자기 백성의 진정한 구원자로 오셔서 자기 백성이 받아야 할 하나님의 심판과 진노를 한 몸에 담당하신 예수님은 이제도 우리에게 영원히 추앙받으시는 영광의 자리에 계셔서 나라들이 놀라게 되며 왕들은 그로 말미암아 입을 봉하게 된다(52:15).

> 보라 내 종이 형통하리니 받들어 높이 들려서 지극히 존귀하게 되리라
> (52:13)

오늘 다시 한 주가 시작되는 주일을 맞는데 주일은 곧 주님의 날로(The Lord's Day) 그가 이날의 주인공이 되시며 그의 백성 된 성도들이 그의 부활을 축하하고 기념하는 날로 예배하는 날이다. 고난받는 종의 자리에서 높이 받들어 올려져 지극히 존귀하게 되신 주님께 나도 나의 마음을 다하여 찬양과 경배를 올려 드린다.

* (성경이 보여주는 대로) 고난받는 종의 자리에서 영원한 영광의 자리에 오르신 예수님이야말로 자기 백성의 진정한 구원자가 되시며 왕이시다.

 찬양으로 드리는 기도

당신은 영광의 왕, 당신은 평강의 왕, 당신은 하늘과 땅의 주, 당신은 정의의 아들, 천사가 무릎 꿇고 예배하며 경배하네. 영원한 생명 말씀 당신은 예수 그리스도 주 호산나 다윗의 아들께 호산나 불러 왕 중의 왕 높은 하늘엔 영광을 예수 주 메시아네. 아멘.

> **말씀**
> 이사야 52:13-53:6(2)

> **제목**
> (한 절 묵상 53:1)
> 우리의 전한 것을 누가 믿었느냐

¹ 우리가 전한 것을 누가 믿었느냐 여호와의 팔이 누구에게 나타났느냐

오늘 주일은 나의 선교사역과 관련된 안양의 ○○교회를 찾았다. 마침 이웃 초청 전도주일이기도 해서 은퇴 장로들로 구성된 4인조 악단이 나와서 연주하며 간증도 했는데 그중 한 분의 간증이 인상 깊게 남았다.

그는 자기를 전도하는 많은 사람들이 있었지만 무신론을 고집하다 50대에 들어서 예수를 믿었는데 이제라도 누가 자기에게 왜 예수를 믿느냐고 물어보면 "믿어져서 믿는다"고 말한다고 한다. 물론 예수를 믿는 이유가 천국에 가기 위해서라든가 죄 사함/평안/기도 응답 등등 많은 이유를 댈 수 있겠지만 자기는 "믿어져서 믿는다"가 유일한 대답이라는 것이다. 그의 간증을 들으면서 오늘 주신 말씀 이사야 53:1절이 생각났다.

> 우리가 전한 것을 누가 믿었느냐 여호와의 팔이 누구에게 나타났느냐
> (53:1)

이사야의 글에서 종의 노래로써 네 번째 소개되는 오늘 말씀은 고난받는 한 종의 이야기가 너무나 비참하게 소개되고 있기 때문에 누가 과연 이런 종을 자신의 구원자로 믿을 수 있겠느냐는 질문으로 시작되는데 다윗과 같은 왕위를 가지고 오는 구원자(메시아)를 기다리는 유다 백성들의 입장에서 이러한 질문은 당연해 보이기도 한다. 그러나 믿을 수 없을 것 같은 한 고난받는 종의 이야기라도 여호와 하나님께서 마음의 눈을 여시면 엉터리 같은 이 진리도 깨달을 수 있기에 이사야는 이어지는 말씀에서 "여호와의 팔이 뉘게 나

타났느냐?" 두 번째 질문으로 나아가고 있다.

여기서 여호와의 팔이란 앞선 글에서도 자주 언급된 것처럼 여호와 하나님의 구원하시는 능력을 의미하는 것으로 한 사람이 고난받는 종의 이야기 속에 담긴 복음을 듣고 이 고난받는 종을 자신의 구원자로 받아들이는 데는 그냥 되는 것이 아니라 '여호와의 팔' 곧 하나님의 능력이 그 사람 안에 역사되어야 함을 함축하고 있다.

오늘 주신 이사야 53장의 첫 구절 말씀을 묵상하면서 도무지 믿을 수 없을 것 같은 예수 십자가와 부활 이야기가 나에게는 나의 생명을 살리는 진리로 받아들여지고 그를 나의 구원자로 받아들이게 된 데에는 주 성령의 역사가 내 안에 작동되어 죽은 나의 영혼을 살리고 귀를 열어주셔서 가능하게 된 것을 마음 깊은 감사로 받아들인다.

바울은 이 고난받은 종의 이야기로 '십자가의 도'가 오늘날도 세상 곳곳에 전해지고 있지만 이 고난받는 종의 이야기(복음)를 받아들이는 자는 그리 많지 않음을 증거하는데 십자가의 도가 멸망하는 자들에게는 미련한 것이요 구원을 얻는 우리에게는 하나님의 능력이라(고전1:18) 설파한다.

오늘 내가 고난받은 종으로서 예수를 믿게 된 것은 믿으려고 해서 믿어진 것이 아니라 나에게 주님의 능력이 임하여 믿어지게 하여서 믿게 된 것을 감사드리며 이런 은혜가 아무나의 것이 아니고 주의 은혜로 택함을 받은 자들 가운데 임하는 축복인 것을 마음 깊이 우러나는 감사와 찬양을 드린다.

 찬양으로 드리는 기도

아 하나님의 은혜로 이 쓸데없는 자

왜 구속하여 주는지 난 알 수 없도다
나는 믿고 또 의지함은 내 모든 형편 잘 아는 주님
늘 간수해 주실 것을 내가 확실히 아네

이 초로 인생 살 동안 내 갈 길 편할지
혹 환난 고통당할지 난 알 수 없도다
나는 믿고 또 의지함은 내 모든 형편 잘 아는 주님
늘 간수해 주실 것을 내가 확실히 아네

주 언제 강림하실지 혹 밤에 혹 낮에
또 주님 만날 처소도 난 알 수 없도다
나는 믿고 또 의지함은 내 모든 형편 잘 아는 주님
늘 간수해 주실 것을 내가 확실히 아~네

말씀 이사야 53:1-7

제목 이사야가 전하는 예수님의 자화상을 보면서

² 그는 주 앞에서 자라나기를 연한 순 같고 마른 땅에서 나온 뿌리 같아서 고운 모양도 없고 풍채도 없은즉 우리가 보기에 흠모할 만한 아름다운 것이 없도다

하나님이 사람이 되어 이 땅에 오셔서 살았던 예수님의 삶은 이새의 줄기에서 나오는 한 싹으로서(11:1) 부드러운 흙을 뚫고 나오는 것 같은 행복한 출생이 아니라 마치 몸부림을 치면서 메마른 땅을 뚫고 나온 고운 줄기처럼 출생부터 박복하고 힘겨우셨다.

가축의 우릿간 여물통에서 시작된 그의 삶은 태어난 지 얼마 안 되어 헤롯의 살해 위협을 당해 가족이 애굽으로 피신해야 했으며 후에 다시 돌아온 유대에서 터전을 잡지 못하고 가난한 변두리 인생들이 모여 사는 갈릴리 빈촌에서 자라셨다.

성장기에는 적어도 6명 이상의 동생들과 함께 자라면서 배도 많이 고프셨는지 그가 전하신 기도 비유 가운데 늦은 밤 이웃집에 떡 세 덩이를 빌리러 가는 이야기에서 그가 식민지 여느 가난한 동네의 아이들처럼 가난과 질고를 벗어날 수 없었던 성장기를 엿보게 한다.

특히 3~4절에서 간고를 많이 겪었고 질고를 아는 자라고 반복해서 강조되는 것을 보면 위생시설도 갖추지 못하고 지금처럼 병원도 없던 그 시대에 병치레도 자주 하셨던 것으로 이해하게 된다.

또 그에게 배움의 기회가 있었겠는가?
고작 동네 회당에서 토라를 배운 것 외에 달리 무엇이 있었을까?

그러나 깊은 밤, 깊은 땅속을 흐르는 지하수처럼 그는 나사렛 마을의 빈 들이나 언덕 위에서 혹은 목공일을 하는 공방에서 고요한 묵상과 침묵 가운데 맑은 영성을 키우며 자신을 불러내시는 부르심의 때를 기다리셨는데 그러다 마침내 이사야의 예언처럼 광야에서 외치는 자의 소리가 들려왔을 때 이제 그만 세상을 향해 나가라고 하시는 하늘 아버지의 부르심으로 들으셨고 이사야가 자신에 대해 기록한 그 자화상을 따라 나가셨다.

아무 자랑할 만한 출생 성분도, 명문 가문도, 학벌도 갖지 못한 그가 나서서 하는 일들은 사람들의 호응을 얻지 못했고 오히려 비웃음과 멸시가 따랐기 때문에 주로 갈릴리를 중심으로 사역하셨는데 그나마 예루살렘과 유대에 있는 기득권 세력들에게 위험인물로 낙인찍혀져 마침내 십자가 사형으로 내몰리게 되셨다. 그는 십자가에서 처형되는 과정에서도 선지자 이사야가 그려 놓은 자화상에 충실하셨는데 그것은 우리를 위한 대리적 대속적 죽음에 자신을 맡기는 것이었다.

> 그는 실로 우리의 질고를 지고 우리의 슬픔을 당하였거늘 우리는 생각하기를 그는 징벌을 받아서 하나님께 맞으며 고난을 당한다 하였노라 그가 찔림은 우리의 허물을 인함이요 그가 상함은 우리의 죄악을 인함이라 그가 징계를 받음으로 우리가 평화를 누리고 그가 채찍에 맞음으로 우리는 나음을 받았도다(53:4-5)

우리 앞서 주님을 섬겼던 믿음의 선인들이 가장 인상 깊게 받아들였을 오늘의 말씀 곧 수난의 종으로서 주님의 자화상은 영광의 종을 꿈꾸는 나의 자화상을 부끄럽게 한다. 주님을 섬긴다고 하면서 그분의 자화상이 그려내는 수난의 종으로서보다 사람들이 매력을 느끼는 영광의 종이 되기를 얼마나 탐내고 있었던가(?)

한 가난하고 볼품없는 목사, 선교사의 길을 가게 되더라도 결코 그가 가신 길을 피하려고 하지 말자. 항상 주님을 따라다녔던 멸시와 거절당함과 질고, 슬픔, 고난 속에서 주님을 만나자. 그래서 나의 주님께서 이 세상에서 걸어가신 그 자화상의 밑그림만이라도 그려지게 하자.

영감 넘치는 성화를 많이 그린 독일 신부 지거 쾨더Sieger Köeder의 세족식 그림을 보면 한 제자의 발을 씻어주기 위해 무릎을 꿇고 구부린 예수님의 얼굴은 볼 수 없지만 대야 속의 더러운 물속에 비친 예수님 얼굴은 오늘 내가 진정 주님의 임재를 경험하고 그의 얼굴을 보고 싶다면 내가 어떻게 해야 하는지 그림으로 메시지를 전하고 있는데 이사야 53장이 전하는 수난의 종으로서 섬김의 길에 그 해답이 있음을 본다.

 기도

주님을 섬긴다고 하면서 영광의 종을 꿈꿨던 부끄러운 자화상을 지웁니다. 내 안에 다시 그리는 수난과 섬김의 종으로서 주님의 자화상을 다시는 지우지 않게 하옵소서. 아멘.

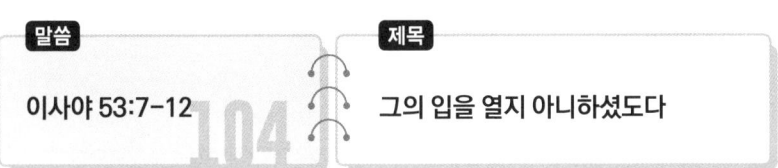

말씀 이사야 53:7-12 **제목** 그의 입을 열지 아니하셨도다

⁷ 그가 곤욕을 당하여 괴로울 때에도 그의 입을 열지 아니하였음이여 마치 도수장으로 끌려 가는 어린 양과 털 깎는 자 앞에서 잠잠한 양 같이 그의 입을 열지 아니하였도다

이사야 선지자의 글에 나오는 네 번째 종의 노래로 이사야 53장이 가리키는 수난의 종 - 예수님에 대해 이처럼 리얼하고 생생하게 전달해 주는 것은 달리 없는 것 같다.

① 불법 재판정에서 털 깎이는 양처럼 침묵으로 일관하심(53:7)
② 고문과 심문을 당하고 (짐승처럼) 끌려가심(53:8)
③ 악인들처럼 처형되었으나 부자의 묘에 정중하게 장례되심(53:9)

이어서 이사야는 이 죽음에 대한 의미가 무엇인지도 해석한다.

④ 이것은 그의 영혼을 속건제물로 드린 것과 같으며(53:10)
⑤ 그를 아는 지식을 가지게 되는 자들의 의를 위한 것이고(53:11)

⑥ 자기 영혼을 버려 사망에 이름으로 대속적 죽음을 완성하심(53:12)이다.

고난받는 종의 노래가 구슬프게 들리는 이사야 53장의 저변에는 무엇으로도 해결할 수 없는 자기 백성의 죄를 해결하기 위하여 하나님께서 친히 자기 아들을 고난받는 종의 모습으로 보내시고 속제물이 되게 하시는 대리적 - 대속적 구원 사상이 흐르는데 이는 거룩하신 하나님께서 모든 죄를 스스로 떠맡으시는 사랑으로 생명의 근원이신 그가 심지어 죽음의 자리까지 내려가심을 엿보게 한다.

조폭들의 세례를 들여다보면 자신들의 집단이 어떤 범죄에 연류되어 위기에 처했을 때 어떤 한 사람이 대신 뒤집어쓰고 감옥을 가면 그 사람의 가족을 뒤에서 봐주는 것을 보는데 이사야 53장이 보여주는 고난받는 종의 대리적 - 대속적 죽음은 이런 형태의 대리적 대속이 아니라 전혀 죄 없으신 의로우신 분이 아무 조건 없이 우리(나)의 모든 죄를 담당하셨다는 데 의미가 있다.

성경에 흐르는 구속 계시의 금맥 중 금맥 덩어리로 보이는 이사야 53장을 묵상하면서 오실 메시아 그리스도(예수님)에 대한 계시와 해석이 너무 분명하기 때문에 53장의 말씀에 주석을 달거나 무슨 해석을 덧붙이는 것이 도리어 외람되게 생각되어 오늘 주신 말씀을 액면 그대로 받아들이는데 특별히 이사야 53장에서 보이는 두 마리의 양≠에 주목하게 된다.

한 마리 양은 목자가 없으면 죽은 목숨과 같은데도 그릇 행하고(53:6) 또 한 마리의 양은 이 어리석고 망나니 같은 못난 양을 살리기 위해 목자에서 양으로 내려오신 '하나님의 어린 양' 예수님의 모습이다(53:7).

예수님은 나의 내적인 죄와 외적인 죄를 모두 포함하는 속제물로 자신의 영혼을 십자가의 제물로 드리기 전 먼저 불법 재판정에 서게 되는데 재판장

자리에 서서 인간들의 죄악을 심판하셔야 할 분이 도리어 굴욕적인 죄인(피고)의 자리에 서시게 된다.

그리고 불의한 자들 앞에서 곤욕을 당하시며 괴로우실 때 단 한 마디의 법리 다툼도 하지 않으시고 침묵으로 일관하셨다. 이사야는 이 모습을 마치 도수장으로 끌려가는 어린 양과 털 깎는 자 앞에 잠잠한 양과 같이 그 입을 열지 않았다고 하는데 마치 주전 8세기 선지자 이사야가 신약의 복음서로 건너와서 가야바와 헤롯과 빌라도의 법정에 서서 불법재판을 보는 것처럼 생생하게 전달하고 있다(막15:1-5). 공변된 판단을 받지 못할 것이 너무나 분명한 불법 재판정에서 말없이 도수장으로 끌려가는 양과 같고 털 깎는 자 앞에서 잠잠한 양같이 되신 예수님의 모습을 보며 나는 내가 부름 받은 목양의 자리에서 억울한 일을 당할 때 어떤 자세를 갖는지 자신을 돌아보게 된다.

불의한 자들을 심문하셔야 할 분이 심문받는 자리에 서시고 여러 가지 곤욕을 당하셨을 때 예수님은 어떻게 이 모든 굴욕을 침묵으로 일관하셨을까. 생각해 보면 바로 네가 이런 자리에 서야 한다고 하신 하늘 아버지의 뜻을 온몸으로 받아들이면서 굴욕을 참으신 것을 넉넉히 짐작하게 된다.

지난날 주님이 세워주신 목양의 자리에서 나는 어떤 오해나 다툼의 여지가 생겼을 때 나를 이런 자리에 세워주신 것이 주님이신데 나를 내려다보시는 주님을 생각지 않고 조금도 지지 않으려고 너무 많은 말을 쏟아냈던 모습을 부끄러워하며 깊은 참회의 기도를 드리게 된다.

주님!
나 같은 죄인이 용서받는 길을 여시기 위해 말없이 도수장으로 끌려가신 주님의 모습과 털 깎는 자 앞에 잠잠한 양 같았던 주님의 모습을 생각하면서 내가 침묵해야 할 때 침묵하지 못하고 너무 많은 말을 쏟아냈던 지난날 나의 모습이 심히 부끄러워집니다.

주님!

이제는 주님의 양들을 위하여 억울함 받으라고 세워주신 자리에서 조금이라도 다투지 않게 하시고 주님께 닿는 침묵의 깊이에서 수난 종이 되신 주님을 만날 수 있게 하옵소서.

말씀 이사야 54:1-10
제목 바보 같은 사랑으로
105

¹⁰ 산들이 떠나며 언덕들은 옮겨질지라도 나의 자비는 네게서 떠나지 아니하며 나의 화평의 언약은 흔들리지 아니하리라 너를 긍휼히 여기시는 여호와께서 말씀하셨느니라

앞선 장 53장에서 이사야는 고난의 종으로 오시는 메시아(예수님)의 시대를 바라보며 그가 이루시는 대리적 - 대속적 죽음을 통해 언약 백성들의 구원이 완성될 것을 예고했는데 오늘 말씀은 다시 장면이 바뀌어 자기 백성을 향한 하나님의 긍휼과 자비 때문에 이스라엘은 바벨론 포로에서 돌아오고 회복되며 이전보다 더 큰 부흥을 경험하게 되리라고 한다(54:1-3).

그런데 그것은 마치 버림받은 아내를 다시 품는 남편의 사랑 같은 것이라고 하시며 버린 것은 잠시요 영원한 자비로 긍휼히 여기실 것인데(54:7-8) 이 것은 마치 노아 홍수 후에 주신 무지개 언약처럼 자기 백성의 죄악에도 불구하고 다시는 버리지 않으리라고 다짐하시는 맹세이다(54:9).

이러한 예언 패턴은 이사야뿐 아니라 예레미야나 에스겔 같은 선지자들의 글에서도 동일하게 보게 되는 내용들로 오늘의 말씀 마지막 구절은 변치 않는 그의 자비와 언약을 견고하게 확인시켜 주고 있다.

> *산들은 떠나며 언덕들은 옮겨질지라도 나의 자비는 네게서 떠나지 아니하며 나의 화평의 언약은 흔들리지 아니하리라 너를 긍휼히 여기시는 여호와께서 말씀하셨느니라* (54:10)

변함없는 하나님의 사랑을 노래하는 오늘의 말씀에서 내 마음 가운데 묵직하게 닿는 테마는 소박맞아 버림받았던 아내로서 이스라엘과 다시 품는 남편으로서 하나님의 자비와 사랑이다.

요즘은 남녀 불문하고 이혼도 쉽게 하는 시대가 되어서 소박맞고 친정으로 쫓겨오는 새댁의 고통이 이해되지 않겠지만 나의 어린 시절만 해도 이런 일들은 가끔 있었다. 시집을 왔는데 너무 곱게 자라서 도무지 살림을 할 줄 몰라 그냥 내보내는 경우도 있는가 하면 부정이 드러나서 함께 살 수 없으므로 내보내는 경우도 있고 심지어는 간격을 좁힐 수 없는 성격 차이 때문에 그런 경우도 있다.

그런데 이렇게 한 번 소박을 놓거나 내치면 다시 품고 맞아들이는 일은 거의 없는데 오늘 말씀에서 보이는 하나님과 이스라엘의 사랑은 이상하게도 내버렸던 아내를 금세 다시 맞아들이고 품는 남편의 사랑이다. 어찌 보면 좀 소갈머리가 없든가(의지가 약하거나 심지가 약함) 주변머리 없는 사랑으로 보이기도 하고(일을 풀어나가는 재주가 없음) 또 어찌 보면 금방 엎었다 뒤집었다 하는 변덕스런 사랑으로 비치기도 하는데 하나님께서 이런 오해를 받으시면서까지 이스라엘을 다시 품는 사랑으로 맞아들이는 것은 사람이 흉내낼 수 없는 하나님 고유한 사랑의 특성으로 이해하게 된다.

그러니까 잠시 내쳤던 것은 사랑하지 않아서가 아니라 정신 차리게 하려고

(바벨론/세상의 쓰라림을 맛보게 하는) 사랑의 충격 요법을 사용하신 것이며 비록 잠시/일시 내친 사랑이지만 그 잠시도 참을 수 없어 다시 손 내미는 사랑으로 헤프디 헤픈 마음을 보이시고 있으니 하나님의 자기 백성을 향한 사랑이 얼마나 간절한지 엿보게 된다.

　　소박맞은 아내와 다시 품는 남편의 사랑으로 묘사된 오늘 말씀을 보며 나는 은근한 배짱이 생긴다. "하나님은 절대절대 나를 못 버려. 하나님은 절대절대 나 없이는 못 살아." 나를 버리면 마음이 더 괴로워서 견딜 수 없는 분이라서 결국은 다시 찾게 된다는 것을 오늘의 말씀이 가르쳐준다.

　　때로 나의 신앙과 삶이 너무 미적지근한 것 같아서 하나님께서 이런 나를 사랑하실까 … 은근한 의심이 들며 내가 하나님께 열심을 내는 것에 비례해서 그가 나를 사랑하시며 내가 그를 향하여 잘하는 것만큼 그가 나에게 잘해주시고 사랑하신다는 계산적인 생각이 나를 우울하게 만들 때가 있는데 오늘 말씀을 통해 이런 계산적이고 부정적인 생각들을 모두 날려버린다.

　　그가 나를 소박맞은 여인처럼 버리신 것 같은 같은 때에도 여전히 나를 사랑하시기 때문에 마음이 짠하고 애달프시다고 가르쳐주는 오늘 말씀을 보면서 넓고 넓은 남자의 가슴에 달려가서 안기는 여자처럼 그렇게 나의 하나님의 품에 풍덩 안기고 싶은 마음이 솟아난다.

　　그동안 나도 이스라엘처럼 주님을 실망시키며 소박맞아도 싼 일들을 얼마나 많이 저질렀는지 돌아보면 오늘 말씀이 보여주는 이스라엘 이야기가 곧 나의 이야기라는 것을 이의 없이 받아들이며 소박맞아도 싼 나 같은 죄인을 아내로 두고 속 꽤나 썩으시면서도 변치 않는 사랑을 주시고 산은 떠나고 언덕들은 없어질지라도 나를 향한 그의 자비와 화평 언약은 영원히 변하지 않으며 흔들리지 않는다는 말씀이 사랑의 화살처럼 가슴에 날아와서 박힌다.

이스라엘을 향하신 이런 사랑이 구약을 넘어 신약으로 와서 마침내 자기 아들의 목숨까지 내어놓으시는 사랑으로 나타났고 그리스도 예수 안에 있는 하나님의 사랑에서 아무도 우리(나)를 끊을 수 없다는 사랑의 선언(롬8:32-39)이 얼마나 진실한 것이며 얼마나 나를 감격하게 하고 담대하게 하는지 마음 깊이 우러나는 감사와 찬양을 올려 드리게 된다.

 찬양으로 드리는 기도

다 표현 못 해도 나 표현하리라
다 고백 못 해도 나 표현하리라
다 알 수 없어도 나 알아가리라
다 닮지 못해도 나 닮아가리라(x2)
그 사랑 얼마나 아름다운지
그 사랑 얼마나 날 부요케 하는지
그 사랑 얼마나 크고 놀라운지를
그 사랑 얼마나 나를 감격하게 하는지
다 알 수 없어도 나 알아가리라
다 닮지 못 해도 나 닮아가리라
그 사랑 얼마나 아름다운지
그 사랑 얼마나 날 부요케 하는지
그 사랑 얼마나 크고 놀라운지를
그 사랑 얼마나 나를 감격하게 하는지
그 사랑 얼마나 나를 감격하게 하는지

말씀 이사야 54:11-17

제목 나로 말미암지 아니한 것이니

¹⁵ 보라 그들이 분쟁을 일으킬지라도 나로 말미암지 아니한 것이니 누구든지 너와 분쟁을 일으키는 자는 너로 말미암아 패망하리라

항상 햇빛만 쪼이고 비가 오지 않는다면 세상은 사막이 되고 생명의 푸르름을 기대할 수 없을 것인데 어제 초여름 날씨 같던 노동절(5월 1일)을 뒤로하고 오늘은 새벽부터 내리는 반가운 단비로 하루를 시작한다. 이 비가 지나면 미리 갈아두었던 텃밭에 고추 모종이랑 호박이며 토마토 같은 작물들을 심어야겠다.

연속되는 이사야 선지자의 글에는 바벨론 포로에서 돌아오는 이스라엘의 위로가 넘쳐흐른다(54:11-17). 곤고하며 광풍에 요동치고 안위를 받지 못한 자로 표현되는 그들의 포로생활이 힘들고 괴로웠던 것만큼(54:11a) 그들을 향한 하나님의 위로와 축복도 넘쳐나는데 마치 아름다운 보석으로 건축되는 건물처럼(54:12) 하나님께서 그들을 다시 세우시고 아름답게 하실 것을 예고한다.

그리하여 그 성에 다시 여호와 교훈과 큰 평안이 있을 것이며 모든 공포와 두려움이 다시 엄습하지 못할 것이다(54:13-14)

이사야는 이처럼 다시 회복되고 더 아름답게 변화되는 구약교회(유다 민족)를 아름다운 건축물에 비유하여 말했는데 이것은 궁극적으로 주님이 친히 세우시는 신약교회로 이어지고 탄생할 것을 예고하는 바(마16:18) 그리스도 안에서 성도 한 사람 한 사람이 서로에게 지체가 되어 그 건물을 이루는 아름다운 보석돌들이 될 것이며(고전3:1-13/벧전2:5) 장차 계시록에 나타나는 새 예루살렘에

서 완성을 볼 것이다(계21:10-27).

그런데 오늘 말씀에서 가장 관심을 끄는 구절은 하나님께서 다시 회복하시고 평안을 주시게 되면 혹시 그들을 위협하는 어떤 세력이 나타날지라도 그것들은 하나님께로부터 말미암지 않은 것이기 때문에 너로 말미암아 패망하리라는 약속이다(54:15).

보라 그들이 분쟁을 일으킬지라도 나로 말미암지 아니한 것이니 누구든지 너와 분쟁을 일으키는 자는 너로 말미암아 패망하리라(54:15)

오늘은 왠지 모르게 "나로 말미암지 아니한 것이니"라는 구절이 마음을 사로잡으며 한 절 묵상의 흥미를 더해 주는데 다른 말로 하면 이 세상에서 벌어지는 어떤 일 하나도 주님이 모르시는 가운데 벌어지는 일들은 없으며 모든 것은 주께로부터 말미암은 결과라는 것이다.

때로 성도가 주님 뜻대로 살지 못하면 주님께로 말미암은 어떤 인생 채찍으로 어려울 수 있으나 그가 주님 편에 붙어 있기만 하면 그 어떤 세력도 해할 수 없는 천하무적이 될 것을 이 한 구절에서 넉넉히 짐작할 수 있다.

그리고 보니 다윗이 범죄하였을 때 집안에 분란이 일어나며 국가의 변고가 생긴 일이라든가 솔로몬이 범죄하였을 때 그를 대적하는 세력들이 일어나 그의 통치 초기의 영광보다 말년이 쇠락했던 일들이며 또한 이스라엘 열왕들의 기록들이 모두 하나님의 백성들의 인생과 일상사를 상징하는 사건들로 기록되게 하신 것들로 하나님과 언약 관계에 들어간 우리(나)에게는 오늘 주신 말씀의 핵심으로 "나로 말미암은 것이며" 혹은 "나로 말미암지 아니한 것이니"에 관련되고 그 영향 아래 있다는 것을 인정하게 된다.

그러고 보니 내가 지금까지 살아온 지난날들과 지금 나의 신앙과 삶 가운데 일어나는 모든 일들이 모두 주님께서 말씀하신 "나로 말미암고"에 관련됨을 생각할 때 혹 나에게 일어나는 어떤 불운한 일들이나 불의한 일들이 주님 말씀대로 "나로 말미암지 아니한 것이니"에 해당되는 일들은 결코 나에게 어떤 해악도 끼칠 수 없으며 내가 넉넉히 이길 수 있으리라 확신하게 된다.

주님!
나의 일상의 날들은 무의미하게 그냥 흘러가는 것이 아니라 모든 날들과 모든 일들이 주님의 통제와 다스림 가운데 있음을 감사드립니다. 비옵기는 나의 신앙과 삶에 발생되는 일들이 모두 "주께로부터 말미암은 것으로써" 선하고 아름다운 것들로 이어질 수 있도록 은총을 베풀어주옵소서.

말씀 이사야 55:1-13 | 제목 하나님을 만날 기회

³ 너희는 귀를 기울이고 내게로 나아와 들으라 그리하면 너희의 영혼이 살리라

어제는 온종일 부슬부슬 내리는 봄비를 맞으며 갈아놓은 텃밭에 고추며 토마토, 가지 같은 작물들을 심었다. 오후에는 작년 가을 수확한 고구마를 한 상자 만들어 성북동에 사는 바로 손위 누님을 찾아갔는데 어려서부터 고구마를 너무 좋아하는 누님에게 큰 선물이 되었다. 그런데 자기 생각이 강하고 평소 교회에 다니지 않는 누님이 뜻밖에도 예배를 드려달라고 하기에 매형과 함께 앉아서 예배를 드렸다. 누님은 요즘 옆집이 건축을 하면서 몇 평 들어와 있는 땅 때문에 재판 소송에 걸려 있고 마음이 많이 약해져 있는 것 같았다.

법원에서는 피차 조정기간을 가지라고 했지만 옆집에서 막무가내로 나오며 분수 이상의 돈을 요구하는 것 때문에 마음이 많이 상한 것 같았는데 나는 예배를 드리면서 누님에게는 지금 이런 상황이 하나님을 만날 기회라 생각하여 가까운 교회에 등록하도록 권유하였다.

사람의 마음은 완악하고 간사하여서 아쉬울 것이 없을 때에는 제 잘난 멋으로 살다가 혹 병이나 사업 실패 혹은 자녀 문제나 가정 문제 등 고통스러운 문제들이 발생하면 하나님을 찾는 경우가 있는데 어찌 보면 이것도 택자를 향한 하나님의 부르심의 큰 은혜라고 생각한다.

이사야 선지자는 바벨론 포로생활 가운데 마음이 약해질 대로 약해지고 낮아진 이스라엘을 향해서 그들을 부르시는 하나님의 마음을 전하고 있다.

너희는 여호와를 만날 만한 때에 찾으라 가까이 계실 때에 그를 부르라 악인은 그의 길을, 불의한 자는 그의 생각을 버리고 여호와께로 돌아오라 그리하면 그가 긍휼히 여기시리라 우리 하나님께로 돌아오라 그가 **너그럽게 용서하시리라**(55:6-7)

우리 주님의 은혜로운 초청의 말씀을 묵상하면서 특별히 "그가 너그럽게 용서하시리라"는 말씀에 마음의 방점이 찍힌다.

나보다 더 나의 죄를 용서하시기 원하시고 나에게 죄 사함의 은총이 주는 참 평안을 주시려고 애타게 부르시는 주님의 말씀을 묵상하면서 내가 예수를 믿고 하나님의 자녀가 되었으며 죄 사함 은총을 받은 것이 이 세상 무엇과도 바꿀 수 없는 얼마나 귀중한 축복 중의 축복인지 새삼 깨닫는다. 다른 종교에는 없는 이 죄 사함 은총은 인간이 받아 누릴 수 있는 축복 중의 축복이다.

이제 며칠 지나면 석가탄일이라고 하여 많은 불교인들이 절을 찾게 되는데 불교는 스스로 자기를 구원하는 자력구원을 강조하며 죄 사함의 은총이라는 도리는 없고 자기의 업보에 따라서 끝없는 윤회로 돌고 도는 인생의 길을 논하고 있으니 이처럼 두렵고 허망한 것도 없다.

그들이 자신이 쌓은 업보에 따라 윤회로 들어가는 것을 보면 천도天道 〉 인도人道 〉 아수라(용과 같은 것) 〉 귀도鬼道 〉 지옥 〉 축생(동물로 태어남)을 가르치니 이것은 인간이 고안하고 만들어낸 교훈이요 인간의 창조자이신 하나님께로부터 나온 진리가 아닌 것이 명백하다.

오늘 말씀을 묵상하면서 가장 마음 깊이 닿는 것은 이러한 죄 사함 은총을 우리(내게)에게 입혀주시려고 그의 아들을 다윗의 후손으로 보내주시고 아들을 믿은 우리에게 다윗에게 맺으신 언약과 다윗에게 허락하신 확실한 은혜를 입혀주셨으니(55:3) 솔로몬 궁전의 보아스와 야긴 같은 진리의 두 기둥 같고 이 세상에서 가장 빛난 두 보석 같은 '언약과 은혜' 이 두 가지는 생명보다 귀한 축복인 것을 다시 한 번 마음 깊이 받아들인다.

더불어 언약과 은혜 가운데 들어오게 하시려고 너희는 귀를 기울이고 내게로 나아와 들으라 그리하면 너희의 영혼이 살리라고 하시며(55:3) 돈 없이 값 없이 와서 생명의 샘물이 되며 포도주와 젖이 되는 말씀을 먹고 마시라는 은혜로운 초청을 진심으로 감사하게 되며(55:1-2) 이 은혜와 축복을 받는 것에 대해 어떤 조건도 달지 않으시고 오직 목마른 자 그리고 귀를 기울이고 들으려고 하는 자들의 것이 된다고 하심을 감사드린다.

더불어 이 말씀이 갖는 생명력은 마치 하늘에서 내리는 눈과 비가 땅을 적시어 소출을 내고 파종하는 자에게 양식을 줌 같이 주의 입을 통해 나간 말씀들은 결코 없어지는 것들이 아니고 주의 성령이 이 말씀을 능력 있게 적용하셔서 말씀을 듣는 자들의 영혼을 적시고 열매를 맺게 하는 것임을 다시 한 번 확인하게 된다(55:9-11).

주님!
이 생명의 말씀을 내가 받았으니 나도 힘써 전하여 이 말씀이 발동하여 주는 능력을 따라 이 땅에 많은 영혼들을 주님께 이끌게 하옵소서. 아멘.

말씀 이사야 56:1-12
제목 하나님의 새로운 공동체에서 살아가는 길
108

⁶ 또 여호와와 연합하여 그를 섬기며 여호와의 이름을 사랑하며 그의 종이 되며 안식일을 지켜 더럽히지 아니하며 나의 언약을 굳게 지키는 이방인마다 ⁷ 내가 곧 그들을 나의 성산으로 인도하여 기도하는 내 집에서 그들을 기쁘게 할 것이며 그들의 번제와 희생을 나의 제단에서 기꺼이 받게 되리니 이는 내 집은 만민이 기도하는 집이라 일컬음이 될 것임이라

선지자 이사야는 곧 닥칠 여호와의 구원과 심판의 큰 날을 예고하는 것으로 오늘의 말씀을 시작한다(56:1). 이것은 고레스에 의해 바벨론은 하나님의 심판을 받고 이스라엘은 바벨론으로부터 구원받는 날이며 더 멀리는 오실 메시아(그리스도)의 날을 바라보는 것이기도 하고 궁극적으로는 우리 주 재림의 날을 가리키는 것으로 이해하게 된다. 가슴 설레는 크고 두려운 날을 앞에 두고 있을 때 가져야 할 자세는 이사야의 선포처럼 정의를 지키고 의를 행하며 깨어 있는 것이다.

이제 이스라엘은 예루살렘으로 돌아가서 새로운 신앙 공동체를 구성할 것인데 새로운 예배 공동체에 들어가는 자들에게 기본적으로 요구되는 것으로 안식일 준수와 모든 악을 행하지 않을 것을 강조하는 것은 이스라엘의 바벨론 포로의 원인이 되었던(1:11-17) '예배와 삶'이 분리되었던 지난날 이중적인 신앙생활을 청산하고 '신앙과 삶'이 일치되는 새로운 생활을 시작해야 하기 때문이다.

그런데 선지자 이사야의 예언의 지평은 여기서 멈추지 않고 장차 오실 메시아의 날과 신약시대까지 내다보며 그날에는 여호와의 총회에 들어올 수 없었던 이방인들뿐 아니라 몸에 결함을 가진 모든 불구자들로 상징되는(마른 막대기 같은) 고자들까지(신23:3,7-8) 진실로 주님을 믿고 의지하는 자는 모두 함께 참여하게 될 것을 예고하는데 이러한 파격적인 은혜는 사도행전에서 그대로 성취되는 것을 보게 된다(행10:34-35).

오늘 말씀에서 그동안 유대인들에게 경멸을 받았던 이방인들이 여호와께 연합되어 새로운 성소로써 만민이 기도하는 집(교회)에서 이스라엘과 동일하게 하나님이 기뻐 받으시는 제사(예배)에 참여할 것을 여러 번 특별하게 강조하고 있는데(56:6-7) 바야흐로 유대인과 이방인이 그리스도 예수 안에서 하나가 되어 한 주 예수 그리스도와 한 하나님을 섬기는 역사적인 그날은(56:8) 신약으로 들어와 교회론의 총체서인 에베소서에서 완성된다(엡2:1-22).

오늘의 말씀을 정리하면서 마음 깊이 받아들이는 교훈은

1) 이스라엘의 실패 원인인 신앙과 삶이 괴리된 이중적 삶을 버릴 것과
2) 더불어 주님께 향한 신앙을 구약적 방식으로 표현한 것으로써 안식일을 지키며(종교적 의식으로보다 영적 요소로써) 주님이 기뻐하는 일을 선택하며 주님이 주신 언약을 굳게 잡는 신앙과 삶이 될 것이며
3) 출 바벨론의 시대보다 그리고 메시아의 날보다 더 크고 두려운 주의 재림 날을 앞에 둔 오늘 이 시대를 살면서

① 사명을 저버리고 누워 잠자는 자가 되지 않아야 할 것과(56:10)
② 몰지각한 탐욕과 자기 이익만 챙기는 이기주의를 버리고(56:11b)
③ 쾌락주의에 도취되어 시대의 분별을 잃어버리는(56:12) 어리석은 자가 되지 않아야 할 것을 마음 깊이 받아들입니다.

주님!
그리스도 안에서 유대인과 이방인이 하나가 되어 주님을 섬기는 개방 시대를 맞이하여 다른 이들에 대한 배타적인 자세를 버리고 그리스도 안에서 모든 이들을 포용하는 열린 신앙의 사람이 되게 하소서.

예배와 삶이 분리되지 않고 일치되게 살아가는 것이 쉽지 않지만 늘 주님 앞에 서 있는 예배자의 자세로 나의 일상의 삶도 살아가게 하소서.

이스라엘의 무너짐이 파수꾼으로 세운 영적 지도자들의 나태와 쾌락주의 때문이라고 하셨는데 내 안에도 들어 있는 이런 가시들을 뽑아주시고 깨어 의를 행하며 사명이 이끄는 신앙과 삶이 되게 하여 주옵소서.

말씀	제목
이사야 57:1-13	아직 살아남아 있는 자의 각성

¹ 의인이 죽을지라도 마음에 두는 자가 없고 진실한 이들이 거두어 감을 당할지라도 깨닫는 자가 없도다 의인들은 악한 자들 앞에서 불리어가도다 ² 그들은 평안에 들어갔나니 바른 길로 가는 자들은 그들의 침상에서 편히 쉬리라

어린 시절 초등학교에서 중학교로 갓 들어갔던 그 해 여름방학을 지나고 학교에 가니 평소 공부도 잘하며 얼굴도 잘생기고 착한 두 친구가 보이지 않았다. 들리는 소문에 과외 선생님이랑 물놀이 갔다가 익사했다고 했다.

그때 우리 반은 작은 교실에 60명이 공부한 것 같은데 개학 첫날 선생님은 두 친구가 먼저 간 것을 매우 애석해 하며 농담 반 진담 반으로 말하기를 "착하고 공부 잘하는 놈들은 먼저 떠나고 너희같이 공부 못하고 바보 무지랭이 같은 놈들만 남았구나" 하시기에 그렇지 않아도 슬픈 마음이 더 슬펐다. 그런데 오늘 말씀 첫 구절 첫 문단에서 이상하게 내 안에서 그때 그 시절 느꼈던 감정이 스멀거리듯 지피며 올라오는 것을 느낀다.

이사야 선지자가 전하는 하나님의 마음은 오늘 말씀 전체 구조를 보면 먼저 더 살아 있기를 바라는 의인들이 악한 왕으로 인하여 죽어나가던 그 시대에(때는 므낫세 왕 초기로 추정된다. 왕하21:16) 당 시대 사람들은 왜 이 나라에 이런 변고가 생기는가? 의문을 가지는 자들이 없었고 모두 시류에 편승하여 살아갔는데 하나님께서는 이들의 죽음에 대해 특별한 의미를 부여해 주시며 이들은 이 나라에 곧 닥칠 화액(환난 변고)이 생기기 전 먼저 하나님께 취함을 받은 것이라고 하신다(Taken away).

그러면서 이들의 죽음이 애석하지 않은 것은 이들은 화액 전에 취하여 가서 안식에 들어가 편히 쉬고 있지만 이제 곧 닥쳐올 재앙을 암시하시며(57:2) 너희 아직 살아서 남아 있는 너희 곧 무녀의 자식들이며 간음자와 음녀의 씨들이고 거짓과 패역의 자식들이고 궤휼의 종자가 되는 너희는 이제 그것을 어떻게 감당하겠느냐고 하심이다(57:3-4).

이어지는 말씀은 당 시대에 우상숭배의 죄악과 온갖 패악질로 하나님을 등지고(57:5-9) 도리어 나라가 위급할 때 하나님을 찾기보다 외세에 의존했던 죄악들을 지적하시는데(57:5-11) 자신을 등지고 멸망 길로 가는 언약 백성 유다인들에 대한 하나님의 섭한 마음과 애증이 선지자의 글에 고스란히 녹아 있는 것을 보게 된다.

오늘 말씀을 묵상하면서 가슴을 후벼파듯 마음에 화살처럼 꽂히는 말씀은 "너 무녀의 자식이며 간음자와 음녀의 씨 너희여 가까이 오라"고 하시는 말씀인데 이러한 충격적인 호칭에 대해 거부감을 느낀다거나 자존감이 상하지 않고 도리어 "예, 주님 제가 바로 이런 놈이고 이런 종자입니다"고 겸손히 마음을 낮추어 주님 발 앞에 엎드리듯 내 자신을 내려놓는 것은 진실로 내 안에 오늘 말씀이 지적하는 죄악의 가시와 뿌리들을 보기 때문이다.

그래서 가슴으로 모든 책망들을 받아들이며 "그러니 주님 나는 어떡해야 합니까?" 기도하게 된다. 아직 이 땅에 남은 자로서 앞서간 의인들 반열에 내가 서며 때가 되면 주님께 취함을 당하는 인생이 되어야 할 텐데 나는 이 세상에 이토록 미련이 많고 아직도 육체의 강력한 소욕에서 벗어나지 못해 육체와 땅의 것만 탐하는 자인지… 이 아침 진심 어린 참회의 기도로 내 마음을 주님께 올려 드리며 그래서 언제나 반복되는 해결방법으로 "못난 죄인 나는 죽고 오직 예수로만 사는 인생 되게 하소서" 간절히 기도한다.

주님!
나는 죄인입니다. 흉한 죄인입니다. 속히 나를 포기하고 오직 예수로만 살아가는 인생이 되게 하옵소서.

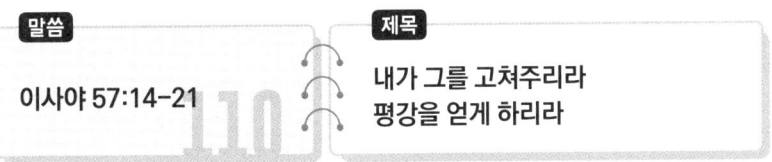

말씀 이사야 57:14-21

제목 내가 그를 고쳐주리라 평강을 얻게 하리라

15 지극히 존귀하며 영원히 거하시며 거룩하다 이름하는 이가 이와 같이 말씀하시되 내가 높고 거룩한 곳에 있으며 또한 통회하고 마음이 겸손한 자와 함께 있나니 이는 겸손한 자의 영을 소생시키며 통회하는 자의 마음을 소생시키려 함이라 16 내가 영원히 다투지 아니하며 내가 끊임없이 노하지 아니

할 것은 내가 지은 그의 영과 혼이 내 앞에서 피곤할까 함이라

이전부터 좋아했던 이 말씀을 오늘 다시 접하면서 살아계셔서 나의 형편과 처지를 속속들이 다 아시며 내가 어떻게 생겨먹은 연약한 자인지 다 아셔서 나의 약함과 죄성 때문에 넘어져서 울고 있을 때 도리어 당신의 마음이 약해지시고 내 영혼이 너무 상심되고 피곤할까 울고 있는 나를 위로하시고 소성케 하신다는 이 말씀이 아니라면 나는 영원히 절망할 것이고 희망의 줄을 붙잡지 못할 것이다.

그러나 내가 진토뿐인 것을 아시고 또 내가 죄악 중에 태어난 자로서 하나님보다 죄를 더 좋아할 수밖에 없고 성령보다 육체를 선택하는 육체의 약함과 죄성에 길들여져 있는 것을 아시는 주님께서는 내가 내 힘으로 안 되는 줄 너무 잘 아시고 친히 나를 만져주시고 고쳐주실 것을 약속하신다.

그의 탐심의 죄악으로 말미암아 내가 노하여 그를 쳤으며 또 내 얼굴을 가리고 노하였으나 그가 아직도 패역하여 자기 마음의 길로 걸어가도다 내가 그의 길을 보았은즉 그를 고쳐 줄 것이라 그를 인도하며 그와 그를 슬퍼하는 자들에게 위로를 다시 얻게 하리라 (57:17-18)

더불어 주님께서 선지자를 통하여 이렇게 말씀하셨으므로 그대로 입술의 열매를 창조하여 주셔서 내가 고침을 받게 하시고 평강을 얻게 될 것을 약속해 주셨으니 나보다 더 나의 죄악을 용서하시며 나보다 더 나를 고쳐주기 원하시며 나보다 더 내가 평강하기를 원하시는 주님 때문에 나는 이 아침 (나의 지난날을 돌아보며) 내가 죄와 더불어 싸우며 자주 넘어졌던 나의 약함에도 불구하고 나의 죄 성에도 불구하고 내 힘으로는 도달할 수 없는 성화 성장의 길에서 다시 한 번 나의 연약한 무릎을 일으켜 세우며 주님께 향한 감사와 희망의 줄을 다시 붙잡는다.

말씀에 응답하는 기도

주의 종 이사야를 통하여 주님의 마음을 알려주셔서 진심으로 감사드립니다. 높고 거룩한 곳에 거하시지만 거룩함에 이르지 못하는 자신의 약함과 죄성 때문에 마음이 상하고 통회하며 겸손히 낮아진 자들의 심령 가운데 자신의 거처를 함께하시는 주님!

영혼을 위로하고 소성케 해주시는 이런 말씀을 주시지 않았다면 나는 영원히 절망할 수밖에 없는데 내 힘으로는 절대 도달할 수 없는 주님의 거룩에 도달할 수 있도록 (성령으로 도우시고) 나를 고쳐주시며 고침받는 자의 평강을 약속해 주시니 감사드립니다. 이 말씀 꼭 붙잡고 자주 넘어질 수밖에 없는 성화 성장의 길을 끝까지 완주할 수 있도록 성령으로 크게 도와주시고 이끌어 주옵소서.

말씀 이사야 58:1-14

제목 내가 기뻐하는 금식은…

⁶ 내가 기뻐하는 금식은 흉악의 결박을 풀어 주며 멍에의 줄을 끌러 주며 압제 당하는 자를 자유하게 하며 모든 멍에를 꺾는 것이 아니겠느냐 ⁷ 또 주린 자에게 네 양식을 나누어 주며 유리하는 빈민을 집에 들이며 헐벗은 자를 보면 입히며 또 네 골육을 피하여 스스로 숨지 아니하는 것이 아니겠느냐 ⁸ 그리하면 네 빛이 새벽 같이 비칠 것이며 네 치유가 급속할 것이며 네 공의가 네 앞에 행하고 여호와의 영광이 네 뒤에 호위하리니

사람은 인간으로서 영적 경험을 하는 것이 아니라 영적 존재로서 인간을 경험하는 것이라는 히브리 격언이 있다. 살면서 소유의 많고 적음이나 사회적인 안정보다 내가 어떤 존재로서 어떤 정체감을 갖고 사느냐가 삶의 질을 결정한다고 생각한다.

하나님의 사랑을 받은 자로서 하나님의 성품을 물려받은 자로서 하나님처럼 생각하고 하나님의 마음으로 살아가려고 노력하는 것이 하나님의 자녀로서 성공적인 삶일 것이다. 오늘의 말씀을 묵상하면서 종교적 열성은 굉장한데 하나님께서 원하시는 삶의 질에서 너무 멀리 떨어져 있는 이스라엘의 모습을 보며 이것 또한 우리네 모습은 아닌지 돌아본다.

한때 한국 교회에 광풍처럼 휩쓸었던 잘못된 신앙 사조는 금식 만능주의였는데 금식만 하면 마치 앙탈하며 우는 아기에게 어쩔 수 없어서라도 뜻을 받아주게 되는 것처럼 하나님도 꼼짝 못 하시고 금식하는 자의 소원을 들어주신다고 잘못 가르치고 잘못 인용한 말씀들이 있었다. 잘못 인용된 대표적인 말씀 구절은 너무 유명해서 곳곳의 기도원에 붙어 있을 정도였는데 오늘 주신 말씀을 자세히 들여다보면 이 말씀을 정반대로 써먹었다는 것이 금세 드러난다.

내가 기뻐하는 금식은 흉악의 결박을 풀어 주며 멍에의 줄을 끌러 주며 압제 당하는 자를 자유하게 하며 모든 멍에를 꺾는 것이 아니겠느냐 (58:6)

금식에 관련된 이 한 구절만 떼어놓고 해석하면 정말 금식 만능주의가 맞는 것 같은데 그러나 전후 문맥을 따라서 이 말씀을 보면 전혀 반대의 뜻을 가진 말씀으로 너희가 아무리 금식해도 잘못된 삶은 그대로 묻어놓고 너희 소원 성취나 바라서는 안 된다는 말씀이다.

내가 정녕 너희에게 바라는 금식이란 삶에서 나타나는 금식이 되어야 하는데 그것은 흉악의 결박에 매어 있고 멍에에 메였으며 압제당하는 자들을 동정하고 풀어주는 것이며 배고파 주린 자에게 너의 양식을 나누고 유리하는 빈민을 집에 들이며 헐벗은 자에게 입히고 가난한 친척을 못 본 체하지 않고 돕는 것이다.

너희가 이처럼 나의 기뻐하는 이런 일을 행한다면 네가 어떤 병에 걸려 있든지 치료가 급속해질 것이고 네가 부르짖어 기도할 때 내가 즉각 응답할 것이다(58:6-9)

하나님께서 기뻐하시는 진정한 금식이란 무엇인지 가르쳐주신 오늘 말씀은 구구절절 가슴을 파고드는 호소력을 가지고 오늘 나의 종교적 열성에 비례하여 나의 삶에서 얼마나 하나님의 마음을 대표한다고 할 만한 하나님의 자비를 실천하는 사람인지 자신을 돌아보게 한다. 하나님께서는 가난과 고통 가운데 신음하며 살아가는 사람들을 동정하고 자비를 베푸는 것이 곧 나에게 하는 것이며 이런 사람들에게 자비를 베풀라고 하신다.

오늘 기도하지 않으면 안 되는 문제가 있을 때 산에 가서 40일 금식기도하는 것보다, 솔로몬처럼 일천 번제 예배드리는 것보다, 이교도들처럼 백일기도나 천일기도를 드리는 것보다 오늘 주변에 하나님께서 내 눈에 보이게 두신 힘들고 괴롭게 인생을 살아가는 사람들에게 나의 마음과 삶을 함께 나누는 자가 되면서 기도하는 자가 되어야 한다는 것을 마음 깊이 받아들인다. 왜냐하면 하나님과의 관계는 꽉 막혀 있는데 종교적 열심으로 나의 뜻만 이루고자 하는 것은 신앙인이 버려야 할 미신이기 때문이다.

하나님께서 바라시는 삶은 종교적 열성으로 평가되는 것이 아니며 무엇을 많이 쌓아서도 아니고 남들이 미치지 못하는 자리에 올라서도 아니라 하나님의 자녀로서 하나님의 마음을 얼마나 많이 반영하고 사는가에 달려 있다는 것을 오늘 주신 말씀을 통해 다시 한 번 마음 깊이 새긴다.

주님!
기도하면서도 금식하면서도 주님의 얼굴을 찌푸리게 하는 어리석은 자리에 떨어지지 않게 하소서. 주님께 대접받고 싶은 만큼 다른 이들에게도 그리할 수 있게 하옵소서.

> **말씀**
> 이사야 59:1-8
>
> **제목**
> 독사와 독거미의 길을
> 피하기 위하여
>
> 1.12

¹ 여호와의 손이 짧아 구원하지 못하심도 아니요 귀가 둔하여 듣지 못하심도 아니라 ² 오직 **너희 죄악**이 **너희와 너희 하나님** 사이를 갈라 놓았고 **너희 죄**가 그의 얼굴을 가리어서 **너희**에게서 듣지 않으시게 함이니라

오늘은 5월 8일 어버이날이다. 전도사 시절 어버이 주일에 예배를 드리는데 옆에 앉은 한 청년이 하염없이 눈물을 흘리기에 속으로 아마 고향을 떠나 죄악으로 찌든 험한 사회를 살면서 어머니에게 배운 신앙도 잃어버리고 주님 앞에 잘못 살아온 것 때문에 고향에 계신 어머니를 생각하고 성령의 감동 가운데 눈물 흘리는 것이리라… 생각하였다.

오늘 말씀은 자식을 업어서 키우는 어머니처럼 자기 백성 이스라엘이 정상적인 국가를 이루기까지 독수리 날개로 업어 인도하신 하나님께서(출19:4) 그들을 (일시적이나마) 포기하고 버리며 바벨론에 떨어뜨려 놓을 수밖에 없었던 그 이유가 무엇인지 설명하고 있다(59:1-2).

당시 이교도들은 전쟁에서 패하여 포로로 잡혀가면 자기들의 신이 힘이 딸려서 구원하지 못한 것으로 여기며 자신들을 정복한 국가의 신/우상을 숭배하도록 강요받았는데 아마 이스라엘도 바벨론에 포로로 잡혀갔을 때 자신들의 신이신 여호와 하나님이 힘이 부족하여 바벨론의 신(마독)에게 넘겨준 것으로 오해한 것 같다. 그러나 하나님은 선지자 이사야를 통해 그런 것이 아니라 이렇게 된 배후에는 심각한 죄의 문제가 있었음을 지적하신다.

여호와의 손이 짧아 구원하지 못하심도 아니요 귀가 둔하여 듣지 못하심도 아니라 오직 너희 죄악이 너희와 너희 하나님 사이를 갈라 놓았고 너희 죄가 그의 얼굴을 가리어서 너희에게서 듣지 않으시게 함이니라(59:1-2)

손에 묻힌 피, 죄악으로 더러워진 손가락, 거짓된 입술, 맹독을 뿜어대는 혀, 정의를 상실한 사법기관과 그에 따른 사회적 부패(59:3-4).

이사야는 당시 만연했던 이러한 대표적인 죄악들을 열거하며 또 비유적으로 말하기를 이것은 독사가 알을 품고 그 알에서 독사의 새끼들이 나오는 것과 같고 독거미가 먹이를 삼키기 위해 그물망을 쳐놓고 숨어서 엿보는 불의한 사회가 되었음을 지적한다(59:5-6).

더불어 오늘 말씀 마지막 두 구절은 이처럼 겁 없이 죄짓는 것과 피 흘리기에 신속한 사람들이 주류를 이루는 사회는 황폐와 파멸뿐이며 결코 안정과 평안을 기대할 수 없는 사회라고 말하는데(59:7-8) 사도 바울은 로마서에서 이 구절 말씀을 인용하여(롬3:15-17) 하나님의 구원이 절대적으로 필요한 인간의 죄악상을 논하고 있다.

인간과 인간 사이를 파괴하며 나아가 하나님과 관계도 분리시키고 파괴하는 죄악들이 무엇인지 보여주는 오늘 말씀을 묵상하면서 대표성을 가진 죄악 중 하나가 내 입의 말이며 독을 뿜을 수 있는 맹독성 혀가 될 수 있다는 점에서 크게 놀란다.

어제 뉴스에 대한항공 총수 일가의 갑질이 도를 넘어선 것을 보여주었는데 호텔 연회가 끝나 밤늦게 청소하는 직원들에게 나타나 전기세가 아깝다고 호통을 치며 헬멧에서 빛을 발사하는 광산용 헬멧을 쓰게 한 것이라든가 맘에 들지 않는다고 공사현장 직원들에게 쏟아붓는 폭언과 행패를 보면서 얼마나 무서운 맹독이 총수 부인의 예쁜 얼굴에서 뿜어져 나오는지 놀랐다.

다른 죄악들은 그만두고라도 은혜 받지 못한 인간의 내면에서 쏟아져 나오는 맹독성 분기와 말들은 그야말로 무서운 살인 무기가 되어 다른 사람의 영혼을 심각히 파괴하고 사람의 인권과 자유를 위축시키며 정신적 불구자로 만들 수 있다는 것도 생각하게 된다. 이러한 죄악은 강도의 차이만 있을 뿐 나에게도 그리고 누구에게나 있어서 나쁜 배기가스를 뿜어내는 차들로 인해 한 도시가 미세먼지로 숨쉬기 어렵게 되는 것처럼 숨조차 쉴 수 없는 사회로 만들 수 있음도 각성하게 되었다.

언제부터인가 내가 쉽게 빠질 수 있는 이런 죄악에서 나의 영혼을 지키고 죄짓지 않기 위해 나는 책상 한쪽 면에 '절대 화내지 말자'라는 다짐과 사람의 성내는 것이 하나님의 의를 이루지 못함이라(약1:20)는 구절도 써 붙였는데 오늘 말씀을 묵상하면서 (내가 어떤 이유가 되었든지) 상한 감정 때문에 함부로 말하는 이런 죄악에서 나를 지킬 수 있기를 간절히 기도하게 된다.

주님! 나를 도우소서!

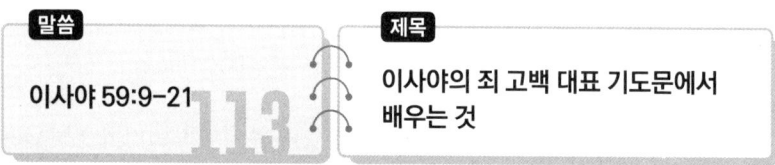

말씀 이사야 59:9-21
제목 이사야의 죄 고백 대표 기도문에서 배우는 것
113

12 이는 우리의 허물이 주의 앞에 심히 많으며 우리의 죄가 우리를 쳐서 증언하오니 이는 우리의 허물이 우리와 함께 있음이니라 우리의 죄악을 우리가 아나이다

앞선 말씀(59:1-8)에서는 이스라엘이 바벨론에 포로 되어 갈 수밖에 없는 죄악들을 준열하게 꾸짖는 책망으로 일관하였는데 오늘 말씀에서는 이런 죄악의 결과로 소경이 문고리를 잡으려 담을 더듬는 것 같은 영적 소경된 이스라엘의 참담한 모습을 보여주며 이사야는 이런 상황을 우리가 곰같이 부르짖으

며 비둘기같이 슬피 울면서 구원을 바라나 구원은 멀다고 탄식한다(59:9-11).

따라서 이러한 탄식은 기도로 이어지고 이사야는 이스라엘 공동체를 위한 죄 고백 기도를 드리는데(59:12-15) 여호와께서 소름 끼치도록 절망적인 이스라엘의 상황을 보시고 참을 수 없으셔서 스스로 용사같이 일어나는 구원자가 되시며(59:16-17) 자기 백성의 원수(바벨론)를 응징하시러 오실 때 위세가 마치 급히 흐르는 강물같이 임할 것이며 모든 열방들이 이것을 보게 되리라고 하신다(59:18-19).

오늘 말씀 마지막 두 구절은 여호와께서 이렇게 구속자로 등장하심은 야곱의 자손 가운데서 죄과를 떠나는 자들을 위함이라 하시며(59:20) 그들에게 새 언약을 세우시고 그의 영(성령)과 말씀을 주셔서(59:21) 그들 후손들과 후손의 후손들의 입에서 떠나지 않게 하시리라고 하시는데 이는 야곱의 자손 가운데 죄과에서 떠난 자들로 상징되는 남은 자들을 통해 장차 새 언약의 공동체(교회)를 세우시는 것으로 이해하게 된다.

본문 말씀을 묵상하면서 절망적인 이스라엘의 상황을 반전시킨 이사야의 대표 기도 곧 이스라엘 공동체를 위한 죄 고백 기도에 깊은 관심을 가지게 된다(59:12-15).

"… 이는 우리의 허물이 주의 앞에 심히 많으며 우리의 죄가 우리를 쳐서 증언하오니 이는 우리의 허물이 우리와 함께 있음이니라 우리의 죄악을 우리가 아나이다. 우리가 여호와를 배반하고 속였으며 우리 하나님을 따르는 데에서 돌이켜 포학과 패역을 말하며 거짓말을 마음에 잉태하여 낳으니 정의가 뒤로 물리침이 되고 공의가 멀리 섰으며 성실이 거리에 엎드리고 정직한 자가 설 자리가 없어졌습니다."

십계명 내용들을 총괄해서 함축적으로 담고 있는 이 회개문은 하나님의 언약 백성으로서 자신들의 보호자시며 왕 되시는 하나님을 부끄럽게 만든 죄악들을 하나하나 열거하는 기도인데 하나님께서 이 기도에 대한 응답으로 마음이 뜨거워지셔서 용사같이 일어나시며 구속자로 임하시는 것을 보여준다.

이스라엘의 절망적인 상황을 반전시킨 이사야의 대표 기도문을 보면서 오늘 우리 시대가 이처럼 죄악이 관영하고 세상을 향한 교회의 등불이 꺼져가는 것 같을지라도 나라와 민족의 죄악을 자신의 죄로 삼고 등에 지고 가슴에 안으며 나라와 민족을 위해 기도하는 사람들을 찾으신다는 것을 배운다.

오늘 우리 조국 대한민국 상황은 어느 때보다 나라와 민족을 위해 기도하는 사람들을 절실하게 필요로 한다. 1945년 일제에서 해방된 후 자유롭게 오갔던 남북이 1948년 각각 정부를 세움으로 분단이 시작되었고 1950년 6·25 전쟁을 거치면서 더욱 고착된 분단이 70년을 이어오는 가운데 2018년 4월 27일 다시 한 번 분단의 장벽을 무너뜨릴 기회를 열었는데 그러나 평화로 가는 길이 이토록 멀고 험한 것일까….

이 일이 남북 당사자들의 회담으로만 해결되지 못하고 미국의 입장과 중국의 입장도 맞물려 있는 가운데 복잡한 이해관계 속에서 우리 문제를 풀어야 하는 현실이 너무 마음 아프고 너무 많은 변수들이 개입되고 있기 때문에 기도하지 않을 수 없는 상황으로 전개되고 있는 것 같다.

주님!
이스라엘이 당면한 절망적인 상황에서 민족 공동체의 죄를 가슴에 안고 자신의 죄로 고백하는 이사야의 기도를 보게 하셨습니다. 지금까지 우리 민족이 살아온 그 어떤 시대보다 가장 중대한 시기를 맞고 있는 이때 우리 교회가 깨어서 기도하게 하시며 우리가 야곱의 자손 가운데 죄과에서 떠난 자들처럼 참으로 회개하고 기도하는 자들이 되게 하여 주소서.

우리 민족의 평화와 통일은 주변 열강들이 만들어주는 것이 아니라 오직 역사의 주인이신 주님의 손에 달려 있음을 기억하며 절망적인 상황에서도 꺼지지 않는 기도의 등불을 밝히게 하소서.

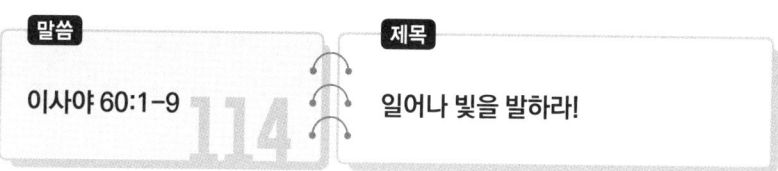

말씀 이사야 60:1-9 114 **제목** 일어나 빛을 발하라!

¹ 일어나라 빛을 발하라 이는 네 빛이 이르렀고 여호와의 영광이 네 위에 임하였음이니라

앞선 말씀에서는 구속자가 시온(예루살렘)에 임하여 야곱 자손 가운데 죄과를 떠나는 자들에게 임하며 장차 새 언약의 공동체(교회)를 세우게 될 것을 예고했는데(59:20-21) 오늘 말씀은 새 언약의 공동체(교회)를 탄생시키는 메시아 시대를 멀리 내다보며 새 언약/주의 영/말씀으로 상징되는 복음시대에(59:21) 수많은 열방과 민족(이방인)들이 교회로 들어오게 되고 메시아(그리스도)에게 속하는 영광의 극치를 예고하고 있다.

주전 8세기 선지자 이사야는 그의 글을 시작하는 서두에서 유다와 예루살렘에 대하여 본 이상을 전하는 것이라 하며 유다와 예루살렘의 회개를 촉구하는 동시에 말일에 여호와의 전의 산이 모든 산꼭대기에 설 것이며 만방(이방)이 그리로 모여들 것이라고 예고하였는데(2:2-4) 그의 예언의 지평은 이사야 60장에 들어서면서 다시 본래의 주제와 희망으로 돌아가 과거와 현재와 미래를 함께 아우르는 말씀을 전달하고 있다.

일어나라 빛을 발하라 이는 네 빛이 이르렀고 여호와의 영광이 네 위에 임

하였음이니라 보라 어둠이 땅을 덮을 것이며 캄캄함이 만민을 가리려니와 오직 여호와께서 네 위에 임하실 것이며 그의 영광이 네 위에 나타나리니 나라들은 네 빛으로, 왕들은 비치는 네 광명으로 나아오리라(60:1-3)

앞선 59장에서 죄와 심판으로 얼룩진 이스라엘의 모습은 참혹하기 그지없었고 암울하기만 하였는데 60장으로 들어서면 이러한 이스라엘에 서광이 비치는 정반대 현상과 장래 모습을 보면서 오늘 나 자신이나 우리들의 교회가 죄로 얼룩지고 추락되어 희망이 없어 보일지라도 결코 낙심하지 말 것은 주의 영광이 빛이 임하게 되며 일어나 빛을 발하게 되는 영광스런 기회를 주실 것이기 때문이다.

오늘 말씀을 묵상하며 매일 기도하는 자리에 나아가 기도할 때 주님께서 장차 우리들의 교회와 우리 대한민국을 통해서 하시게 될 일들을 희망 중에 바라보게 된다.

압록강변에 서서 강 건너 북녘 땅을 바라보며 기도할 때마다 "주님! 사망의 그늘에 앉은 저곳도 주님의 땅, 어서 속히 복음의 빛이 비치게 하소서" 기도하곤 하였는데… 최근 남북 대화의 문이 열리고 평화로 가는 길을 위하여 주변 열강들이 나서는 것을 보며 이러한 현실을 결코 부정적으로만 볼 것이 아니라 하나님께서 바사와 고레스를 통해 이스라엘에게 자유와 해방의 날을 주심같이 이 땅을 위해서도 하시게 될 일들을 기대하게 된다.

남북이 어떤 모양으로든 평화를 정착시키고 남북을 잇는 철로와 고속도로가 중국이나 러시아를 관통하여 중앙아시아와 유럽까지 이어지며 경제 물류 유통이 활발하게 세계로 뻗어나갈 때 지금 남북으로 가로막혀서 우리 안에만 너무 충만하게 넘치는 복음과 사역자들이 북한 땅 곳곳으로 들어가게 되고 우리 한국 교회가 실어 보내는 복음과 선교사들과 선교 물자들이 이 세상 끝까지 나아가게 되는 그날을 희망 중에 바라본다.

> 일어나 빛을 발하라 이는 네 빛이 이르렀고 여호와의 영광이 네 위에 임하였음이라

지금 내 모습이 비록 초라하고 아무 힘이 없는 것처럼 보여도 우리 교회의 위상이 크게 추락되어 있을지라도 주님이 기회를 주시고 다시 일으켜주시며 빛을 비쳐주시면 이사야 59장에서 60장으로 나가는 영광이 우리(나)에게도 재현될 수 있음을 굳게 믿는다.

스스로 좁은 생각에 갇혀 살지 말고 성경이 보여주는 높고 위대하시며 크신 하나님을 기대하자. 자신의 안위와 영달을 위하는 것에 삶의 목적을 두지 말고 이 땅에 주님의 나라(통치)가 임하며 주의 뜻이 하늘에서처럼 이 땅에서도 이루어지기를 기도하며 그 나라와 의를 구하는 것이 내 삶의 목적이고 희망이 되게 하자.

주님!
어제는 힘들고 어려웠으며 절망이었어도 오늘 다시 새롭게 일으켜주시며 일어나 빛을 발하라고 하심을 감사드립니다.
높이 나는 갈매기가 멀리 보는 것처럼 나의 뜻과 이상을 높이 두게 하시고 주님께서 이 세상 가운데 이루어가시는 주의 나라와 복음의 역사에 기쁘게 동참하는 신앙과 삶이 되게 하소서. 이 세상과 이 세상에 속한 것들은 모두 사라질 것이지만 그리스도와 복음을 위한 것들은 영원한 가치로 남을 것이기 때문입니다.

말씀 이사야 60:10-22

제목 네 슬픔의 날이 끝날 것이라

115

15 전에는 네가 버림을 당하며 미움을 당하였으므로 네게로 가는 자가 없었으나 이제는 내가 너를 영원한 아름다움과 대대의 기쁨이 되게 하리니 16 네가 이방 나라들의 젖을 빨며 뭇 왕의 젖을 빨고 나 여호와는 네 구원자, 네 구속자, 야곱의 전능자인 줄 알리라

선지서의 꽃처럼 보이는 이사야서는 주전 8세기 이사야가 웃시야/요담/아하스/히스기야 시대에 하나님께서 보여주신 이상을 기록한 것이다(1:1).

당시는 아직 바벨론이나 그 이후 제국들은 등장하지 않았고 앗수르 제국이 세계를 호령하던 시대였는데 이사야가 보는 예언의 지평은 자신이 활동했던 시대를 뛰어넘어 이스라엘이 바벨론 포로에서 돌아와 회복되는 것뿐 아니라 멀리 메시아 시대를 관통하여 기독교의 부흥을 이루는 신약교회 시대까지 내다보고 있으며(60:10-18) 궁극적으로는 그리스도 재림의 날에 이루어질 하나님의 나라로서 교회의 완성까지 예고하고 있다(60:19-21).

오늘 말씀에는 난해한 비유들이 많이 등장하는데 이방인들이 네 성벽을 쌓을 것이요 그 왕들이 너를 섬길 것이며(6:10) 이방 나라들의 재물을 가져오고 왕들을 포로로 이끌어오게 되며(60:11) 심지어 네가 이방 나라들의 젖을 빨며 뭇 왕의 젖을 빨게 되리라고 하는데(6:16) 이러한 비유적인 표현들은 이방 나라들과 왕들의 재물과 그들의 섬김이 시온(교회)에 흘러들어올 것을 예고하는 것으로 이러한 말씀들은 실제로 기독교 역사에서 초기 교회 시대의 핍박을 지나 기독교 문명으로 꽃피운 유럽의 역사에서 볼 수 있는 내용들이다.

천 년 기독교 역사를 이어간 유럽에서는 당시 제왕들이 왕위를 받으려면

기독교의 수장인 교황에게 머리를 굽히고 왕관을 받아야 했을 정도이니 비록 이사야는 뭔지도 모르고 그가 바라본 이상을 이렇게 기록했지만 인간 역사의 과거와 현재와 미래를 한 시점에서 바라보시는 하나님께서 장차 이 세상 나라 가운데 이루실 그의 나라로서 교회의 융성과 부흥을 이렇게 표현한 것으로 받아들인다. 비록 중세 기독교가 성경의 바탕 위에 세워나가지 못하고 탈선하므로 종교개혁이 일어나게 되었고 지금 우리들 시대에서 보는 교회는 오늘의 말씀이 보여주는 영광과 위상에서 벗어나 있는 것 같지만 하나님의 말씀은 헛되지 아니하여 완성될 하나님의 나라로서 시온(교회)의 영광을 소망 중에 바라보게 한다.

다시는 강포한 일이 네 땅에 들리지 않을 것이며 다시는 황폐와 파멸이 네 국경 안에 없을 것이고(60:18) 다시는 해와 달의 비침이 쓸데없고 여호와가 네게 영원한 빛이 되며 네 영광이 되리니(60:19) 다시는 네 해가 지지 않고 네 달이 물러나지 않을 것은 여호와가 네 영원한 빛이 되고 네 슬픔의 날이 끝날 것이라(60:20/계21:23,22:5).

오늘의 말씀을 붙잡고 기도하는 가운데 마음에 새겨지는 구절은 네 슬픔의 날이 끝날 것이라는 위로와 희망의 약속이다. 물론 이 말씀의 일차적 적용은 구약의 하나님의 나라요 백성인 시온(예루살렘)이고 이차적 적용은 신약의 하나님의 나라로서 교회이지만 이 아침 나라와 민족을 위하여 기도하는 가운데 네 슬픔의 날이 끝날 것이라는 위로와 희망을 우리 민족에게 적용할 수 있다는 성령의 감동을 받게 된다.

1948년 분단 이후 1950년에 발발한 6·25전쟁으로 2차 대전 당시 유럽 본토에 소모된 폭탄보다 더 많은 폭탄이 아름다운 우리 산하에 투하되고 폭발되어 수많은 사상자와 수많은 이산가족을 양산시킨 슬픔이 우리에게 남아서 한국 교회의 새벽기도를 태동시켰고 슬픔 가운데 부르짖는 기도가 새벽을 깨우곤 하였는데 이제 이스라엘이 바벨론에서 경험한 70년 슬픔의 역사처럼 이제 우리 민족의 슬픔의 날들이 다한 것일까….

오늘 아침 뉴스를 보니 남북정상회담에 이은 북미정상회담이 6월 12일 싱가포르에서 열린다는데 오늘 말씀으로 주신 "네 슬픔의 날이 끝날 것이라"는 주님의 약속과 위로가 실현되는 신호탄이 되고 평화로 가는 길이 활짝 열리는 계기가 되기를 진심으로 기원한다.

주님!
민족 분단으로 70년을 이어온 이 땅의 고통과 슬픔을 굽어살피소서. 오늘 주신 말씀처럼 네 슬픔의 날이 끝날 것이라는 약속이 이제 우리 민족에게 실현되게 하옵소서. 세상 왕들의 마음을 임의로 조정하시어 주님의 뜻을 이루게 하시는 역사가 6월 12일에 만나는 북미 정상 트럼프와 김정은에게 나타내시어 온 세상이 경이로운 눈으로 바라보는 놀라운 일들이 이 땅에서 일어나게 하시고 네 슬픔의 날이 끝날 것이라는 말씀이 이 땅 이 민족 가운데 성취되게 하옵소서.

말씀 이사야 61:1-11
제목 예수님의 사명 선언문에서 배우는 것
116

¹ 주 여호와의 영이 내게 내리셨으니 이는 여호와께서 내게 기름을 부으사 가난한 자에게 아름다운 소식을 전하게 하려 하심이라…

시편에는 성령께서 다윗의 입을 의탁하사 장차 오실 메시아(그리스도)께서 하게 되실 말들을 여러 곳에서 보게 되는데 같은 성령이 행하시는 이런 현상은 메시아 예언의 꽃을 피우는 이사야에게서도 예외는 아니어서 오늘의 말씀은 성령께서 이사야의 입을 통해 장차 오실 그리스도께서 말하실 자기 정체성과 사명이 무엇인지 말하게 하심을 본다(61:1-3).

더불어 이어지는 말씀은 이러한 메시아의 사역으로 나타나는 복된 결과가 무엇인지 보여주며(61:4-9) 오늘 말씀 마지막 단락은 메시아의 사역을 통해 탄생하게 되는 교회가 가지게 될 기쁨을 보여준다(61:10-11).

오늘 말씀을 묵상하면서 우리의 눈과 귀에 너무나 친숙한 주님의 사명 선언문에 다시 한 번 관심을 갖는데 주님은 공생애 사역 초기에 어려서부터 안식일마다 토라를 배우셨던 회당을 다시 찾아가셔서 규례에 따라 성경을 읽으려고 앞에 서시었고 누군가가 그에게 두루마리로 된 이사야의 글을 주었을 때 (의도적으로) 두루마리를 쭉 펼쳐 오늘 말씀인 이사야 61장을 읽으시며 이것이 자신에 대하여 기록된 글이라 하시고 이사야의 글에 기록된 대로 내가 사명을 이루기 위해 이 땅에 온 것이라고 분명히 선언하셨다(눅4:16-21).

물론 그 자리에 있던 나사렛 마을 사람들은 어려서부터 목공소 집의 요셉의 아들로 자란 그가 이렇게 이야기했을 때 받아들일 수 없어서 배척하고 심지어 동네 밖 낭떠러지까지 끌고 가서 밀쳐 내리치고자 했지만(눅4:29) 예수님은 신적 권위를 발휘하여 저희 가운데로 지나서 가셨고 이후 예수님은 사명 선언문에 따라 갈릴리 사역을 중심으로 유대 땅 곳곳에서 사역하시는 것을 복음서를 통해 보게 된다.

주의 성령이 내게 임하셨으니 이는 가난한 자에게 복음을 전하게 하시려고 내게 기름을 부으시고 나를 보내사 포로 된 자에게 자유를 눈 먼 자에게 다시 보게 함을 전파하며 눌린 자를 자유케 하고 주의 은혜의 해를 전파하게 하려 하심이라(61:1-3/눅4:18-19)

복음서의 저자 누가는 이사야가 기록한 것보다 조금 더 간결하게 예수님의 사명 선언문을 기록했는데 원문이 되는 이사야의 글이 보여주는 사명 선언문에는 자신이 아버지께로부터 파송되어 이 땅에 오신 목적으로 세 가지 선포(Proclaim)와 두 가지 치유(Healing)사역에 대해 밝혀준다.

세 가지 선포(Proclaim)
① 가난한 자들에게 아름다운 소식(복음)을 선포하는 것
② 갇힌 자들에게 자유를 선포하는 것
③ (그리고 사람들에게 그가 오심으로) 하나님의 은혜의 해가 시작된 것을 (마치 자유의 종소리를 울리듯) 온누리에 선포하는 것

두 가지 치유(Healing)사역
① (상처에 약을 바르고 붕대로 싸매어 주듯) 정신적으로 마음이 상한 자(Broken hearted)들을 싸매어 고치시며
② (영육 간에 질고를 당하며 죄와 마귀에게 눌린 자들을) 풀어놓아 자유하게 하신 것인데 이러한 예수님의 치유사역은 인간의 전인적인 치유사역이 되었다.

오늘 말씀을 정리하면서 예수님의 사명 선언문은 그가 아버지께로부터 파송되어 오신 것처럼 그의 제자들(사도들)에게 그대로 전수되게 하셨고(막16:15-20/요20:21) 이것은 후에 마가의 다락방에 임하신 성령의 기름 부으심을 따라 복음을 들고 나간 증인들을 통해 사도행전 곳곳에서 빛을 발휘하였으며 오늘 이 시대에 주 예수의 제자 된 우리(나)에게도 동일하게 부어주시는 성령의 기름 부으심을 힘입어 주님과 사도들과 앞서간 복음의 증인들의 자취를 따라 동일한 사명 선언문으로 받아들여야 할 것을 마음 깊이 받아들인다.

오늘 말씀이 보여주는 예수님의 사명 선언문은 결론적으로 모든 슬픈 자를 위로하며(61:2b) 슬퍼하는 자에게 재 대신 화관을 씌어주며(61:3a) 기쁨의 기름

으로 그 슬픔을 대신하게 하여 찬송의 옷을 입혀주고 여호와께서 심으신 의의 나무들로 영광을 나타내려 함으로 귀결된다(61:3b).

오늘 말씀을 묵상하면서 주님의 사명 선언문을 나의 신앙과 삶에서 실천하는 구체적인 방안으로 '슬픈 자'에 대한 위로와 기쁨을 안겨주는 사역에 대해 관심을 갖게 된다.

며칠 전부터 집사람이 인터넷을 검색하며 종이에 기록하면서 식단을 짜기에 물었더니 며칠 후 우리 집에 5명의 친구가 오는데 모두 남편이 없고 홀로 된 과부들인데 거칠고 힘든 일들을 하면서 사는 분들이라고 하였다.

모두 오래된 친구들로 분기별로 모임을 갖는데 이번에는 우리 집에서 식사 교제하는 순서라고 한다. 오늘이 바로 그날이라 집사람이 적어놓은 메뉴를 보니 밥/전골/김치/김/잡채/파전/파강회/무쌈말이/나물/도토리묵/샐러드 등등이었다.

힘들고 어렵게 사는 분들이 우리 집을 방문하여 서로 교제하는 시간을 갖는다고 하니 너무 고마워서 오늘은 기도의 자리에 나가서 그들이 우리 집을 방문하여 함께 식사하고 교제할 때 주님이 주시는 위로와 평안과 기쁨이 풍성하게 넘치는 시간이 되게 해달라고 간절히 기도하였다.

주님의 사명 선언문의 결론이 가난하고 슬픈 자들에 대한 위로와 기쁨을 안겨주는 것으로 귀결되는 것을 보며 나도 이 사명 선언문의 실천을 거창한 데서 찾는 것이 아니라 나의 소소한 일상의 삶 속에서 잘 이루어갈 수 있기를 이 아침 마음 깊이 받아들인다.

이사야의 기도에서 배우는 것(1)

말씀 이사야 62:1-9
제목 117

⁶ 예루살렘이여 내가 너의 성벽 위에 파수꾼을 세우고 그들로 하여금 주야로 계속 잠잠하지 않게 하였느니라 너희 여호와로 기억하시게 하는 자들아 너희는 쉬지 말며 ⁷ 또 여호와께서 예루살렘을 세워 세상에서 찬송을 받게 하시기까지 그로 쉬지 못하시게 하라

선지자 이사야는 하나님께서 보여주시는 이상 가운데 시온의 백성들이 포로로 잡혀가고 그토록 찬란하고 영광스러웠던 하나님의 도성 예루살렘이 무너져 내리는 장래사를 내다보면서 다시 회복되고 횃불처럼 타오르게 되기를 바라는 간절한 염원을 이 기도문에 담고 있다.

나는 시온의 의가 빛 같이, 예루살렘의 구원이 횃불 같이 나타나도록 시온을 위하여 잠잠하지 아니하며 예루살렘을 위하여 쉬지 아니할 것인즉 … 너는 또 여호와의 손의 아름다운 관, 네 하나님의 손의 왕관이 될 것이라(62:1-3)

더불어 하나님의 도성 예루살렘의 추락을 함께 가슴 아파하며 함께 중보기도에 참여할 기도 지원단을 모집하며 그들이 가져야 할 기도의 자세에 대해 말하고 있다.

예루살렘이여 내가 너의 성벽 위에 파수꾼을 세우고 그들로 하여금 주야로 계속 잠잠하지 않게 하였느니라 너희 여호와로 기억하시게 하는 자들아 너희는 쉬지 말며 또 여호와께서 예루살렘을 세워 세상에서 찬송을 받게 하시기까지 그로 쉬지 못하시게 하라(62:6-7)

하나님의 도성 예루살렘의 회복과 다시 그 영광이 재현되기를 바라는 이사야의 간절한 이 기도문은 오늘 우리 시대 추락할 대로 추락한 이 땅의 교회들을 위해 드려야 할 기도로 받아들인다.

그리고 이 기도의 동기를 촉발시키는 출발점은 예루살렘이 이방인들에게 짓밟히고 손가락질 당하는 것을 이사야가 찢어지는 가슴으로 바라보고 아파한 것처럼 오늘 우리 시대 하나님의 나라로써 우리들의 교회가 우리들의 잘못된 사욕으로 세상 사람들에게 손가락질 당하고 비웃음과 침 뱉음 당하는 것에 대한 아픔이어야 할 것을 배운다.

오늘 말씀을 붙잡고 기도하는 가운데 그래도 한국 교회는 기도를 많이 하는 교회들인데 어찌 이럴 수 있습니까? 질문하는 나의 마음속에 너희들의 기도는 너희들의 사욕을 채우기 위한 기도였지 나의 이름과 영광과 명예를 드러내기 위한 진정한 기도는 아니었다는 각성을 하게 된다.

하나님의 영광보다 개교회주의 집단의 영광을 추구한 결과가 세상 기업들이 재벌을 세습하고 족벌 운영하듯 하나님의 이름으로 일컬어지는 우리들의 교회도 세상과 다를 바 없는 교회(기업)로 만들고 세습으로 이어지고 교회가 떠안게 된 세상의 비판이 앞으로 얼마나 무서운 결과로 이어질지 모를 일인데 가장 두려운 것은 하나님께서 우리 교회들을 위하여 더 이상 아무 일도 하지 않으시며 너희 맘대로 하도록 내버려두시는 것이다.

오늘의 교회가 버림받는 교회가 아니라 헵시바(내 기쁨이 그 안에 있다)가 되고 쁄라(주님과 결혼한 자)가 되기 위하여 마지막 남은 전략 카드는 이사야 선지자가 피를 토하듯 외치는 호소처럼 예루살렘 성벽 위에 파수꾼을 세우듯 교회의 안팎을 살펴 교회가 당면한 위험성을 찾아내고 방어를 위하여 지원군을 요청하는 영적 파수꾼들 곧 중보기도의 사람들이 필요하다는 것을 배운다(62:6).

그리고 여기 기도하는 사람들이 가져야 할 자세는 하나님께서 예루살렘(교회)을 이방인들(세상)에게 내어주시고 방관하지 않으시도록 기도하되 하나님께서 예루살렘(교회)을 바르게 세워주셔서 세상에서 찬송을 받게 하시기까지 그로 쉬지 못하시게 하라(62:7)는 요청이다.

언젠가 책에서 "기도로 하늘을 포격하고 기도로 하나님을 포격하라"는 글을 보았는데 하나님 없이 우리(교회)의 영광만 구했던 지난날을 청산하고 마땅히 하나님께 돌아가야 할 영광을 되돌려드리는 교회들로 거듭나기 위해서 잘못 나간 우리(교회)들에게 관심을 꺼버린 것처럼 등을 돌리시고 아무 일도 하지 않으시는 하나님의 관심을 되돌리기 위해서 밤하늘에 불꽃을 터트리듯 기도로 하늘을 포격하고 쉼 없이 기도의 불꽃을 터트려야 한다는 것을 오늘 이사야의 글을 통해 주시는 주님의 강력한 호소요 요청으로 받아들인다.

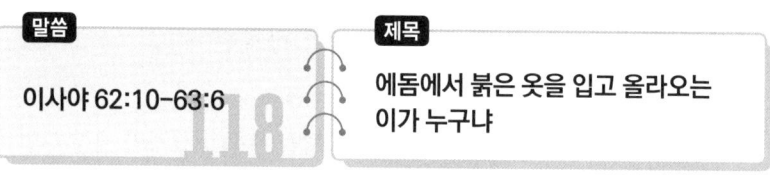

말씀 이사야 62:10-63:6

제목 에돔에서 붉은 옷을 입고 올라오는 이가 누구냐

¹ 에돔에서 오는 이 누구며 붉은 옷을 입고 보스라에서 오는 이 누구냐 그의 화려한 의복 큰 능력으로 걷는 이가 누구냐 그는 나이니 공의를 말하는 이요 구원하는 능력을 가진 이니라

앞선 말씀(62:1-9)에서 선지자 이사야는 하나님의 도성 예루살렘이 이방인들에게 짓밟히며 참담하게 추락된 것에 대해 찢어지는 가슴으로 아파하며 그 회복을 위하여 중보기도하기로 작정하였고(62:1) 또 함께 기도에 참여할 성벽 위의 파수꾼들을 세워서 여호와께서 자기 백성을 다시 회복시키시고 찬송을 받으시게 되기까지 잠잠히 계시지 못하도록 기도로 채근하되 그로 쉬지 못하시게 하라까지 기도할 것을 천명하였다(62:6-7).

이어지는 오늘 말씀에서 그 기도 응답의 결과로 에돔 곧 에돔의 수도 보스라에서 큰 싸움을 치르고 올라오는 한 용사의 특이한 환상을 본다(63:1-6). 그가 홀로 치른 전투가 얼마나 맹렬한지 마치 포도주 틀을 밟아 포도주로 옷을 적신 사람처럼 원수의 선혈로 낭자해진 붉은 옷을 입은 용사의 환상인데(63:1-3) 싸움의 격전지는 다름 아닌 에돔과 수도 보스라임을 밝힌다.

성경에서 에돔(에서)은 유기된 불택자의 상징으로 팥죽 한 그릇에 장자의 명분을 팔아 없앨 만큼 영적인 가치를 중요하게 여기지 않고 멸시하는 자들이며 도리어 이스라엘(택함 받은 자들)을 미워하고 대적하는 하나님의 원수들을 상징할 때 사용되는 단어로 오늘 우리 시대로 말하면 그리스도와 교회를 대적하는 이 세상의 모든 악한 세력들을 의미한다고 이해하게 된다.

이사야의 중보기도에 대한 응답으로 보게 되는 이 환상은 오늘 주님의 택함 받은 우리들의 교회와 성도들이 세상에서 우겨 싸임을 당하고 교회를 무너뜨리려는 음부의 권세로 인해 거센 도전에 직면한 가운데서도 무너지지 않고 승리하는 비결이 무엇이며 또 어떻게 영적 전쟁의 실전에 참여하는 것인지 알려주는데 그것은 이사야가 했던 것처럼 하나님의 교회를 위하여 깨어 있는 마음과 중보기도라는 것을 배우게 된다.

이사야는 처음 기도를 시작할 때 하나님의 도성 예루살렘이 처참하게 무너져 내린 모습이 너무 슬퍼서 시온의 의가 빛같이 그리고 예루살렘의 구원이 횃불같이 나타나도록 시온을 위하여 잠잠하지 아니하며 예루살렘을 위하여 쉬지 아니할 것으로 중보기도의 출발점을 삼았으며(62:1) 또 자신처럼 함께 기도에 참여할 사람들로서 성벽 위의 파수꾼들로 영적 전쟁의 실전에 참여할 기도의 사람들에게 하나님께서 자기 백성을 위하여 일어나사 친히 싸우게 되시기까지 기도를 쉬지 말라 부탁했는데 이처럼 결코 물러서지 않겠다고 하는 이사야의 기도에 대한 응답으로 주님께서 보여주신 이러한 특별 환상/계시의 말씀은 오늘 주님의 교회를 위하여 기도하는 사람들에게 동일하게 주시는 하나의 샘플로 위로와 격려의 환상이요 말씀이다.

우리가 실제로 드리는 중보기도라는 것은 눈에 보이지 않는 영적 전쟁의 참전이기 때문에 우리는 처음에 불꽃같이 일어나는 기도를 시작했다가도 이내 시들어버리고 꺼져버리는 경우가 많은데 주님께서 오늘의 말씀을 통해 보여주시는 것들은 우리가 중보기도의 실전에 참여하였을 때 중도에 포기하지 않고 끝까지 나아가게 하는 응원의 메시지이다.

그런데 이사야를 통해 보여주신 포도주 틀을 밟는 것처럼 자기 백성 이스라엘(교회)을 괴롭히는 원수들을 밟아 멸하시고 승리를 주시는 한 큰 용사의 환상은 여기서 끝나는 것이 아니라 계시록의 저자 요한도 이사야와 동일한 환상을 보는데(계14:18-19,17-21,19:15) 그것은 구약의 교회와 다를 바 없이 신약의 교회를 위한 것으로써 오늘 이 시대에 믿음을 지키기 어려운 성도들을 위해 그리고 성경적인 교회를 세워나가기가 심히 어려운 교회들을 위해 그리고 더욱 특별히 교회를 위한 영적 싸움의 실제로 중보기도에 참여하는 자들을 위해 주시는 말씀으로 받아들인다.

그런데 오늘 말씀이 보여주는 큰 용사의 모습을 보면 그가 이렇게 나설 수밖에 없는 이유로 자기 백성들을 건드리는 악한 원수들에 대한 의로운 분노가 폭발되어 아무 도와주는 자 없이도 홀로 큰 싸움을 싸우시고 승리하게 되는 것을 보여주는데 이가 곧 우리 교회의 머리 되신 우리 주 예수 그리스도이신 것을 단박에 알 수 있다.

본문의 묵상을 내려놓으며 택함 받은 교회를 위하여 자신의 목숨을 십자가에 내어놓으시기까지 홀로 큰 구원을 이루시고 영광 중에 부활 승천하셨으며 오늘도 그의 보내주신 영(성령)으로 우리 교회와 함께하시며 그의 교회를 위하여 친히 나서시고 일하시는 주님께 나의 영적 시선을 고정시키며 계속해서 말씀과 성령 안에서 기도로 깨어 있어 교회의 부흥과 승리를 위해 영적 전쟁에 참전하는 자로 살아갈 것을 마음 깊이 다짐한다.

주님!

기록된 주님의 말씀으로써 이사야의 글을 통해 친히 보여주시고 말씀하시는 것을 알게 하심을 감사드립니다. 오늘 우리 시대 교회와 성도들을 무너뜨리려는 음부의 권세는 최악의 발악을 하고 있어서 우리는 세상의 거센 죄악 풍조에 밀려 무너질 것 같은 위기를 느낄 때가 너무 많습니다.

때로 우리는 사방으로 우겨 쌈을 당한 것처럼 믿음을 지키기 너무 어렵고 주님께서 원하시는 경건과 의는 우리에게서 너무 멀리 보이기도 합니다. 그러나 주님! 다시 한 번 용기와 힘을 주시고 우리를 위해서 원수에게 분 내시며 일어나 홀로 싸우시며 큰 구원을 이뤄주시는 주님을 주목하게 하시고 주님을 바라보는 시선을 떼지 않고 끝까지 믿음을 지켜 승리할 수 있게 하옵소서.

말씀	제목
이사야 63:7-19	이사야의 기도에서 배우는 것(2)

¹⁷ 여호와여 어찌하여 우리로 주의 길에서 떠나게 하시며 우리의 마음을 완고하게 하사 주를 경외하지 않게 하시나이까 원하건대 주의 종들 곧 주의 기업인 지파들을 위하사 돌아오시옵소서

참담하게 무너져 내리는 이스라엘의 장래사를 이상 가운데 바라보며 예루살렘의 회복을 위하여 62장부터 시작된 이사야의 기도는 62:1-12절까지 이어지다 마치 ( ) 안에 들어가는 삽입처럼 63:1-6절에서 그의 기도를 격려하는 한 가지 환상을 보게 되고 다시 63:7절부터 64장까지는 마치 우리들의

교회에 남겨주는 위대한 유산처럼 만세와 만대에 남길 만한 특별한 기도가 소개되고 있다.

주님께서는 이 기도를 통해 오고 오는 모든 시대의 교회들에게 마치 너희가 범죄 함으로 존멸의 위기를 당하게 될 때 또는 너희가 하나님이 계시지 않는 것 같은 상실의 시대를 만날 때 너희는 이렇게 기도하라고 가르쳐주시는 것 같은 마음으로 오늘의 말씀을 받아들이게 되는데 크게 다섯 가지로 이 기도에 나타난 구조를 이해하게 된다.

① (기도의 입문으로써) 하나님의 성품을 인식시키는 기도(63:7)
② 지난 세월 풍성한 은혜로 인도받았음을 회고하는 기도(63:8-9)
③ (그러나 지금) 하나님을 반역하며 성령을 근심시킨 결과로 닥친 고난을 인식하는 기도(63:10)
④ 환난과 고난 가운데 처하여 이전 시대에 은혜를 베푸셨던 동일하신 하나님을 찾는 기도(63:11-15) 이제 그가 어디 계시냐?(×5번)
⑤ 주의 백성 된 우리가 당하는 고통을 돌아보시며 다시 얼굴빛을 비춰주시고 돌아오시기를 구하는 기도(63:16-19)

더불어 오늘의 말씀에서 보여주는 기도 가운데 가장 인상 깊으며 가장 심금을 울리는 구절로 닿는 4개의 구절이 있는데

① 비참한 현실의 원인을 똑바로 직시하고 드리는 기도로써 우리가 반역하여 주의 성령을 근심시킴으로 주님이 도리어 우리의 대적이 되셨습니다 (63:10)는 자기반성과
② (이전 시대 모세와 선지자들의 손을 통해 이끄셨던) 그 영광스런 하나님은 지금 어디 계시는 것입니까?라는 질문과
③ (우리의 죄악에도 불구하고 여전히) "주님은 여전히 우리의 아버지이십니다"라는

믿음과(63:16)

④ (주의 백성 주의 자녀 된) "우리를 위해 다시 돌아와 주십시오." 간절히 청원하는 기도이다(63:17).

이사야가 주님께 드리는 기도의 내용들을 음미해 보면서 주님께 드리는 기도는 내 안에 내재하시는 성령님께서 이사야에게 하신 것처럼 나의 감정과 정서들을 격동시키셔서 참회와 청원을 반복적으로 드릴 수 있는 기도로까지 나가야 할 것과 무엇보다 나의 죄악으로 나에게 등을 돌리신 하나님께서 그의 얼굴빛을 다시 나에게 비추어주시며 은혜 베푸시도록 적어도 그의 마음을 움직일 만한 진정성이 담긴 기도가 되어야 하며 또 이전 시대에 앞서간 믿음의 조상들에게 나타나 주시고 역사하신 그 동일하신 하나님과 그 동일하신 그의 성품을 인식시켜 드리면서 나의 기도를 외면치 마시기를 기도해야 한다는 것을 이 아침 내게 주시는 깊은 교훈으로 받아들인다.

최근 나의 기도생활을 들여다보면 주님 앞에 함부로 주절거리듯 기도하지 않기 위하여 주님이 가르쳐주신 기도를 먼저 서두에 드리고 나서 기도에 들어가 대개는 무엇을 이루어 달라는 청원기도가 많았는데 오늘 말씀이 보여주는 이사야의 기도를 들여다보면서 기도가 주님과 나누는 인격적 교제요 대화라고 했을 때 이러한 인격 교제로 교감되는 기도가 되기 위해서는 내가 주님의 눈빛 앞에서 기도하게 되는 축복을 위해 주님의 얼굴을 구하는 기도가 가장 우선시 되어야 할 것과 또 기도가 막히고 되지 않을 때는 다른 데서 이유를 찾을 것이 아니라 내가 주님을 배역하고 성령을 근심하게 한 것은 없는지 나 자신을 살피는 것에서부터 출발되어야 할 것을(63:10) 오늘 내게 주시는 교훈으로 마음 깊이 받아들인다.

그러나 오늘 말씀이 내게 주는 가장 큰 교훈은 이사야가 이스라엘의 신앙과 회복을 위해 기도한 것처럼 내가 나 자신만을 위한 기도에 머무는 자가 아니라 그보다 나라와 민족 그리고 더 중요한 이 땅의 교회를 위해서 기도할 수 있는 기도의 장성한 사람이 되기를 바라는 것인데 내가 나 자신만을 위한 이기적인 기도에 머물면 내 기도의 지경이 넓혀지지 못하고 늘 거기서 그만하게 그대로 머무는 사람이 될 것이기 때문이다.

지금 한국 교회가 침체기로 들어간 이유와 원인을 생각해 보며 우리 교회들의 차세대 신앙이 심각하게 우려되는 현실을 직시하고 더불어 지금 우리 민족이 추구하고 있는 남북 대화/북미 대화를 생각할 때 어떻게 펼쳐질지 모르는 이 민족의 장래사를 앞에 놓고 지금은 정말 절실하게 기도해야 할 때인 것을 다시 한 번 마음 깊은 각성으로 받아들인다.

주님!
저도 이사야처럼 기도할 수 있도록 나의 영을 각성시켜 주시고 주님과 깊은 마음을 나눌 만한 기도의 장성을 이루게 하옵소서.

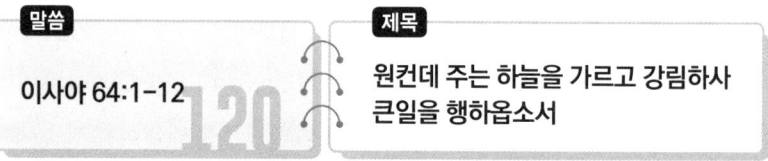

말씀	제목
이사야 64:1-12	원컨데 주는 하늘을 가르고 강림하사 큰일을 행하옵소서

¹ 원하건대 주는 하늘을 가르고 강림하시고 주 앞에서 산들이 진동하기를 ² 불이 섶을 사르며 불이 물을 끓임 같게 하사 주의 원수들이 주의 이름을 알게 하시며 이방 나라들로 주 앞에서 떨게 하옵소서

63장에서 64장으로 이어지는 이사야의 중보기도는 더욱 대담한 기도의 요청으로 나가고 있는데 64장의 첫 구절은 하늘을 가르고 강림하사 주의 백성들을 위한 큰일을 하시라고 강청하고 있다.

> 원하건대 주는 하늘을 가르고 강림하시고 주 앞에서 산들이 진동하기를 불이 섶을 사르며 불이 물을 끓임 같게 하사 주의 원수들이 주의 이름을 알게 하시며 이방 나라들로 주 앞에서 떨게 하옵소서(64:1-2)

이사야가 하나님께 강청하는 이러한 특별 주문은 마치 연극무대의 휘장을 열고 등장하는 주인공처럼 지금 고통 가운데 신음하는 주의 백성들을 위해 세상 역사에 개입하시기를 바라는 강청인데 아마 이사야는 출애굽의 날에 하나님께서 모세를 통해 자기 백성을 시내산으로 부르시고 그곳에서 하늘을 가르고 친히 강림하시어 자신의 혁혁한 위엄을 나타내셨던 그때를 상기시키며 이렇게 대담한 요청의 기도를 드리는 것으로 보인다(출19장).

그러나 이렇게 대담한 기도의 요청을 드리면서도 또 한편 지금 당면하고 있는 이 모든 고통들이 정수리에 차고 넘친 죄악의 결과들인 것을 생각하면 이렇게 기도하는 대담한 요청이 너무 죄송하게 생각되어 다시 참회의 기도로 되돌아간 모습을 보이기도 한다.

> 무릇 우리는 다 부정한 자 같아서 우리의 의는 다 더러운 옷 같으며 우리는 다 잎사귀 같이 시들므로 우리의 죄악이 바람 같이 우리를 몰아가나이다(64:6)

오늘 말씀은 이러한 강청과 참회를 반복하는 A-B, A-B 형식으로 이사야의 중보기도가 전개되고 있는데 오늘의 말씀 후반부에서는(64:8-12) 하나님께서 그의 기도를 절대 물리치시지 못하시도록 아예 배수진을 치고 나오는 대담한 강청으로 지금 비참하게 되고 황폐화된 주의 백성, 이스라엘을 위해 다시 한 번 은혜를 베풀어주시라고 진정이 뚝뚝 흐르는 간절함으로 간청하고 있다.

> 그러나 여호와여, 이제 주는 우리 아버지시니이다 우리는 진흙이요 주는

토기장이시니 우리는 다 주의 손으로 지으신 것이니이다 여호와여, 너무 분노하지 마시오며 죄악을 영원히 기억하지 마시옵소서 구하오니 보시옵소서 보시옵소서 우리는 다 주의 백성이니이다(64:8-9)

이사야의 중보기도가 어떤 내용을 담고 있는지 보여주는 오늘 말씀은 성령님께서 너희가 어떤 상황에 처했든지 이사야처럼 대담한 기도의 강청으로 하나님 앞에 나아가라고 격려하시며 독려하시는 요청으로 받아들인다.

오늘의 말씀에서 강청과 참회 사이를 반복하며 나가는 이사야의 중보기도를 보면서 이러한 기도가 지금 우리 조국 대한민국과 이 땅의 교회들을 위해 그리고 더욱 특별히 영적으로 황폐화된 북한을 위해 드려야 한다는 절박감으로 이어지게 된다.

한때 우리나라에서 기독교 신앙의 요람이요 동양의 예루살렘이라고까지 호칭되었던 평양이 폐쇄된 공산 치하에 들어간 지 어언 70년이 되었고 이제 막 다시 남북의 닫혔던 문이 열리기 시작하는데 지난 4월 27일 성공적이었던 남북정상회담에 이어 평화의 인증으로 확정될 6월 12일 북미정상회담을 앞두고 오늘 아침 뉴스를 보니 평화 정착으로 가는 길에 찬물을 끼얹는 것 같은 소식들이 마음을 안타깝게 한다.

북한이 오늘로 예정된 남북 고위급 회담을 전격 취소하였는데 이유는 한국과 미국 공군의 대규모 연합공중훈련인 '맥스선더 Max Thunder' 훈련에 대한 반발을 이유로 들었고 또 미국에서 북한 전역을 타격할 수 있는 ICBM 시험발사를 한 것에 대한 반발을 이렇게 나타낸 것 같다.

물론 회담을 앞에 놓고 서로 유리한 고지에 서려는 수 싸움은 어쩔 수 없지만 평화로 가는 길에 가로막히는 많은 변수들을 보면서 이사야가 드렸던 기도처럼 주님께서 하늘을 가르시고 강림하사 한반도의 역사에 개입해 주시기를 바라는 간절한 기도를 드린다.

주님!
지금 한반도에서 이미 시작되었고 진행되고 있는 평화로 가는 길이 국가 간 이해관계에 좌우되거나 무산되지 않게 하시고 거역할 수 없는 주님의 뜻이 나타나 반드시 성취될 수 있게 하옵소서.

주님!
하늘을 가르시고 강림하시는 역사로 한반도에 개입하시고 이 땅 이 백성들 가운데 주님이 주시는 큰 선물로 평화로 가는 길이 열리게 하옵소서.

말씀: 이사야 65:1-16
제목: 남은 자

¹ 나는 나를 구하지 아니하던 자에게 물음을 받았으며 나를 찾지 아니하던 자에게 찾아냄이 되었으며 내 이름을 부르지 아니하던 나라에 내가 여기 있노라 내가 여기 있노라 하였노라

어제 오늘 계속 많은 비가 내린다. 아파트 주변에 일군 자그마한 밭에 가보니 이번 비에 강낭콩들이 모두 싹이 나서 우후죽순처럼 올라와 좋기는 한데 많은 비에 토사가 쓸려나가 비가 더 오면 어쩌나 걱정하는 마음이 앞선다.

그래도 가뭄보다는 이렇게라도 비가 와주는 것이 더 좋다. 돌아오는 주일이 '성령 강림 주일'인데 봄비처럼 쏟아지는 성령의 단비가 영혼을 흠뻑 적셔주어서 메마른 영성이 싱싱하게 소생되기를 기도하며 오늘의 말씀을 편다.

앞선 말씀(62장에서부터 64장까지)에서 이사야는 예루살렘 함락 이후 참담한 상황에 빠진 이스라엘의 회복과 구원을 위해 간절히 기도했는데 오늘 말씀(65장)은 이 기도에 대하여 주시는 하나님의 응답으로 하나님께서 제시하시는 구속 역사의 새로운 패러다임이 새로운 시대를 맞으며 전혀 뜻밖의 방향으로 전개될 것을 예시하는바 그것은 택한 백성 이스라엘의 전체 구원이 아니라 '남은 자(the remnant)'들만의 구원이 될 것이며 생각지도 못했던 긍휼 밖의 사람들인 이방인들이 하나님의 백성으로 들어오게 된다고 하신 것이다.

나는 나를 구하지 아니하던 자에게 물음을 받았으며 나를 찾지 아니하던 자에게 찾아냄이 되었으며 내 이름을 부르지 아니하던 나라에 내가 여기 있노라 내가 여기 있노라 하였노라(65:1)

훗날 신약시대로 들어와서 이방인의 사도였던 바울은 자신이 이방인의 사도로서 부름 받은 소명의 근거와 이방인들이 신약의 하나님의 나라요 백성이 되는 하나님의 교회에 들어오게 되는 것이 바로 이사야가 말한 이 말씀에 근거함을 말한다(롬10:19-21).

이스라엘의 회복과 구원에 대해 간절히 기도했던 이사야에게 아브라함의 혈통적 후손인 이스라엘 중에서 구원받게 되는 남은 자들＋이방인 신자들로 구성되는 하나님의 새로운 백성들로서 이 새로운 패러다임은 길고 길었던 이사야 선지자의 글을 마감하는 결론이기도 하다.

오늘의 말씀을 묵상하면서 엿보게 되는 것은 이스라엘은 바벨론 포로생활 중에서도 정신 차리지 못하고 바벨론 사람들에게 동화되고 그들의 우상을 따라갔는데 하나님께서 이러한 백성들을 향해 종일 손을 펴서 불렀다고 하시며(65:2-7) 이러한 이스라엘에 대해 못 먹게 된 포도 중에서 그나마 먹을 수 있는 포도를 골라내 즙을 짜는 것처럼 다 멸하여 버리지 않고 남은 자들을 골라내어 야곱의 씨로 남기며 유다의 기업을 얻을 자들이며 나의 종들이라고 하시며 (65:8-10) 오늘의 말씀 후반부는 이렇게 남은 자들의 축복과 끝까지 불순종을 고집하는 유기된 자들을 비교하고 있다(65:11-16).

하나님께서 힘이 없어서가 아니라 자기 백성의 정화를 위해서 일시적이나마 시련의 풀무 같은 바벨론 포로 기간을 허용하셨는데 이 고통스런 포로 기간 중에서도 하나님을 찾고 정화된 사람들보다 바벨론의 우상문화와 죄악에 동화된 사람들이 많았다는 것을 보면 마침내 포로 기간이 끝나고 예루살렘으로 돌아가게 되는 해방의 날에 고레스의 칙령을 따라 예루살렘으로 돌아오게 된 사람들이 겨우 5만여 명에 지나지 않았다는 것은 결코 이상한 일이 아니라는 것을 오늘의 말씀에 비추어 넉넉히 짐작하고 이해하게 된다.
(제1차 귀환 - 총독 스룹바벨의 영도하에서는 49,897명(스 2장) + 제2차 에스라의 영도하에 1,775명. 제3차는 소수의 레위인 가족이다.)

그들은 하나님의 백성으로서 이스라엘이라는 민족 정체성의 가치와 다시 나라를 세우게 되는 자유 독립과 해방 그리고 민족자존의 가치보다 바벨론의 죄악 문화가 더 좋아서 거기에 주저앉으며 거기서 삶의 자리를 펴고 죄악을 따라간 사람들로 이해하게 되며 이것은 또한 오늘 이 시대를 살아가는 하나님의 백성으로서 나에게도 이 바벨론 같은 세상 죄악 문화 풍조 속에서 너는 어떻게 선택하며 어떻게 살겠느냐는 도전으로 받아들인다.

더불어 오늘의 묵상을 내려놓으면서 지금 급진전을 보이고 있는 남북 대화와 평화로 가는 길이 한반도의 정세를 급변시키는 격동의 역사를 앞에 놓고 남북의 소통과 융합 문제로부터 시작해서 수용하고 해결해야 할 수많은 난제들이 우리 앞에 놓여 있는데 우리(나)는 이러한 변화들을 어떻게 받아들일 것인지 자문하게 된다.

어떤 분들은 북한 문제를 절대 용납할 수 없어서 재산을 챙겨 해외로 이민을 떠나겠다는 사람들도 있는가 하면 또 어떤 사람들은 하나님께서 우리 민족에게 열어주시는 새로운 패러다임(한 시대의 사고를 지배하는 이론적 틀)에 걸맞게 벌써 평화통일 그 이후를 내다보는 이상과 비전을 갖는 분들도 있다. 선택은 각자의 몫이지만 내가 남은 자로 살 것인지 떠나는 자가 될 것인지 오늘의 말씀은 또 다른 도전으로 마음 깊이 닿는다.

주님!
바벨론 같은 세상 풍조 속에서 주님의 길을 따르는 남은 자의 삶을 살게 하시고 급변하는 우리 한반도의 정세 속에서 내가 바른 선택으로 남은 자의 길을 가게 하옵소서.

17 보라 내가 새 하늘과 새 땅을 창조하나니 이전 것은 기억되거나 마음에 생각나지 아니할 것이라

이사야 글의 결론이라고 할 만한 남은 자들의 구원과 그들이 받을 축복을 구약적 방식으로 설명하고 있는 오늘의 말씀을 묵상하면서 이러한 구원의 축복이 마침내는 메시아 시대(신약시대)와 종말에 완성될 하나님의 나라로서 재림의 때까지 바라보게 한다.

보라 내가 새 하늘과 새 땅을 창조하나니 이전 것은 기억되거나 마음에 생각나지 아니할 것이라(65:17)

여기서 새 하늘과 새 땅은 하나님의 창조에서 나타내신 능력처럼 하나님께서 창조적인 역사로 새 시대를 여실 것을 의미하는데 바벨론에서 예루살렘으로 돌아가게 되는 남은 자들의 구원과 축복에서 멈추지 않고 더 나가 메시아 시대(신약시대)의 축복을 바라보며 또 더 나가 궁극적으로는 완성될 하나님의 나라로 주님 재림의 날에 이루어질 새 하늘과 새 땅 – 새 예루살렘으로 연결시켜 예고하는 것으로 이해하게 된다(계21:1-2).

이것은 마치 크기 순서로 서 있는 3개의 산이 멀리서 보면 하나의 산으로 보이는 것처럼 이사야는 구약의 다른 선지자들의 예언처럼 바벨론에서 돌아오게 되는 남은 자들의 구원과 축복을 예고하면서 메시아 시대(신약시대)의 더 큰 축복과 연결시키고 있고 더 나가 주님 재림의 때에 완성될 구원과 축복까지 3중으로 연결시키고 있다.

오늘의 말씀에서 남은 자들의 구원과 축복을 구약적 방식으로 설명하고 있는 여러 난해한 구절들을 접하게 되면서 이것들을 문자적으로만 풀 것이 아니라 비유적이며 시적 표현으로 이해하게 된다(예를 들면).

거기는 날 수가 많지 못하여 죽는 어린이와 수한이 차지 못한 노인이 다시는 없을 것이라 곧 백 세에 죽는 자를 젊은이라 하겠고 백 세가 못되어 죽는 자는 저주 받은 자이리라(65:20)

이는 내 백성의 수한이 나무의 수한과 같으리라(65:22b)는 말씀 등은 남은 자들이 누릴 장수의 축복을 구약적 방식으로 표현하면서 시적 - 비유적 표현으로 이해하게 되는데 이는 메시아 시대(신약시대)로 들어가 생명의 주 예수님으로 말미암아 성도가 누리게 될 생명의 풍성함으로 이해하게 되며(Calvin) 장차 완성될 천국에서 더 이상 죽음도 슬픔도 애곡도 이별도 없는 영원한 생명에 들어가게 되는 것을 바라보게 하는데 이러한 비유적 표현들은 오늘의 말씀 마지막 구절에서 절정을 이룬다.

이리와 어린 양이 함께 먹을 것이며 사자가 소처럼 짚을 먹을 것이며 뱀은 흙을 양식으로 삼을 것이니 나의 성산에서는 해함도 없겠고 상함도 없으리라 여호와께서 말씀하시니라(65:25. 참고11:6-9)

평화로운 동물의 세계를 묘사하는 이러한 말씀은 주님의 재림으로 이루어질 새 하늘과 새 땅에서는 세상에 존재했던 모든 해악한 것들이 모두 없어지고 성도의 신앙생활에서도 가장 해악과 괴로움을 주었던 죄의 문제까지도 더 이상 존재하지 않을 것으로 이해하게 된다.

오늘 말씀을 묵상하면서 내가 지금 이 땅에서 육신을 입고 살기 때문에 말씀이 보여주는 축복들을 온전히 누리지 못하지만 이미 약속하신 메시아 - 예수님이 우리에게 오셨고 또 지금 우리가 메시아 시대(신약시대)를 살아감으로 이러한 축복들을 미리 맛보게 하시며 장차 올 완성된 하나님의 나라에서 100% 누리게 될 축복들을 바라보면서 오늘 이 땅에서 소망 중에 살게 하시는 주님께 마음 속 깊이 우러나는 감사와 찬송을 올려 드린다.

주님!
나에게 입혀주신 은총으로 법정적 칭의를 받으므로 내가 의롭다 함을 얻었지만 여전히 내 안에 잔존하는 죄의 세력 때문에 내가 괴로워질 때가 많으며 주님이 약속하신 천국의 축복이 나에게서 너무 멀리 있다고 느낄 때가 많습니다.
그러나 이미 내가 주님의 시대 안에 살고 있으며 주님이 내 안에 들어와 주님의 생명으로 나를 이끄시기에 내가 간혹 넘어질 때도 있지만 아무 죄악이 나를 주장할 수 없고 주님이 내게 주신 생명의 풍성함과 주님이 내게 주신 평안을 그 누구도 뺏을 수 없음을 감사드립니다.
아직 육신을 입고 있기 때문에 100% 다 누리지 못하는 천국의 축복이지만 주님 약속하신 말씀 꼭 붙잡고 나의 믿음을 무너뜨리고 나를 불행하게 만들려는 마귀의 참소를 물리치며 오늘도 성령의 위로와 인도를 힘입어 완성될 천국의 축복을 바라보면서 힘차게 살아가는 신앙과 삶이 되게 하옵소서.

말씀: 이사야 66:1-14

제목: 누가 주님의 은혜에 참여할 자들인가?

123

¹ 여호와께서 이와 같이 말씀하시되 하늘은 나의 보좌요 땅은 나의 발판이니 너희가 나를 위하여 무슨 집을 지으랴 내가 안식할 처소가 어디랴 ² 나 여호와가 말하노라 내 손이 이 모든 것을 지었으므로 그들이 생겼느니라 무릇 마음이 가난하고 심령에 통회하며 내 말을 듣고 떠는 자 그 사람은 내가 돌보려니와 ³ 소를 잡아 드리는 것은 살인함과 다름이 없이 하고 어린 양으로 제사드리는 것은 개의 목을 꺾음과 다름이 없이 하며 드리는 예물은 돼지의 피와 다름이 없이 하고 분향하는 것은 우상을 찬송함과 다름이 없이 행하는 그들은 자기의 길을 택하며 그들의 마음은 가증한 것을 기뻐한즉 ⁴ 나 또한 유혹을 그들에게 택하여 주며 그들이 무서워하는 것을 그들에게 임하게 하리니

시온은 진통을 하기 전에 해산하며 고통을 당하기 전에 남아를 낳았으니 이러한 일을 들은 자가 누구이며 이러한 일을 본 자가 누구이냐 나라가 어찌 하루에 생기겠으며 민족이 어찌 한 순간에 태어나겠느냐 그러나 시온은 진통하는 즉시 그 아들을 순산하였도다(66:7-8).

지난 3일 동안 연속 비가 내렸는데 오늘은 모처럼 화창하게 갠 아침이다. 부채 살같이 퍼져나가는 아침 햇살도 신선하고 비온 뒤 더 진한 색깔로 변한 연초록 잎새들이 5월의 하늘 아래서 싱그런 여름을 준비하고 있다.

주님!

내일 맞이하는 성령 강림 주일을 앞두고 성령의 충만함을 힘입어 나의 영혼도 비온 뒤 무성하게 웃자라는 연한 풀의 무성함같이 되게 하옵소서.

길고 길었던 이사야 묵상의 마지막 66장으로 들어왔다.

이사야의 글을 시작하는 1장에서 예배와 삶의 일치에서 실패하고 외식주의 신앙으로 돌변한 이스라엘의 신앙을 책망하는 것으로 시작했는데 이사야의 글 마지막 장에서도 다시 본래의 주제로 돌아간 듯 성전 우상주의에 빠져있는 이스라엘에 대해(66:1) 그리고 마음은 하나님께 떠나 있으면서 제사만 드리면 되는 것처럼 오판하는 제사 만능주의 곧 외식주의 신앙에 대해 준엄한 책망을 쏟아내시며(66:3) 그들이 양을 드리는 제사는 개의 목을 꺾음이요 그들의 제물은 돼지의 피와 다를 바 없으니 이는 그들이 제사는 드리면서 나와 상관없이 자신들의 길을 택하며 마음의 가증함을 따름이라 하신다.

더불어 이사야 글을 시작하는 두 번째 서론으로써 이사야 2장에서는 이러한 이스라엘의 실패를 딛고 말일에 하나님께서 세우시는 새로운 신앙 공동체로서 메시아 왕국(신약교회)의 출현을 예고하였는데(2:1-4) 이사야의 마지막 글이 되는 66장에서 다시 한 번 마음이 가난하고 심령에 통회하는 자 여호와의 말씀으로 인하여 떠는 자들을 통해 세우실 새로운 나라, 새로운 민족으로 하나님의 백성(신약교회)이 탄생될 것을 예고하신다(66:5-14).

그런데 하나님께서 쉽게 태의 문을 여시므로 진통도 하기 전에 여인이 아기를 순산하는 것처럼 한순간에 신약교회가 탄생될 것을 예고하는 바(66:8) 실제로 이러한 신약교회의 탄생을 사도행전에서 보게 된다.

기독교 역사의 새 장을 여는 저 위대한 오순절 성령 강림의 날에 이어서 베드로와 사도들의 한 번 설교로 3천 명, 5천 명씩 회개하고 세례를 받으며 교회로 들어오게 되는 놀라운 일들은 정녕 오늘의 말씀에서 이사야가 희망으로 바라본 것처럼 하나님께서 탄생시킨 새로운 하나님의 나라며 백성으로서 신약교회의 탄생이 되었으며 연한 풀의 무성함같이 되었다(66:14).

여러 가지 묵상 소재를 남겨주는 오늘 말씀에서 무엇보다 마음 깊은 여운으로 남는 것은 누가 진정한 하나님의 나라 백성이며 시온이고 교회인가? 누가 하나님이 공급하시는 젖을 빨며 그 품에 안기고 무릎에서 놀 자인가? 하는 질문인데(66:12) 그것은 성전 지상주의에 빠진 자들이 아니요 제사(예배) 만능주의에 빠진 자들도 아니고 제사(예배)를 드리면서도 제사와 삶의 불일치 때문에 마음이 괴롭고 가난하여져 심령에 통회하고 하나님의 말씀으로 인하여 떠는 자들이며(66:2) 예루살렘/시온(교회)을 사랑하는 자 그리고 그 성 시온(교회)이 성전 우상주의와 제사 만능주의로 잘못 나갈 때 주님의 마음으로 슬퍼할 수 있는 자들이라고 하신다(66:10).

주님께서도 공생애를 시작하시는 산상팔복의 선포에서 누가 하나님의 나라에 들어갈 자격이 되는가 했을 때 심령이 가난한 자 - 곧 자신의 죄 때문에 영적 파산자가 되어 하나님의 은혜의 처분만을 기다리는 가난한 심령의 소유자들이라 했는데 오늘 주신 이사야 말씀의 마지막 결론도 같은 결론으로 도출되는 것을 보면서 비록 죄 가득하고 연약한 인생 가운데 거하지만 하나님의 자비와 위로를 받으며 너는 나의 백성, 나의 자녀라 칭함받을 자들이 누구인가를 보여주는 이사야의 글에서 한 줄기 희망의 빛을 본다.

주님!
어려서부터 주님을 믿고 섬겨온 이후로 ○○년이 흘렀지만 여전히 내 안에 잔존하는 죄의 세력 때문에 나는 자주 슬퍼지고 우울하며 인간 안에 내재하는 죄의 영향력은 이렇게 큰 것인가 자주 한탄하기도 하였습니다.
그러나 오늘 주신 말씀의 빛난 보석처럼 무릇 마음이 가난하고 심령에 통회하며 주의 말씀 때문에 통회하는 자들을 내가 돌보리라고 하신 말씀 때문에 큰 위로와 희망을 가지게 됩니다.

주님!

내가 주님의 거룩함에 도달할 수 없는 내 자신의 한계를 인정하며 그래서 더욱 가난한 심령이 되어 하루 24시간 1년 365일 주님을 의지하며 성령의 인도를 잘 받을 수 있는 장성한 자의 신앙과 삶이 되게 하여 주옵소서.

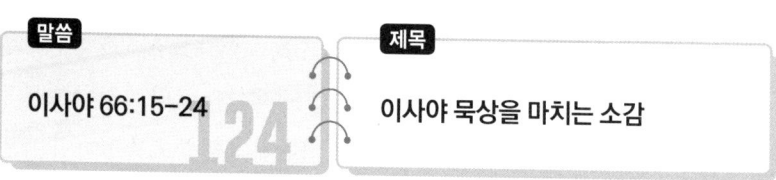

말씀 이사야 66:15-24
제목 이사야 묵상을 마치는 소감
124

²² 내가 지을 새 하늘과 새 땅이 내 앞에 항상 있는 것 같이 너희 자손과 너희 이름이 항상 있으리라 여호와의 말이니라

이사야 선지자의 글 마지막 장(66장) 마지막 단락까지 왔다.

주전 8세기 선지자 이사야는 하나님께서 보여주시는 이상 가운데 66장의 전반부에서는 이사야 전체의 핵심 주제가 되는 우상숭배를 배척하고 예배와 삶의 일치를 강조하였으며 장차 메시아 시대(신약시대)가 열리고 새로운 하나님의 백성으로서 신약교회 공동체가 탄생될 것을 예고하였는데 오늘의 말씀에서는 어떤 과정을 거쳐서 어떻게 이런 일이 발생할 것인지 엿보게 된다.

1. 선지자들의 외침에도 불구하고 더욱 우상숭배로 나간 유대인들에 대한 심판(66:15-18)

바벨론 포로에서 돌아온 유대인들은 다시 율법의 열심을 회복하고 전심으로 하나님을 경외하는 신앙으로 돌아선 듯하였으나 포로 후기 선지자들의 글에서 보게 되는 것처럼 성전 우상주의와 외식주의 신앙으로 흘렀고 오늘의 말씀에서 특별히 지적하는바 돼지고기와 가증한 물건과 쥐를 먹는 이교도들의 우상숭배와 미신적 풍습에도 빠졌는데(66:17) 이것은 아마 신전문화가 주축을 이루는 헬라문화의 영향으로 유대인들이 급속히 신전문화에 동화되고 타락한 것 같으며 마침내 로마 제국에 의해 예루살렘이 또다시 무너지게 된 것을 이렇게 바라본 것으로 이해하게 된다(66:18).

2. 심판 가운데서 도피한 자들을 통해 열리는 이방인 선교(66:19)

로마 장군 티투스에 의해 예루살렘이 철저하게 유린되고 예수님의 말씀처럼 돌 하나도 돌 위에 남지 않는 파괴로(마24:2) 유대 사회가 철저히 붕괴되었을 때 당시 존재했던 초기교회(유대인) 성도들은 도피처를 찾아서 열방으로 퍼져 나갔는데 그들이 가는 곳마다 복음을 전하여 하나님의 영광을 드러내고 이방 선교의 문을 열게 될 것을 예고한다.

3. 복음 선교의 선순환(이방인 교회의 출현과 이방인들에 의한 선교)

유대 사회가 붕괴되면서 이방인 세계로 흩어져 나간 유대인 성도들이 가는 곳마다 복음을 전하면서 그들에 의해 회개하고 주께 돌아온 이방인 성도들에 의해 더 많은 이방인들이 주께 돌아와 하나님께 예물처럼 바쳐지고 왕 같은 제사장들이 등장하게 되는 새로운 제사(예배)의 시대가 열릴 것을 예고하고 있다(66:20-21).

4. 예배의 영광에 참여하는 자들과 영원한 심판에 처하는 자들(66:23-24)

이사야 글의 마지막 두 구절은 마치 복음서와 계시록에서 세상 끝의 이야기를 전해 주는 것처럼 하나님께 예배하며 하나님의 영광에 참여하는 자들과 꺼지지 않는 지옥 불 가운데서 영원한 심판에 처하는 두 부류의 사람들을 나누고 있다. 여기서 매월 초하루와 안식일에 예배드린다고 함은 구약시대에 하나님께 예배드린 것을 표현하는 방식으로 신약교회의 성도들이 매 주일에 혹은 정한 날짜에 정기적으로 예배에 참여함을 의미한다.

한편 영원한 심판에 처하게 되는 자들의 운명도 예고하는데 벌레도 죽지 않는 꺼지지 않는 불꽃 가운데서 영원한 형벌에 처하게 되리라고 예고하는 바 예수님은 이사야의 이 예고를 그대로 인용하시어 심판 날과 지옥에 떨어질 자들의 운명을 경고하셨다.

거기는 구더기도 죽지 않고 불도 꺼지지 아니하느니라 사람마다 불로서 소금 치듯 함을 받으리라 (막9:48-49)

말씀에 응답하는 기도

우리의 예배를 받으시는 거룩하시며 존귀하신 주님!
이사야 선지자를 통해 예고하신 새로운 시대 새로운 하나님의 나라며 백성으로서 오늘 우리들의 교회에서 새로운 예배로 나아가게 하심을 감사드립니다. 오늘 주일은 특별히 성령 강림 주일인데 우리에게 보내주신 아들을 통하여 십자가와 부활로 우리의 구원을 이루시고 죄 사함을 얻게 하는 회개의 복음을 전하도록 불같은 성령의 역사로 임하셨던 저 역사적인 오순절 성령 강림의 축복과 지속적인 성령의 기름 부으심이 오늘 우리 시대 우리들의 교회에도 넘쳐나게 하옵소서.

| 에필로그 |

지난 10년 동안 생명의 삶 게시판을 통해 묵상 글을 올리면서 언제부터인가 성경 전체를 에세이 주석으로 완성하고 싶은 거룩한 열망을 가지게 되었다. 그래서 성경주석 학자들의 학문적 깊이에는 미치지 못해도 적어도 성경의 본문만큼은 잘 밝히고 드러내고 싶은 마음으로 성경 묵상에 임하다 보니 삶의 이야기를 나누는 것보다 본문 주석에 치중하게 되는 묵상 글을 많이 쓰게 된 것 같다.

매일 생명의 삶 묵상에 임하면서 내가 주님 앞에 기대하고 거룩한 열망으로 소원한 것은 말씀과 삶의 조화로운 묵상을 올리고 싶었던 것인데 꼭 그렇게 되지는 못한 것 같지만 그래도 오늘 이처럼 또 다른 한 권의 책이 되는 이사야 묵상 글을 매듭짓게 된 것을 진심으로 감사드린다.

이사야 묵상을 기록해 나가는 동안 자기 백성을 향한 끊을 수 없는 하나님의 사랑에 반해 주의 백성들이 하나님의 사랑을 배신하는 우상숭배와 자기 사욕만을 채우고자 하는 죄악들을 곳곳에서 보았고 예배와 삶이 괴리된 형식적 외식주의 신앙으로 말미암아 하나님께 향한 껍데기 신앙만 남은 이스라엘을 보았다.

그러나 이런 절망적인 상황에서도 선지자 이사야는 오실 메시아(그리스도)를 통해 회복될 진정한 이스라엘로서 '남은 자'들의 구원을 강조하며 하나님께서 그들을 통해 세우게 될 새로운 신앙 공동체로서 새로운 하나님의 나라요 새로운 하나님의 백성으로서 메시아 왕국인 신약교회의 출현을 희망 중에 바라본다.

이사야의 글을 마감하는 오늘 묵상에서는 아브라함의 혈통적 후손인 육적 이스라엘 시대가 끝나고 오실 메시아 - 그리스도 안에서 태어나게 될 영적 이스라엘의 태동과 새로운 제사(예배) 제도의 변화 그리고 예루살렘의 멸망과 유대 사회의 붕괴 속에서 세상 속으로 흩어져 도피한 유대인 성도들을 통해 이방인 선교가 문이 열릴 것을 전망하며 또 유대인 성도들을 통해 주께 돌아온 이방인 성도들로 인해 더 많은 이방인들이 주께 돌아오는 새로운 시대를 예고한다.

보라! 내가 새 하늘과 새 땅을 창조하나니 이전 것은 기억되거나 마음에 생각나지 아니할 것이라(65:17)고 하심은 바로 이사야의 글을 통해 누누이 새로운 시대가 열릴 것을 예고하신 것이며 오실 메시아 - 그리스도로 말미암아 이미 성취되었고 지금도 성취되고 있으며 마침내 주님 재림의 날에 완성된 하나님의 나라로서 우리 앞에 나타날 것을 바라본다.

⟨이사야 선지자의 글을 잘 이해하기 위한 이스라엘 남북 왕조 일람표⟩

1. 통일왕국 시대: 사울 → 다윗 → 솔로몬

2. 분단왕국 시대

1) 남유다(다윗의 집) : 르호보암 → 아비얌 → 아사 → 여호사밧 → 여호람 → 아하시야
→ (아달랴) → 요아스 → 아마샤 → 웃시야 → 요담 → 아하스 → 히스기야
→ 므낫세 → 요시야(여호아하스/엘리야김/여호야긴) → 시드기야(BC 587 멸망)

2) 북이스라엘 (* 표시는 반란에 의한 왕권)
1) 여로보암의 집 : 여로보암 – 나답
2) 바아사의 집* : 바아사 – 엘라
3) – 시므리* – 오므리*
4) – 아합의 집* : 오므리 – 아합 – 아하시야 – 요람
5) – 예후* – 여호아하스 – 요아스 – 여로보암 2세 – 스가랴
6) – 살룸* – 므나헴* – 브가히야 – 베가* – 호세아*(BC 722 패망)

⟨이사야 출생부터 사망까지 대략적인 연보⟩

BC 760	이사야 출생 / 북왕국 호세아 선지자의 예언. 요나의 니느웨 예언
BC 751	예루살렘 대지진
BC 745	앗수르 디글랏 빌레셀 3세 등극
BC 740	웃시야 왕 사망 / 이사야 소명 / 요담 왕 등극 / 히스기야 왕 출생
BC 734	이스라엘과 아람 연합군 유다 침공
BC 731(?)	아하스 왕 등극
BC 728(?)	이사야 본격적인 사역활동
BC 727	앗수르 왕 살만에셀 5세 등극
BC 722	북왕국 이스라엘 멸망 / 앗수르 사르곤 2세 등극
BC 716	히스기야 왕위 등극
BC 705	앗수르 산헤립 등극
BC 701	산헤립 유다 침공 / 앗수르 군 18만 5천 명 몰살
BC 686	므낫세 왕 등극
BC 681	산헤립 암살 / 에살핫돈 등극
BC 678(?)	이사야 사망

〈이사야 글의 배경을 이루는 주전 8세기 고대 근동지방 지도〉